스웨덴 민주주의의 여정

Svensk Politisk Historia: Strid och samverkan under tvåhundra år
by Tommy Möller, 5e

© Tommy Möller, 2023
All rights reserved.

Korean translation edition © 2025 Acanet, Inc. Published by arragement with Studentlitteratur AB
through Bestun Korea Agency All rights reserved.

이 책의 한국어 판권은 베스툰 코리아 에이전시를 통하여 저작권자와 독점 계약한 아카넷에 있습니다.
저작권법에 의해 한국 내에서 보호를 받는 저작물이므로
어떠한 형태로든 무단 전재와 무단 복제를 금합니다.

스웨덴 민주주의의 여정

대결과 협력의 200년

톰뮈 묄레르 지음

조행복 옮김

한국어판 서문

근자에 스웨덴 정치는 극적으로 전개되는 양상을 띠었다. 첫째, 다른 유럽 국가들도 마찬가지이지만 대규모 이민으로 사회적으로나 정치적으로나 갈등이 야기되었다. 이는 특히 우파 포퓰리즘 정당이 등장하여 점점 더 큰 영향력을 행사한 결과이다. 그런 정당인 스웨덴민주당은 2010년 의회에 진입했을 때는 외면받는 정당이었다. 다른 정당들은 이민에 비판적인 스웨덴민주당의 정책과 분명하게 거리를 두었고 그 정당과 교류하기를 단호히 거부했다. 이민이 지속적으로 증가하여 2015년에 기록적인 수준에 이르면서, 그때까지 스웨덴에서 계속된 관대한 이민정책이 무너졌다. 좀 더 규제하는 방향으로 정책을 변경할 필요성이 있다는 점에 폭넓은 합의가 이루어졌다.

둘째, 다른 유럽 국가들과 마찬가지로 스웨덴에도 안보정책 상황에 근본적인 변화가 생겼다. 2022년 러시아가 우크라이나를 공격한 후로 스웨덴에서는 외교정책에 대한 재평가가 이루어졌다. 200년간 우세했던 비동맹 노선은 역사의 뒤안길로 사라졌고, 전쟁이 발발한 지 불과 한두 달 만에 스웨덴 정부는 야당의 완벽한 지지를 얻어 북대서양조약기구 가입을 신청했다. 거의 2년에 걸친 협상 끝에 스웨덴은 2024년 3월 북대서양조약기구의 회원국이 되었다. 협상이 늘어진 이유는 튀르키예, 그리고 어느 정도는 헝가리 때문이었다. 두 나라는 여러 가지 이유로 스웨덴의 가입을 반대했고 최소한 지연시켰다.

이러한 두 가지 현상은 스웨덴 정치의 특징인 합의 문화를 보여주는 실례이나. 두 경우에서 똑같이 처음에는 의견 불일치가 심했지만, 상황이 새롭게 변한 뒤로는 폭넓은 합의로써 정책을 재고했다. 이는 특히 이민 문제에서 분명하게 드러났다. 기존 정당들은 2015년까지는 스웨덴민주당에 거칠고 대결적인 표현을 쏟아냈다. 이 우파 포퓰리즘 정당은 비민주적이고 인종주의적인 정당이라는 말을 들었다. 정책 변화와 더불어 그러한 어조는 누그러졌다. 그러나 스웨덴민주당은 2022년 선거 이후에야 그때부터 스웨덴을 통치한 중도우파의 세 정당 즉 온건당(보수당)과 기독교민주, 국민당(자유당)으로부터는 연대할 수 있는 정당으로 인정받았다.

그렇지만 이전에는 그토록 논란거리였던 이민 주제에서 패러다임의 변화가 일어났다는 것은 의심의 여지가 없다. 스웨덴의 어느 정당도 과거에 폭넓은 합의가 있었던 관대한 이민 정책으로 돌아갈 것을 옹호하지 않는다.

외교정책에서는 국내정책에 적용되는 것과는 다른 조건이 있었다. 합의는 절대적으로 필요하다고 여겨진다. 어느 정당이 집권하든 의견의 일치를 보려는 노력이 경주된다. 의견 차이는 정부가 스웨덴의 이익을 수호할 힘을 약하게 만든다고 생각된다. 그래서 정당들은 완전히 지지하지 않은 문제에서도 합의를 이루어야 할 동기가 있다. 2022년 2월 전쟁 발발 이후 북대서양조약기구 가입 문제가 제기되었을 때, 처음에는 이견이 드러났다. 사회민주당 정부는 스웨덴의 가입 신청이 역내 안정성을 해치는 원인이 될 것이라고 본 만면, 중도우파의 세 정당은 가입이 나라의 안전을 보장하는 최선의 장치라고 판단했다. 그러나 얼마 지나지 않아 사회민주당은 노선을 재고했고 그로써 폭넓게 합의가 이루어졌다. 애초에 북대서양조약기구 가입에 반대했던 스웨덴민주당도 의견을 같이했다. 소규모 정당인 좌익당과 환경당이 가입에 반대했지만 입장을 관철하려 하지 않았다는 점도 합의 문화라는 시각에서 볼 수 있다. '공동의 토론장åsiktskorridor/Opinion corridor(의견의 통로)'은 이 문화의 한 부분이다. 지배적인 견해에, 다시 말해 헤게모니 상황과 거의 유사한 방식에 도전하는 것은 문제가 있다는 뜻이다. 스웨덴에 존재했고 지금도 존재하는 갈등에 대한 두려움의 표현이다. 책에서 바로 그 얘기를 했다.

 이 상황에 변화가 올까? 최근에는 연구와 공적 논의에서 양극화 심화가 주목을 받았다. 더 구체적으로 말하자면 감정적인 양극화이다. 강력한 감정은 합리적 대화를 어렵게 한다. 상대방의 주장을 전혀 이해하지 못하게 만들기 때문이다. 다문화주의와 정체성 정치의 문제는 전통적인 정책 갈등과는 완전히 다른 분열을 가져오고 있다.

 이 책이 한국어로 번역되고 있을 때, 한국 정치에 극적인 변화가 일어났다. 전임 대통령이 계엄령을 선포한 뒤 탄핵되어 파면되었다. 국회는 계엄령을 해제하여 짧았지만 혼란스럽고 격렬했던 국가 비상사태를 끝내고 대통령 탄핵안을 발의했고 그 결과로 대통령의 직무는 정지되고 국무총리가 대통령직을 대행했다. 대통령이 파면되고 새로운 선거를 치르면서 상황은 안정되었다.

이 소란스러운 시기 동안의 한국 정치와 스웨덴 정치는 크게 대비된다. 스웨덴에서는 새로운 갈등 요인들이 나타나고 미디어 환경이 변하면서 양극화가 심해졌는데도 정당 간의 합의는 유지되었다.

그러나 이 책에서 서술하는 역사의 시점인 19세기 초에는 스웨덴에서도 극적인 상황이 없지 않았다. 1809년 스웨덴의 국왕이 폐위되고 새로운 헌법이 제정되었다. 100년 뒤 민주주의가 도입되었을 때, 이 나라는 깊이 분열되어 있었다. 그러나 그때 이후로 스웨덴의 특징인 합의의 정치문화를 통해 민주적 거버넌스는 계속 안정적이고 성공적이었다. 민주주의는 기본적으로 법치를 토대로 갈등을, 아무리 뿌리 깊은 것이라도, 평화롭게 해결하는 것이다.

2025년 9월

톰뮈 묄레르

5판 서문

이 책은 2007년에 초판이 발간되었고 이번이 네 번째 수정판(5판)이다. 초판이 나온 후 네 차례 의회 선거를 치렀고, 16년 동안 많은 일이 일어났다. 이 책에서 다루는 시기는 200년에 가까워 지겹도록 길다고 할 수 있지만, 오늘날의 스웨덴 정치를 이해하려면 장기적인 지평을 살필 필요가 있다. 현재에 살면서 역사적 시각을 갖추지 못한 자들에게는 지금 일어나는 많은 일이 이해하기 어려울 수 있다.

근자에 스웨덴 정치에서 일어난 일의 의미를 이해하기 어려운 것이 비단 역사적 시각을 잘 갖추지 못한 사람들만의 일은 아닐 것이다. 정치적 전망은 끊임없이 변한다. 새로운 갈등의 영역이 생겼고, 새로운 협력을 위한 헤쳐 모이기도 있었다. 우리는 형성의 순간에 있으며, 따라서 우리가 어디로 가고 있는지 누구도 알 수 없다. 그러나 과거의 상황을 꽤 잘 알고 있는 자라면 최소한 현상을 이해할 수 있는 관점을 지니고 있을 것이다.

그런데 장기적인 관점은 경계 설정을 요구한다. 목표는 정치 체제 발전의 근간이 된 사건들과 과정을, 그리고 체제를 물들인 정치 문화를 서술하는 것이다. 선정의 원리를 결정한 것은 오늘날의 스웨덴 정치가 정확히 역사적 맥락에서 이해해야 하는 일련의 특징을 지니고 있다는 관념이다. 1809년 통치조직법* 제정에서 출발하여 이후의 발전에서 결정적인 몇몇 변화의 시기에 따라 서술의 체계를 잡았다. 1866년 의회 개혁으로 정치 체제의 제도적 조건에 근본적인 변화가 생겼으며 '새로운 왕국'으로의 전환이 이루어졌다. 그러나 개혁 이후에도 왕권은 강력했으며, 현대적 의미의 정당은 없었고, 선거권을 보유하지 못한 자들이나 얼마 되지 않는 참정권 보유자를 가리지 않고 정치적 무관심이 팽배했다.

그다음으로 중대한 형성의 계기formativa moment는 참정권 투쟁이다. 산업화로 사회는 급속히 변했고, 그 시기에 정당 제도가 틀을 갖추었다. 그 민주화 과정의 강렬함은 스웨덴 역사에서 비할 것이 없다.

1921년 선거에서 유권자들이 투표했을 때, 의회주의뿐만 아니라 민주주의도 승리했다. 통치 체제의 민주화에 뒤이어 공고화 국면이 이어졌다. 그러나 모두가 민주주의를 받아들이지는 않았다. 민주주의는 시험을 거쳐야 했다. 우선 혼란스러운 소수정부 시대가 10년간 이어졌다. 이후 1933년 사회민주당과 농민연합 사이에 위기협약이 체결되면서 의회에 안정이 찾아왔고 다수정부로의 이행이 이루어졌다.

전후 시대는 사회민주당의 장기 집권이 특징이지만 정당 간 대립도

---

* regenringsform은 기본법 즉 헌법이라고 할 수 있으나 따로 이렇게 옮긴다.

두드러진다. 여기에는 1940년대 말의 계획경제 논쟁과 1950년대의 국민추가연금 투쟁, 1970년대의 핵발전소와 임금노동자기금 같은 이데올로기적 싸움도 포함된다. 제2차 세계대전 이후 몇십 년간 복지국가가 크게 팽창하고, 1974년에는 새로운 헌법이 제정된다. 다수의 제도적 특징을 지닌 스웨덴 모델이 성장한다.

1976년 정권 교체는 변곡점이 되었다. 그로써 44년 동안 이어진(1936년 여름 100일 제외) 단일 정당의 장기 집권이 중단되었다. 이 정권 교체는 그때까지 세계 전역에서 큰 감탄의 대상이었던 '스웨덴 모델'에 금이 가기 시작하는 시기와 겹친다. 1970년대 초에 확연했던 스웨덴 경제의 침체는 오래 지속되었고 수십 년 동안 정치 과정에 흔적을 남겼다. 나아가 스웨덴 모델(주로 사회민주당의 트레이드마크였다)은 1980년대에 이데올로기적으로도 도전을 받았다. 세계화와 더불어 주변 세계가 급속히 변하면서 스웨덴 모델은 점점 더 심한 기능 장애를 보였다. 스웨덴은 1995년 유럽연합에 가입했다. 불과 몇 년 전에는 전혀 가능성이 없어 보였던 일이다.

동시에 새로운 유형의 문제들이 정치 투쟁의 대상이 되었고, 이는 기존 정당들에 시련으로 다가왔다. 정당 구조는 1917년 의회주의의 관철 이후 그때까지 대체로 변함이 없었지만 이제 폭넓은 변화의 시기에 진입했다. 새로운 정당들이 도전에 나서 일부는 성공을 거두었고, 정치 지형도 중대한 변화를 겪었다. 특히 2010년 스웨덴민주당이 원내에 진입한 이후의 발전은 상당한 결과를 가져왔다. 새로운 갈등의 문제가 등장했으며, 반백 년 동안 스웨덴 정치의 현저한 특징이었던 진영 정치가 중단되고 헤쳐 모이기를 통해 새로운 협력 관계가 출현했다. 2022년 정권 교체와 더불어, 새로운 정부에 따르면 스웨덴 정치의 '패러다임 전환'이 이루어졌다.

경계 설정의 문제는 다른 문제, 이를테면 최대한 총체적인 역사적 서술과 깊이 파고드는 분석적 서술 사이에서 균형을 잡는 문제를 야기한다. 일어난 일을 최대한 많이 전달하는 것이 목표라면 깊이 있는 서술의 여지는 줄어든다. 이미 나와 있는 스웨덴 정치사 문헌을 볼 때, 사건의 추이를 충분히 포괄적으로 서술하라는 요구와 대학생이 볼 책의 특징인 문제 중심의 분석을 갖추라는 요구 둘 다 충족하기는 어렵다. 어떤 학자는 몇몇 현상에 한정하여 심층석으로 분석했지만(Lewin 2002b), 다수의 저자는 사건의 경과를 최대한 포괄적으로 다루는 경향을 보였다(예를 들면 Hadenius 2003).[1]

그러한 장기적 관점을 통해 스웨덴 정치사의 중요한 변곡점을 포착하려는 야심은 이 책의 다른 목적과 관련이 있다. 스웨덴 정치 문화를 더 잘 이해하는 데 도움을 주려는 것이다. 정치 문화라는 개념을 확정하는 일에 착수하기 전에 먼저 하나의 연구 분야로서 정치사를 정확히 어떻게 이해할 것인가의 문제를 다루어야 한다.

정치사란 무엇인가?

정치사는 역사학과 정치학의 연구 분야로서 사회 발전의 정치적 측면을 이루는 과정을 다룬다. 경제사나 법제사, 사상사, 문학사, 예술사, 사회사처럼 정치사도 사회 발전의 한 단면으로 다룰 수 있다. 그러한 구분이 필요한 것은 자명하다. 정치학자든 역사가든 정치사와 역사 일반을 구분해야 함은 당연하다.

그러나 이때 무엇이 정치학인가의 문제, 따라서 무엇이 정치사인가의 문제가 생긴다. 기존의 정치학 담론에 따르면 정치의 학문적 연구는 권력과 정부, 권위 같은 개념에서 출발한다. 더 정확히 말하자면 어떤 사회 제도의 영역(단체나 국가, 연합 국가일 수 있다) 안에서 벌어지는 활동, 권위에 입각한 가치 분배가 목적인 활동이다(Østerud 1997). 따라서 엄밀한 의미의 정치사는 사회에서 이루어지는 권위에 입각한 가치 분배와 결부된 과정을 다룬다. 다시 말해 정치사는 공적 의사 결정 과정과 그것을 둘러싼 활동 즉 정당 제도, 선거, 여론 형성, 의회 활동, 행정 집행 등에 관한 연구를 포함한다. 그렇지만 정치학의 핵심 영역과 정치사의 정의에 영향을 미치는 인접 학문을 완벽히 차단하는 장벽은 없음을 강조할 필요가 있다. 정치 발전 과정을 이해하려면 반드시 그 과정을 둘러싼 경제적 배경이나 이데올로기적 배경을 이해해야 한다.

그러므로 정치사를 **지나치게** 협소하게 이해해서는 안 된다. 정치 현상은 의회의 결정 과정보다 더 광범위하다. 정치는 정당이 관여하는 영역보다 훨씬 더 넓고 다양한 영역에서 이루어진다. 정치적 여론은 단지 선거운동에서만 형성되는 것이 아니라 여러 차원에서, 수많은 관계자들의 참여로 연속적으로 형성되는데, 그 행위자들은 종종 정당 정치 밖의 다른 영역에서 활동한다. 지난 20년간 미디어 사회의 발전으로 정치적 여론 형성의 전제 조건이 급변했다.

정치적 행위(집단적 관심사에 영향을 미치려는 목적에서 나온 행위라고 정의하자)는 따라서 '공무원'을 겨냥한 항의에 참여하는 것을 크게 뛰어넘는 행위이다. 사회의 많은 사건이 정치적이지 않음에도 사회와 정치의 발전에 영향을 끼치기 때문이다. 이러한 사고방식에 따라 정치의 개념

을 확장하는 것은 민주주의를 심화하는 것이다.[2]

그러므로 정치는 비록 눈에 띄지 않는 경우가 많아도 어디에나 있다고 볼 수 있다. 예를 들면 새로운 사회 운동의 대변자는 사회의 권력 구조를 바꾸려면 공적 영역과 사적 영역의 구분을 제거하는 것이 중요하다고 생각한다. 이러한 시각에 따르면 어떻게 살 것인가도 바로 정치의 문제이다. 그렇지만 언제나 제한은 필요하다. 이 책과 관련하여 말하자면 주목할 것은 스웨덴 국가의 권력 행사와 연관되어 일어나는 과정이다. 달리 말하면 이 책은 어떻게 여론 형성과 공공 정책을 통해 권위적으로 가치를 분배할 것인가를 둘러싼 투쟁을 다룬다. 다시 말해 정치사의 이해에서 중요한 것은 주요 행위자 간의 권력 투쟁이다. 그렇지만 정당의 발전과 공권력 밖에 있는 여타 중요한 단체의 발전도 중요하다. 나아가 정치 문화의 상수 즉 합의를 권하는 장치는 물론 이데올로기적 의견 충돌에 관해서도 적지 않은 지면을 할애하여 서술할 것이다. 책의 편제를 지배하는 것은 지금에 와서 되돌아볼 때 정치 발전에 큰 의미를 지녔다고 말할 수 있는 중요한 사건과 과정, 즉 '형성의 계기'이다. 형성의 계기가 뜻하는 바는 제도가 제대로 작동하지 않은 결과로 제도 변화의 여지가 생기는 위기 상황이다. 따라서 형성의 계기로 인식되는 것은 시간이 지난 뒤에 정치 체제의 발전에 중요한 것으로 드러난 사건들이다.

스웨덴 정치 문화?

이 맥락에서 정치 문화란 특정 정치 체제, 이 경우에는 스웨덴 정치 체제에 존재하는 기본적인 가치관과 규범, 행동 양식을 말하며, 이는 전부 한편으로는 제도적 조건에 반영되며 다른 한편으로는 그 체제 내에서 활동하는 행위자들에게(이와 더불어 수립되는 제도에) 정치적으로 가능한 것의 범위를 결정한다. 따라서 정치 문화를 이해하려면 한 체제의 기조를 결정하는 규약, 다시 말해서 공적 대화에서는 물론 더 상징적인 맥락에서도 지속적으로 표현되며 문제의 그 체제를 지탱하고 구성하는 제도적 질서에 반영되는 규약을 분명히 드러내야 한다. 따라서 정치 문화를 확실하게 이해하려면 정치적 논쟁에서 일종의 규범적 지주 역할을 하며 정치적 활동 범위의 한계를 명확히 하는 구조를 밝혀내는 것이 중요하다.

그러므로 정치 문화라는 개념은 지도력, 시민의 참여, 제도, 가치관 등 많은 것을 담고 있으며 그런 이유에서 논쟁이 되는 문제이다. 학계에서 오랫동안 지침의 역할을 한 가장 유명한 정의는 1963년 미국의 정치학자 게이브리얼 아먼드와 시드니 버바의 책 『시민 문화*The Civic Culture*』에 제시된 것이다. 이들의 정의에 따르면 정치 문화는 간단히 말해서 정치 체제에 내재하는 행동 방식과 태도의 총합, 다시 말해서 정치 체제에서 자신이 수행하는 역할에 대한 이해와 그 과정에서 나타나는 상이한 목적과 과정에 대한 그의 인식이다. 아먼드와 버바는 시민을 전면에 내세우며, 상이한 체제의 정치적 사회화 과정이 공동의 규범에서 비롯하고 그 규범은 인지적, 정서적, 평가적 요소에 의지한다고 말한다. 정치 문화를 거론하는 것이 정당하다는 평가를 받으려면, 학습된 정치적 지향점이 분명하게 요구된다(Almond & Verba 1963).[3] 아먼드와 버바의 정의에 따르면, 정치 문화는 한 사회 내에 풍성하게 개진되는 모든 의사 표현으로 이루어지며, 몇몇 포괄적인 규범에 관해서는 중요한 합의가 존재한다는 전제가 필요하다. 그러한 합의가 있다고 해서 어떤 정치 체제에 어느 시점에서나 그 정치 문화에 수용되지 않는 가치들이 없다는 것은 아니다. 정치적 합의에 맞서는 가치관이 있기 때문이다. 이러한 시각에서 보면 정치 문화라는 현상은 헤게모니와 사상 통제라는 개념에 가깝다.

이러한 추론은 흔히 규범적 제도주의 normative institutionalism 라고 부르는 이론에서 영감을 얻는다. 여기서 '제도'는 특정 제도의 규칙에 편입된 자들을 지배하는 비공식적 규칙과 경험의 총합으로도 이해할 수 있다. 그러한 규범은 특정한 상황에서 어떻게 행동하는 것이 적절한지를 말해준다. 다시 말해 개인의 행위에 영향을 미치는 '적합성의 논리', 즉 일종의 기대 압박 förväntningstryck 이 있다. 개인들로 구성되는 제도의 영역 안에서 선호도가 형성되고 유지되고 변경된다. 이런 식으로 제도는 정치인과 여타 행위자가 내리는 선택의 경계를 정하고 그 선택을 형성하는 데 이바지한다(March & Olsen 1984). 이것이 결정론적 시각의 문제가 아니라는 점을 강조할 필요가 있다. 연구자들은 특정한 제도적 맥락에 어떤 규범이 존재하는지 알면 확실히 정치 행위자들의 행위를 더 쉽게 예측할 수 있다. 그러나 행위자들은 당연히 제도적 규범의 노예가 아니다. 일반적으로 그들은 언제나 다른 제도적 관계 속에도 들어가며 따라서 반대의 압력을 받을 수 있다. 그러므로 규범적 제도주의에서 규범은 결정 인자라기보다 형성 인자라는 의미에서 지배적이라고 볼 수 있다.[4]

여기에서 정의한 것과 같은 정치 문화로부터의 이탈은 특수한 하위문화들이 존재한다는 것의 표현일 수 있다. 이러한 하위문화들은 상위의 지배적인 정치 문화 안에 들어갈 수 있다. 대항 헤게모니도 보이지만, 대항 헤게모니는 기존의 정치 문화를 지탱하는 틀을 뒤엎을 수 없다. 그러나 정치 문화는 결코 정적이지 않다. 오히려 그 반대이다. 정치 문화는 실제로 끊임없이 변화한다. 그렇지만 그 변화는 종종 오랜 기간에 걸쳐 미묘한 형태로 진행된다. 그 미묘한 형태는 이러저러한 이른바 추세 분석가라는 자들은 구분할 수 있다고 믿을지도 모르지만 당연하게도 그러한 변화가 완성되기 전에는 해석을 허용하지 않는다. 오늘날의 스웨덴 정치 문화는 100년 전과 다르지만, 그것이 정확히 언제 어떻게 변했는지 분명하게 밝히는 것은 복잡한 분석을 요하는 과제이다. 변화가 일어났음을 단언하려면 기왕에 일어난 일들에 대한 시각이 필요하다. 정치 체제는 빠르게 변할 수 있지만, 정치 문화가 얼마큼 변했는지 판단할 수 있으려면 우선 어느 정도 시간이 지나야 한다. 그럼에도 몇몇 특징은 지속적이며, 그러한 특징과 정치 문화의 발전에 영향을 미친 변화 과정 둘 다 포착하는 것이 이 책의 목표이다.

정치 문화라는 문제를 다룰 때 중요하게 강조할 것은 시민과 지도자와 제도 사이의 상관관계이다. 시민의 가치관이 변하면 정치적 지도력의 전제 조건이 바뀔 뿐만 아니라 포괄적인 제도적 조정도 이루어진다. 어느 유명한 저작(Thompson, Ellis & Wildavsky 1990)은 시민이 보일 수 있는 문화적 지향의 유형을 다음 네 가지로 구분한다. 개인주의(약한 집단 충성도, 약한 규칙 의존도), 숙명론(약한 집단 충성도, 강한 규칙 의존도), 평등주의(강한 집단 충성도, 약한 규칙 의존도), 계급제도(강한 집단 충성도, 강한 규칙 의존도). 보다시피 이 이론은 두 차원으로 구성된다. 하나는 집단적 정체성과 관련된 당파의 차원이며, 다른 하나는 여러 유형의 규칙에 대한 태도와 관련된 위계의 차원이다. 두 차원의 교차를 통해 이 네 가지 시민 문화를 구체화할 수 있다. 시민 문화를 경험적으로 다룬 비교 연구에 따르면 스웨덴 사람들은 우선 개인주의적 지향성을 보이나 강한 평등주의적 문화도 드러낸다(Grendstad & Sundback 2003).

한 나라의 정치 문화를 더 일반적인 문화적 배경에 비추어 보는 것은 당연한 일이다. 민족학자 오케 다운은 '스웨덴인의 정신상태'에 관한 연구에서 스웨덴 사회의 몇 가지 중요한 특징을 확인하여 어떠한 기본적 가치와 관념이 시민 차원의 정치 문화에 반영되었는지 쉽게 이해할 수 있게 했다. 다운이 관찰을 통해 얻은 기본적인 견해는 스웨덴 사람들이 자신과는 다른 사람들에 둘러싸여 있으면 불안을 느낀다는 것이다. 스웨덴 사람들은 대체로 자신들을 단합시켜주는 것을 강조한다. 그래서 갈등에 대한 두려움과 순응의 노력은 스웨덴 사람의 집단 심성에 드러난 두드러진 특징이다. 다운은 이를 옛 농민사회에서 이어져 내려온 전통으로 설명한다. 1930년까지도 스웨덴 사람은 대다수가 농촌에 살았다. 농민사회는 긴밀하고 강한 사회적 유대가 특징이며, 개인이 지배적인 규범에서 벗어날 여지는 극도로 제한되었다. 이상한 일탈로 여겨진 행위에 대해서는 관용이 없었다. 그래야만 단합된 사회에 적응하도록 압박할 수 있었기 때문이다(Daun 2005).

이러한 순응의 열망이 스웨덴 사람들이 개인주의자라는 사실에 어떻게 부합하는가? 자유와 평등 둘 다 정치 문화를 떠받치기 때문이다. 다운의 견해에 따르면 스웨덴 사람은 다른 사람에게 의존하려 하지 않는다. 이들이 추구하는 것은 대등한 관계이다. 누구도 타인의 호의나 권력에 자신의 운명을 내맡기지 않는 그러한 관계에서는 평등이 지배한다. 그러므로 의존하지 않는다는 의미의 개인주의는 집단주의적 규범과 충돌하지 않으며, 이것이 순응의 노력을 설명해준다. 동료 인간에 대한 의존을 피하고 동시에 다수 대중에게서 벗어나지 않는 것이 중요하다. 다운은 이것이 "동일한 딜레마에 대처하는, 즉 단합에 도달하는 두 가지 방법"의 문제라고 말한다(Daun 2005, s. 128).

순응의 규범은 아마도 스웨덴 정치 문화에서 가장 두드러진 특징일 합의samförstånd라는 개념을 설명해준다. 합의 개념은 상호 이해를 위해 노력하는 것, 토의 과정을 통해 같은 견해에 이르는 것을 뜻한다. 완전한 의견 일치에 도달해야 한다는 의미는 아니다. 그렇지만 가치의 공동체라는 인식이 있으면 당연히 폭넓은 참여와 타협을 이끌어내기가 쉽다.

스웨덴에서는 비단 정치에서만 합의가 중요한 가치로 여겨지는 것이 아니다. 민족학자들에 따르면, 갈등에 대한 두려움은 사회적 공동생활의 특징이다. '브로키그bråkig(시끄러운, 무질서한)'라는 단어는 매우 부정적인 의미를 담고 있으며(Hannertz 1983), 노동 현장에서든 일상생활에서든 이해와 협력의 달성이 지배적인 가치였다(Ehn 1981). 스웨덴 정치에 관심이 있는 어느 미국인 정치학자는 스웨덴 사람들이 서로 이해한다는 느낌을, 이를테면 미국에서는 전혀 볼 수 없는 방식으로 높이 평가한다고 말한다(Anton 1975).

다른 특징은 특히 외국인 정치학자가 스웨덴 정치에서 쉽게 볼 수 있다고 생각하고 다운의 연구로도 뒷받침되는 것인데 합리성과 사실성에 대한 강한 강조이다. 다운에 따르면, 이는 일상생활에서 실용적인 일을 좋아하는 태도에 드러나 있다. 그러나 정치도 합리성의 규범에 젖어 있다. 말하자면 스웨덴 정치는 이례적으로 이성 지향적이고 결과 지향적이다. 공적 활동에서 감정적인 주장은 금기이다. 원칙적으로 사실에 근거한 이유만 타당하게 받아들여진다. 감정이 들어간 논거를 쓰는 정치인은 딱한 사람으로 취급될 위험이 있다. 그렇지만 이러한 합리성의 신조는 사회 계획의 차원에서 가장 분명하게 표현된다. 외국인 평자들은 여러 사회 영역을 세세히 조정하려는 사고방식을 스웨덴의 전형적인 특징으로 본다.[5]

정치 문화라는 개념은 정치적 정체성이라는 개념과 가깝다. 야코브 베스트베리는 스웨덴 정체성 정치 연구에서 1900년대에 그 정체성을 결정한 두 가지 주제를 강조한다. '국민의 집'과 중립정책이다. 베스트베리에 따르면 두 주제가 하나의 전체를 이룬다. 국내정책은 물론이고 주변 세계와의 관계에서도 가치 공동체의 성장이 스웨덴의 정치적 정체성에서 핵심이다. '국민의 집'이 스웨덴을 독특한 나라로 만들었다는 관념과 나란히, 오랫동안 자발적 고립도 있었다(Westberg 2003).

그 정체성 정치를 사회민주주의의 지배와 연결하는 것은 당연하다. 동시에 '국민의 집' 관념과 중립정책의 지지는 내용상으로도 연결된다. 국민의 집 이야기의 토대는 정치 공동체에 대한 소속감이지만, 자발적인 고립 때문에 그 공동체를 잃을 수 있다는 두려움도 그 토대이다. 따라서 정치적 정체성은 스웨덴 모델이 다른 모델보다 우월하다는 암묵적인 전제 위에 서 있다. 이 점에서 정체성 정치의 전제 조건은 스웨덴 모델이 알려진 것만큼 성공적이지는 않았음이 점차 드러나면서 같이 변했다.

게다가 스웨덴은 중립정책을 버렸다. 스웨덴은 이제 다문화 사회이다. 국민 대다수가 공유한 정치적 정체성과 나란히 다른 정체성 정치의 준거 틀이 존재한다. 대안적인 다중의 정치적 정체성들이 성장하고 있다. 그리고 결정적으로 정체성 형성에 관한 새로운 사회운동들의 시각을 떠올릴 필요가 있다. '새로운 정치'는 스스로 삶의 조건을 규정하고 만들어낼 개인과 집단의 권리를 다룬다. 울리히 베크(1996)와 앤서니 기든스(1999) 같은 사회학자는 이러한 '생활정치'의 출현을 '후기 근대'의 개인화 과정과 연결한다.

따라서 근자에 '스웨덴다움'과 스웨덴의 가치관에 관해 이루어진 논의는 20세기의 국민 정체성 표지들이 도전을 받고 있다는 사실을 배경으로 바라볼 필요가 있다. 그러한 표지들이 사라질지 아니면 반대로 강화될지는 지켜볼 일이다.

책의 편제

책의 편제는 다음과 같다. 제1장과 제2장은 스웨덴에서 아직 왕권이 강력하고 문화는 비정치적인 시기인 1800년대의 발전을 다룬다. 제3장과 제4장은 스웨덴 근대 정치사에서 갈등이 가장 심했던 시기인 민주화 과정을 다룬다. 이후 세 장, 즉 제5장에서 제7장까지는 의회주의와 보통선거권이 관철된 이후의 혼란스러운 몇십 년, 즉 소수정부와 빈번한 정부 교체, 그리고 이어진 여러 형태의 다수의회정치를 설명한다. 제8장에서 제11장까지는 긴 전후 시대에 초점을 맞춘다. 경제가 성장하고 복지국가가 팽창하는 가운데 격렬한 이데올로기적 대립은 사라지고 합의정치가 출현했다. 여러 가지 갈등 요인이 생기고 경제가 흔들린 1970년대에 진영 정치가 나타나면서 이데올로기적 대립은 다시 심화되었다. 제12장에서 제17장까지는 1970년대 중반 스웨덴 모델에 서서히 균열이 생긴 이후의 다사다난한 시기를 다룬다. 그 시기는 길었기에 당연히 세분할 수 있지만, 여기서는 주제별로 다루었다. 여기서 확인할 수 있는 것은 복지국가와 경제정책, 외교정책 등 중요한 영역에서 나타난 스웨덴 정치의 연속적인 변화이다. 이러한 변화는 정치 체제 전반과 관련해서도 감지된다. 정치 제도처럼 정당 구조도 도전을 받아 변화했다. 마지막 장인 제18장에서 책을 요약했다. 합의의 정치 문화는 지금 스웨덴 정치가 들어선 이행기와 마찬가지로 문제 제기의 대상이다.

차례

한국어판 서문 5

5판 서문 9

1. 새로운 왕국 29

이중의 헌정 전통: 지방자치와 강력한 중앙 권력 32

1809년 헌법: 조문으로 옮겨진 스웨덴 역사 37

의회 개혁과 총리직의 도입 42

투쟁과 합의 사이에서 46

2. 민주주의 이전 시대 49

비정치적 문화 50

복종과 만족 52

관세투쟁 56

민중운동의 성장 58

권력층에 대한 신뢰 그리고 민중의 영향력 60

3. 민주주의의 문턱에서 63

연합위기 65

발달하지 못한 정당 제도 67

참정권 투쟁의 시작 69

결말을 향하여 75

왕권, '귀족권력'과 함께 아니면 '민중권력'과 함께? 79

'합의'라는 정치 문화의 형성기 83

4. 새로운 국가 체제의 형성 85
국가 체제를 둘러싼 싸움의 시작 86
왕궁마당위기 89
국왕 개인 권력 그리고 공화국에 대한 요구 91
민주주의의 관철 95
반反민주주의적 견해 100
'작은 선거권 문제' 103
체제 변화의 완성 112

5. 새로운 시대 117
발빈드 의회정치와 보그메스타레 의회정치 118
계급투쟁과 사회주의 121
'국민의 집' 관념의 도입 124
'가정주부'의 동원 125
선거운동의 강화와 정치인의 역할 변화 130
소수의회정치의 10년 133
1920년대의 인종생물학 136
계급정치에서 '국민의 집' 정치로 142

6. 사회민주당, 권력을 넘겨받다 149
1931년 오달렌 150
코퍼러티즘 성격의 신경제정책 153
1932년 선거 155
위기협약 158
협력이라는 발상의 승리 161
소수정부 의회정치에서 다수정부 의회정치로 162

7. 거국내각과 전시 민주주의 165
전쟁 이전의 정치 지형 165
정부 개편 168
독일의 압박이 거세지다 171
민주주의 체제의 국가 비상사태 174
전쟁의 형세가 바뀌다 176

8. 수확기와 계획경제 논쟁 179
전후 시대 180
1948년 선거 184
이데올로기의 사망? 189

9. 연금과 외교정책을 둘러싼 싸움 193
늘어난 기대의 불만 194
대안: 기본적인 안전과 재산 소유 민주주의 196
국민추가연금 개혁과 '강한 사회' 198
우익보수당의 도전 202
외교정책을 둘러싼 대립 206
소국 현실주의 208
단합의 가치 210
얄마숀 사건 212
소국 현실주의에서 적극적 외교정책으로 214

10. 좌선회와 새로운 헌법 219
변화하는 사회 220
사회민주당의 이례적인 지위 221
부르주아 정당의 패배주의 224
진영 정치의 확립 229
새로운 헌법 230
헌법개정조사단과 헌법준비위원회 233
효율적인 민주주의 238

11. 대결의 10년 241
임금노동자기금 241
사회민주당과 소유권 244
스웨덴 모델의 위기 247
핵발전소 250
이데올로기적 활력의 부활과 새로운 지도자 255

12. 부르주아 정부 시절, 1976~1982 257

역사적 정권 교체: 배신 논란 259
경제에 드리운 먹구름 264
정부 위기와 핵발전소 국민투표 267
제3차 펠딘 정부 275

13. 제3의 길에서 유일한 길로 279

1982년 선거 전후의 경제정책 280
패러다임 전환을 향하여 282
"국민국가의 위기" 287
과열된 경제 290
11월혁명 292
요약: 경로 변경 296

14. 잠수함과 밍크의 여파: 외교정책을 둘러싼 새로운 싸움 299

연이은 정치적 사건 301
논쟁의 퇴조 305
잠수함 논란의 핵심 309

15. 스웨덴의 유럽연합 가입 315

금속노동조합연맹 연설과 그 여파 316
가입의 재고 319
정치적 기회의 창이 열리다 320
국민과 유럽연합 324
'반항하는 유럽인' 330

16. 도전에 직면하여 개혁된 복지국가 333
  '스웨덴의 새로운 출발' 334
  신자유주의의 도전 337
  위기의 시절 342
  국가 재정 건전화 350
  연금개혁 355
  폭넓은 합의의 시대 359

17. 정치 지형의 변화 363
  정당 제도의 변화 364
  신생 정당들 366
  그 밖의 도전자들 372
  공식화했으나 변하기 쉬운 의회주의 377

18. 200년간의 투쟁과 합의 정치 385
  왕권에서 민주주의로 385
  사회민주주의의 100년 386
  합의 정치, 해체 과정에 있는가? 391
  안정에서 혼란으로 395
  2022년 선거: '패러다임 전환'? 403
  전환기의 스웨덴 정치 405

  미주 411
  참고 문헌 441
  옮긴이의 말 455
  찾아보기 463

일러두기

1. 원주는 미주로, 역주는 각주로 편집하였다.
2. 볼드체는 원서의 강조 사항이다.
3. 스웨덴어 고유명사 표기는 국립국어원의 외래어표기법을 준용하되 일부 낱말은 현지 발음을 우선하였다.
   - rd, rt, rn, rs, rl의 자음군에서는 r의 음가가 탈락하고 뒤 자음은 권설음으로 발음된다.
   - o의 음가는 두 가지로 '우'로 발음되는 경우 이를 살려 표기한다. 다만 유한Johan, 빅토리아Victoria 같은 경우는 익숙한 표기인 요한, 빅토리아를 쓴다. 더불어 '유'로 발음되는 Jo-는 일률적으로 '요'로 쓴다.
   - e, ä는 r 앞에서 '애'로 발음되나 '에'로 쓴다.
4. 기초자치단체 'kommun'은 '콤뮨'처럼 읽히지만 익숙한 표기인 '코뮌'으로 쓴다.
5. 부록(스웨덴 역대 총리, 스웨덴 역대 선거 결과)과 화보는 한국어판에 추가한 것이다.
6. 자료명은 알파벳과 숫자와 부호 조합의 약어로 표기하였다. 주요 약어의 내용은 다음과 같다. RF:통치조직법/헌법Regeringsform, prop.:법안proposition, RO:의회조직법Riksdagsordning, Riksdagsprot.:의회의사록Riksdagsprotokoll.

1

새로운 왕국

1800년대에는 거대한 드라마로 펼쳐진 두 가지 획기적 사건이 벌어졌다. 첫째는 1809년 쿠데타와 그 이후 채택된 새로운 통치조직법이다. 이 헌법은 꼬박 165년간 유지되어 폐지될, 당시 세계에서 가장 오래된 헌법이었다. 다른 사건은 구식의 옛 신분제 의회를 근대적인 의회로 대체한 1866년 의회 개혁이다.

1809년 스웨덴 국가는 위태로운 상황에 처했다. 그때까지 왕국의 동쪽 절반이라고 부르던 핀란드가 나라에서 분할되어 러시아에 이양되었다. 그리고 러시아는 스웨덴을 계속 공격했다. 러시아 군대가 고틀란드와 위메오 외곽에 진주했다. 동시에 서쪽에서는 프랑스의 지원을 받은 덴마크와 노르웨이의 군대가 공격해 들어왔다. 2월 초 스웨덴의 운명은 결정된 것 같았다. 외레순드(외레순) 해협은 얼음이 두껍게 얼어 있었고, 덴마크 쪽에서 4만 4,000명의 병사가 진격 신호를 기다리고 있었다. 해협의 반대편에 있는 스웨덴 병사는 겨우 5,000명이었다. 그러나 급격한 기상 변화로 침공은 방해를 받았다. 얼음이 녹았고, 해협을 건너기는 위험했다.

그때 국왕 구스타브 4세 아돌프에 대한 강한 불만이, 특히 귀족층에서 감지되었다. 국왕이 나폴레옹과 협상한 결과로 스웨덴이 고립되었기 때문이다. 몇몇 장교와 관료의 주도로 3월 13일 국왕이 폐위되었다. 칼 공작이 새로운 섭정으로 선출되었다(Hemström 2005; von Sydow 2009).

그렇지만 전쟁은 끝나지 않았다. 러시아는 심지어 올란드와 그리슬레함에도 상륙했다. 그러나 그때 휴전이 이루어졌다. 군사적 상황이 혼란스러웠기에 '기회의 창문'이 살짝 열렸고, 몇 주 뒤에 의회는 새로운 헌법에 관하여 첫 번째 결정을 내릴 수 있었다. 헌법의 토대는 국왕과 의회 간의 권력 분할이었다(Sundin 2006).

약 50년 뒤, 1865년 초에 700명에 가까운 귀족 신분의 대표자들이 정부의 의회 개혁안에 대한 입장을 정하기 위해 귀족회관에 모였다. 농민 신분과 도시민 신분은 곧 압도적 찬성으로 제안을 수용했으며, 성직자 신분은 귀족의 결정을 주시하고 있었다. 따라서 회합한 귀족들이 결정권을 쥐었다. 법무부 장관 루이 드 예르의 주도로 작성된 법안을 그들이 승인하면, 오래된 신분제 의회는 폐지된다. 실제로 그렇게 되었다. 이로써 중세 시대에 뿌리를 둔 대의 기구는 근대적인 양원제 의회로 대체되었다. 상원은 주 의회와 시 의회에 의해서 간접선거로 구성되었고, 하원은 직접선거로 구성되었다.

귀족회의가 거부하면 법안은 실패할 수밖에 없었다. 귀족회의가 거부권을 지녔기 때문이다. 이 문제의 결정은 달리 말하자면 귀족이 자발적으로 그 지배적인 권력 지위를 포기할 것인지, 인구의 0.3퍼센트에 불과

한 자들이 국왕과 협의하여 스웨덴의 조건을 결정할 수 있는 권력 구조를 폐지하는 데 협력할 것인지에 달려 있었다. 개혁에 반대한 자들 중에서 가장 눈에 띄는 사람은 헨닝 하밀톤이었는데, 그는 결정이 난 뒤 짙은 민족주의적 색채에 젖은 연설로써 개혁의 함의를 이렇게 요약했다.

오늘 나는 처음으로 젊은 스베아를 맞이한다.* 그렇지만 슬픈 마음으로 맞이한다. 왜냐하면 어제 매장된 그 어머니를 나는 사랑했으며, 그 중세의 의복 밑에서 스웨덴의 역동적인 심장이 늘 고동쳤기 때문이다. 나는 젊은 스베아를 걱정하며 맞이한다. 아마도 내가 젊은 스베아를 옛 스베아만큼 잘 알지 못하기 때문일 것이다. 어쨌든 스베아는 젊다. 그 첫걸음은 비틀거릴지도 모른다. 그럴 경우에 쓰러지지 않도록 붙들어주는 것이 우리의 의무이며, 우리는 애정 어린 마음으로 이를 수행할 것이다. 젊은 스베아는 양육이 필요할지도 모른다. 그럴 경우에 이를 키우는 것이 우리의 의무이며, 우리는 기꺼이, 그렇지만 진지하게 이를 수행할 것이다. 그것이 언젠가 우리 후손들에게 선조들이 우리에게 주었던 것과 같은 의미가 되도록, 옛 스베아처럼 사랑받을 뿐만 아니라 그 자체로 행복하고 강하고 자유롭도록.[1]

그렇지만 대다수는 중세의 신분제 의회에서 벗어날 때가 왔음을 분명하게 인식했다. 기존의 어느 신분도 품을 수 없는 새로운 계급들이 성장했다. 특히 도시에서는 (대표성을 얻지 못한 집단인) 상인과 제조업자의 영

---

*   Svea는 감라웁살라를 중심으로 존재했다는 고대의 스베아 왕국Svea riket을 가리킨다. 이로부터 스웨덴을 뜻하는 스베리예sverige가 나왔다.

향력이 강해졌다. 의회 개혁의 기획자인 루이 드 예르는 자신의 의지를 관철하는 데 성공했으며, 그의 주된 논거는 신분제 의회가 시대에 뒤진 제도, "폐지되는 것이 시간문제인 구식 제도"라는 것이었다(Stjernquist 1996, s. 20에서 인용).

수도의 뜨거운 분위기는 이것이 중차대한 문제임을 보여주었다. 귀족 회관 밖에 수많은 사람이 모였고, 군대가 대기하고 있었다. 귀족이 제안을 거부하면 소요가 일 것으로 예상되었다. 뜨거운 논쟁이 나흘간 지속되었다. 90차례나 연설이 이어졌으며, 신문은 여러 연설을 상세히 언급하고 논평했다(Johannesson 1984).

1866년 양원제 의회의 도입은 스웨덴 정치에서 명백한 형성의 계기였다. 구식의 대표성 관념이 역사의 뒤안길로 사라져 원리의 측면에서 그러했으며 또한 근대화한 의회가 빠르게 더 크고 중요한 역할을 수행했다는 점에서도 중요한 전환이었다. 의회는 정부에 더 큰 영향력을 행사했으며, 정치 체제의 의회주의화도 연속적으로 진행되었다. 개혁의 여파로 근대적 정당도 출현했다. 달리 말하자면 의회 개혁을 통해 완전히 새로운 제도적 조건이 출현한 것이다.

이중의 헌정 전통: 지방자치와 강력한 중앙 권력

스웨덴은 지방자치와 강력한 중앙 권력이라는 서로 대조적인 두 가지 전통을 지녔다. 지방자치의 뿌리는 중세까지 거슬러 올라간다. 1600년대 강국시대*에 근대적이고 효율적인 정부가 출현했고, 그 중앙집권적 정부

---

*   stormaktstid. 스웨덴이 유럽의 강국이었던 후기 바사 왕조 시대(1611~1654)와 카롤

형태의 기본적인 구조는 이후 계속해서 국가 행정의 근간이 된다. 지방자치 전통은 구스타브 바사 시대의 스웨덴 민족국가가 팽창했을 때 후퇴했지만 그럼에도 지속되었고, 그 이중의 전통은 지금도 여전히 스웨덴 통치 체제의 두드러진 특징으로 남아 있다(Petersson 1993). (그 통치 체제에 반영된) 정치 문화에서는 민주적인 민중운동 전통과 시민 참여의 요구뿐만 아니라 국가 권력과 공공 기관에 대한 신뢰가 두드러진다. 다른 나라와 비교할 때 상당히 독특하다고 볼 수 있는 조합이다. 그러므로 한편에는 지역적 뿌리라는 관념이 있고, 다른 한편에는 공권력이 두드러진 역할을 차지하는 데 이바지한 권위의 전통이 있다.

국민국가가 성장하던 시기에 지방자치의 위상이 높았다는 사실은 중요하게 여겨지곤 한다. 이미 중세 초기에 팅$_{\text{ting}}$[*]과 해라드$_{\text{härad}}$^{**} 교구회의 sockenstämma 같은 지역 제도가 있었다. 유럽적 시각에서 스웨덴의 두드러진 특징은 농민의 영향력이었다. 신분제 원칙에 따라 농민은 의회에 대표를 보냈다. 봉건제는 스웨덴에 확고히 자리 잡지 못했다. 몇몇 시기에, 특히 칼 11세의 토지 환수^{***} 이전에는 귀족의 권한이 확실히 강했다. 그렇지만 스웨덴 귀족은 다른 나라 귀족이 누린 지배적인 지위를 전혀 획득하지 못했다. 농노제의 부재와 자영농 계층의 강력한 지위 때문에 스웨덴은 상궤에서 벗어난 나라가 되었다. 농민들은 귀족에 대한 불

    린스카 시대(1654~1718)를 말한다.
*   바이킹 시대를 거쳐 중세까지 북유럽에 있던 정치적 회의체.
**   행정 단위. '군' 정도에 해당한다.
***   reduktion. 귀족에게 하사된 토지를 강제로 국가에 귀속시킨 조치로 1650년대에서 1680년대까지 몇 차례 있었다.

신이 있었고, 이는 장기간의 국왕 전제정치에 이바지했다(Berggren & Trägårdh 2006, s. 41).

스웨덴 사회는 비교적 짧았던 강국시대에 급속한 발전을 이루었다. 1600년대 초 스웨덴은 유럽 변두리의 궁색한 벽촌에서 강국으로 바뀌었다. 중앙 권력은 전쟁을 수행하면서 더 강력해졌다. 전쟁은 자원을 요구했고, 이는 왕국의 통치와 관련하여 광범위한 변화를 강요했다. 국가 행정의 효율성이 높아지고 그 구조가 더 견고해짐으로써(주지사 handshövding 와 왕궁사령관 ståthållare, 집행관 kronolänsman, 해라드 서기 häradsskrivare 같은 직책이 설치되었다) 세금을 걷고 병력을 충원하는 것이 가능해졌다. 중앙 차원에서도 관직이 출현했다. 중앙 행정부는 관료기구가 되면서 동시에 팽창했고 이전보다 더 명확한 형태를 갖추었다.

이 과정에서 중요한 역할을 수행한 사람은 구스타브 2세 아돌프의 사망 후 섭정 정부를 이끈 총리 악셀 옥센셰나였다. 옥센셰나는 스웨덴 최초의 통치조직법, 즉 1634년 통치조직법의 입안자였다.[2] 그 통치조직법은 본질적으로 행정 법규였다. 이를테면 의회의 위상은 규정되지 않았다. 또한 오랫동안 의회는 팽창하는 관료제나 한층 더 강력해진 국왕 권력에 맞서 권리를 주장하지 못했다. 1718년 칼 12세의 사망 이후 강국시대는 끝났다. 칼 전제정치 시대(1680~1718)에 뒤이어 자유시대(1720~1772)가 이어졌다. 1719년 군주 권한을 제한하려는 목적에서 새로운 헌법을 채택했다(한 해 뒤 약간의 개정이 이루어졌다). 칼 11세와 칼 12세의 시대에 왕권이 극도로 강해졌기 때문이다. 새로운 통치조직법에서 권력은 국왕과 추밀원, 의회 사이에 분할되었다. 그러나 곧 애초에 의도한 것보다 더 큰 진전이 이루어졌다. 의회의 영향력은 부단히 성장했으며, 1700년대 거의 내내 의회는 지배적인 권력의 중심이었다. 의회주의적 특징이 뚜렷하게 확립되었다. 정당 제도가 발달했으며, 추밀원은 그 활동에 대해 의회에 책임을 져야 했고, 직무를 소홀히 한 추밀원 의원은 의회에 의해 해임될 수 있었다. 행정 권력이 정치적으로 국민의 대표에 종속되어 있다는 것이 의회주의의 핵심이기 때문에, 1700년대에 이미 의회주의적 성격이 뚜렷한 정치 체제가 존재했다.[3]

1776년에 제정된 출판자유법도 획기적이었다. 이 법률은 또한 원칙적으로 누구나 당국의 활동에 관여할 권리가 있음을 의미했는데,* 자유시대의 스웨덴이 1700년대 말 유럽에 나타난 자유주의적 분위기 속에서 선진적인 입헌국가로 알려지는 데 일조했다. 이 출판자유법이 결코 오늘날의 표현의 자유라는 기준을 충족하지 못했다는 점을 강조할 필요가 있다. 예를 들어 종교적 검열은 광범위하게 시행되었다.

자유시대에 권력은 하타르당과 뫼소르당의 두 당파가 출현한 의회로 이전되었다. 두 당파는 근대적 의미의 정당이 아니라 느슨하게 결합된 집단이었지만 어쨌거나 정치적 논쟁의 격화에 이바지했다. 이렇게 정당 제도와 의회주의적 특성이 있었고 국제적으로도 유일무이한 출판의 자유로 공적 논쟁이 활발해졌지만, 자유시대는 당연히 민주주의 시대라고 할 수는 없다. 극소수만이 선거권을 가졌고 귀족의 지배가 강력했기 때문이다.[4] 자유시대는 광포한 신분 지배가 맹위를 떨치면서 점차 퇴화했다. 여러 국가 기관의 임무는 명확하게 규정되지 않았으며, 의회는 차츰 순수한 행정 업무에 몰두했다. 의회는 사법 행정은 물론 행정권

---

* 검열의 중지와 당국의 공적 활동에서 정보공개의 원칙offentlighetsprincipen을 규정했다.

행사에도 관여했다. 특히 비밀위원회(의회 의결 과정의 중추)가 큰 권한을 지녔다. 시간이 흐르면서 부패가 널리 퍼졌다. 타국의 대표자가 의원을 매수하여 의회의 결정에 영향을 미치는 일이 발생했다. 1772년 구스타브 3세가 쿠데타를 일으키고 뒤이어 1789년에 결사 · 안보법$_{\text{Förenings- och säkerhetspakten}}$을 제정하여 새로운 국왕 전제정치 시대를 열었다.* 앞에서 말했듯이, 1809년 구스타브 4세 아돌프가 폐위되고 새로운 헌법이 채택되었다.

구스타브 3세는 변덕스러웠고 제멋대로 통치했다. 그는 일상적인 행정 업무에 개입하여 불안을 초래했다(Larsson 1993). 한편으로 통치자는 언제든 결정 과정에 개입할 수 있었고, 다른 한편으로 군주의 총애를 받는 자들이 관료에 많이 임명되었다. 이들은 때때로 무능할 정도로 자신의 업무에 문외한이어서 의존적인 행태를 보일 때가 많았다. 따라서 아주 많은 일을 국왕이 결정했다. 결과적으로 의사 결정 과정의 효율성은 크게 떨어졌다. 그 시기에는 또한 국가 관직의 매매가 가능했다. 부유한 귀족은 관직을 구매할 수 있었으며, 국왕은 자신이 높이 평가하는 자들에게 관직을 하사할 수 있었고, 이들은 다시 그 관직을 다른 사람에게 판매할 수 있었다. 라숀은 이렇게 쓴다. "느리고 부패한 비공식적 의사 결정 기구는… 구스타브 3세 통치의 결과였다"(Larsson 1993, s. 55).

국왕에 대한 불만이 특히 귀족층에 널리 퍼졌다. 1792년 구스타브 3세의 살해는 그러한 불만의 표현이었다. 이로써 스웨덴 역사에서 국왕

---

* 신분제 의회와 협의 없이 전쟁을 선포하고 강화를 결정할 수 있었고 추밀원을 사실상 폐지했다.

전제정치의 마지막 시기가 끝났다. 왕위 계승자인 구스타브 4세 아돌프는 허약한 군주였다. 구스타브 3세의 전제정치 시절에 발전한 통치 체제가 군주의 강력한 지도력을 전제로 했기에 혼란이 발생했다. 프랑스와 덴마크, 러시아와의 전쟁에서 나라가 고난을 겪은 뒤, 1809년 무혈 쿠데타로 국왕이 폐위되었다. 의회의 헌법상임위원회가 새로운 헌법 제정 임무를 맡았다.

1809년 헌법: 조문으로 옮겨진 스웨덴 역사

'1809년 통치조직법'이 1974년에 폐지되었는데, 미국 헌법 다음으로 오래된 헌법이었다. 그때 1809년 헌법은 오랫동안 시대에 뒤진 것으로 보였고, 이미 세기 전환기에 '실효' 헌법과 '자구' 헌법이 구분되었다. 실제로 전개된 상황을 보면 1809년 통치조직법은 글자 그대로 해석되지 않았음을 알 수 있다. 따라서 헌법 개정이 이루어진 1970년대에 그 헌법은 무려 50년 이상 시대에 뒤진 폐물이었다.[5]

1809년 통치조직법은 권력 분립 이론에 토대를 두었고 "조문으로 옮겨진 스웨덴 역사"라고 불렸다. 권력 분립의 목적은 말하자면 과거의 실수에서 교훈을 얻자는 것이었다. 자유시대 이전과 이후의 지나치게 강력한 왕권은 물론 자유시대 동안 존속한 무제한의 의회 지배도 피해야 했다. 샤를루이 몽테스키외의 권력 분립 원리, 즉 국가의 입법부와 행정부, 사법부가 분립하고 서로 견제해야 한다는 원리는 당시 유럽 대륙에서 강력한 지지를 받았으며 1787년 미국 헌법에도 흔적을 남겼다.[6] 그 밑바탕에 깔린 사고는 모든 권력은 전제 군주가 행사하든 국민의 대표가 행사하든 상관없이 모종의 대응 권력으로 견제하지 않으면 남용과 부패로 이어지는 경향을 보인다는 것이다. 국가 권력을 분할하고 그 사이에 균형을 맞춤으로써 효율적인 통치가 가능하다는 것이다. 동시에 법률을 적용하는 사법제도뿐만 아니라 입법 활동에도 서두르지 않는 일 처리가 자리를 잡았다. 권력이 하나의 기관에 집중된 결과로 종종 발생하는 권력 남용은 이로써 피할 수 있었다.

1809년 통치조직법이 국왕에 부여한 강력한 지위는 이상하게 보일 수 있다. 헌법은 왕권을 제한하려는 노력에서 제정되었기 때문이다. 그러한 목표가 있었음에도 전문에는 이렇게 적혀 있다. "국왕은 단독으로 왕국을 통치할 권리를 지닌다." 그러나 요점은 국왕이 행사하는 행정권이 효율적으로 작동해야 한다는 것이었다. 개혁 이전 몇십 년간 사정은 그렇지 않았다. 동시에 국왕의 권한은 제한되었다. 헌법상임위원회는 이렇게 주장했다. 통치권은 "결정의 통일성과 강력한 실행 수단을 갖추고 일정한 형식 안에서 행사되어야 한다." 이는 다른 국가권력인 의회로 왕권을 견제함으로써 이루어져야 했다. 의회는 한편으로는 국가의 세입과 세출에 책임을 졌고 다른 한편으로는 국왕과 함께 입법에 책임을 졌다. 법이 발효되려면 의회의 승인이 필요했던 것이다.

개혁 이후 의회의 지위는 공식적으로 상당히 강력해졌다. 의회는 국왕과 입법권을 공유했을 뿐만 아니라 과세에 대한 권한도 유지했으며 더불어 감독의 역할도 맡았다. 의회는 내각('국왕의 조언자들')이 수행하는 활동은 물론 국가 행정도 감독하기로 했다.* 내각은 이론상 국왕에 조

---

* 추밀원은 1789년 결사·안보법으로 폐지되었고 1809년 통치조직법으로 내각statsråd 이 설치되었다.

언하는 기관일 뿐이었고, 국왕은 각료를 임명할 때 의회의 동의를 받을 필요가 없었다. 그러나 내각은 헌법상 그 조언에 책임을 져야 했으며 의회에도 책임을 져야 했다. 바로 이 점에서 의회의 감독권이 있었다.[7] 헌법은 국왕에게 어떠한 사안에서든 결정을 내리기 전에 내각과 협의할 것을 요구했다. 달리 말하자면 행정권 영역에도 권력 분립의 요소가 있었던 것이다.

왕권을 제한한다는 명확한 목표가 있었는데도, 1800년대 내내 왕권은 계속 강력했다. 특히 '단독통치시대'라고 부르는 칼 14세 요한의 재위 기간(1818~1844)이 이에 해당한다. 칼 요한은 이미 1812년에 왕세자의 자격으로 통치권을 넘겨받았다. 그가 초기에 취한 조치 중 하나는 왕국이 앞서 채택한 출판자유법을 제한하는 것이었다. 정부는 언론의 자유를 남용한다고 판단되는 신문을 폐간할 권리를 얻었다. 1810년 의회가 채택한 왕위계승법도 왕세자의 바람에 따라 변경되었다. 칼 요한은 또한 1814년 노르웨이와의 연합왕국이 수립되었을 때에도 주도적인 역할을 수행했다.[8]

새로운 군주에 대한 열광은 확연했고, 결과적으로 국왕은 헌법이 실제로 허용하는 것보다 더 큰 재량권을 행사했다. 출판자유법은 의회의 결의를 통해서만 제한할 수 있었기에, 국왕의 출판자유법 제한은 헌법에 위배되었다. 통치조직법에 적시된 기본법 변경 절차에 따르면, 기본법 변경이 법적 효력을 지니려면(계속 유효하려면) 중간에 선거를 두고 동일한 의회 결의가 두 차례 필요했다. 그렇지만 칼 14세 요한의 인기는 시간이 지나도 줄지 않았다. 비판은 정부의 활동 방식을 향했는데, 이는 각료들에도 해당되는 비판이었다. 각료들은 정부의 임무에 정통하지 못하다는 평가를 받았는데, 이는 그들이 고유의 책임 영역을 갖지 못한 결과였다. 그러나 주된 비판은 국왕이 정부의 활동을 지나치게 광범위하게 지배한 것과 관련이 있었다. 이 비판은 근거가 없지 않았다. 국왕은 비공식적인 위압적 통치 방식으로써 때때로 헌법이 자신에게 부여한 것보다 큰 권한을 행사했다. 예를 들면 국왕은 수시로 각료를 개별적으로 불러 내각이 예비 논의에서 어떤 결론에 도달했는지 알아냈다. 칼 14세 요한은 또한 개인 비서국을 설치했고, 이는 내각이 수행해야 할 기본적인 업무의 대안을 제시했다. 새로운 헌법으로 내각의 지위는 국왕에 대해 상대적으로 약해졌다. 내각은 특정 의제에 대해 의견을 제시해야 했지만 깊이 파고들 기회를 부여받지 못했다. 차관들은 전문지식이 있었지만 각의에 참여할 수 없었다.

1840년 정부개혁은 더욱 근대적인 정부를 향한 중요한 진일보를 뜻했다. 개혁에 따르면 일곱 명의 '각료'가 부의 수장인 장관이 되었다. 그 밖에 세 명의 정무장관('무임소장관') 직책이 설치되었다. 정부개혁과 더불어 스웨덴은 처음으로 근대적인 의미의 정부를 얻게 되었다. 내각의 지위는 의회뿐만 아니라 국왕에 대해서도 강화되었다. 그러나 의회주의 정부까지는 아직도 갈 길이 멀었다. 국왕은 여전히 제멋대로 각료를 임명했다. 이전과 똑같이 내각은 의회의 감독을 받았고 실수를 저지르면 비난을 받을 수 있었다. 그렇지만 감독의 법률적 성격은 제한적이었다. 내각의 정치적 논의는 의회의 통제를 받지 않았다.

정부개혁에 앞서 '이원적 구조'의 역할에 관한 논의가 선행되었다. 1720년 이후로 중앙행정관청은 각 부에 대해 독립적인 지위를 유지했다. 국왕은 이러한 이원적 구조가 헌법에 맞지 않다고 보았다. 행정의 자율성 때문에 내각의 지위는 불분명했고, 이러한 체제는 국왕이 1809년 통치조직법에 전제된 방식에 따라 왕국을 통치할 기회를 훼손했다. 그렇지만 '장관의 지휘'에 대한 반대는 강력했고, 비판자들이 얻고자 한 것에 비춰보면 1840년 개혁은 희석되었다고 보아야 한다. 확실히 내각은 한층 분명한 책임 영역을 확보했다. 여러 부의 책임을 떠맡았고 자체의 조직을 갖추었다. 그러나 중앙행정관청에 대한 기본적인 관계는 변하지 않았다. 이원적 구조는 손상을 입지 않고 그대로 남았다(Andersson 2004).[9]

당시 헌법 정책 논의에는 국왕과 그 조언자(각료)들의 관계에 관해서 세 가지 견해가 있었다. 보수파는 내각이 헌법에 규정된 대로 단지 조언자일 뿐이라고 주장했다. 다른 이들은 왕권을 제한하려 했고 내각의 영향력 증대를 원했다. 자유주의자들은 장기적으로 정부가 의회에 의존하는 체제를 수립하기 위해 노력했다(von Sydow 1997). 1809년 통치조직법의 권력 분립 구조에는 그러한 의회주의적 발전의 싹이 들어 있었다. 국왕이 의회와 입법권을 공유했다는 사실은 그가 각료를 임명할 때 의회 내 반대파를 고려할 수밖에 없었음을 의미했다. 이를테면 의회가 여러 문제에서 국왕의 방침에 반대하면 왕권의 권위는 손상될 위험이 있었고, 내각이 의회에 닻을 내리고 있으면 정부 법안이 의회에서 통과될 가능성이 높아지기 때문에 국왕이 각료를 임명할 때 그가 의회의 지지를 받을 수 있는 인물인지 확인하는 것은 당연했다. 의회의 영향력이 증대됨에 따라 부수적으로 의회주의 노선의 발전도 이루어졌다.

의회 개혁과 총리직의 도입

1809년 개혁으로 의회의 지위가 강화되었지만 그렇다고 '단독통치시대'에 의회가 무시되었다는 사실이 가려지지는 않는다. 이는 단지 강력한 왕권 때문만은 아니었다. 신분제 의회의 작동이 비효율적이었다는 사실도 이에 기여했다. 결정이 효력을 발하려면 네 신분회의 중 세 신분회의가 찬성해야 했다.[10] 게다가 의회는 고작 5년에 한 번 모였으며, 이는 1844~1845년 의회에서 3년마다 모이는 것으로 바뀌었다. 뿐만 아니라 네 신분의 대표성에 문제가 생겼다. 대표성을 갖지 못한 새로운 집단이 성장했다. 동시에 귀족과 성직자의 권위가 훼손되었다. 귀족이 특별한 경제적 지위를 상실했을 뿐만 아니라 새로운 작위 귀족의 출현이 중단되어 귀족 신분이 약해졌고, 종교 문제에서 성직자의 독점권은 새로 성장하던 신앙부흥운동에 잠식당했다(Stjernquist 1996).

1809년 통치조직법 채택과 관련하여 이미 헌법상임위원회는 양원제 의회로의 전환을 제안했다. 그 제안이 되풀이되었다. 1865년 12월 의회 개혁에 대한 입장을 밝히기 위해 신분회의들이 열렸을 때, 신분제의회는 시대에 많이 뒤진 것으로 보였고 개혁을 이행하라는 압력이 강력했다.

개혁은 앞으로 의회가 간접선거로 구성하는 상원과 직접선거로 구성하는 하원으로 이루어질 것임을 의미했다. 두 의회의 권한은 동등해야 했다. 법률 개정을 위해서는 두 의회의 동의가 필요했지만, 예산 영역에서는 두 의회가 다른 결정을 내릴 경우 합동투표를 실시해야 했다. 한 가지 중요한 변화는 의회가 차후로는 매년 열린다는 것이었다. 1866년 6월 22일 발효된 이 결정은 신분에 연결된 선거인단이 의원을 선출한 이전에 비해 극적인 변화를 의미했다. 새로운 제도는 직접선거 원리에 입각했다.

의원은 전체 유권자에 의해 선출되어야 했다. 이 개혁은 의회 대표성의 민주화까지 겨냥하지는 않았더라도(극소수만이 투표권을 보유했다) 몇십 년 뒤에 시작될 민주화 과정에 중요한 토대를 놓았다.

새로운 선거권 규정에 따라 1866년부터 하원 선거에는 세 가지 제한 규정이 있었다. 21살 이상의 남자여야 했고, 연간 소득이 800크로나를 넘거나 1,000크로나 이상의 과세 대상 재산을 소유하거나 도합 6,000크로나의 과세 대상 부동산을 임차해야 했다. 하원 선거는 직접선거였지만, 상원 선거는 주 의회와 대도시 시 의회를 통한 간접선거였다. 주 의회와 시 의회 의원을 선출할 수 있는 선거권은 재산에 따라 차등으로 부여되었다. 세금을 납부한 회사도 선거권이 있었다. 재산이 있는 미혼 여성도 지방선거에서 투표할 수 있었다. 하원 선거는 직접선거였고, 의원 임기는 3년이었다. 반면 상원은 9년 임기에 연속적으로 일부 의원이 교체되었다. 두 의회는 원칙적으로 동등했다. 법률은 두 의회의 동의를 필요로 했지만, 예산 문제에서는 두 의회가 서로 다른 결정을 내리는 경우 합동투표를 실시해야 했다.

의회 개혁 직전 1862년 지방자치법 개혁이 이루어졌다. 이 개혁의 주동자도 루이 드 예르였고, 이 개혁으로 설치된 주 의회가 상원 선거인단이기 때문에 지방자치법은 의회 개혁과도 연계되어 있었다. 주 의회에 포함되지 않는 도시에서는 시 의회가 같은 역할을 수행했다. 지방자치법 개혁으로 지역 차원의 정치 제도가 확립되었다. 그렇지만 1862년 개혁의 목적은 지방자치정부를 분명하게 드러내는 것이었다. 지방자치정부는 스웨덴 사회 체제에서 오랫동안 두드러진 역할을 수행했지만 중앙정부의 권한이 증대됨에 따라 그 역할이 차츰 침해되었다. 이전에는 코뮌(기초자치단체)이 다룰 수 있는 업무가 구체적으로 제시되었지만 이제는 그 권한이 포괄적인 문구로 규정되었다.

지방의회를 개혁할 필요성도 있었다. 개혁의 결과로 모든 도시와 교구는 1862년부터 코뮌을 설치했고, 이는 코뮌 회의나 여타 대표 기구가 운영했다.* 지방의회 선거에서 유권자는 소득과 재산에 비례하여 투표권을 부여받았다. 지방세 납부가 투표권 행사의 조건이었다. 다시 말해 대다수가 선거에서 배제되었다는 뜻이다.[11] 투표권이 있는 여성의 숫자는 무시해도 될 정도였다(Gustafsson 1999). 요컨대 의회 개혁은 의회의 지위를 강화하는 데 이바지했다. 선거 방식과 대표성의 원칙이 근대화되었을 뿐만 아니라, 의회는 계속해서 매년 소집되었으며 내각은 의회의 논의에 참여하여 정부 법안을 옹호하고 책임질 기회를 얻었다. 개혁 이후 의회 활동이 활발해졌다. 의원의 참여도 늘었고, 이전에 의회가 관여하지 못한 문제들도 주목의 대상이 되었다.

근대화한 것이 의회만은 아니었다. 1840년 정부개혁은 애초의 목적과는 반대로 정부를 약화시켜 하나의 응집된 집단으로 보이지 못하게 만든 것 같다. 개혁 이후 내각은 한층 더 분명한 책임을 떠맡았지만 전체적인 공동의 문제에 대해서는 상대적으로 그럴 여력이 없었다. 개혁은 전문화, 즉 일종의 분과화를 초래했고, 누구도 전체적인 책임을 지지 않았기에 의회와의 관계에서 정부의 힘은 약해졌다. 총리 직책의 도입은

---

*   1862년 지방자치법으로 농촌 코뮌에 코뮌 회의kommunalstämma가 설치되었고 1952년 코뮌개혁의 결과로 1953년 지방자치법이 개정되어 1955년부터 코뮌 회의는 사라지고 대신 코뮌 의회kommunalfullmäktige가 등장했다. 이는 1971년 코뮌개혁으로 도시의 시의회stadsfullmäktige와 함께 코뮌 의회로 대체되었다.

바로 이를 교정하기 위한 조치였다. 그렇지만 진정한 의미의 정부 수반이 아니라 단지 진행 중인 정부 활동을 지휘하고 조정할 자를 세우려는 생각이었다. "단독으로 왕국을 통치한다"는 국왕의 역할과 관련하여 긴장을 불러일으켰기 때문이다. 그렇게 동등한 자들 중에서 첫째가는 자였던 총리가 강력한 권위로써 의회에서 정부 정책의 대표자로 등장하게 되는 것이 개혁 옹호자들이 뜻한 바였다. 이에 관해서는 의견이 일치했지만, 이것이 과연 바람직한 변화인지에 관해서는 의견이 갈렸다.

반대자들은 총리가 국왕의 지위를 흔들고 그로써 헌법에 담긴 권력분립이라는 관념 전체를 어지럽힐 것이라고 주장했다. 또한 총리가 정부 구성에서 큰 영향력을 행사하고 의회에서 정부 정책에 대한 지지를 얻으려 애쓰면서 (문제가 되는 것은 총리 한 사람이다) 빈번히 바뀌는 의회 내 과반수에 지나치게 의존하여 정부의 힘을 약화시킬 것이라는 우려도 있었다. 개혁 반대자들은 이 모든 것이 의회주의를 불가피하게 만들지는 않을지 두려웠다.

개혁에 찬성한 자들은 총리가 강력한 지위를 얻을 것이라는 점을 부정하지 않았지만 그럴 만한 가치가 있다고 주장했다. 총리가 국왕 개인의 권력을 제어하는 수단이 될 수 있다는 것이었다. 국왕이 총리를 자신 편에 두는 이점도 지적되었다. 일의 부담을 줄일 수 있었고, 이따금 국왕을 향한 비판을 총리에게 돌릴 수 있었다. 비슷한 체제의 동시대 경험과 역사적 경험을 불러내기도 했다. 카이저 시대 독일의 오토 폰 비스마르크나 스웨덴 강국시대의 악셀 옥센셰나가 수행한 역할은 그러한 직책의 장점을 보여주었다(Ruin 2007).

투쟁과 합의 사이에서

의회 개혁은 스웨덴 정치사에서 중요한 전환점을 이룬다. 그로써 스웨덴이 근대적 대의제를 갖추었다. 양원제 의회는 뒤이은 정당 제도의 발전과 민주화 과정에 토대가 되었고 약 100년간 유지된다. 그러나 개혁은 루이 드 예르의 제안이 귀족의 반대에 부딪히고 사회적 소동이 벌어질 위험이 있는 상황에서 모진 투쟁 끝에 실현되었다. 스웨덴 정치 문화에 깃든 역사적 특징에 비추어 보면, 결정을 내리기 전에 진행된 논쟁에서 특히 합의라는 논거가 빈번히 사용되었음은 되새길 가치가 있다. 개혁 옹호자들은 과거의 신분 제도가 국민을 분열시켰음을 기억했고, 개혁 반대자들은 그 반대를 주장했다. 헨닝 하밀톤이 귀족회의 개회사에서 사용한 비유는 토론 중에 큰 주목을 받았다.[12]

한 건물에 네 가족이 각자의 집에 살았다. 그들은 모두 합의하여 평화롭고 화목하게 살았다. 두 가족이 식구가 많아져 비좁게 살게 되자 공간을 더 요구했다. 다른 두 가족은 이를 거부하지 않았지만 자신들에게 조건에 관하여 합의할 권리가 있다고 생각했다. 그러나 그 건물에는 관리인이 있었고, 협의가 진행되는 동안 그는 건물에 불을 질렀다. 자신들의 돈이 무사한 것을 본 처음 두 가족은 이후 크게 문제 삼지 않았고, 화재 중에 그 친구들 여럿이 몰려와 혼란이 가중되었다. 다른 두 가족은 불을 끄려 애썼고 성공했다. 그러나 화재 진압 중에 설비 일부가 망가졌고 건물 안에 있던 많은 것이 한동안 뒤죽박죽인 상태에 있었다. 이제 묻겠다. 누구 책임인가? 불을 끈 자들인가 불을 지른 사람인가?

말하자면 개혁은 충분히 생각할 수 있었다. 문제는 조건이었다. 개혁은 강압에 의해 이행되어서는 안 되며 모든 집단의 이해관계를 살펴야 했다. 이 비유에서 무책임한 건물 관리인, 즉 진정한 방화광의 역할을 부여받은 루이 드 예르는 비좁은 주거 공간의 비유는 전혀 어울리지 않는다고 주장했다. 네 가족이 편안하게 살기에는 부족함이 있었고, 네 가족 중 두 가족은 오래전부터 이사를 원했다. 루이 드 예르는 이렇게 말을 이었다.

건물 밖에 사는 주민들은 집이 서서히 기울어져 무너진다고 생각했고, 주택 관리인까지도 그렇게 생각했다. 그래서 그는 신축 계획을 수립하기 위한 허가를 얻어냈다. 네 가족에 이사를 요청한 것은 바로 이 때문이다. 그러나 그들이 이사할 의향이 없다면, 오래된 건물이 허물어지거나 불타기 쉬운 상태가 될 때까지 계속 그곳에 머물고자 한다면, 그때는 확실히 그들 자신이 책임을 져야 할 것이다. 아직까지 집에 불이 붙지 않았으며, 주택 관리인은 불을 지르지 않을 것이다.

대재난을 초래할 수 있는 상황을 피하려면 대처가 중요했다. 건물은 무너지는 중이었다. 그 논쟁에는 합의라는 관념의 명백한 특징뿐만 아니라 스웨덴 정치 문화와 자주 연결되는 합리적 선택의 노력도 보인다. 새로운 사회계급들을 더 잘 통합할 대표성 모델이 절박했다. 국민 전체로부터 선출되는(직접동시선거 원리) 양원제 의회의 도입이 이에 기여할 수 있었다. 의회 개혁 시기의 신분제 의회는 시대에 맞지 않는 대표성 원칙 탓에 비효율적인 제도였다. 개혁과 더불어 정당성이 커질 것이고,

이는 또한 의회의 효율성에 유익했다.

귀족회의의 결의 이후 헨닝 하밀톤은 '젊은 스베아'를 환영했다. 환영은 합의 관념의 깊은 의미를 표현한 것이었다. 개혁에 반대한 주요 인사들은 쓰라린 패배 뒤에 다수파에 손을 내밀었고 결정을 존중하겠다고 선언했다. 패배자들도 개혁의 성공에 책임이 있었다. 그 과정은 다음 장에서 다루겠다.

2

민주주의 이전 시대

새로운 의원 선출 방식으로 이루어진 첫 번째 선거운동의 특징은 유권자나 후보자나 모두 참여도가 낮았다는 사실이다. 후보자는 조심스러웠고 실질적인 선거운동을 전혀 하지 않았다. 선거운동에 대해서는 대체로 부정적인 태도가 있었다(Esaiasson 1990). 게다가 정당도 없었다. 신분제 의회 시대의 느슨하게 결합된 당파는 의회 개혁과 더불어 해체되었다. 1869년 선거 전에 민주화의 초석을 놓으려는 목표로 신新자유당이 창당되었다.* 당의 주요 대표자는 아돌프 헤딘으로 그는 선거 전에 다음과 같은 제목의 정책 강령을 발표했다. "국민은 새로운 의회에 무엇을 기대하는가? 어느 민주주의자가 스웨덴 의회 의원들에게 보내는 15통의 서한." 아돌프 헤딘은 토론과 선거운동 집회를 더 많이 열자고 권고

---

* Nyliberala partiet. 1868년부터 1871년까지 존속한 하원의 원내 정당.

했지만 반향은 거의 없었다. 하원의 지배적인 정당인 농민당*은 의회 안에서 비교적 강력한 조직을 갖추었으나 선거운동은 무시했다.

이후의 일반적인 선거운동 형태는 후보자들이 선거 전에 진행된 후보 지명 집회에 개별적으로 모습을 드러내는 것이었다. 재선에 입후보한 의원들은 앞선 임기 중에 자신이 거둔 성과를 설명하곤 했다. 그 밖에는 지역 신문에 기고문을 싣는 것이 선거운동의 전부였다. 신문들은 선거운동에 특별히 많은 지면을 내주지도 않았다. 특히 지역 신문은 후보자들이 말하고 싶은 것을 잘 전달하려 하지 않았다. 낮은 활동 수준은 시골에서 각별히 두드러졌다. 1866년의 첫 번째 선거에서는 도시의 투표 참여율이 농촌에 비해 두 배 이상 높았다(36퍼센트 대 16퍼센트). 의회 개혁은 국민의 대표성이 근대화했음을 의미했다. 개혁은 곧 시작될 민주화 과정의 토대가 되었다. 그러나 여성은 배제되었으며, 성인 남성도 투표권을 보유한 자는 다섯 명에 한 명꼴이었다. 그러나 사회 체제가 보수적이었기에 의회 개혁은 급진적인 조치로 비쳤다.

비정치적 문화

민주주의 이전 시대가 시작할 때 스웨덴 정치 문화의 특징은 시민의 수동성이었다. 헤르베트 팅스텐은 비슷한 발전 단계에 있던 다른 어느 나라도 1800년대 스웨덴처럼 정치적으로 무관심하지 않았다고 주장한다(1937). 1884년까지도 선거에 참여한 유권자는 전체의 4분의 1에 지나지 않았다. 그 이전에는 더 적었다. 유권자 수가 적었기에, 선거는 극

---

* Lantmannapartiet. 1867년부터 1912년까지 존속한 하원의 원내 정당.

소수에게만 중요했다. 1872년 하원 선거에서 유권자는 대략 20만 명이었고, 다섯 명에 한 명꼴로 투표했다. 다시 말하자면 하원 의원 선출에 참여한 사람은 약 4만 명뿐이었다. 전부 형편 좋은 남자들이었다. 산업화가 확산되면서 성장한 노동계급은 1900년대 초 남성 보통선거제가 도입될 때까지 정치적으로 무시되었다. 그러나 보통선거제가 지연되기는 했지만, 1800년대에 유권자 수는 꾸준히 증가했다. 임금 인상의 결과로, 또한 인플레이션의 영향으로, 점점 더 많은 사람이 800크로나의 소득 하한선을 충족시켜 하원 의원 선거권을 획득했다.[1]

새로운 양원제에서 상원은 코뮌과 주 의회에 의한 간접선거로 구성되었다. 보통선거제가 도입될 때까지 상원 의원은 귀족과 대지주가 주를 이루었고, 이따금 평민이 보이기도 했다. 지방선거권은 차등으로 부여되었다. 소득과 재산이 투표수를 결정했다. 지방선거에서는 법인도 투표권을 지녔다. 회사가 전체 투표권의 20퍼센트 이상을 행사했다. 하원 의원 선거권은 평등하다는 점에서 한층 더 '민주주의적'이었다. 투표권을 보유한 자는 누구나 한 표만 행사했기 때문이다.

비정치적 문화는 지방선거의 특징이기도 했다. 1800년대 말 지방선거 투표권을 보유한 자는 다섯 명에 한 명꼴이었고, 그중 10퍼센트만이 투표에 참여했다. 1860년대에 몇몇 코뮌에서는 투표율이 약 3퍼센트(!)에 머물렀다.

투표한 사람이 왜 그렇게 적었나? 몇몇 연구자는 유권자의 무지에 주목했다. 많은 유권자가 선거 규정을, 그리고 무엇에 관한 선거인지를 몰랐다는 것이다. 다른 연구자들은 이러한 설명을 반박한다. 일반적으로 신문이 선거에 관한 정보를 폭넓게 제공하고 독자에게 투표를 권유했기 때문이다.

수동성을 심리적으로 설명하기도 한다. 등급제 투표권의 불공정성에 관한 토론에서는 종종 불평이 쏟아졌다. 세 표나 네 표를 행사할 수 있는 사람이 있는 마당에 한두 표만 행사할 수 있는 사람에게 투표가 얼마나 무의미한 행위로 느껴졌겠냐는 것이다. 그 시절의 전형적인 토론 내용의 하나는 그러한 무력감과 무의미함의 경험을 보여준다. "부자들이 고함을 지르며 결정을 내릴 때 가난한 놈들은 숨죽이고 있어야 한다"(Ullenhag 1984에서 인용).

지방선거 참여에 관심이 적었던 것은 또한 1800년대 코뮌의 활동이 극도로 제한되었다는 사실에 비추어 보아야 한다. 코뮌은 학교 말고도 환경을 책임졌고 친척이 없는 빈민을 최소한으로나마 돌보아야 했다. 코뮌은 1800년대 초부터 구빈원이라는 비영리 단체의 도움을 받았다. 사회정책은 없었다. 빈민에 대한 도움은 오랫동안 대체로 자선의 형태로만 이루어졌다. 물론 자선 활동에 헌신한 단체들이 종종 코뮌과 협력하기는 했다. 지방정치 활동은 비정치적 성격을 띠었다. 당대의 어법이 이른바 '정치적' 선거(즉 하원 선거)와 '지방선거'를 구분했다는 사실은 뜻하는 바가 있다. 그 구분은 오래도록 유지되었다.[2]

복종과 만족

그렇게 오랫동안 스웨덴 사회의 특징이었던 이 비정치적 문화를 어떻게 이해할 것인가? 1800년대에 스웨덴에 널리 퍼진 이데올로기는 교회의 대표자들이 설파한 가르침이었다. 마르틴 루터의 『소교리문답서』에 나오는 유명한 가정규범을 통해 많은 대중이 습득한 그 이데올로기에서 강조한 것 중 두 가지가 정치적 수동성과 관련하여 의미 있게 보인다. 만족과 복종이다. 사람은 자신의 운명에 만족해야 했고, 세속 권력과 교회 권력에 존경과 복종을 보여야 했다. 지옥에 대한 믿음은 강력한 교육적 수단이었다. 널리 숙명론이 퍼졌으며 통치자에 대한 신뢰가 확산되었다(Stjernquist 1996).

이 점에서 앞서 서두에서 거론한 문화이론과 연관 지을 근거가 있다. 당시 스웨덴 사람들은 집단 충성도가 약했고(민중운동이 성장하기 전이었다) 심히 권위 지향적이었다. 모든 정치 체제에는(비민주적인 체제뿐만 아니라 민주적인 체제에서도) 정신을 지배하기 위한 싸움이, 종종 난해한 형태로 벌어졌다. 이러한 여론 형성의 방법과 전제 조건은 체제와 시대에 따라 다르지만, 마르크스주의 사회학자 안토니오 그람시에 따르면 모든 사회에는 기본적인 계급 갈등이 존재하며, 그 갈등을 연구함으로써 우리는 여론 형성을 둘러싼 싸움을 이해할 수 있다(Gramsci 1971). 그람시의 헤게모니 이론은 갈등의 성격과 강도가 변할 수 있음에 주목한다. 갈등이 늘 마르크스주의적 시간표에 따른 혁명으로 이어지는 것은 아님을 입증할 수 있다는 말이다. 그람시 이론의 요점이 바로 여기에 있다. 왜 많은 나라에 뚜렷한 계급 갈등과 사회 전복적 폭동이 없는가? 마르크스주의 원리에 따르면 당연히 그러한 폭동이 발생해야 했다. 그람시 이론은 모든 지배계급은 기존 사회 상황에 정당성을 부여하고 그로써 자신들의 권력 지위도 정당화하려 노력한다는 사실에서 출발한다. 그가 말하고자 한 것은 지배 집단이 억압적인 권력자원을 소유하여 강압적인 수단으로써 사회를 지배할 수 있다는 것과는 근본적으로 다르다. 다시 말해 주민들이 현재의 사회 상황을 수용하는 것이 지배 집단에 이롭다는 말이다.

그러한 형태의 권력 행사는 국가가 여러 방식으로, 특히 교육제도를 통해 사회화 과정에 개입하여 이데올로기적 헤게모니를 달성하는 문제이다. 억압으로써 행사하는 권력과는 반대로, 헤게모니적 권력 행사는 피지배계급이 억압당하지 않는다고 **느끼는** 것을 전제한다. 그들은 오히려 기존 사회제도를 떠받치는 보편적 가치를 지지하며 그 가치를 자신의 것으로 만든다. "헤게모니란 피지배계급의 현실 인식과 가치, 규범, 태도의 목적의식적인 조작에 기초한 권력 행사를 의미한다"(Linderborg 2001, s. 14).

이러한 이론으로 1800년대의 정치적 무관심을 쉽게 이해할 수 있는가? 칼 몰린(1993)은 그람시 이론과 민주주의 이전 시대의 역사 사이에 분명한 연관성이 있다고 주장한다. 자유주의 진영에서는 일찍이 "정신적인 영향력"의 목표 수준을 높일 필요가 있다고 판단했다. 노동계급은 급속히 성장했고, 개혁에 우호적인 부르주아 진영은 노동계급의 정치적 잠재력을 걱정스럽게 바라보았다. 노동계급이 수적으로 많지 않은 시절에는 무분별하고 의무적인 복종에 의존할 수 있었지만, 계급의식이 성장하고 자신들의 잠재력에 대한 집단적 인식이 크게 증대된 때에 더는 그럴 수 없었다. 그러므로 기존 사회체제에 대한 노동계급의 태도가 더 긍정적으로 바뀌는 것, 권력의 선의와 책임감에 대한 신뢰를 강화하는 것이 결정적으로 중요했다. 자유주의 진영은 "스웨덴 산업사회를 이상화하고 노동계급의 개혁 요구에 어느 정도의 선의로, 즉 사회민주당 내의 개혁파를 지원하고 혁명가들에 대항하여 대처"하려고 노력했다(Linderborg 2001, s. 438).

스웨덴 부르주아의 자유주의 분파가 국가 체제의 민주화와 사회 개혁에서 사회민주당과 협력한 것은 또한, 오사 린데르보리에 따르면, 그들이 노동운동을 "자유주의 헤게모니 기획"에 통합하는 데 성공했음을 의미했다.

이러한 분석이 정치 활동이 현저히 증가한 1800년대 후반을 다루고 있음을 강조해야 한다. 몰린도 린데르보리도 헤게모니 시각이 의회 개혁 직후의 시기를 어느 정도까지 설명해줄 수 있는지 논의하지 않는다. 그러나 원칙적으로 그람시 이론은 노동운동의 성장과 더불어 나타난 계급투쟁에 앞선 시기에도 적용할 수 있다. 그 시기에 권위를 지지하는 태도는 단지 보복의 두려움과 결합된 것만은 아니었기 때문이다. 복종과 만족이라는 교회의 복음은, 심지어 물질적으로 고생스러운 시절에도, 그러한 태도의 유지에 중요한 역할을 했다.

그러나 어떤 이들에게는 상황이 달랐다. 1800년대 중반 미국으로의 대량 이민이 시작되었다. 1846년에서 1930년 사이에 약 120만 명의 스웨덴 사람이 나라 밖으로 이주했다. 사람들은 '아메리카 열풍'을 이야기했다. 사람들은 주로 경제적 어려움 때문에 나라를 떠났다. 농업은 흉작으로 타격을 입었고, 먹고살기 어려운 시기가 주기적으로 닥쳤다. 그러나 이민의 배후 동인이었던 물질적 고난과 나란히 정신적 권력의 억압도 역할을 했다. 많은 사람이 미국 사회가 상징하는 자유를 희구했다.

1800년대의 정치적 무관심은 가난한 농민 계급만이 아니라 막 증가하기 시작한 노동계급에게서도 발견되었다. 무관심은 형편이 좋은 계층에도 널리 퍼졌으며, 이데올로기적 헤게모니에 관한 이론의 도움으로 이를 해명하기는 어렵다. 이 점에서 낮은 선거 참여율은 "빈 수레가 요란하다"는 태도의 표현으로 보인다. 게다가 국가의 범위는 여전히 크게 제한되어 있었다. 사회생활은 본질적으로 국가의 개입 없이 이루어졌다. 그러한 세상에서는 정치 참여의 유인이 부족하다.

관세투쟁

정치적 무관심은 1880년대에 깨졌다. 관세투쟁은 정치를 뜨겁게 달구었고 현대적 정당 제도가 출현하는 길을 닦았다. 관세투쟁은 스웨덴 정치에서 "국민 의지의 관철"을 뜻했다(Lewin 2002b, s. 67). 스웨덴 사회를 절대적으로 지배한 산업인 농업이 경제적 위기로 큰 타격을 입은 것이 싸움의 배경이었다. 스웨덴은 유럽 대륙의 다른 나라들과는 달리 오랫동안 보호무역주의 정책을 취했지만, 미국과 일부 유럽 국가가 스웨덴의 관세 제도에 보복하면서 정책이 바뀌었다. 곡물과 가축 사료의 관세가 폐지되었고, 세계 무역이 크게 성장한 수십 년 동안 자유무역 정책이 유지되었다. 그러나 1870년대 말 농산물 가격이 급락했다. 육상 교통은 물론 해상 교통까지 개선되면서 곡물 분야에서 어마어마한 크기의 농경지를 보유한 미국과 러시아의 경쟁력이 강해졌다. 많은 스웨덴 농가가 농사를 접을 수밖에 없었다.

당시 노동인구의 72퍼센트가 농업에서 일했다는 사실에 비추어 보면, 보호무역주의를 옹호하는 견해의 등장을 이해하기는 어렵지 않다. '스웨덴 노동의 친구들Svenska arbetets vänner'이라는 단체가 세워졌다. 목적은 관세 제도의 재도입이었다. 관세 지지자들은 민족주의적 수사법을 발전시켰다. 구호는 "스웨덴을 스웨덴 사람들에게Sverige åt svenskarna"였다. 관세투쟁은 보수주의의 부활을 알리는 신호였다. 그러나 그것은 동시에 보수주의의 변화도 의미했다. 이전의 보수주의는 과거의 역사를 동경하듯 재연했지만(늙은 왕에게 복종의 예를 표하는 일이 많았다), 관세투쟁과 관련하여 성장한 보수주의는 당대의 문제에 집중했다. 보호관세 문제는 더 큰 가치가 위협을 받는 것처럼 보이는 이데올로기적 맥락에 투영되었다. 그 신보수주의의 옹호자들은 자유무역의 연장선상에서 대중의 지배와 문화의 저속화를 예상했다(Elvander 1961).

자유무역주의자들은 의회의 과반수를 차지했고 관세 요구에 반대했다. 게다가 오스카르 2세가 자유무역 옹호자였다. 그러나 보호무역주의자들이 여론의 지지를 받으면서 그 입지가 점차 강해졌다. 1886년 하원의 과반수가 곡물 관세 도입에 찬성했지만, 그 법안은 상원에서 거부되었고, 이로써 자유무역주의자들은 공격을 막아내는 데 성공했다. 이듬해인 1887년 의회의 여론은 보호무역주의에 우호적으로 바뀌었고, 과반수가 관세에 찬성했다. 그러한 상황에서 국왕은 이른바 의회 해산권을 사용했고, 하원이 해산되었다. 그러나 주된 이유는 특정 문제에서 패배를 피하고자 했기 때문이 아니었다. 의회주의적 경향이 분명하게 드러나는 상황에서 국왕의 권위를 주장하려 한 것이다(Petré 1945). 그것은 권력을 시위하는 문제였다. 관세투쟁은 그렇게 1887년 봄 재선거 실시로 귀결되었다. 그때까지 스웨덴 역사상 가장 뜨거운 선거운동이 벌어졌다. 열띤 선거운동의 결과로 투표율은 약 25퍼센트에서 48퍼센트로 거의 두 배가 늘었다(Wallin 1961). 그러나 이 재선거나 같은 해 가을 치러진 정기 선거에서나 보호무역주의자들은 하원의 과반수를 획득하는 데 실패했다. 반면 상원에서는 보호무역주의자들이 과반수를 차지했다. 그렇지만 사태의 진전은 놀라운 반전을 보여주었다. 자유무역주의자들의 스톡홀름 선거구 후보 명부에 오른 22명 중 한 사람인 울로프 라숀에게 미납 세금이 있다는 사실이 폭로되었다. 이는 당시의 선거법에 따르면 해당 후보뿐만 아니라 명부에 속한 다른 모든 후보까지 자격을 박탈당한다는 뜻이었다. 22명의 보호무역주의자가 이들을 대체했고, 이로써 상원과 하원에서 곡물 관세의 도입에 찬성하는 자들이 과반수를 차지했다 (Lewin 2002b).

자유무역주의자들이 1887년에 과반수를 상실하면서 자유무역을 옹호하는 로베트 템프탄데르 정부의 지위가 약해졌다. 국왕이 어떠한 형태든지 의회주의적 선례를 피하려 했기 때문에 이러한 상황은 헌법적 함의를 지녔으며, 총리가 선거 결과에 따라 사퇴한다면 그러한 선례가 만들어질 위험성이 분명히 있었다. 이는 관세 지지자를 총리로 세우고 싶었던 보호무역주의자들에게도 딜레마였다. 그들도 그러한 염려를 공유했기 때문이다. 해결책은 궁정장관 일리스 빌트를 총리로 선출한 것이었다. 빌트는 보호무역주의자였지만, 동시에 국왕과 아주 가까운 사람이었다. 의회주의적 선례는 이렇게 피할 수 있었다.[3]

민중운동의 성장

스웨덴에는 지방자치와 연관된, 자발적 결사의 오랜 전통이 있다. 1600년대까지 조직 편제의 토대는 지역이었다. 촌락과 교구, 해라드는 중요한 사회제도였다. 이러한 결사는 주로 경제적 성격의 임무를 띠었으며 강력한 유대가 특징이었지만 동시에 불평등도 두드러졌다. 이러한 조직들은 국민국가의 제도들이 수립되면서 뒤로 밀려났다. 팽창하는 국가 권력은 권위를 확립하려 했다. 지역에서 선출된 촌장은 국가 공무원으로 대체되었다.

지역 조직의 중요성이 감퇴한 결과로 1800년대 초 스웨덴은 이전보다 더 원자론적 구조를 띠었다. 의회는 확실히 신분과 조합을 토대로 구성되었지만, 사회의 단체들이 일관되게 조합의 성격을 띠지는 않았다. 이는 특히 주된 산업인 농업에 해당되는 얘기이다. 길드와 상인의 경우처럼 농민 사이에도 이따금 협력이 이루어졌지만, 이는 제한적이었다. 자유주의자들이 사회 현실을 반영하지 못한다는 이유로 신분제 의회를 공격했을 때, 비판은 산업 내부의 특권 제도도 겨냥했다. 자유주의자들은 법적 평등뿐만 아니라 개인과 국가 권력 사이의 직접적인 관계도 추구했다(Bäck & Möller 2003). 1830년대에 새로운 성격의 단체가 성장했다. 에리크 구스타브 예이에르는 새로운 결사의 정신이 두드러졌다고 말했다. 국가는 적극적으로 협회 설립을 장려했다. 협회들이 사회적 임무를 수행하고 "국가의 짐을 덜어주는" 효과를 내리라고 기대한 것이다(Jansson 1985).

첫 번째 민중운동은 1800년대에 형태를 갖추었다. 1870년대에 신앙부흥운동이 성장했고, 1880년대에는 금주운동과 노동운동이 성장했다. 신앙부흥운동과 금주운동에는 주로 하층 중간계급과 상층 노동계급 출신 사람들, 즉 소규모 사업가와 농민, 숙련노동자가 이끌렸다. 신앙부흥운동은 참여자의 3분의 2가 여성이었다. 신앙부흥운동과 금주운동은 비슷한 방식으로 움직였다. 한편으로는 사사로이 설득을 통해 개개인에 새로운 삶을 시작하도록 영향력을 행사했고, 다른 한편으로는 일반적인 정치 활동을 추진했다. 이들은 여론 형성을 통해 국가 권력에 영향을 끼치려 했으며, 정당이 설립되기 전에는 이러한 민중운동이 일종의 선거

조직 역할을 했다. 이는 성공적이었다. 1900년대 초 하원 의원은 네 명에 한 명꼴로 자유교회운동frikyrkorörelsen의 회원이었고, 확실한 과반수가 금주주의자였다. 이 민중운동들은 민주화 과정에서 중요한 역할을 수행했다. 민중운동은 그때까지 지배적이었던 형태와는 다른 방식으로 연대를 대표함으로써 이전의 특권 사회를 무너뜨렸다. 이전 농민사회의 수직적 연대(아버지와 아들, 집주인과 고용인)는 개별 금주협회 모임의 수평적 연대로 대체되었다. 이제 사람들은 대담하게 옛 권력자들에 맞섰다.

금주운동처럼 신앙부흥운동도 새로운 사회의 건설에 큰 의미를 지녔다. 연구에 따르면 초기 민중운동의 민주적인 활동 방식과 평등한 환경이 특별히 중요했다(Johansson 1952). 초기 노동운동이 받은 영향은 이 점에서 분명했다. 외적 형태에 관해서 말하자면, 노동운동은 앞선 민중운동에서 확립된 여러 가지 유형을 받아들였다. 의사록을 작성하고 의장단을 유지하며 다수결에 따랐다. 그러나 활동 형식에서만 자극을 받은 것은 아니다. 이전의 민중운동과 똑같이 노동운동도 반대자들과 대결하기보다 대화하는 데 주력했다. 그러므로 신앙부흥운동과 금주운동의 영향은 스웨덴 노동운동이 개혁주의의 길을 선택하는 데 기여했다(Lundkvist 1977).

권력층에 대한 신뢰 그리고 민중의 영향력

앞서 언급했듯이 스웨덴 역사에는 모순적인 점이 있다. 한편에는 지방자치의 전통이 있고, 다른 한편에는 강력한 중앙 권력을 향한 발전이 보인다. 중앙 권력은 지속적으로, 특히 국왕 전제정치 시절에 강해졌다. 그러나 이러한 발전과 나란히 농민의 지위는 시종일관 강력했다. 농민이 일찍부터 의회에 자리를 차지했다는 사실은 스웨덴만의 특징이다. 1800년대 말 민주화 과정이 시작되기 한참 전부터 그러한 대표성을 통해 민중의 영향력이라는 관념이 뚜렷하게 나타났다고 말할 수 있다.

민중의 영향력이라는 개념은 1800년대 후반 초기 민중운동의 성장에서 중요한 역할을 했다. 톰프슨과 엘리스, 윌다브스키의 문화이론(1990)에 토대가 된 두 차원과 연관 지어 말하자면, 민중운동은 강한 집단 충성도 위에 세워졌으며, 동시에 약한 규칙의존도가 보인다. 민중운동은 시민사회 안에서, 사회에 뿌리내린 권력 구조에 반발하여 성장했으며, 평등주의적 이상이 특징이었다. 그렇게 보면 정치 문화에는 일찍부터 자유주의적 경향이 있었다. 오늘날 사람들이 스웨덴 정치 문화의 특징이라고 얘기하는 평등에 유념한다면, 그 문화의 뿌리를 중세의 사회 구조에서 찾을 수 있을 것이다. 민중운동의 성장은 그러한 평등 전통의 표현이었고, 의회 개혁도 마찬가지였다. 의회 개혁은 확실히 전혀 민주주의적이지 않았지만 그 이데올로기적 기조에는 에리크 구스타브 예이에르의 개인주의 원리personlighetsprincip가 분명하게 드러나 있다. 의회 개혁은 프랑스혁명 사상에서 영감을 받아 성장한 자유주의적 사회 질서의 표현이었다(Ehnmark 1999).

그렇지만 스웨덴 정치 문화를 구성하는 특징으로는 평등 전통과 나란히 다른 것도 발견된다. 권력층에 대한 신뢰이다(Möller 2000). 20세기에 진행된 중앙집권적 국가 권력의 거대한 팽창은 그러한 신뢰를 전제로 한다. 선거에서 개혁정책을 지지한 이들은 바로 민중이었다. 이러한 민주주의적 성격의, 권력층에 대한 신뢰는 국제적인 관점에서 보면 스웨덴 사회가 적어도 다른 나라들에 비해서는 봉건적 성격이 강하지 않았고 억압적인 국가 권력을 지지하지도 않았기 때문에 가능했다. 그 역사적 환경은 또한 스웨덴 노동운동이 일찍이 개혁주의의 길을 선택하는 데도 기여했다. 민주화 과정은 19세기 말 노동운동이 성장하면서 속도를 더했다.

그러나 앞선 세기 전환기에 엘리트 차원의 정치 문화는 결코 민주주의적이지 않았다. 대다수 스웨덴 사람은 정치적 영향력을 행사하지 못했고, 오랫동안 비정치적이고 숙명론적인 문화가 지속되었다. 통치 계급은 소수의 보수적 정치인과 고위 관료, 장교, 대지주, 귀족으로 구성되었다. 이 권력자들의 특징이었던 국왕에 대한 강한 충성심은 여전히 그 정치 체제의 중추였다. 규범적 제도주의 이론에 따르면, 여러 제도 안에는 그 제도에 속한 개인에게 기대되는 행위를 규정하는 강력한 규범이 존재한다. 개개인은 그 규범에 영향을 받고 그 규범을 자신의 것으로 만들며, 이로써 행동과 태도는 특정 제도 안에 있는 적합성의 논리에 순응한다. 그 시절 스웨덴을 통치한 집단 안에는 나라를 운영하는 자들에게 무엇이 적절한 행동인지에 관한 명백한 규범이 있었다. 그 집단에 가장 중요했던 것은 무엇이 조국에 최선이냐는 것이었다. 합의는 하나의 덕목으로 여겨졌다. 그러나 추구된 합의는 엘리트층의 합의였으며 그러한 합의는 대중의 시선이 닿지 않는 막후에서 이루어졌음을 지적하는 것이 중요하다. 공개적인 논의는 합의 도출 가능성을 어렵게 만든다고 생각되었다.

3

민주주의의 문턱에서

　19세기 말은 현대 스웨덴의 출발점으로 이야기된다. 그 시기에 농업 사회가 산업사회로 탈바꿈을 시작했다. 도시화와 사회 변동으로 사회의 형태가 바뀌었다. 혁명적 발전으로 헌법의 토대가 허물어졌다. 선거권은 제한적이었고 왕권은 여전히 강력했으나, 급진주의의 바람이 불었으며 빠르게 성장하는 노동계급은 공동결정권을 요구했다. 정치 지형이 변하고 있었다.

　관세를 둘러싼 싸움은 상황의 급변을 초래했다. 관세투쟁으로 정치적 무관심이 깨졌고 의원과 유권자의 관계가 바뀌었다. 이전에는 의원들이 양심에 따라 자유롭게 행동했다. 그러나 관세 논쟁 중에 그들에게 어떤 의견을 지니고 있느냐는 질문이 왔을 때, 대중의 의사가 우선이라는 원칙이 첫발을 내디뎠다. 레빈의 표현을 빌리자면, 이후로 의원들은 "유권자와 당의 판단에 따라야" 했다(2002b, s. 70).

그러나 관세 문제가 결말이 난 이후에도, 선거운동의 열기는 여전히 차가웠다. 선거운동에 대한 회의가 있었고, 정당들은 선거운동에 나서지 않고 느슨하게 결합된 원내 집단의 역할만 했다. 주요 인물들은 선거운동과 거리를 두었다. "표를 낚는 어부의 순회 여행"이 온당치 않게 보였기 때문이다. 각료가 공적으로 등장하는 것은 특히나 더 마땅찮게 여겨졌다. 1908년 총리 아르비드 린드만은 이 전통을 깨뜨려 주목을 끌었는데, 린드만의 지지자 중 많은 사람이 정부 수반은 여론 형성에서 거리를 두어야 한다고 생각했고, 그에 앞서 총리를 지낸 크리스티안 룬데베리는 그를 "정치적 도붓장수"라고 헐뜯었다(Esaiasson 1990).

유권자와 당선자의 관계에 대한 시각의 변화를 느끼려면 한참을 더 기다려야 한다. 그러나 관세투쟁은 스웨덴 정치에 활기를 불어넣었고 적어도 그 점에서는 형성의 계기였다. 20년 뒤 현대적 정당 제도가 출현했다.[1] 그리고 이미 1890년대에 비록 주로 의회 밖에서 일어난 일이지만 선거권은 관심의 초점이 되었다. 원내 자유주의자들은 개별적으로 선거권 법안을 제출했지만, 법안들은 압도적 다수로 부결되었다. 선거권 문제를 강력히 추진한 것은 주로 사회민주당이었지만, 당시 사회민주당은 영향력이 미미한 운동이었고, 게다가 운동 내부에는 선거권 문제에서 이견이 있었다.[2] 그러므로 참정권 투쟁이 원외 투쟁의 성격을 띤 것은 당연했다. 이는 여성참정권운동에 특별히 더 해당하는 얘기이다. 게다가 다른 정치적 문제들이 1890년대를 지배하게 된다. 세금과 국방 정책 이외에 노르웨이와의 연합이 주된 문제로 등장했다.

연합위기

1814년 킬 조약으로 스웨덴과 노르웨이는 연합왕국이 되었는데 1905년 노르웨이인들이 연합조약의 중단을 선언함으로써 연합이 해체되었다. 연합은 스웨덴 국왕 칼 14세 요한이 두 나라가 함께 성공리에 발전하리라는 희망을 품고 관철시켰다. 지리적으로 가까웠고 언어에서도 큰 장애가 없었기에 연합은 성공할 것 같았다. 그러나 다른 점에서는 두 나라 사이의 차이를 극복하기가 어려워 보였다. 스웨덴은 중세에 뿌리가 있는 신분제 의회를 유지했고, 귀족이 이를 지배했다. 반면 노르웨이는 근대적 대의 기구를 갖추었다. 누구도 물려받은 재산을 토대로 의회 의원으로 선출될 수 없었다. 노르웨이에는 상층계급인 귀족이 없었으며, 반면 중간계급은 강력했고 그 영향력은 급속히 확대되었다. 19세기 초 노르웨이 국가는 스웨덴에 비해서 훨씬 더 가난했지만, 19세기 중반이면 세계에서 세 번째로 큰 상선단을 보유할 정도로 경제적으로 발전했다.

연합 해체 요구는 결코 마른하늘에 날벼락처럼 갑작스럽게 닥치지 않았다. 1905년 연합의 해체는 오래 지속된 분열의 결과물이었다. 1880년대에 노르웨이 정치는 급진적으로 변했다. 노르웨이의 좌파는 '상전'인 스웨덴에 맞서 민족주의적 행보를 걸었다. 연합조약을 둘러싼 헌법적 투쟁이 시작되었고, 이 싸움이 씨앗이 되어 결국 연합이 해체되었다. 겉으로 보면 그 싸움은 노르웨이 의회가 내린 헌법적 결정에 대해 국왕이 거부권을 행사한 것과 관련이 있었다. 그러나 이는 실제로는 전혀 중요하지 않은 문제였다. 노르웨이 의회는 국왕의 의사에 반하여 각료의 의회 토론 참석을 허용하는 결정을 내렸다. 국왕은 고집을 부렸다. 그렇지만 국왕으로서는 헌법 문제에서 거부권을 지키는 것이 중요했기 때문에 각료의 의회 토론 참석을 포함하는 타협안을 제시했다. 대신 국왕은 의회 해산권을 가지려 했다. 제안은 거부되었고, 의회의 과반수가 국왕에 우호적인 총리 크리스티안 아우구스트 셀메르의 정부에 대해 탄핵 절차를 개시하면서 갈등은 더 심해졌다. 탄핵 절차는(칼끝은 국왕을 겨냥했다) 선고로 이어졌고 정부는 쫓겨났다. 관료 정부가 들어섰지만, 뒤이어 곧 좌파 지도자 요한 스베르드룹이 이끄는 정부가 이를 대체했다. 노르웨이에서 의회주의가 승리한 것이다. 스웨덴의 보수파는 이러한 상황에 실망했다. 상원의 보수파는 처음부터 노르웨이인들에게 강력히 대응하라고 요구했고, 국왕의 위기 대처 방식을 비판했다.

1890년대에 들어서 갈등은 심화되었다. 노르웨이인들은 당시 크리스티아니아라고 부른 오슬로의 자체 외무부가 지휘하는 독자적인 영사관을 세우겠다고 주장했다. 이 요구는 스웨덴으로부터 거부되었고 연합 문제가 스웨덴 정치의 주된 쟁점으로 부상하는 데 일조했다. 보수파 내부에서는 스웨덴에 통치권이 있음을 강조한 연합조약을 수정하자는 요구가 제기되었지만, 대다수는 더 조심스러운 태도를 권고했다. 20세기에 들어설 무렵 두 형제 국민 사이의 관계는 극적으로 나빠졌다. 노르웨이가 침묵 속에 연합 해체를 준비했다는 사실에는 의심의 여지가 없다. 노르웨이 의회는 국방비를 증액했으며 영국에 장갑함을 몇 척 주문했고, 스웨덴 방면 국경 여러 곳에 요새를 건설했다. 이에 스웨덴 육군참모본부는 노르웨이를 겨냥하여 구체적인 공격 계획을 수립했다.

그러나 계획은 실행에 들어가지 않았다. 서쪽의 형제 국가에 대한 공격은 큰 지지를 받지 못했다. 자유통합당과 사회민주당은 공격에 반대했다. 1905년 6월 7일 크리스티아니아에서 혁명이 일어났다는 소식이 전해졌다. 연합 해체가 선언되었다는 것이다. 국왕은 항의했고 보수파*는 노르웨이에 전쟁을 선포하라고 요구했다. 그러나 연합위기 때문에 수립된 상원 보수당 지도자 크리스티안 룬데베리 정부는 노르웨이인들과 협상하기로 결정했고, 칼스타 회의에서 연합을 해체하기로 합의가 이루어졌다(Vedung 1971; Hadenius 2005; Stråth 2005).

결과를 알고 보면 연합 해체는 불가피했던 것 같다. 두 나라 사이에는 해결하기 어려운 분쟁이 많았고, 연합에 대한 불만은 두 나라에서 똑같이 컸다. 특히 민족주의가 자연스럽게 좌파 정치의 요소가 된 노르웨이에서 불만이 빠르게 증가했다. 연합 해체 직전 시행된 국민투표에서 노르웨이인의 99퍼센트가 연합의 중단에 찬성했다. 스웨덴에도 불만이 있었다. 좌파는 노르웨이인들에 공감하는 태도를 보였으며, 기존 형태의 연합조약에 비판적이었다. 그러나 불만이 컸던 곳은 보수당이었다. 보수당의 많은 사람이 연합 해체에 반대했을 뿐만 아니라 군사적 조치로써 연합 해체를 막을 준비가 되어 있었다.

발달하지 못한 정당 제도

관세투쟁 때까지 스웨덴 정치의 특징이었던 정치적 침체는 대체로 정당 제도가 발달하지 못해 나타난 결과였다. 정당을 연상시키는 유사한 현상은 분명히 있었다. 의회 내 여러 집단에서 정치 행위의 조정이 이루어졌기 때문이다. 그러나 그러한 집단들은 대외적으로는 눈에 띄지 않

---

*   전국유권자연맹이 설립된 이후로는 상원과 하원의 보수파 원내 정당들을 통칭하여 보수당이라고 표기한다.

는 느슨하게 연합한 조직이었다. 가장 잘 조직된 정당은 일찍이 양원제 의회가 탄생한 지 얼마 지나지 않아서 하원의 농민들이 세운 농민당이었다. 많은 의원이 정당 활동을 거의 온당치 않게 보던 때에, 농민당은 다른 당파보다 상당히 공개적으로 움직였다. 게다가 이 정당은 꽤나 정교한 정강을 안출했고(모든 영역에서 국가 재정의 철저한 절약이 핵심이었다), 당 규율이 효과적으로 유지되었다. 그러나 관세투쟁 중에 농민당은 자유무역주의자와 보호무역주의자로 분열했다(Bäck & Möller 2003).

1889년 스웨덴 사회민주주의 노동자당(사회민주당)이 창당되면서 정당 제도가 일신되었다. 사회민주당의 기반이었던 집단은 정치적 영향력을 부여받지 못했으며, 당이 의회에 대표를 보내기까지는 시간이 걸렸다. 1897년 최초의 사회민주당 의원은 자유주의 정당의 명부에 포함되어 선출되었다. 의회에 진출한 그는 얄마르 브란팅으로 공식적으로는 아직 당 대표가 아니었으나(사회민주당은 초기에 집단지도체제를 유지했다) 실제로는 그 역할을 수행했다. 8년 뒤 사회민주당이 추가로 12명의 의원을 배출했을 때 당은 의원단을 꾸릴 수 있었다.

헤르베트 팅스텐은 사회민주당이 원래 교조적인 마르크스주의 정당이었다고 밝혔다(Tingsten 1941). 당은 철저한 사회 변혁을 목표로 삼은 소수의 이데올로그들이 지배했다. 이들은 마르크스주의의 결정론적 사고방식에 영향을 받았으며 노동계급에 대한 착취가 언젠가는 혁명으로 귀결될 것이므로 사회주의적 발전이 불가피하다고 보았다. 계급투쟁이 핵심이었다. 몇 년 뒤 마르크스주의 테제의 기조는 누그러졌고, 1897년 최초의 당 강령은 팅스텐에 따르면 "해체가 시작된" 이데올로기라는 인상을 주었다. 계급투쟁 시각은 약해졌으며, 당은 개혁주의의 길로 들어섰다. 처음 몇십 년간 당은 분열했다. 다수를 차지한 개혁주의자들은 사회의 혁명적 개조를 권고한 자들의 거센 반대에 직면했다. 1917년 분당이 이루어졌고, 급진 좌파는 사회민주주의좌익당(좌익사회당)을 창당했다.

이 시기에 전국적인 조직을 갖춘 두 정당이 더 설립되어 의회에 뿌리를 내렸다. 원내 자유통합당에 속한 하원의 자유주의자들과 자유사상주의자들이 1902년에 자유주의전국연합을 세웠고, 2년 뒤 보수주의자들이 전국유권자연맹을 세웠다. 후자의 경우 창당은 고뇌 속에 이루어졌다. 정당 활동은 자신들이 반대한 의회주의 정체를 향한 발전의 일환으로 여겨졌기 때문이다. 그러나 "악인들이 단결하면 선한 자들도 똑같이 해야 한다."

이 정당들은 뒤이어 매우 신속하게 조직을 갖추었다. 공동 행동의 요구가 증대했기에, 내부 규율도 강화되었고, 이는 당 지도부의 권한을 강화했다. 이제부터는 정당이 정치 활동의 중심이 되었다(Bäck & Möller 2003).

참정권 투쟁의 시작

의회 개혁으로 새로이 제정된 선거권 규정에 따라 유권자가 증가했지만, 그 숫자는 매우 적었다. 개혁 이후 선거권을 보유한 자는 성인 남성의 5분의 1이었다. 개혁의 토대가 된 원리는 신분제 의회의 선거권을 지닌 자는 누구도 그 권리를 박탈당해서는 안 되지만 새로운 집단도 투표를 할 수 있어야 한다는 것이었다. 근거는 옛 선거 제도에서 배제된 사회 집단이 있다는 사실이었다. 이는 정당성의 문제로 생각되었다. 그러나 의회 개혁이 변화에 반대하는 자들에게서도 지지를 받으려면 한 가지 전제 조건이 필요했다. 선거권은 계속해서 제한되어야 했다. 개혁은 중간계급에 유리하게 이루어졌고, 이는 많은 사람의 반대를 초래한 이유이기도 했다. 그렇지만 이제 권력은 더는 토지를 소유한 귀족의 수중에 있지 않았다(Stjernquist 1996). 재산의 소유가 선거권을 제한하는 중요한 자격 조건으로 생각되었다. 부동산 기준선은 낮게 정해진 반면(1,000크로나) 소득 기준선은 비교적 높게 결정되었다(연간 800크로나). 선거권 규정이 이렇게 결정되었다는 사실은 개혁 주창자들이 유산계급을 믿을 수 있는 집단으로 여겼음을 보여준다. 소유권이 의미하는 안전은 사회 질서의 존속에 중요하다고 생각되었다.

선거권 규정이 논란거리이기는 했지만, 의회 개혁 이후 몇십 년간 보통선거제를 도입하라는 압력은 특별히 크지 않았다. 선거권 문제를 제기한 자들은 의회의 소수 열정적인 의원들뿐이었다. 가장 유명한 인물은 신자유당의 발기인 중 한 사람이었던 급진적 출판인 아돌프 헤딘이었는데, 그는 정치적 영향력을 재산과 소득에 따라 부여한다는 의회 개혁의 원칙에 비판적이었다. 아돌프 헤딘은 선거권이 시민권이라고 주장하며 1840년에 예이에르가 제시한 개인주의 원리를 고수했다. 모든 개인은 동등한 가치를 지니며 자신을 대변할 수 있다는 것이다. 예이에르는 신분제 사회의 대표성 원리가 개인의 이익을 집단이라는 경로를 통해 돌본다는 관념에 입각해 있다고 비난했다.

농민당 안에도 보통선거제에 공감하는 자들이 어느 정도 있었다. 노동계급은 여전히 압도적 다수가 농업노동자였고, 이들과 농민 사이에는 연대 의식도 있었다. 그래서 선거권 반대자들이 노동자도 선거권을 획득하는 위협적인 시각을 불러일으켜 하원의 농민에게서 지지를 얻으려

했으나 실패했다. 농민당의 어느 대표자는 이렇게 설명했다. "그렇지만 우리 촌사람의 자식들은 그 계급을 너무도 잘 알기에 그들로써 우리를 겁먹게 할 수는 없다"(Stjernquist 1996, s. 60에서 인용).[3]

1890년대에 들어서 선거권 논쟁이 격해졌다. 오로지 남성의 선거권만 논쟁의 대상이었다는 사실에 주목해야 한다. 여성참정권은 중요성이 떨어졌다. 몇몇 의원이 개별적으로 그 문제를 다루기는 했지만 영향력이 부족했다. 정작 여성들도 여성참정권에 관해 실질적인 의견이 없었기 때문에, 그 문제가 긴급하다고 생각한 사람은 많지 않았다. 칼 스타브와 알마르 브란팅 등 유력한 좌파 정치인은 원칙적으로 여성참정권에 공감했지만, 이들도 그 문제를 크게 중시하지 않았으며, 여성참정권은 이른바 '큰' 선거권 문제, 즉 스타브의 말을 빌리자면 "귀족권력과 민중권력" 중 무엇이 지배할 것이냐는 문제를 위해 잠시 미루어 두어야 했다. 원칙적으로 지배적인 논거는 개인주의 원리였지만, 레빈(2002b)은 그 외에 선거권 옹호자들의 논거를 네 가지로 구분한다. 전부 모순이 두드러졌다.

첫 번째 논거는 민주주의에 반대하는 자들을 진정시키려는 목적을 지녔다. 그 주장에 따르면 보통선거제를 두려워할 이유는 없었다. 오히려 선거권 개혁은 사회 평화를 보장할 것이었다. 선거권이 없는 집단이 울분을 느끼고 있었기 때문이다. 개혁은 안전판의 역할을 할 것이었다. 민주화는 계급 간의 연대 의식을 높이고 사회 질서가 유지될 수 있게 할 것이었다. 동시에 많은 사람이 보통선거제의 요점은 바로 새로운 사회 질서를 세우는 것이라고 강조했다. 불공정이 제거될 것이었다. 그러나 개혁에 반대하고 자신의 특권이 위협받는다고 여기는 자들에게 매우 위협적이었던 것은 바로 그 개혁 의지였다.

두 번째 논거는 권리와 의무의 부조화와 관련하여 제시되었다. 스웨덴의 국방이 강화되면서 1901년 보편적 병역 의무가 도입되었다. 자유주의자들과 사회민주주의자들이 받아들일 수 없었던 것은 "조국을 위해 피로 얼룩진 셔츠를 입어야 할" 의무를 떠안은 많은 사람이 총선거에 참여할 권리가 없다는 사실이었다. "한 사람-한 표-총 한 자루"라는 구호로 간결하게 요약된 이 논거는 보수주의자들에게 깊은 인상을 남겼다. 이들은 노동자들이 선거권을 받지 못하는 상황이 당연히 그들의 국민공동체 의식에 영향을 줄 수 있다고 보았다. 그러나 이 논지에는 어떤 긴장이 내재한다. 선거권 옹호자들은 선거권 문제를 국방 문제(선거권 논쟁의 젠더 차원을 강조하는 문제)와 결합했지만, 동시에 좌파 특히 사회민주당에서는 군사주의에 반대하는 경향이 발견되기 때문이다.

세 번째 논거는 특정 사회 집단은 다른 집단보다 정치 활동에 참여하기에 더 적합하다는 관념을 논박하는 것이었다. 선거권 옹호자들은 현실이 그렇다는 점을 부정했다. 그러나 이 논지에도 약간의 모순이 드러났다. 이들의 주장에 따르면, 노동자가 실제로 정치 문제에 관한 지식이 어느 정도 부족한 것이 사실이라고 해도 이는 그들이 선거권을 획득할 때 바뀔 수 있다. 자유주의자들은 민주주의를 보편정신의 학교로 보는 존 스튜어트 밀의 논지를 받아들였다. 그러나 사회민주당 지도부에도 무지한 대중을 어떻게 교육시킬 것인가의 문제는 사라지지 않는 걱정거리였다(Linderborg 2001).

네 번째 논거는 권리와 효용 간의 관계에 관련된 것이다. 선거권은 권력자들이 뜻에 따라 임의로 나누어줄 수 있는 것인가? 선거권은 단지 하나의 권리일 뿐인가? 선거권 옹호자들에게 답변은 간단하다. 선거권은 당연히 시민권의 일부로 이해되었다. 그러나 동시에 보통선거제가 사회에 얼마나 유익하냐는 물음이 제기되었다. 이 점에서 두드러진 것은 국민공동체 의식에 관한 논의였다. 레빈이 적절하게 말했다(2002b, s. 94). "그러나 선거권이 자연권이라면, 그것을 유용하다는 이유로 장려할 필요는 없다. 권리는 그 효용과 상관없이 지켜야 한다."

선거권 반대자들은 좌파의 논거에 위압당하지 않았다. 이들은 노골적인 자기이익 옹호와 거의 형이상학적인 추론을 뒤섞어 기존 질서를 변호했다. 부유한 지주가 무산자들보다 더 큰 영향력을 갖는 것은 당연하게 보였다. 소유가 책임감을 갖게 하기 때문이었다. 특히 부동산 소유는 안정적인 사회 발전을 보증했다. 그러나 보수주의자들이 격하게 옹호한 것이 지주 귀족만은 아니었다. 그들은 농민도 받들어 모셨다. 책임감 있는 농민은 소란스러운 선동가들과 달리 편안함을 주었기 때문이다.

재산이 많은 자들은 세금을 더 많이 납부하기 때문에 더 큰 영향력을 지녀야 했다. 세금을 한 푼도 내지 않는 자가 많은 세금을 내는 자들과 똑같은 발언권을 갖는 것은 기본적인 형평성의 원리에 어긋난다고 생각되었다. 이 점에서 보수주의자들은 자유주의의 주된 대표자 존 스튜어트 밀을 지주로 삼았다. 따라서 선거권을 확대하기에 앞서 재산이 대표한다고 생각되는 책임감과 적성, 능력이 감퇴하지 않는 것이 중요했다. 그러나 보통선거제에 반대하는 논거에는 권력을 넘겨받을 것으로 예상되는 새로운 지배자에 대한 두려움도 숨어 있었다. 그들은 '선동가'요 '교사자'라는 경멸적 용어로 지칭되었다. 그 "특권적인 군중귀족"은 성숙하지 않아서 나라를 운영할 수 없다고 판단되었다.

그러므로 민주화에 대한 반대는 보수주의자들 사이에서 강했다. 그들은 교육받지 못한 대중을 두려워했고 그 지도자를 의심했다. "대중의 지배"가 문 앞에 다가와 있다는 두려움, 계급의 증오가 "스웨덴 사회의 몸"에 깊은 상처를 내리라는 두려움이 있었다. 국민의 단결이 위협에 처했다고 생각했다. 표현은 과장되었고 흔히 생물학에서 영감을 얻었다. 능력을 지녔다고 인정된 자들에게 더 큰 결정권을 준다는 관념을 특별히 발전시킨 사람은 정치학 교수 루돌프 셸렌이었다. 보수당 의원이기도 했던 셸렌은 국가를 유기체에 비유했다. 여러 사회 집단은 그 팔과 다리였다. 군주와 상층계급은 머리에 해당했고, 반면 노동계급은 낮은 역할에 부합했다. 셸렌에 따르면, 이 유기체의 발전은 "국민이라는 유기체의 법칙"에 맞게 천천히 이루어져야 했다. 이는 진화론적 시각과 관련이 있었다. 발전을 강제하면 자연법칙을 깨뜨려 퇴보를 초래하게 된다. 국민 대다수가 제기하는 불편한 견해를 유기체 이론을 통해 형이상학적 근거로 거부하는 것이 가능했다. 그러한 견해는 "국민 유기체라는 관념"에 어긋난다고 생각되었고 따라서 국민의 본원적 의지와 충돌했다(Lewin 2002b). 역사학 교수 하랄드 예네는 1908년 웁살라에서 한 연설에서 왜 민주주의 체제를 받아들일 수 없는지 설명했다.

현대의 사회 문제는 매우 복잡하고 현대 문화는 매우 다양하여 오늘날 국가 권력에 감독과 도움을 요구하는 문제들은 우연히 동원된 시민 대중이 마찬가지로 일시적으로 선택된 우두머리의 지휘로 충족하기는 불가능하며 오로지 아랫사람들을 잘 부릴 수 있는 확실한 권위와 자신의 특별한 임무에 정통한 능력을 갖춘 숙련된 지도자만이 어느 정도 충족할 수 있다 (Elvander 1961, s. 446에서 인용).

이 연설은 보수층에 널리 퍼진 뿌리 깊은 반민주주의를 잘 보여준다. 이는 1885년에 발표된 귀스타브 르봉의 유명한 책 『군중심리 *Psychologie de foules*』에서 영향을 받았는데, 책의 기본적인 논지는 대중은 권위를 지닌 지도자에 의해 쉽게 조종당한다는 것이다. 지도자의 선동가적 자질과 대중의 교양 부족이 결합하면 국민에 파멸적인 결과를 초래할 수 있다고 르봉은 주장했다.

그러한 선동정치가에 대한 걱정 때문에 보수주의자들은 정당을 회의적으로 바라보았다. 그들은 편견으로 가득하고 쉽게 조종되는 대중을 권력 기반으로 삼은 강력한 지도자가 새로이 등장하여 성장 중에 있는 정당들을 어떻게 지도할 것인지를 먼저 걱정했다. 예네와 다른 보수파 지식인들은 로베르트 미헬스와 모이세이 오스트로고르스키 같은 사회학자가 정립한 이론의 도움을 받아서 정당이 효과적으로 작동하려면 지도자 뒤에 간결하고 능률적인 위계적 구조가 갖추어져 있어야 한다고, 따라서 당내 독립적인 인사들을 매우 단호하게 억눌러야만 한다고 주장했다. 현대적인 정당 제도의 발전은 강력한 기세로 분출하고 있는 민주주의 정치 체제의 가장 뚜렷한 표현이었고, 그 발전은 보수주의자들에게는 악몽 같은 상황 전개였다. 모퉁이를 돌면 선동정치가의 지배가 기다리고 있었다.

결말을 향하여

1890년 원내 정당들에 압력을 가하기 위해 스웨덴 보통선거권연맹이 설립되었다. 이 운동은 1893년과 1896년에 한 번씩 두 차례 21세 이상의 모든 남녀가 투표할 수 있는 '민중의회'를 조직했다. 오로지 여론 형성이 목적이었던 이 민중의회에 주요 자유주의자와 사회민주주의자가 모습을 드러냈다. 민중의회 선거에는 같은 시기에 치러진 하원 선거보다 월등히 더 많은 사람이 투표했다. 예를 들면 1893년에 15만 2,000명이 민중의회 선거에서 투표했는데, 이는 1890년 의회선거보다 4만 2,000명이 많았다. 1899년 참정권운동은 선거권 청원이라는 다른 주목할 만한 원외 활동을 주도하여 36만 4,000명의 서명을 받는 데 성공했다. 서명자 중 6만 6,000명은 이미 선거권을 보유한 자였다. 또한 많은 선거권 보유자가 기존의 선거권 제한 규정이 정당하지 못하다고 생각했다. 종종 인용되는 베네르 폰 헤이덴스탐의 시 「투표용지$_{\text{Röstsedeln}}$」의 마지막 구절은 그 점을 포착했다. "스톨에게 투표용지를 주어라, 아니면 내 이름도 지워라!"

1890년대에 보수파는 여론에 떠밀려 협력 의지를 피력했다. 그러나 보수파 내 다수가 선거권 확대를 지지했어도 보수파 의원의 압도적 다수는 여전히 권력 상황에 변화를 초래할 수 있는 모든 개혁에 반대했다. 그렇지만 1900년대 초가 되면 선거권 규정을 검토할 필요가 있음이 분명했다. 점점 더 많은 법안이 발의되었다. 가장 일반적인 형태의 법안은 소득 규정의 기준선을 낮추어야 한다는 것이었지만, 보통선거제를 도입하되 어떤 형태로든 차등선거권을 결합하자는 법안도 있었다. 간접적으로 상원 의원 선출과 관계가 있는 지방선거의 선거권 규정도 법안 발의자들의 관심 대상이었다.[4]

개혁을 지지하는 여론이 강해졌으나, 선거 방식은 물론 선거권 확대 범위에 관해서는 의견이 일치하지 않았다. 선거권 문제에 관한 첫 번째 정부 법안은 1896년 에리크 구스타브 부스트룀 내각이 제출했다. 이는 유권자를 10퍼센트 확대하는 조심스러운 법안이었는데도 지나치게 급진적이라는 취급을 받고 부결되었다. 3년 뒤인 1899년 자유주의자들은 선거권 옹호자들을 단합시킬 목적의 법안을 들고나왔다. 그 법안은 산업노동자에 유리했지만, 농촌 주민에 손해를 끼치며 도시 주민에게도 유리한 것이었다. 법안은 부결되었으나, 이듬해 하원 선거권 확대에 관한 입법조사단을 꾸리자는 데 양원 모두 동의했다. 논의 대상이었던 제한 조건은 우선 병역 의무 규정을 도입하는 것과 관련이 있었다. 조사단은 또한 벨기에의 선례를 따라 기혼 남성과 40세 이상 남성에게 추가 투표권을 부여하고 25세 이상으로 지방선거 투표권을 보유한 모든 이에게 의회 선거의 투표권을 주자고 제안했다. 이 제안은 1902년 폰 오테르 정부가 제출한 다음번 정부 법안에 포함되었다. 그 법안도 부결되었다(통과되면 유권자가 약 40퍼센트 늘어났을 것이다).

그러나 선거권 문제는 논쟁의 중심이 되었다. 여론은 점차 인내심을 잃었다. 부스트룀이 다시 총리가 된 후 1904년 세 번째 정부 법안이 제출되었다. 법안의 제안은 병역 의무를 이행했고 선거 전 3년간 세금을 납부했으며 파산했거나 구빈원의 수혜 대상이 아니라는 조건에서 25세 이상의 모든 남성에게 선거권을 주는 것이었다. 정부 법안은 또한 비례대표제로의 전환을 제안했는데, 하원의 자유주의자들은 이를 수용하기 어려웠다. 법안은 상원에서 동의를 얻었지만 하원에서 거부되었다. 대신 하원에서는 자유주의자들의 법안이 찬성을 얻었다(그들은 다득표 당선제를 유지하고자 했다). 따라서 양원 모두 하원 선거에 남성 보통선거제를 도입하자는 발상을 지지했으나, 선거 방식에 관해서는 의견이 일치하지 않았다(Nyman 2000).

그 시기부터 보수당 의원들 사이에 보통선거제 요구에 더는 반대할 수 없다는 인식이 싹텄다. 점점 더 많은 노동자가 800크로나의 소득 기준선을 충족했으며, 1866년에 도입된 제한 규정은 대체로 인플레이션과 실질소득 증가로 인해 느슨해졌다. 무슨 조치를 취하지 않으면, 보통선거제는 자동적으로 실현될 것 같았다. 개혁에 우호적인 보수주의자들로서는 전략적으로 처신할 필요가 있었다. 출발점은 보통선거제를 도입하되 타락하지 않을 제도를 확보하는 것이었다. 세력 균형이라는 사고가 전면에 부상했고, 따라서 비례대표제에 관한 법안이 흥미로웠다. 비례대표제를 도입하면 소수파도 계속 영향력을 유지할 수 있었다.

보수당이 선거권에 대한 태도를 재고하면서, 논의의 초점도 바뀌었다. 이제 문제는 남성 보통선거제 도입 여부가 아니라 의회를 구성할 선거 방식이었다. 현행 다득표 당선제로 할 것인가 아니면 비례대표제로 할 것인가?[5]

1905년 하원 선거에서 좌파가 승리한 후 칼 스타브를 총리로 자유통합당 정부가 수립되었다. 스타브의 목적은 선거권 문제를 결말짓는 것이었다. 다득표 당선제를 유지한 앞선 자유주의자들의 노선에 따라 정부 법안이 제출되었다. 전혀 예상하지 못한 것은 아니지만 법안은 상원에서 부결되었다. 이에 대한 대응으로 제출된 법안은 보수주의자들로부터 큰 지지를 받았다. 포보다의 알프레드 페테숀이 주 의회와 시 의회의 선거에 남아 있는 차등선거권의 축소를 제안한 것이다(상한선을 1,000표로 제한했다). 이 법안은 그렇지 않아도 이미 복잡한 참정권 투쟁에 새로운 요소를 끌어들였다. 그때까지 참정권 투쟁은 오로지 직접 선거로 구성하는 하원 선거의 규정만 다루었다. 이제 보수당은 처음으로 선거 방식 문제를 다루었을 뿐만 아니라 그 논거로써 자유주의자들을 자극했다. 비례대표제는 더 공정하다고 여겨졌기에(모든 표의 가치가 동등했다) 보통선거제의 논리적인 귀결로 제시되었다. 게다가 (알프레드 페테숀의 방침에 따르면) 이 법안은 상원의 민주화도 이끌어낼 수 있었다. 자유주의자들이 일찍이 지방선거의 민주화를 실현하려 하지 않았다는 사실은 이상하게 보일 수 있다. 그러나 셴크비스트에 따르면 이렇게 설명할 수 있다. "상원은 시들어 사라져야 했으며, 그때 상원 선거인단의 민주화는 전혀 권할 만한 일이 아니었다"(Stjernquist 1996, s. 69). 포보다의 페테숀이 제출한 법안 때문에 좌파는 더 심하게 분열했다.

왕권, '귀족권력'과 함께 아니면 '민중권력'과 함께?

스타브 정부의 법안은 하원에서 통과되었다. 상원이 결정을 내릴 때 분위기는 격앙되었다. 스타브는 고전이 된 공식으로써 두 의회의 입장 표명이 스웨덴이 향후 지속적으로 "왕권과 귀족권력의 결합일지 아니면 왕권과 민중권력의 결합일지"를 결정할 것이라고 밝혔다. 이 공식은 세간의 이목을 끌었다. 영국 의회주의를 모범으로 여긴 스타브는 시대에 뒤진 상원에는(그는 그렇게 생각했다) 새로운 역할을 부여해야 한다고 분명하게 밝혔다. "시계가 가는지 살필 권한은 확실히 하원에 있다. 상원이 할 일은 중요한 정치적 문제에서 시계가 몇 시를 알리는지 확인하는 것이다." 이 도발에 대한 대응이 없을 리 없었다. 헌법상임위원회 의장 후고 블룸베리는 헌법학 교수였는데 총리에게 스웨덴 의회와 영국 의회의 헌법적 차이를 일깨웠다. "상원은 시계가 자체의 이해와 의도에 따라 올바르게 가는지 살필 책무가 있다"(FK 1906:48).

상원은 118 대 26으로 포보다의 페테숀이 발의한 법안을 통과시켰다. 하원이 134 대 94로 스타브 정부의 법안을 승인했으므로, 두 의회는 한 번 더 상이한 결정을 내렸다. 스타브는 그 상황에서 국왕에게 하원의 해산을 요구했다. 직접 선거로 구성하는 하원의 여론과 과반수를 차지한 강력한 좌파로부터 득을 보려는 생각이었다. 그러나 국왕은 요구를 거부했다. 국왕 오스카르 2세는 한층 더 뚜렷해지는, 그리고 헌법에 어긋난다고 보았던 의회주의적 경향에 반감을 지녔는데도 의회주의의 내용에 관해 스타브를 가르칠 기회까지 마다하지는 않았다. 국왕은 이렇게 말했다. "정부 법안을 승인한 의회를 해산하는 것은 논리적이지 않고 의회주의적으로 옳지도 않다"(Brusewitz 1951, s. 19). 국왕은 오히려 의회주의의 논리에 완전히 부합하게 상원의 해산을 제안했다. 스타브는 거부했다. 상원에서는 자유주의자들이 과반수를 차지할 가능성이 없었기 때문이다.

스타브 정부는 사퇴했고, 아르비드 린드만이 이끄는 보수당 정부가 들어섰다. 이 정부로서도 선거권 문제의 해결이 긴급했다. 그러나 지난 정부와는 동기가 달랐다. 스타브에게 그것은 '귀족권력'을 '민중권력'으로 대체하는 문제였지만 린드만에게는 더 강한 민중권력으로의 발전을 막는 일이었다. 린드만은 실용적인 주장을 펼쳤다. 민주화는 멈추지 않을 것이며, 따라서 이를 계기로 선거권 문제를 보수당에 유리한 방식으로 해결하는 것이 중요했다. 스타브의 방침이 관철되면 보수당은 하찮은 지위로 전락할 위험성이 있었다. 그러나 린드만은 정치적 기회가 열려 있다고 보았다. 그가 원한 개혁의 출발점은 포보다의 페테숀이 제시한 법안이었다. 페테숀은 린드만 정부에서 농업부 장관으로 임명되었지만 실제로는 선거권 문제에 전념해야 했다. 린드만이 지방선거 규정의 변경에 반대했기 때문에, 페테숀과 총리 사이에 의견이 일치하지 않았다. 린드만은 기존의 상원 선거 규정을 급진적 개혁 정책을 막는 보호장치로 여겼다. 그러나 린드만은 실용주의자였고 의회주의의 전제 조건을 좀 더 자세히 평가한 뒤에 태도를 바꾸었다. 스타브의 법안을 지지한 하원 의원 상당수를 유인하는 것이 가능했다. 스타브 법안에 찬성표를 던진 자유통합당 의원 다수가 비례대표제에 공감했기 때문이다. 그들에게는 상원의 민주화가 결정적으로 중요했다. 따라서 린드만 정부는 법안에서 차등선거권의 축소를 제안했다. 누구도 지방선거에서 40표 이상을 행사할 수 없다는 안이었는데, 이는 페테숀이 제안하여 앞서 하원에서 부결된 1,000표 상한선보다 상당히 크게 진척된 제안이었다.

　린드만은 고도로 전략적인 방식으로 숫자 놀음을 했다. 원래의 페테숀 방침을 상원은 크게 투덜거리며 받아들였다. 두 의회의 권한이 동등했기에, 상원의 과반수를 차지한 보수당은 하원 선거에 관해서는 남성 보통선거제를 궁여지책으로 수용할 수밖에 없었다. 상원은 페테숀의 법안에서도 보수주의의 보루였다. 법안에 제시된 피선거권과 선거권에 관한 규정이 이를 보증했다. 그러나 린드만 정부가 제출한 법안은 소화하기 어려웠다. 하원에서 자유통합당 의원인 텔베리의 다니엘 페숀이 제시한 법안은 한층 더 받아들이기 어려웠다. 그 법안은 상원 의원에게 급여와 여비를 지급하자고 주장했고(그때까지는 지급되지 않았다), 나아가 피선거권 자격의 완화도 요구했다. 부동산 규정과 소득 규정의 상한선을 절반으로 낮추자고 주장했는데, 이 안에 따르면 상원 입후보 자격을 지닌 자가 몇 배나 늘어나게 된다. 또한 상원 의원의 임기를 9년에서 6년으로 축소할 것도 제안했다. 린드만은 그 법안을 수용했고, 이에 따라 정부 법안은 사실상 철회되었다.

그 상황에서 린드만은 같은 편인 상원 보수당으로부터 비판을 받았다. 그 지도자인 엔슈트 트뤼게르가 앞장서서 비판했다. 이제 린드만은 정부 신임 문제를 들고나왔다. 린드만은 좌파에 양보했다는 비판에 직면하여 자신의 군 경력을 거론했다. 모든 군인은 때로는 "다른 표적을 잡기 위해 위치를 바꾸면서도 처음의 표적을 시야에서 놓치지 않는 것"이 현명하다는 점을 알고 있다(Lewin 2002b, s. 104에서 인용).

피선거권 자격이 다니엘 페숀의 제안보다 다소 적게 낮추어진 타협에 따라 두 의회는 개혁을 결정할 수 있었다. 2년 뒤 그 결정은 확정되었고, 1911년 선거부터 24세 이상의 모든 남성은 하원 선거권을 보유했다.[6] 그러한 타협의 특징이 원래 누구도 만족할 수 없는 것이라면, 이는 성공적인 타협이라고 할 수 있었다. 주고받기였기 때문이다. 결국 개혁의 성공은 현실정치인 린드만의 공이었다. 린드만은 엄청난 노력 끝에 고분고분하지 않은 당 동료들이 선거권 문제를 전략적 관점에서 바라보게 할 수 있었다. 린드만 자신도 개인적으로는 보통선거제에 반대했지만 거대한 노동자 집단을 계속 고립된 상태로 놔둘 수는 없었다. 그것은 당장에 해결해야 했다. 그렇게 하지 않으면 통제 불능의 상황이 전개될 위험이 있었기 때문이다. 만일 자유주의자들의 법안이 성공하면, 여러 선거구에서 보수당이 승리할 기회는 줄어들 수밖에 없었다. 점점 더 많은 사람이 소득 규정을 충족함으로써 이미 그러한 상황이 벌어지고 있었다. 그러므로 교착상태를 풀고 '최악의 결과'를 피하는 것이 중요했다. 레빈은 그 결정의 의미를 이렇게 요약한다. "귀족권력의 시대는 지나갔지만, 귀족

권력을 대변한 정당은 생존의 기회를 얻었다"(Lewin 2002b, s. 108). 결과적으로 1907~1909년의 선거권 개혁은 린드만의 전략적 솜씨가 가져온 승리였다. 그렇지만 그 개혁의 함의는 정당들이 '합법화'했다는 데 있었다. 이는 보수당에는 옥에 티였다. 비례대표제라는 선거 방식에는 정당이 선거에서 중심 역할을 맡는다는 전제가 깔려 있었다. 정당의 존재는 이제 선거법에 분명하게 드러났다.

1911년 선거부터 투표용지에는 정당의 이름이 명기되었다(Stjernquist 1996). 게다가 나라 전체가 56개 선거구로 분할되어 정당의 장악력이 강해졌다. 선거구가 비교적 컸기에 '독립적인 정치인'(정당에 소속되지 않은 채 지역에 기반을 둔 후보)이 눈에 띄기에는 어려움이 있었다. 정당들은 선거구 조직을 세웠고, 이는 조직의 측면에서 큰 진전이 이루어졌음을 뜻했다(Esaiasson 1990).

정당 제도의 성장은 단기적으로는 정치 문화에 중대한 귀결을 가져왔다. 사회민주당은 대규모의 하층계급을 동원했다. 빠르게 성장하는 노동계급이 스스로의 잠재력을 의식하면서, 평등의 가치를 기반으로 하는 강력한 집단 충성심이 발전했다. 여기에 더하여 권위에 대한 믿음이 점차 약해지면서, 19세기는 결정적인 종말을 맞게 되었다.

'합의'라는 정치 문화의 형성기

1907년 선거권 개혁을 낳은 정치적 줄다리기는 스웨덴 정치사에서 매우 혹독한 대결의 하나였다. 1866년의 의회 개혁처럼 1907년의 결정도 정치권력을 장악한 기존 세력의 양보로 가능했다. 의회 개혁은 합의를 높게 평가한 실용주의자 루이 드 예르가 추진했다. 1907년 선거권 개혁을 추진한 세력도 실용주의자들이었다. 그러나 이 두 개혁 사이의 두드러진 유사성은 다른 무엇보다도 합의에 기반한 발전을 보장할 제도적 장치가 형성되었다는 것이다. 양원제 의회는 권력 분산이라는 전제 위에 수립되었다. 상원은 직접 선거로 구성한 하원과 동등한 권한을 지녔으며, 선거권과 피선거권 규정은 귀족이 급격한 사회 변화를 막을 힘을 갖도록 확정되었다. 40년 후 선거권 개혁의 토대에도 권력 분산이라는 개념이 놓여 있다. 비례대표제와 상원의 지위 덕분에 보수당은 급격한 사회 변혁에 맞설 평형추를 확실하게 제공받았다. 그러나 선거권과 피선거권의 규정 변경은 옛 권력 엘리트의 지위가 훼손되었음을 의미했다. 시간이 흐르면서 상층계급의 지배는 약해진다. 게다가 하원의 민주화는 민중의 뜻이 더 큰 역할을 수행하게 됨을 뜻했다. 이는 특히 두 의회가 대립할 때 큰 의미를 지닌다.

  1907년 선거권 개혁에서 특히 중요했던 것은 비례대표제 도입이었다. 다당제의 토대가 놓였고, 그로써 합의의 정치 문화를 위한 매우 중대한 제도적 토대도 놓였다. 의회에 여러 정당이 대표를 내면서 특정 정당이 단독으로 과반수를 확보하기가 어려워졌다. 체제가 무너지는 일이 없으려면 서로 협력해야 했다.

4

새로운 국가 체제의 형성

1907~1909년의 선거권 개혁으로 유권자 수는 배 이상 증가했다. 1908년 선거에서 선거권 행사 요건을 충족한 사람은 43만 2,099명이었는데, 1911년 그 숫자는 106만 6,200명이었다. 그러나 선거권을 얻은 사람은 남자뿐이었고, 모든 남자가 다 선거권을 받은 것도 아니었다. 24세 이상의 남자 중 5분의 1이 배제되었다. 하원 선거권을 받은 사람은 다음과 같았다.

24세가 된 모든 성실한 스웨덴 남자 중 다음에 해당하지 않는 자. a) 피후견 상태에 있거나 파산 상태에 있는 자. b) 당해 연도나 지난해에 자신이나 처, 미성년 자녀가 구빈원으로부터 지원을 받은 자. c) 직전 3년간 국가와 코뮌이 부과한 세금을 납부하지 않은 자. d) 병역 의무자 중 직전 해가 시작할 때까지 받아야 할 훈련을 이행하지 않은 자(의회법 16조).

유권자가 크게 증가했음을 감안하면 사회민주당이 큰 진전을 이룬 것은 전혀 놀랄 일이 아니다. 사회민주당의 득표는 거의 두 배가 늘었다 (28.5퍼센트). 그러나 자유통합당이 40퍼센트를 득표하여 여전히 제1당이었다. 그 선거에서 가장 큰 손실을 입은 것은 보수당이었다. 그럼에도 보수당은 사회민주당보다 많은 31.2퍼센트를 득표했다.

선거권을 획득한 많은 사람이 투표를 하지 않았고, 그래서 투표율은 직전 선거인 1908년 선거에 비할 때 61퍼센트에서 57퍼센트로 하락했다. 그렇지만 절대적 수치에서는 투표수가 크게 증가했다. 1911년에 60만 7,487명이 투표했는데, 이는 1908년에 비해 두 배 늘어난 수치였다.

국가 체제를 둘러싼 싸움의 시작

1911년 선거로 정부가 교체되었다. 아르비드 린드만을 대신하여 칼 스타브가 총리가 되었다. 1907년에 즉위한 구스타브 5세에게 스타브가 다시 총리가 된 것은 전혀 만족스럽지 않은 해법이었다. 스타브와 왕실 사이에는 얼마 전부터 갈등이 있었다. 그래서 국왕은 다른 총리를 찾으려 했으나, 선거 결과는 그러한 시도를 어렵게 만들었다. 국왕 개인의 권한이 힘을 발휘하던 시대는 지나갔다고 해도 정부 수립과 관련하여 국왕이 조정력을 행사할 가능성은 여전히 남아 있었다. 남성 보통선거제가 도입된 이후로는 의회, 특히 하원의 여론을 살피는 것이 필요했다 (von Sydow 1997).

정부가 들어선 뒤 국왕이 보인 행태는 그가 의회주의를 완전히 수용하지 않았음을 보여준다.[1] 그 시기에는 자구(字句) 헌법과 '실효' 헌법을 구분하는 것이 일반적이었다. 스타브도 기꺼이 그렇게 한 사람인데, 헌법에서 의회주의적 관행이 출현했다는 것이 그의 견해였다. 그 관행은 헌법의 문구에서 발견되는 권력 분립의 원리에 뿌리를 두고 있었다. 국왕은 입법권을 의회와 나누었기 때문에 각료를 임명할 때 의회의 견해를 존중해야 했다. 19세기 후반 그러한 의회주의적 경향이 드러났고, 20세기 초 스타브는 그 경향이 너무도 뚜렷하여 관행적 의회주의가 국가 체제의 일부가 되었다고 판단했다.

새 내각은 일련의 어려움에 직면했다. 해결하기가 가장 어려운 것은 국방 문제였다. 유럽에 긴장이 증대했는데도 정부는 의회가 이미 예산을 배정한 장갑함('F보텐')의 건조를 중단하기로 결정했다. 스타브는 군대의 무장보다 사회개혁이 더 중요하다고 보았다. 스웨덴이 "요새를 갖춘 구빈원"이 되는 일은 없어야 한다는 것이었다. 국왕은 이 결정에 반대했고 국무회의 의사록에 발언diktamen을 남겼다. 그 상황에서 스타브는 효력이 있는 것은 정부의 방침이라는 점을 국왕에게 지적했다. 국왕으로부터 나라를 통치할 권한을 위임받은 자유통합당의 총리는 우익보수당 정부와 동일한 행동의 자유를 갖는 것이 합리적이었다.* 그 밖의 다른

---

* 상원의 보수당으로는 1888년부터 1909년까지 보호무역당Protektionistiska partiet이라는 이름으로 존속하다가 1910년 통합우익당Förenade högerpartiet이 된 파벌과 1888년부터 1904년까지 소수당Minoritetspartiet으로 있다가 1905년부터 1909년까지 상원온건당kammarens moderata parti으로 존속한 파벌이 있었다. 이 두 무리가 1912년에 상원국민당Första kammarens nationella parti으로 통합되었다. 이후 이들을 비공식적으로 상원우익당förstakammarshögern이라고 부른다. 하원에서는 1903년 결성된 온건개혁그룹De moderata reformvännernas grupp이 1906년부터 국민진보당Nationella framstegspartiet으로 바뀌었고, 1912년 이 정당과 농민당Lantmannapartiet이 통합하여 농민시민당Lantmanna- och borgarpartiet이 창당되었다. 이후 이들을 비공식적으로 하원우익당andrakammarshögern으로 불렀다. 1912년 이후 원내외를 가리지 않고 전국유권자연맹 소속 의원들을 우익보수당Högern이라고 표기한다.

모든 것은 '실효' 헌법에서 이탈하는 일이었다. 그러한 해석에 따르면 국왕은 "왕국을 통치하는" 공식적인 임무를 포기한 것이 된다. 국왕은 이에 동의하지 않았다.

스타브가 총리였던 시기에 국왕은 우익보수당 지도자 린드만과 트뤼게르와 긴밀한 관계를 유지했고, 이는 국왕과 스타브 사이의 긴장을 유발했다. '숨은 조언자'를 이용하는 것은 스타브에게는 헌법에 위배되는 행위였다.

헌법에 관한 다툼은 스웨덴 사회의 사회적, 정치적 불안이 증대하는 가운데 진행되었다. 불만의 원인은 헌법 개혁 작업의 더딘 속도만이 아니었다. 실업이 증가하고 임금이 생계를 꾸리기에 너무 낮은 데 대한 좌절도 보였다. 게다가 고용 상황도 불안했다. 1909년 노동조합총연맹에 가입한 노동자 약 30만 명이 파업에 나섰다. 그러나 사회는 여전히 꽤 원활하게 작동했고, 시간이 지나면서 파업기금은 고갈되었다. 노동조합총연맹은 어쩔 수 없이 파업 노동자들에게 일터에 복귀하라고 권고했다. 이로써 대파업은 노동운동의 후퇴로 끝났고, 정치적 귀결이 뒤따랐다. 사회민주당 내부에서 개혁파와 혁명파 간의 분열이 심해졌다.

그 시기 분쟁의 수준은 전체적으로 차츰 강해졌다. 1912년 스벤 헤딘의 소책자 『경고의 말*Ett varningsord*』이 발표되었다. 스벤 헤딘은 동쪽의 위협, 즉 스웨덴 사람들이 이미 100년 동안 겪었으나 이제 이전보다 더욱 뚜렷해진 위협을 경고했다. 그에 따르면 군비 강화가 필요한데 자유통합당 정부의 정책은 그 반대로 가고 있었다. 스벤 헤딘은 나라 전역에 불안이 확산되고 있다며 러시아 공포증을 알리고자 자신의 책자로 최선을 했다. 스타브 정부에서 연기된 장갑함 건조의 비용을 모으기 위해 민간 모금이 이루어졌다. 모금은 성공적이었다. 짧은 기간 안에 건조 비용보다 많은 1,700만 크로나가 모였다. 국방 강화에 대한 국민의 지지는 분명히 정부 인사들의 생각보다 훨씬 더 강력했다.

왕궁마당위기

국방을 옹호하는 태도가 우익보수당에만 있었던 것은 아니다. 자유통합당 지도부에서도 정부의 군축 정책에 비판적인 태도가 보였으며, 농민들도 전쟁이 발발할 경우 스웨덴의 국방이 제 역할을 다할 수 없다고 우려했다. 정부가 보병의 훈련 기간 축소를 결정하자 비판은 더욱 거세졌다. 자유통합당 내부의 대립을 잘 알고 있던 국왕은 그 상황에서 한 번 더 국무회의 의사록에 발언을 남겼다.

국왕과 스타브의 대립은 결국 1914년 2월 왕궁마당위기로 귀결되었다. 3만 명의 농민이 국왕을 지지하고자 왕궁마당으로 행진했다. 이 사건은 스웨덴 정치사에서 가장 극적인 사건 중 하나이다. 국왕은 국방을 강력히 옹호하는 연설에서 자신의 공식 '조언자'인 정부의 정책을 공개적으로 부정했다. 목적은 정부 교체였다.[2] 왕궁마당연설 후 이틀이 지나 한층 더 강력한 대응 시위가 벌어졌다. 얄마르 브란팅을 필두로 5만 명이 뮌트토리에트 광장에 있는 정부 청사로 행진하여 스타브를 지키려 했다. 브란팅은 "고물가와 실업, 무거운 세금"으로 고생하는 "노동하는 민중"이 군비 부담 증대에 맞서 항의한다고 설명했다. 브란팅은 정부 수반에게 "선거 때 국민에게 한" 약속을 저버리지 말라고 호소했다. 만일 정부가 "작금에 진행 중인 무의미한 군비 증강 선동"에 굴복한다면, 이는 "정치적 신의의 요구"에 반하는 일이 되리라는 말이었다. 브란팅은 단호히 주장했다. "이러한 이유로 우리는 이와 관련하여 스웨덴 국민은 국왕 개인 권력의 요구에 결코 굴복하지 않을 것이며 민주주의의 유구한 주요 기본 원리를 언제나 온 힘을 다해 지킬 것이고 스웨덴 땅에서는 오로지 국민의 의지만이 결정권을 지닐 것임을 선언한다"(von Sydow 1997, s. 108에서 인용).

중재는 불가능해 보였다. 대립은 기본적으로 국방 정책에 관한 것이었지만 또한 국가 체제의 문제로 비화했다. 좌파는 '국왕 개인 권력'을 결코 인정하지 않았다. 헌법상 국왕의 역할이라는 문제가 첨예한 상황에 몰렸다. 스타브는 국왕에게 정부가 내놓을 국방 문제에 관한 법안에 어떤 태도를 취할 것인지 물었다. 국왕과 정부 사이에 의견 차이가 있음이 알려졌기 때문이다. 국왕은 헌법을 존중하겠다고 답했다. "집무 중인 협의체의 헌법상 조언자들이 하는 발언이나 제안"을 먼저 듣고 난 뒤 결정을 내리겠다는 것이었다(ibid.). 이는 그 무엇에도 매이지 않는 발언 같지만, 그 내용은 실상 '실효 헌법'의 의회주의적 원리를 부정하는 것이었다. 다른 민감한 질문은 국왕이 앞으로도 그와 같은 유형의 정치적 발언을 할 준비가 되어 있냐는 것이었다. 스타브는 국왕이 정부와 협의하지 않고 그러한 발언을 해서는 안 된다고 주장했다. 국왕은 거부했다. "나는 그러한 요구를 수용할 수 없다. 스웨덴 국민에게 자유롭게 의사를 전달할 권리를 포기하고 싶지 않기 때문이다"(ibid., s. 109). 그러한 답변은 스타브가 이해하는 헌법의 진정한 의미에 배치되었다. 왕궁마당연설은 비헌법적 처사로 여겨졌다. 스타브는 국왕에게 그 발언의 기록이 공문서가 아니라고, 다시 말해 그 발언의 내용이 국왕이 국가수반의 자격으로 지지하는 것은 아니라고 발표하자고 제안했다. 그러나 국왕은 거부했고, 스타브는 사퇴했다(Hadenius 2003).

국왕은 헌법을 위반했나? 자명하지는 않다. 폰 쉬도는 스웨덴 의회에 관한 연구에서 그 행위가 헌법의 영역 내에 있다는 견해를 밝혔다. 국방에 관한 의견 차이로 말하자면, 국왕의 행위는 상원의 견해에, 다시 말해 의회 **전체**의 입장에 주목했다는 점에서 의회주의적으로 옹호할 만했다. 국왕의 큰 목표는 스타브 정부가 상하 양원으로부터 받은 것보다 훨씬 더 큰 지지를 받는 정부를 세우는 것이었다. 그런 의미에서 국왕은 의회주의에서 벗어나지 않았다. 헌법적으로 의심스러웠던 것은 국왕이 과격한 우파의 장교뿐만 아니라 야당의 주요 정치인까지 숨은 조언자를 이용했다는 사실이다. 그러나 숨은 조언자를 쓰는 방식이 비헌법적이라는 주장은 이미 등장한 의회주의적 관행이 존중된다는 사실을 전제로 했다. 그렇지만 확실히 모두가 존중하지는 않았다. 상원 우익보수당 지도자 엔슈트 트뤼게르는 점점 강력해지는 의회의 지위가 1809년 헌법에 반한다고 주장했다. 확립 중에 있는 의회주의가 헌법에 어긋난다는 것이다. 트뤼게르는 숨은 조언자의 한 사람이요 그 자격으로 국왕에게 자유통합당 정부에 거친 전략을 쓰라고 권고했다.[3]

국왕 개인 권력 그리고 공화국에 대한 요구

왕궁마당위기 이후, 스타브 정부가 주지사 알마르 함마르셸드가 이끄는 관료 정부로 대체된 이후 투쟁의 강도가 잦아들자, 국왕은 자신의 헌법적 태도를 분명하게 밝혔다. 국왕은 자신이 헌법의 '명령과 정신'에 따라 행동한다고 보았으며 이렇게 덧붙였다. "국왕 개인 권력을 향한 모든 소망이나 노력은 내게는 언제나 익숙하지 않으며 앞으로도 그럴 것이다"(Lewin 2002b, s. 125에서 인용).

상황을 달리 보는 이들이 있었다. 국왕 구스타브 5세의 주변 사람들은 국왕에게 스스로 익숙하지 않다고 선언한 국왕 개인 권력을 행사하라고 부추기려 했다. 그 무리에는 왕비도 있었는데, 영향력이 강했다. 스웨덴은 국왕이 통치했지만 국왕은 왕비 빅토리아가 지배했다는 말이 돌았다(von Platen 2004). 왕비는 우익보수당의 주요 정치인과 긴밀한 관계를 유지했으며 정치적 사태의 추이를 잘 따라가고 있었다. 왕비 위에는 그 무리의 주동자 중 한 명인 스벤 헤딘이 있었다. 왕궁마당위기 이전에 그는 국왕의 관대함을 개탄했다. 스벤 헤딘은 하랄드 예네에게 보낸 편지에서 국왕을 비판적인 어조로 묘사했다. "그가 그 자리의 의무를 망각한 것은 치명적인 죄이다. 나는 그에게 두 차례 긴 편지를 보내 그가 무엇을 해야 하는지, 스웨덴 국민은 그에게 무엇을 원하는지 간명하게 얘기했다"(ibid.). 강력한 왕권을 권고한 다른 주요 이데올로그는 루돌프 셸렌이었다. 그는 국민을 분열시키는 특성을 지녔다며 의회주의를 거부했다. 셸렌이 정립한 유기체 조직이론에 따르면, 국가는 위계적 원리로 조직되어야 했다. "진정한 국민의 의지"는 국민과 공생하는 전제적 지도자가 직관적으로 해석할 때 가장 잘 표현되었다는 것이다. 모든 국민은, 특히 스웨덴 국민은 강력한 지도자를 따를 필요가 있다고 여겨졌다.

국가 체제에 관한 논의에서 주된 문제는 국왕이 1809년 헌법에 규정된 대로 행동할 권한이 있는지 아니면 실제의 헌법적 관행에 따라 국가수반의 역할이 변경되었는지에 관한 것이었다. 그러나 "단독으로 왕국을 통치할" 국왕의 헌법상 권한을 부정하는 사람들 중 사태를 극단으로 몰아 공화국을 요구할 준비가 된 이는 거의 없었다. 군주제 파괴자로 보였고 궁정 신하들의 조롱을 받았던 스타브조차도 공화국 도입을 원하지 않았다. 스타브는 비정치적 군주가 형식적으로 정부 구성의 권한을 갖고 그 밖에는 오로지 의례상의 역할만 맡는 영국식 모델을 추구했다. 자유통합당은 국가 체제를 둘러싼 싸움이 진행되던 20세기 초에는 확실히 기존 사회에 도전했지만, 가장 강력한 정당이 된 시점에 당 내부에서도 공화주의는 찾아볼 수 없었다.

  1911년 이후로 당 강령에 공화국 요구를 적시한 사회민주당의 사정은 달랐다. 공화국 요구는 얄마르 브란팅의 생각과 충돌했다. 브란팅은 그 문제를 당 강령에 넣지 않기를 원했다. 브란팅에 따르면 모든 힘을 선거권 문제에 집중해야 했다. 공화국 요구를 제기하면 그 목적을 달성하기 어려워지기 때문이다. 몇몇 사회민주당원, 특히 칼 린드하겐과 리카드 산들레르가 당 강령의 힘을 빌려 1912년 의회 법안에서 공화국 요구를 제기했을 때, 브란팅은 그들이 무책임하다고 생각했다. 법안이 원칙적으로 아무리 좋은 동기에서 출발했다고 해도, 당시 상황에서 그 문제를 추진하기에는 운신의 폭이 좁았다는 것이다. 국왕이 자신에게 주어진 권한을 넘어서거나 국왕 개인의 권력을 요구하는 경우에나 공화국 요구를 제기할 수 있었다. 왕궁마당위기가 발생했을 때, 그러한 상황이 실제로 벌어졌다. 그렇지만 그때에도 브란팅은 그 문제를 추진할 의사가 없었다. 브란팅은 의회가 왕실 비용 문제를 다룰 때 삭감을 요구하여 국왕이 보인 처신에 확실히 불만을 나타냈지만 가장 중요한 것은 보통선거권이라고 강조했다. 브란팅은 일단 민주주의가 승리하면 군주제처럼 시대에 뒤진 제도는 저절로 사라질 것이라고 생각했다. 군주제는 현대의 정치 체제에 속하지 않는 중세의 국가 체제라는 것이다. 브란팅은 민주주의의 평등사상이 더욱 강력하게 성장함에 따라 군주제는 안에서부터 무너질 것이라고 예측했다.

사회민주당이 공화국 요구에 대처한 방식은 더 넓은 배경에서 보아야 한다. 사회민주당 내부에서는 당의 전략적 선택을 두고 활발한 토론이 이루어지고 있었다. 1889년 창당 이래로 목표는 보통선거제였지만, 민주주의에 대한 시각에서 완전한 의견 일치는 없었다. 민주주의가 순전히 원칙적으로 추구할 만한 가치가 있는 것인지 아니면 단지 전술적 관점에서만 그런 것인지 논란이 되었다. 시간이 지나면서 민주주의에 대한 지지는 한층 더 원칙적인 것이 되었다(Tingsten 1941). 내부의 여론 형성자로서의 브란팅의 역할은 이 점에서 매우 중요했지만, 노동운동 내부에는 완고한 반대가 있었으며, 20세기 초에는 개혁파와 혁명파가 세력 대결을 펼쳤고 그 결과로 혁명파가 배제되었다. 그렇지만 혁명적 흐름은 잔존했고, 이는 '의회사회주의$_{ministersocialism}$'에 관한 논쟁으로, 다시 말해 당이 자유통합당과 함께 정부를 구성할 수 있는가의 문제로 표출되었다. 공화국 요구를 당 강령에 포함하기로 결정한 당 대회에서 동시에 향후 정부 참여의 문을 조금 열어두자는 결정도 내려졌다. 그 문제가 민감했다는 것은 당 대회 의사록의 이러한 강조에 드러나 있다. "사회민주당원의 부르주아 정부 입각은 권고 사항이 아니라 다만 예외적으로 꼭 필요한 조치일 때에만 가능하다"(von Sydow 1997, s. 111에서 인용).

이러한 태도는 구체적으로 1911년 가을 하원 선거에서 좌파가 승리하면 자유통합당과의 협력이 현실화할 수 있는지와 관련이 있었다. 말하자면 그러한 경우는 '예외적인' 상황으로 수용할 수 있었다. 당 대회는 특별 절차 규정을 결의했다. 당이 부르주아 정당과 협력하여 정부를 구성하는 문제에 관하여 당 집행부와 의원단이 입장을 정하기로 했지만, 두 기관에서 다 같이 3분의 2 이상의 찬성이 요구되었다. 엄격한 조건은 좌익 급진파에 대한 양보였다.

사회민주당의 정부 구성 협력이라는 문제는 1911년 스타브 정부가 들어섰을 때 실제로 제기되었다. 당 지도부는 정부 참여 제안을 거부했지만, 1914년 사회민주당이 하원의 제1당이 된 이후로 정부 협력에 관하여 좌파 정당 간에 새롭게 논의가 진행되었다. 얄마르 함마르셀드가 이끄는 관료 정부가 장기간 존속하리라고 예상되지 않았던 것이다. 사회민주당이 1917년 당 대회에서 자유통합당과 연립정부를 구성할 수 있다고 결정했을 때, 이는 그 직후 발생한 분당의 주된 원인이었다(von Sydow 1997).

민주주의의 관철

1914년 8월, 왕궁마당위기 이후 반년이 지났을 때 제1차 세계대전이 발발했다. 총동원령이 내려졌지만, 스웨덴은 전쟁에 조금도 휘말리지 않았다. 국내정치에서는 성내평화가 유지되었다. 그러나 1916년 외부의 압력이 완화되자 합의 정치는 중단되었다. 영국에 점점 더 강하게 공감한 사회민주당과 자유통합당은 독일에 이롭다고 여겨진 무역 정책을 펼친 정부를 공격했다. 국내정치에서 대결은 러시아혁명이 발발한 1917년 봄에 심해졌다. 사회민주당 내 좌파는 러시아의 혁명가들을 지지했다. 좌파 사회주의자들이 의회사회주의에 관한 싸움에서 패한 뒤 탈당하여 좌익사회당을 창당한 것이 바로 그때였다. 이 정당은 자본주의와 민주주의를 제거하고 프롤레타리아 독재를 도입하는 것, 즉 소비에트 스웨덴을 목표로 삼은 철저한 볼셰비키 정당이었다.

사회민주당의 내부 분열이 비교적 근본적이었음에 주목할 필요가 있다. 예를 들면 사회민주당은 강력한 누진 상속세를 도입하고 국방을 해체하고 공화국을 도입하려 했다. 국가가 생산을 통제하고 천연자원을 국유화하며 은행과 보험회사를 사회화하고 대지주의 토지를 몰수하기를 원했다. 따라서 분당을 초래한 분열은 자본주의의 폐지가 긴급한지 아닌지 여부보다 민주주의를 바라보는 시각에 뿌리가 있었다. 개혁주의자들과 혁명가들이 대립한 것이다.

1918~1919년의 두 번째 선거권 개혁은 극적인 사태 전개 속에 이루어졌다. 제1차 세계대전 발발과 더불어 수립된 함마르셸드의 관료 정부는 식량 사정 때문에 점차 인기를 잃었다. 식료품이 부족했다. 1917년 봄 빵 배급이 시작되었다. 사람들이 속된 말로 '훙에르(굶주림)셸드'라고 불렀던 총리는 1917년 3월 사퇴했으며, 칼 스바츠가 이끄는 우익보수당 정부가 들어섰다. 같은 해 가을 선거에서 우익보수당은 크게 후퇴했고, 반면 사회민주당과 자유통합당은 전진했다. 약간의 우여곡절 끝에 좌파 연립정부가 세워졌다. 칼 스타브는 1915년에 사망했고, 그를 뒤이어 자유통합당 대표가 된 역사학 교수 닐스 에덴이 새로운 총리가 되었다. 국왕은 왕비의 강력한 지지를 받아 '사회주의 성분'이 포함된 정부를 피하고자 최선을 다했다. 그렇지만 러시아에서, 그리고 동맹국이 패전을 향해 가고 있던 유럽 대륙에서 전개된 극적인 상황의 압박 때문에, 국왕은 에덴과 브란팅의 좌파 연립정부를 "무엇인가 묻는 듯한 눈빛으로 왕비를 바라보며" 수용했다(von Sydow 1997, s. 117). 국왕의 양보는 그렇게 심히 못마땅한 정부를 수용한 것에 그치지 않았다. 에덴은 국왕에게 차

....
1866년 양원제 의회 개혁을 주도한 루이 드 예르. 법무부 장관 당시 주도한 법안이 승인을 받았다. 이로써 중세 시대에 뿌리를 둔 신분제 의회는 근대적인 양원제 의회로 대체되었다. 상원은 주 의회와 시 의회에 의해서 간접선거로 구성되었고, 하원은 직접선거로 구성되었다.

ⓒ Gustav Lærum

▲ 1905년 10월 27일 국왕의 명령에 따라 스웨덴-노르웨이 연합왕국 국기에서 스웨덴 국기를 떼어냈다(11월 1일). 이 만평은 그해 4월 노르웨이 국기를 승인하고 총리직에서 사퇴한 에리크 구스타브 부스트룀을 눈물을 흘리는 재봉사로 묘사했다.

▼ 1914년 왕궁마당에서 연설하는 국왕 구스타브 5세. 이 연설에서 구스타브 5세는 국방을 강력히 옹호하면서 자신의 공식 '조언자'인 정부의 군사 정책을 공개적으로 부정했다. 스웨덴 정치사에서 가장 극적인 사건 중 하나이다.

1917년 보통선거권을 요구하는 시위. 얄마르 브란팅(사진 왼쪽에 지팡이 든 사람)이 시위대를 진정시키려 했지만 실패했다. 경찰은 그가 현장에서 벗어날 수 있도록 했다.

▲ 1917년 감자를 배급받으려고 줄을 선 스톡홀름 시민들.
▼ 1917년 노동절 스톡홀름 노라반토리에트 광장의 시위대.

아르비드 린드만(전국유권자연맹), 칼 스타브(자유통합당), 얄마르 브란팅(사회민주당). 이들은 서로 다른 정치적 이념을 대표하면서 스웨덴의 입헌주의와 민주주의 발전 과정에 크게 기여했다. 20세기 초 군주제와 귀족 권력의 쇠퇴, 노동운동의 성장, 참정권 확대라는 역사적 맥락 속에서 이들의 활동은 스웨덴 정치의 현대화에 큰 영향을 끼쳤다.

▲ 1921년 치러진 스웨덴의 보통평등선거에서 여성도 처음으로 투표할 수 있었다.
▼ 1928년 린드만 제2차 내각의 정치인들. 아래 줄 오른쪽 끝에 아르비드 린드만, 그 옆이 엔슈트 트뤼게르이다. 이 두 사람은 1930년대 초 당의 청년 조직이 나치와 연합하려 하자 강력히 반대했다.

▲ 1931년 5월 14일 오후 3시 직전 오달렌의 시위 행렬. 몇 분 뒤 군대의 발포로 다섯 명이 사망했다.

▼ 1939년 12월 새로 구성된 거국내각이 스톡홀름 궁 앞에 모여 있다. 앞줄 왼쪽에서 다섯 번째가 총리 페르 알빈 한손이다.

 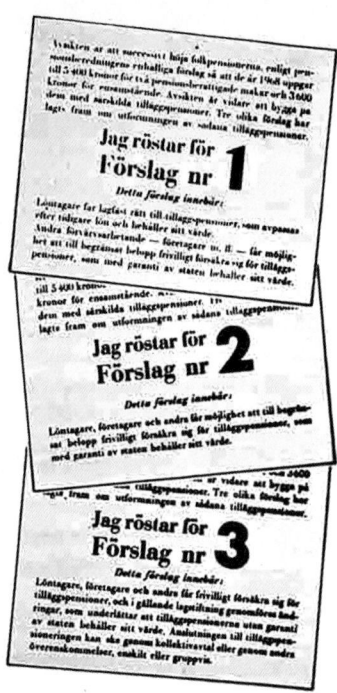

1959년 5월 14일 하원에서 국민추가연금 관련 투표가 실시되었다. 결과는 여야가 115대 115로 동수를 이루어 (사회민주당은 공산당 의원의 지지를 받았음) 해결이 불가능한 상황에서 국민당의 투레 쾨닉손이 기권함으로써 찬성 114, 반대 115로 사회민주당 안이 통과되었다 (반대가 사민당 법안의 승인을 의미한다). 오른쪽은 1957년 실시된 연금 문제에 관한 국민투표에 사용된 투표용지.

© Börje Dorch

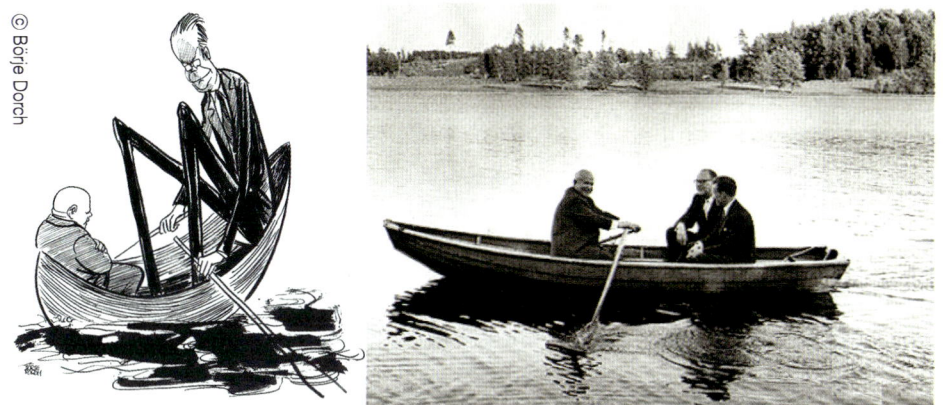

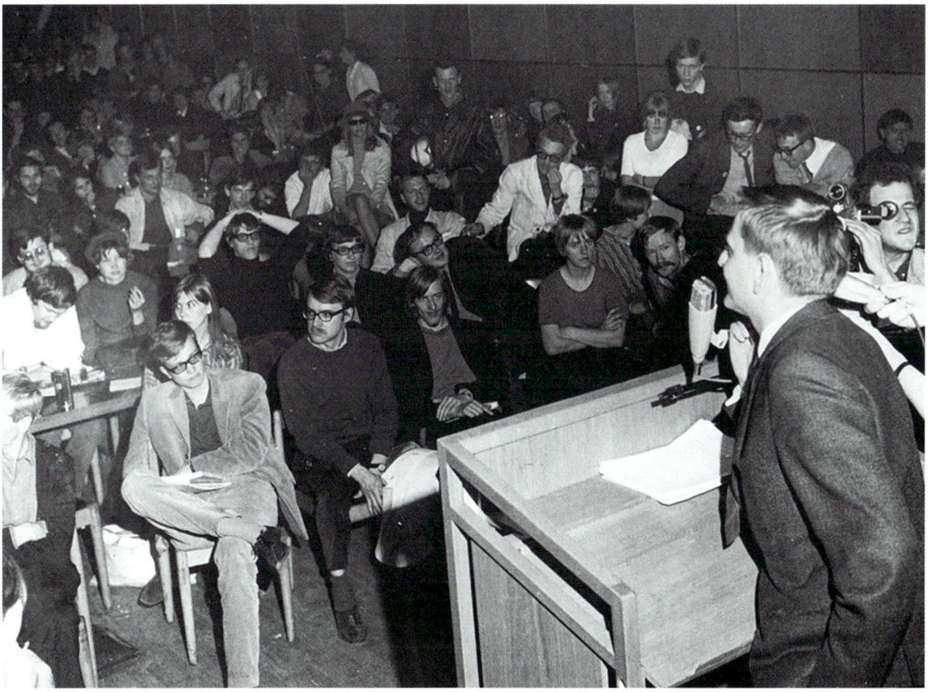

▲ 1964년 하르프순드에서 총리 타게 엘란데르가 보트에 니키타 흐루쇼프를 태우고 노를 젓는 모습의 만평과 사진. 실제로는 흐루쇼프가 노를 잡았다.

▼ 1968년 학생회관 점거 당시의 사진이다. 당시 교육부 장관 울로프 팔메가 학생들에게 이야기하고 있다.

1973년 선거에서 정당 대표 간 텔레비전 토론 전 모습이다. 왼쪽 뒤편이 중앙당 대표 투르비엔 펠딘. 투르비엔 펠딘은 1976년 선거에서 사회민주당의 장기집권을 끝내고 총리로서 부르주아 연립정부를 구성했다.

소련 잠수함 U137함에 관한 신문 호외 포스터. 1981년 10월 28일 칼스크로나 군도에서 좌초한 이 잠수함으로 스웨덴 외교정책이 정치의 쟁점으로 부상했다.

1986년 2월 28일 총리 울로프 팔메가 총격을 받은 곳에 헌화하는 스톡홀름 시민들.

....

2010년 선거 전날 예테보리의 누드스탄에서 열린 선거 집회에 참석한 '스웨덴을 위한 동맹'의 정당 대표들. 왼쪽부터 예란 회글룬드, 얀 비에클룬드, 마우드 울로프손, 프레드리크 라인펠트.

2014년 유럽의회 선거 중에 스톡홀름에 모인 스웨덴민주당 지지자들의 모습이다. 창당 초기 스웨덴민주당이 사용한 스티커에는 '스웨덴을 스웨덴 사람들의 나라로 간직하자'는 뜻의 구호가 쓰여 있다.

2000년대의 사회민주당 정부의 총리들. 위에서부터 시계 방향으로. 예란 페숀, 스테판 뢰벤, 최초의 여성 총리인 막달레나 안데숀.

2022년 10월 18일부터 현재까지 스웨덴 총리를 맡고 있는 울프 크리스테숀.

후로도 계속해서 헌법이 정한 조언자 즉 내각 이외의 다른 조언자를 두지 않겠다는 약속을 요구했다. 국왕은 동의했고 정부에 충실하겠다고 약속했다. 구스타브 5세의 양보는 의회주의의 관철을 뜻하는 '항복문서'로 해석되었다(Brusewitz 1951). 국제적인 상황 전개에 국왕은 의회주의의 수용보다 더 큰 손실 즉 '왕좌의 상실'이 두려웠다.

의회주의가 1917년에 관철되었다고 해도, 의회주의의 경향 자체는 오래전부터 있었다. 양원제 의회 도입으로 나타난 변화는 이미 국왕·정부와 의회 사이의 관계는 물론 국왕과 정부의 관계에도 영향을 미쳤다. 정당 제도의 출현은 당연히 중요했다. 그로써 의회 내 여론이 분명해졌고 의회 활동이 합리적으로 바뀌었다. 이는 의회정치를 촉진했다. 의회도 매년 모임으로써 지위가 강화되었다. 동시에 국왕은 의회를 해산하고 새로운 선거를 선포할 권한을 얻었으며, 각료는 의원이 아니더라도 의회 토론에 참여할 수 있었다.[4] 1876년 총리직이 도입되었을 때, 국왕에 대한 내각의 상대적 지위가 강화되었다. 정부는 집단적 성격이 강한 존재로 등장했으며 더욱 단합하여 행동할 수 있었다. 1887년 관세투쟁은 이러한 추세를 깨는 것이었다. 국왕은 일리스 빌트를 총리에 임명하여 의회주의적 선례를 피하려 했다. 그러나 이후 의회주의적 함의를 띠는 일이 많이 일어났다. 1890년 에리크 구스타브 부스트룀이 총리가 되었을 때, 국왕 오스카르 2세는 그에게 큰 권한을 위임했다. 부스트룀은 시간이 흐르면서 강력한 정부 수반이 되었고, 1890년대에 왕권은 거의 의례적인 것에 그치는 경향이 보였다. 당시 오스카르 2세는 나이가 많았고 일을 줄였다.

부스트룀이 오랫동안 총리직에 있을 때 정부는 계속해서 융합되었다.

집단적 책임은 매우 분명해서 정부가 정치 체제의 중심으로 등장했다. 또한 의회에 대한 정부의 의존도 증대했다. 그 결과로 의회주의적 경향은 뚜렷하게 드러났다(Nyman 2000).

1905년 칼 스타브의 첫 번째 정부가 수립되었을 때, 국왕은 그에게 총리의 임무를 부여하는 데 회의적이었다. 스타브의 임명은 일종의 양보였다. 스타브와 왕실 사이의 갈등(특히 왕실 수입에 관한 갈등)은 1907년 왕위 계승 이후 심해졌다. 1911년 스타브의 두 번째 정부는 명백히 국왕 구스타브 5세의 의사에 반하여 수립되었는데, 이는 의회주의가 확립되었음을 증명했다. 특히 의회가 새로운 선거권 규정에 따라 구성되었음(정당성을 주는 사실)에 비추어 볼 때, 국왕이 의회의 과반수를 차지한 좌파의 의견을 무시하기는 불가능했다. 그렇지만 국왕은 여전히 권력의 지위를 유지했으며 갈등이 생길 경우 이를 최대한 이용했다. 힘겨루기는 1914년 왕궁마당위기로 절정에 달했으나, 대결의 결과는 의회주의의 후퇴로 볼 수 없다. 국방 문제에서 국왕의 견해는 의회의 지지를 받았기 때문이다.

의회주의 발전에 관한 폰 쉬도의 결론은 국가 체제는 1867년에 이미 의회주의적 특징을 띠었다는 것이다. 정부는 의회에 의존했고, 이후 의존도는 점점 더 커졌다. 1905년 이후 정부의 수립과 구성, 정책은 명백히 의회의 정당 정치 상황에 좌우되었다. 그렇지만 유권자가 정부 구성에 미치는 영향력은 1911년에 가서야 두드러졌다. 물론 1887년 관세 선거가 이미 선거 결과에 따라 정권이 교체되는 '발빈드 의회정치'*의 표

---

*   valvindsparlamentarism. val은 선거, vind는 바람이다. 선거 때마다 정권 교체가 이

현이기는 했지만, 그것이 국왕의 권위를 무시하는 방식으로 진행되지는 않았다. 국왕의 측근인 궁정장관 빌트가 자유무역을 옹호하는 템프탄데르를 대체함으로써, 관세 옹호자들은 만족할 수 있었다.

의회주의가 관철된 이후로도 위급한 식량 사정에는 변함이 없었다. 수도를 비롯하여 지방 도시까지 널리 사회적 불안이 확산되었다. 분위기는 점차 긴장되었다. 수많은 시위와 항의 집회가 준비되었다. 1918년 노동절의 여러 시위에서는 '공화국 수립'을 구호로 쓰자는 의견이 나왔지만, 경찰은 이를 허용하지 않았다. 대신 '빵과 시민권'이 수용되었다 (Möller & Norman 2002).

새로운 좌파 정부는 헌법 개정안을 제출했지만 반대에 부딪쳤다. 법안은 1918년 봄 상원에서 부결되었으나 같은 해 11월 통과되었다. 긴박한 상황은 그때 더욱 심해졌다. 유럽 대륙에는 혁명의 분위기가 팽배했다. 1918년 가을 독일 제국이 무너졌다. 스웨덴에서는 나라 전역에서 열린 시위 집회에 한층 더 많은 국민 대중이 집결했다. 의회선거는 물론 지방선거에서도 즉각 보통평등선거를 도입하라고 요구하는 결의안이 채택되었다. 사회민주당의 몇몇 연사는 보통선거권 요구에 만족하지 않고 8시간 노동제와 은행과 대기업에 대한 사회의 포괄적인 통제, 공화국 도입에 관한 국민투표도 요구했다.

사회민주당 내부에서 공화국에 대한 지지가 증가했다. 그렇지만 브란팅은 공화국을 요구하는 파벌을 제어하는 데 성공했다. 당시의 긴장된 상황에서 공화국을 요구하면 내전 발발의 위험이 있다는 것이 브란팅의

루어지는 것을 가리키는 용어인데 적절한 역어를 찾기가 어려워 원문 그대로 쓴다.

뜻이었다. 브란팅은 선거권 문제에서 반대 의견을 지닌 우익보수당 지도자들을 최선을 다해 설득하겠다는 국왕의 말을 믿었기에 무엇 때문에 그러한 자산을 내버리겠냐고 물었다(von Sydow 1997, s. 118).

다시 말해서 국왕은 헌법 개정에 관하여 태도를 바꾸어 정부를 지지했다. 국왕은 성공하지는 못했지만 우익보수당의 두 지도자 트뤼게르와 린드만에게 개혁을 수용하라고 설득하려 노력했다. 1918년 11월 그렇게 점점 더 심각해지는 상황에서 스웨덴에 '혁명의 위협'이 드리웠다(Stjernquist 1996). 그달에 볼셰비키가 모스크바에서 권력을 장악했고, 그에 앞서 독일에서도 정권이 전복되었다. 좌익사회당은 기존 사회 제도를 공격했고 러시아의 선례에 따라 노동자위원회와 농민위원회, 병사위원회의 설립과 공화국과 보통선거권의 즉각적인 도입을 요구했다. 그밖에 임금 인상과 모든 토지와 기업의 사회화도 요구했다. 징집된 병사들 다수가 신뢰할 수 없는 자들로 여겨져 무기를 회수당했다. 스톡홀름 한가운데를 흐르는 수로인 스트룀멘(스톡홀름스 스트룀)에는 장갑함 한 척이 정박했다. 11월 11일 독일이 항복하자, 에덴 정부는 신속하게 움직였다. '기회의 창문'이 열렸고 열하루 뒤 임시국회가 정부의 헌법 개정안을 승인했다. 반년 뒤인 1919년 5월 24일 정기국회는 이 결정을 확인했다. 1921년부터 스웨덴에는 보통선거제가 시행된다.[5]

반反민주주의적 견해

모두가 헌법 개정을 받아들이지는 않았다. 보통선거제가 확립되고 4년이 지났을 때 왕비는 상원 의장과 직접 만나 사회민주당 정부의 국방정책을 중단시키기 위한 '쿠데타'에 관해 의논했다. 그렇지만 국왕 자신은 새로이 확립된 헌법적 관행에 충성했으며, 사실상 민주주의 존속의 보증인이 되었다. 국왕의 처신으로써 반민주주의적 견해는 가라앉았다(von Platen 2004).

보수 세력의 희망은 선거권 옹호자들이 1907~1909년의 개혁에 만족하는 것이었다. 그렇지만 그런 일은 없었다. 좌파 정당들에 그 개혁은 큰 목표를 위한 일보 전진이었을 뿐이다. 특히 선거권 규정의 개혁을 계속 추진하려던 사회민주당은 인내심이 없었다. 또한 모든 보수주의자가 전부 첫 번째 선거권 개혁을 수용한 것도 아니다. 하랄드 예네는 첫 번째 선거권 개혁이 채택된 직후에 한 연설에서 새로운 선거권 규정을 거세게 비판했다. 보수당의 저명한 지식인인 예네는 많은 대중이 보통선거권에 요구되는 능력과 책임이 부족하다고 주장했다. 현대 사회는 복잡했다. 민주주의의 관철 탓에 '국가기구'는 수시로 바뀌는 국민 과반수의 자의적인 변덕에 무너질 위험이 있었다. "일시적으로 동원된 시민 대중"이 선출한 대표들을 예네는 크게 존중하지 않았다. 그들은 무능한 자들로 치부되었다. 그러나 예네는 우익보수당의 다른 주요 인사들과는 반대로 대중을 경멸하지는 않았다. 닐스 엘반데르가 학위논문 「하랄드 예네와 보수주의」(1961)에서 주장한 바에 따르면, 그의 태도는 차라리 무시에 가까웠다. 예네에게 민주주의는 비정상이었다. "선거권을 지닌 자들은 이제 신뢰할 수 있는 사람에게 표를 주지 않으며, 그는 이제 유권자의 실질적인 통제를 받지 않고 권한을 행사할 수 있다." 그 결과로 권력은 "특권적인 군중귀족"의 수중에 들어가게 되고, 이는 격한 대립을 초래할 것이었다. 선거에서 진 계급은 약탈을 예상했기 때문이다(Elvander 1961).

이러한 추론은 또한 대의민주주의라는 통치 형태에 대한 원칙적인 비판에서 나왔다. 국민이 선출한 자들을 충분히 통제하기는 어려웠다. '다수민주주의'는 대중이 대표자들에게 통제받지 않는 권력을 내주는 결과를 가져왔다. 이로써 무서운 시각이 고착된다. 대중은 교양 없고 무책임한 존재로 이해되기 때문이다. 우익보수당이 상원에서 대표성의 과잉이라는 형태로 얻은 보장으로는 충분하지 않았다. 막 출범한 '제한적인' 민주주의도 새로운 개혁을 요구할 것이기 때문이었다.

선거권 개혁이 완수되었을 때 우익보수당 내 여론은 각별히 부정적이었다. 이제 더 많은 것이 위험에 처했다. 첫 번째 개혁 이후 군주제가 제한되었고 국방은 약화되었다. 나라는 '사회주의자들'이 통치했다. 우익보수당이 보기에 헌법 개혁은 이미 심각한 상황을 더욱 나쁘게 만들 위험이 있으므로 이를 막는 것이 중요했다. 고삐 풀린 대중과 그 대표자들을 아무런 '보장' 없이 자유롭게 놓아두는 것은 생각할 수 없었다.

예네와 다른 우익보수당 이데올로그들의 의회주의에 관한 견해는 정당에 대한 비판적 태도와 결합되었다. 예네 자신이 대표한 정당, 즉 전국유권자연맹은 진정한 의미의 정당이 아니라고 주장되었다는 점을 지적해야 한다. 명칭 자체가 이미 모순적인 목표를 암시한다. 그 정당은 선거와 관련된 기술적인 이유로 등장한 유권자의 연맹이었다. 우익보수당의 임무는 "스웨덴 고유의 가장 중요한 요구를 옹호하는 것" 즉 국방과 왕권을 지키는 것이었다. 당은, 그러한 것이 문제인 한에서, "조국을 위해 굴복했다." 그리고 그로써 "단순한 정당 개념의 협소한 테두리"를 넘어섰다. 정당이라는 명칭은 헐뜯는 용도로 좌파에게만 썼다. 우익보수당은 국가 이익과 국가 통합의 담지자, 즉 "다른 무엇보다도 애국 정당"이었다(Elvander 1961, s. 479).

그러나 이 점에서 사태는 예네와 그와 생각이 비슷한 자들을 비껴 지나갔다. 이미 1906~1911년의 첫 번째 린드만 정부 시절에 한층 더 현대적인 정당관이 우익보수당 내에서 서서히 기반을 다졌다. 우익보수당이 하나의 정당이어야 하며 왕권의 도구로 움직여서는 안 된다는 인식이 커졌다. 정치적 과제, 즉 당이 어떤 역할을 해야 하는가에 관한 시각이 바뀌었다. 현실은 민주주의를 향해 발전했고, 그러한 기정사실에 적응할 필요가 있었다. 그것은 현실정치적 판단이었다. 실용주의도 우익보수당의 특징이었으나, 엘반데르는 당시 보수층 내부의 강고한 실용주의자들과 지식인 이론가들 사이의 역할 분담을 강조한다.

우익보수당의 이데올로기가 학계의 지식인들에 의해 정립된 반면 그 실용주의적 정책은 완전히 다른 기질의 사람들이 이끌었다는 사실은 당시 보수주의의 특징으로 보인다. 학자인 칼 스타브와 얄마르 브란팅이 두 좌파 정당의 이데올로기적 대변자이자 지도자였다면, 보수주의 정치는 '실용주의적' 인사들, 즉 E. G. 부스트룀과 아르비드 린드만 유형의 융통성 있고 비이론적인 실용주의자가 지배했으며, 이데올로그들은 권력의 영역에서 완전히 배제되었다(Elvander 1961, s. 480).

'작은 선거권 문제'

1919년 의회에서 두 번째 선거권 개혁안이 최종적으로 채택됨으로써 여성도 선거권을 획득했다. 다시 말해서 1921년부터 스웨덴 여성도 선거권을 보유했으며, 이는 북유럽의 다른 나라들에 비해 다소 늦은 것이었다. 핀란드는 1906년에 남녀 보통선거권을 동시에 도입했다. 이듬해 노르웨이의 여성도 선거권을 얻었으며, 몇 년 뒤인 1915년 덴마크와 아이슬란드도 선례를 따랐다.

스웨덴에서 여성 선거권은 특별히 중대한 문제가 아니었다. 권력을 장악한 남성들은 오랫동안 여성은 천성적으로 정치에 적합하지 않다는 견해를 지녔다. 예를 들면 1884년 헌법상임위원회의 한 보고서에는 이렇게 적혀 있다. "여성은 그 본성에 따라 정치 생활에 나타나는 문제들을 판단할 능력이 부족하다." 보통선거권을 요구한 자들은 남성 선거권의 획득에만 집중했다. 자유주의자들도 사회민주주의자들도 여성 선거권 문제에서 확연히 수동적이었다. 사회민주당이 우선시한 것은 계급의 시각이었다. 젠더의 시각은 찾아볼 수 없었다. 노동계급의 여성은 노동계급 남성이 대변할 수 있다고 여겨졌다.[6]

20세기에 들어설 무렵 많은 여성이 이른바 '자신들만의 대중운동' 영역에 관여하기 시작했다(Florin & Rönnbäck 2001, s. 14). 그렇지만 전국여성참정권협회가 실질적인 대중운동이 되기까지는 시간이 더 필요했다. 처음에는 상층 중간계급 출신 여성, 즉 글을 읽고 쓸 줄 아는 고등교육을 받은 여성들이 협회를 지배했다. 두 연구자가 이렇게 확인한다. "선거권 운동의 첨병인 여성들은 사회의 지적 지도층에 속했다"(ibid., s. 19). 여성참정권운동은 존속하는 내내 그 엘리트주의적 성격을 유지했다. 교육과 계급에는 이를테면 일정한 생활 방식과 자의식이 뒤따랐다. 운동의 선구자 중 한 사람인 웁살라 출신의 교수 안 마르그레트 홀름그렌은 하층계급 여성들의 집회에서 얘기할 때 적절한 관례를 찾기가 어려웠음을 일기에 적었다. "나는 교육받지 않은 사람들에게 말하는 것이 너무도 익숙하지 않다 […] 남성 노동자나 여성 노동자에게 말할 때면 마치 무거운 물체가 가슴을 짓누르는 것 같다. 그들은 낯설다. 그들과 같이 지낸 시간이 너무 짧다. 그들의 사고방식을 모른다." 홀름그렌은 나아가 민중회관*에 배어 있는 빈곤의 냄새를 견디기가 얼마나 힘들었는지, 하층계급 앞에서 강연을 한 뒤 어떻게 옷에서 냄새를 빼내야 했는지 얘기했다(ibid., s. 22f). 『스웨덴사 1920~1965』에서도 전국여성참정권협회의 특징을 이야기할 때 그러한 계급의 특성이 다시 거론된다. "거리로 뛰쳐나와 생필품 상점의 지하실을 뒤져 숨겨진 감자를 찾는 그러한 여성들이 결코 아니었다"(Hirdman m.fl. 2012, s. 48).

레니타 프레이덴발(2003)은 여성의 선거권에 찬성하는 논거로 두 가지를 확인한다. 한편으로는 공정성 논거가 있는데, 그 내용은 계급처럼 성도 정치적 참여를 배제하는 기준이 될 수 없다는 것이다. 국민의 절반을 배척하는 것은 불공정한 처사로 여겨졌다. 다른 한편으로는 자원 논거가 거론되었다. 여성은 특히 사회정책 분야에서 정치를 풍요롭게 할 특별한 자질을 보유한다고 생각되었다. 여성의 타고난 보호와 간호의 재능은 가정에서 수행하는 중심 역할과 마찬가지로 정치에 새로운 차원을 더하는 자질이었다. 첫 번째 논거는 양성평등 관념에서 동력을 얻었고, 두 번째 논거는 차이를 강조했다. 여성 특유의 속성에 주목한 것이다. 자원의 관점에서 볼 때 여성참정권을 장려한 것은 바로 이와 같은 생물학적 차이였다.

---

* Folkets Hus. 노동운동 단체의 문화 행사와 기타 활동에 장소를 제공한 집회소. 전국에 산재해 있다.

프레이덴발은 여성참정권 반대를 세 국면으로 구분한다. 첫 번째 국면(시작 단계)에서는 정치적 동등함의 요구가 조롱을 당했다. 어떤 이들에게는 여성이 투표권을 가져야 한다는 생각 자체가 가볍게 웃어넘길 수 있을 정도로 너무나 비현실적이었다. 어느 의원은 이렇게 말했다. "나로 말하자면 여성으로서 어느 정도 중요성을 띤 사람을 전혀 보지 못했다"(*Rätt att rösta*, s. 17).[7] 그러나 시간이 조금 지나면 많은 의원이 여성을 정치적으로 남성과 동등하게 보는 시각에 점차 익숙해졌고, 논쟁의 새로운 국면(정당화 단계)이 시작된다. 프레이덴발에 따르면 결정적인 진전은 1905년에 이루어졌다. 그때 처음으로 의회가 그 문제에 관하여 진중한 토론을 가졌고, 이듬해 여성참정권은 확실하게 정치적 의제에 올랐다. 이행 단계인 세 번째 국면은 의회가 그 문제에 관한 입법조사단을 설치함으로써 시작되었다. 자유통합당과 사회민주당이 한층 더 협력하여 여성 선거권 도입을 추진하면서 이제 그 문제는 정당정치의 영역에 들어갔다. 그렇지만 여성의 선거권은 남성 보통선거권이 도입되기까지는 가능하지 않다는 주장이 제기되었다.

여성참정권 찬성 논거에서 두드러진 것은 평등사상에 입각한 권리 논거와 차이나 특성에 입각한 유용성 관점의 자원 논거가 중첩되었다는 것이다. 조사단의 여러 위원이 사회 문제의 정치적 중요성은 커질 것이라고, 따라서 "가정을 돌보는 이들"에게 영향력을 주는 것이 긴요하다고 강조했다. 하원의 어느 자유통합당 의원은 이렇게 말했다. "이는 적어도 아동 보호, 아동 양육, 환자 간호, 빈민 구호, 금주 입법, 도덕, 여성 노동과 아동 노동에 관련된 문제이다"(AK 1908:46). 그렇게 여성이 특별한 능력을 지녔다는 주장이 그들의 정치적 참여를 뒷받침했다. 프레이덴발의 주장에 따르면, 여성은 그 차이를 통해 동등한 권리를 부여받을 수 있다. 프레이덴발은 그러한 주장의 규범적 함의를 강조한다. "차이 논거와 유용성의 결합은 문제가 있다. 여성이 자신들이 정치에 유용한지, 그렇다면 왜 그런지 증명할 수 있다고 생각되기 때문이다. 그러므로 차이 논거를 통한 포함의 요구는 배제에 찬성하는 주장으로 해석될 수 있다"(Freidenvall 2003, s. 18). 따라서 이는 조건부 정치적 시민권을 다룬 것이다. 다시 말해 근저에는 반대급부의 요구가 놓여 있다. 여성은 남성에게 없는 자질을 보여주리라는 기대를 받은 것이다. 프레이덴발에 따르면 남녀의 차이에 관한 이러한 관념은 여성을 이상한 존재로 비치게 하는 결과를 초래한다. 정치에서 규범을 만드는 것은 남성이었고, 여성을 '젠더 중립적인'(실제로는 여전히 남성적인) 규범, 문제를 의도적으로 회피하는 그 규범에 견주어 보았을 때, 여성의 참정권 요구는 위협적이고 비자연적인 것으로 보였다.

이 과정의 마지막 국면은 지지부진했다. 한 가지 설명은 여성들 사이에서도 선거권을 강력히 원하는 마음이 보이지 않았다는 것이다. 여성운동의 대표성이 없다는 얘기가 있었다(Stjernquist 1996). 여성참정권운동의 선구자들 중에서도 참여가 저조한 데 대한 실망이 있던 것이 사실이다. 예를 들어 1908년 전국여성참정권협회의 회람장에는 여성의 무관심과 정치의식 부족으로 참정권운동의 신뢰가 손상되고 있다는 우려가 표명되었다. "정작 우리는 정치적 각성이 부족하여 집회에도 나오지 않는데 어떻게 남자들에게 우리의 일을 위해 힘써 달라고 요구할 수 있는가? […] 우리는 무관심을 드러냄으로써 여성 자신이 선거권을 원하지 않는다는 반대자들의 주장이 옳음을 인정해서는 안 된다"(Florin &

Rönnbäck 2001, s. 15에서 인용). 따라서 특히 사회의 하층계급 여성을 각성시켜 교육할 필요가 있었다. 그러므로 민중교육은 협회의 활동에서 중심 역할을 하게 되었다. 여성에게 지역 정치에 참여할 권리가 있음을 알려주었고, 여성에게 자신의 소득액을 신고하고 투표인 명부에 이름이 등재되도록 살피라고 권고했다. 확립된 절차는 모든 여성에게 열려 있었지만, 참여하는 여성은 소수에 지나지 않았다.[8]

여성참정권운동의 선구자들이 거둔 큰 성과는 좌파 정당들로 하여금 그 강령에 여성 선거권 요구를 포함하게 한 것이다. 요세핀 뢴베크는 여성참정권운동을 다룬 학위논문(2004)에서 어떻게 전국여성참정권협회가 특히 자유주의전국연합과 자유통합당과의 성공적인 협력 전략을 선택했는지 보여준다. 그 협력을 통해서 여성은 정당 내부로 침투하는 데 성공했다. 아직은 크게 중요하지 않았던 사회민주당조차도 그러한 방식으로 여성 사회민주주의자들의 침투 대상이 되었다. 그러나 우익보수당에서는 보통선거제 도입 이후에야 여성이 환영받는다. 보수적인 여성들은 1915년까지도 우익보수당 가입이 거부되었고, 따라서 부득이 전국여성참정권협회 안에서 더 급진적인 여성들과 함께 일할 수밖에 없었다. 협력은 1911년 선거 때까지 잘 작동했다. 이전까지 정치적 중립을 존중한 협회는 그때 공개적으로 좌파 정당을 지지하는 선택을 했다. 역사가 뤼디아 발스트룀을 비롯한 보수적인 여성들은 이로써 어쩔 수 없이 전국여성참정권협회를 떠나야 했다.

발스트룀은 1909년부터 전국여성참정권협회 의장이었지만 협회가 좌파 정당을 지지하기로 결정하면서 사퇴했다(Nicklasson 1992). 보수적 여성들은 전국유권자연맹에 회원으로 받아들여지기 전에는 연맹의 후

원을 받지 않는 독립적인 조직을 유지했다. 첫 번째 조직은 스톡홀름에서 만들어졌다. 스톡홀름 보수여성연맹이 창설되었다. 이후 전국적인 결사로 보수여성연맹이 설립되어 여성 선거권에 대한 입장만 제외하면 전국유권자연맹의 강령을 전적으로 지지했다(ibid.).

1912년 칼 스타브 정부가 여성 선거권에 관한 법안을 제출했을 때, 하원의 과반수를 차지한 좌파는 법안을 승인했지만 상원은 태도를 유보했다. 상원의 우익보수당 지도자 엔슈트 트뤼게르는 그 문제를 서둘러 추진하지 말라고 경고했다. 여성 선거권의 특별한 조건에 영향을 미치는 여러 변수가 면밀히 검토되었고(특히 여러 의원은 여성의 선거 연령을 남성보다 높인다는 생각에 동의했다), 1919년 5월 24일 법안이 통과되었다. 극적이지는 않았지만, '대ㅅ헌법개혁'이 결정된 것과 관련하여 보면 진통이 없지 않았다. 요세핀 뢴베크는 여성 선거권에 대한 반대의 유형으로 세 가지를 확인한다. 첫째는 '잠정적 반대'였다. 그것은 원칙적으로 반대가 아니었고 다만 때가 무르익지 않았다는 편이었다. 둘째는 '무언의 반대'였다. 침묵을 지킴으로써 선거권 요구를 거부한 것이다. 셋째도 원칙적 반대였다. 여성의 정치 참여는 명백히 부적절한 것으로 여겨졌다 (Rönnbäck 2004).

이러한 반대를 어떻게 이해해야 하는가? 그 배경은 무엇인가? 반대자들의 온정주의적 성격을 강조하는 것이 중요하다. 선거권 투쟁이 진행될 당시에 사회는 매우 권위주의적이었고 가족은 사회에서 가장 중요한 제도의 하나였다. 가족 제도에서 여성의 역할은 기본적이었다. 당시 사회는 여성이 정치에 참여하는 체제를 근심스럽게 바라보았다. 사전적인 의미의 **온정주의** 개념은 위계적인 기본 원리에 입각한 권력 행사라는 관점에서 본 (남성의) 후견 사고방식만을 뜻하지 않는다. 그 개념에는 책임의 차원도 포함된다[라틴어 pater familias(가장)와 비교해보라]. 다른 가족 구성원에 이익이 되도록 결정을 내리는 것은(그들을 위해 결정하는 것은) 선하고 자애로운 가장의 책임이다. 남자들에게 그것은 여성을 '보호'하고 그들의 안녕을 책임지는 문제였다. 이 점에서 그 온정주의는 권력 집단이 마찬가지로 정치에서 배제된 사회의 하층계급에 대해 행사하는 온정주의와 구별되지 않는다. 그러나 젠더와 관련된 그러한 형태의 온정주의가 노동계급 안에도 존재한다는 사실에 주목해야 한다.

스웨덴 여성참정권운동은 다른 나라의 상응하는 운동을 떠올리게 하면서도 다른 점이 있다. 예를 들면 스웨덴의 여성참정권운동은 영국과 미국에 비해 반백 년 늦게 출현했다. 그래서 비교적 짧은 기간 동안에만 활동했다. 다른 나라의 경우와 똑같이 스웨덴 여성참정권운동에서도 계급 차원과 결합된 내부 알력이 두드러졌다. 전국여성참정권협회가 초기에 여성이 남성과 동등한 조건을 부여받도록 하고자 활동했다는 것은 노동계급 여성에게는 선거권을 주지 말아야 한다는 의미였다. 스웨덴과 다른 나라 사이의 다른 유사성은 참정권운동 내부에서 민족주의적 색채를 띤 논쟁이 전개된 것이다. 남성 선거권은 물론 여성 선거권도 근대성과 문명의 징표로 여겨졌다. 그러나 가장 두드러진 차이는 활동 방식이었다. 스웨덴 여성참정권운동은 확실히 주류 정치 세력에 도전했지만, 이는 대결보다는 상호 이해의 분위기 속에서 진행되었다. 주된 전략은 정부와 정당에 저항하는 것이 아니라 그들에 영향을 미치는 것이었다. 항의 집회는 비교적 적었다. 대신 기존 정당에 침투하여 그들을 우군으로 만들고자 했다. 선거권 투쟁의 끝 무렵, 상원의 과반수를 차지한 우익보수당이 계속해서 동의하지 않자 그때 가서야 처음으로 온건한 이미지가 더 날카롭게 바뀌었다.

따라서 전국여성참정권협회가 남성참정권운동뿐만 아니라 다른 나라의 유사한 단체와도 달랐던 점은, 뢴베크에 따르면 그 "협력 의지와 합의 지향적 태도"였다(2004, s. 250). 뢴베크는 그 조직이 '남성 친화적'임을 드러내려 한 것에서 협력의 규범이 표현되었음을 보여준다. 전국여성참정권협회는 눈에 띄게 자주 남성 연사와 강사를 초빙했으며 순수하게 남성으로만 구성된 명예위원회를 세웠다. 전국여성참정권협회가 많은 사람의 권고를 물리치고 별도의 정당을 출범시키지 않았다는 사실도 그러한 배경에서 이해할 수 있다. 뢴베크는 그러한 정당이 출범했다면 협력이라는 규범을 위험하게 했을 것이라고 한다. 그러므로 스웨덴 여성참정권운동과 영국 여성참정권운동 사이의 차이를 두드러지게 한 것은 바로 합의 전략이었다. 영국의 여성참정권운동은 훨씬 더 투쟁 지향적인 전략을 선택했다. 달리 말해서 이 점에서 스웨덴의 정치 문화가 어떻게 전국여성참정권협회의 행태에 규범적인 잣대의 역할을 했는지 확인할 수 있다.

당연히 남성참정권운동은 어떻게 다른 전략을 선택할 수 있었냐는 질문이 제기된다. 그 전략도 마찬가지로 성공했다. 상원 우익보수당과 다른 보수주의의 아성이 포괄적인 헌법 개혁에 관하여 끝까지 명백한 태도를 보여주었기 때문에 전국여성참정권협회가 선택한 것과 같은 성격의 합의 전략이 하나의 대안으로 여겨지지 않았다는 것이 대답일 수 있겠다. 반대파의 핵심 세력은 1907~1909년 린드만 정부의 개혁을 나쁘지만 불가피한 타협으로 경험했고, 그로써 추가적인 선거권 개혁의 요구가 사라지기를 바랐다. 상원 우익보수당이 우선 상원 개혁에 대한 반대를 내려놓음으로써 여성 선거권이 다소 자동적으로 실현되었음을 강조할 필요가 있다. 그런 일이 없었다면, 여성 선거권 문제는 아마도 차후로 미뤄졌을 것이다.

체제 변화의 완성

1910년대 스웨덴 정치는 대립이 극심했다. 많은 것이 위험했다. 옛 사회와 그 제도들이 문제시되었다. 정치적 논쟁의 열기는 뜨거웠다. 이는 칼 스타브에 반대하는 투쟁에서 가장 분명하게 드러났다. 스타브는 상당한 괴롭힘을 당했다. 주류 사회의 대표자들은 스타브에게서 싸움꾼의 화신을 보았다. 일부 집단은 그를 반역자로 보았다. 스타브가 상층 부르주아 사회에서 울분의 대상이었다는 사실은 그가 오랫동안 최전선에서 투쟁했다는 사실과 관계가 있었다. 스타브와 국왕 간에 반복된 갈등은 그가 논쟁적인 인간으로 보이게 된 다른 이유였다. 그러나 무엇보다도 그때는 대립의 시기였다.

우익보수당이 마지못해 보통선거제를 수용하면서 어조가 달라졌다. 상원 의장 후고 하밀톤은 1919년 5월 결정에 앞서 진행된 의회 토론이 얼마나 쓸데없었는지를 일기에 적었다. "그 점에 관하여 이루어진 대화는 지나치게 빈약했다. 분위기는 매우 '처졌다.' 내가 위원회의 요청이 승인되었는지 물었을 때, 모든 우익보수당 의원과 좌파 정당 의원은 낮은 목소리로 답변했다. 심히 비참했다"(*Rätt att rösta*, s. 20에서 인용). 그때에도 우익보수당은 기정사실에 대면했다. 당의 양보는 극적으로 전개된 국제적 상황을 배경으로 보아야 한다. 러시아혁명의 그림자가 유럽 대륙에 드리웠다. 독일 제국과 오스트리아 제국은 무너졌으며, 핀란드에서는 '적군'과 '백군' 사이에 치열한 내전이 벌어졌고, 결국 백군이 승리했다. 닐스 셴크비스트는 선거권 개혁을 분석하며 세계적 사건들이 스웨덴의 사태를 결정했다고 말한다. 셴크비스트는 독일이 전쟁에서 패하지 않았다면 어떤 일이 벌어졌을지 반사실적 가정을 제시한다. "질문에 답하기는 쉽다. 선거권 개혁은 1918년에 이행될 수 없었을 것이며, 우익보수당은 이후로도 오랫동안 어떤 경우에든 상원에서, 따라서 정치에서 강력한 지위를 유지했을 것이다"(Stjernquist 1996, s. 99).

그러나 개혁 직후 우익보수당은 상원의 지배적인 지위를 상실했으며 그로써 더는 개혁 정책의 지속을 방해할 수 없었다. 대신 상원에서도 사회민주당이 곧 지배적인 정당이 되었다. 그러한 상황에는 하나의 역설이 있다. 민주주의 시대에 들어서도 양원제는 권력 교체를 어렵게 할 것 같았기 때문이다. 이전에도 그랬다. 자유통합당이 짧은 기간 동안 권좌에 앉았는데도 두 번째 선거권 개혁 이전에는 실질적인 의미의 권력 교체는 일어나지 않았기 때문이다. 궁극적인 권력은 우익보수당과 국왕의 손에 있었다. 칼 스타브는 확실히 주류 사회를 위협했고, 좌파는 서로 협력하여 연이어 법안을 제출했다. 그러나 헌법적인 의미에 더 어울리는 권력 교체를 말할 수 있게 된 것은, 즉 민중의 의지가 영향력을 갖게 된 것은 헌법개혁 이후의 일이다.

선거권 개혁은 스웨덴 정치의 역사상 매우 중요한 체제 변화의 하나이다. 참정권 투쟁은 오랜 기간 동안 진행되었고 전무후무한 강렬함을 띠었다. 1918년 투쟁이 절정에 달했을 때, 여러 해 동안 시위가 이어졌고 외부 사건의 영향도 있었다. 때에 따라 기마경찰이 시위대로 돌격하기도 했다.

주목해야 할 점은 선거권 개혁의 채택과 관련하여 의회에서 정당들이 보인 행태이다. 린드만 정부가 1907~1909년의 첫 번째 개혁을 이행했을 때는 의견 차이가 컸다. 사회민주당과 자유통합당은 정부 법안에 반대했다. 개혁이 충분하지 않다고 생각했기 때문이다. 그러나 두 번째 선거권 개혁 때 외부 사건이 상당히 중요한 일이었는데도(각 정당의 최초의 입장은 서로 크게 달랐는데도), 의회에서 정부 법안이 통과될 때는 만장일치였다. 정당들은 스웨덴의 전형적인 방식으로 합의를 도출하는 데 성공했다. 그것은 두 단계로 진행되었다. 우선 정부 안에서, 그다음 정부와 우익보수당 사이에서 합의가 이루어졌다. 그렇지만 그 합의는 온전한 의미의 타협이라고는 할 수 없다. 말하자면 우익보수당은 상원의 지위에 관한 결정적인 문제에서 기정사실에 직면했기 때문이다. 우익보수당은 자신들의 영향력이 크게 위축될 것임을 이해했지만 어쩔 수 없이 굴복했다. 마지막 보루가 무너져 이제 할 수 있는 일이 없었다. 정부의 최종 법안에 공화국 도입이 포함될까 두려웠던 국왕이 우익보수당 지도자들의 저항을 멈추게 할 목적으로 압력을 행사한 것도 중요했다(von Platen 2004). 그러나 스웨덴 사회 도처에 계속 반대하는 것은 도박이 되리라는 견해가 널리 퍼져 있었다. 우익보수당이 상원을 지배함으로써 확보한 권력을 사용했다면, 대립이 통제 불능의 수준으로 악화될 위험성이 농후했다.[9]

보통선거제와 의회주의의 관철, 체제 변화를 전후한 상황 전개와 더불어, 보수층에서 오랫동안 왕성하게 이어져온 원대한 민족주의도 최종적인 패배를 겪었다. 1905년 연합위기는 쓰라린 패배였다. 연합 해체 이후 스웨덴의 새로운 이미지는 강국 시절의 전통을 필사적으로 지키려 한 주도적인 집단 안으로도 서서히 침투했다. 그러나 스웨덴의 위대함을 되찾고 나라를 스칸디나비아의 상위 국가로 만들겠다는 꿈은 사라지지 않았다. 오히려 꿋꿋하게 살아남았고, 1914년 왕궁마당위기와 관련하여 군비 증강과 왕권 유지의 요구로써 만개했다. 이후 제1차 세계대전에서 독일이 패전하면서 상황이 점차 그 세기 전환기의 민족주의에 부정적인 방향으로 흐르자(1917년 좌파 정당들의 권력 장악, 1918년 국왕이 의회주의와 선거권 개혁에 항복한 것), 강국 시절에 대한 향수도 결국 소멸했다.

그러나 19세기에 성장한 민족주의는 꺼지지 않았다. 호칸 블룸크비스트에 따르면(2006) 사회의 큰 변화(산업화, 이민, 과학의 혁명적 발전)로 많은 사람이 허무함을 느끼고 소속감의 상실을 겪었다. 민족주의는 새로운 공동체 이데올로기의 기능을 수행했다. 그러나 여성은 오랫동안 배제되어 있었다. 뢴베크는 여성참정권운동에 관한 학위논문에서 국민이 성적으로 평등한 개념이 아님을 보여준다. 여성은 이에 귀속될 자격을 얻기 위해 싸워야 했다(Rönnbäck 2004). 그러므로 민족주의가 상위 이데올로기로 확보되었다는 사실은 전국여성참정권협회의 활동에 영향을 미쳤다. 전국여성참정권협회는 무엇이 좋은 애국이고 열등한 애국인지 결정하는 문제에서 남성들과 경쟁했다. 뢴베크는 그로써 전국여성참정권협회가 스웨덴다움과 민족주의에 새로운 내용을 더했다고 주장한다. 그 논의는 국가의 정체성 형성을 촉진했다(Edquist 1999).

5

새로운 시대

길고 치열했던 선거권 투쟁이 종결된 뒤, 스웨덴 정치에 소강상태가 찾아왔다. 이데올로기적 대립은 계속되었지만, 열기는 사그라졌다. 동시에 정당 제도는 엄청난 도전에 직면했다. 유권자가 단번에 세 배로 늘었던 것이다. 유권자를 동원하려고 어마어마한 힘을 쏟았다. 특히 여성은 집중적인 선거운동의 대상이었다.

보통선거제가 도입된 이후 스웨덴 정치가 진입한 단계의 특징은 민주화 과정 중에 발전한 정당 제도가 정치 체제에서 점점 더 큰 역할을 맡았다는 것이다. 이는 의회주의의 관철과 관련이 있었다. 국왕은 이제 정치권력에 책임을 지지 않았다. 1917년 선거 후 국왕이 닐스 에덴과 맺은 협정은 국왕이 의회주의 원리를 인정함을 뜻했다. 국왕은 계속해서 의례적인 업무만 수행할 것이었다. 악셀 브루세비츠(1951)는 이 협약을 국왕의 '항복'이라고 기술한다. 그러나 협약 이전에도 이미 국왕은 어느 정도 의회주의를 수용했다. 1917년 협약과 더불어 일어난 일은 원칙이 한층 더 두드러졌다는 것이다. 그러나 1917년 이후에도 국왕의 역할이 단지 의례적인 것만은 아님을 보여주는 사건들이 있었음을 강조할 필요가 있다. 폰 쉬도는 이렇게 쓴다(1997, s. 158). "국왕은 실제로 헌법에 적시되지 않은 것이라면 의회주의에 유리한 요구를, 특히 1920년대 첫 번째 정부 위기 때에는 다 따르지는 않았다."

발빈드 의회정치와 보그메스타레 의회정치

민주주의 이행과 더불어 확립된 의회주의는 예상과는 다른 성격을 띠었다. 비례대표제라는 선거 방식이 도입된 결과로 정당 체제는 파편화했다. 새로운 선거 방식의 첫 10년 동안 이미 원내 정당 수는 두 배로 늘었다. 우익보수당과 자유통합당, 사회민주당 이외에 농민연합과 좌익사회당이 의원을 배출했다. 자유통합당은 음주 정책에 관한 내부의 의견 차이로 분열했다. 1922년 국민투표 이후 자유통합당의 다수파인 자유사상주의자들은 음주 반대를 위해 노력했고, 반면 도시자유주의 세력은 그러한 정책에 반대하여 새로운 정당인 스웨덴자유당을 창당했다. 다당제가 확립된 결과로 다수정부를 세우기가 어려워졌다. 이렇게 의회주의는 인정을 받자마자 위기에 빠졌다.

다사다난했던 1920년대에 여덟 차례나 다양한 이합집산으로 정부가 바뀌었다. 한편으로는 의회 선거와 연계되어 거의 정기적으로 정부 교체가 이루어진 발빈드 의회정치를 얘기할 수 있을 것이다. 그러나 우세한 유권자 여론 동향을 토대로 수립된 정부들은 의회에서 안정적 과반수를 확보할 수 없었고 따라서 오래가지 못했다. 이러한 선거 바람에 의존한 정부들은 들어서자마자 거의 곧 정치적 중앙을 차지한 다른 연립 정부로 대체되었다. 이들이 여러 진영에서 과반수를 끌어모을 수 있었기 때문이다. 따라서 이러한 발빈드 의회정치와 나란히 보그메스타레 의회정치*가 출현했다(von Sydow 1997).

1920년대 내내 스웨덴은 행동의 여지가 제한된 소수정부가 통치했다. 결과는 정부 권위의 약화였다. 나라가 처한 어려운 경제적 상황을 생각하면, 이는 민주주의 체제의 관점에서 불행이었다. 체제의 정통성이 약해졌기 때문이다. 유럽 대륙 차원에서 동일한 상황이 더 뚜렷하게, 그리고 비극적인 결과를 동반하여 전개되었다. 이탈리아의 베니토 무솔리니와 독일의 아돌프 히틀러가 권력을 장악한 후, 서유럽 민주주의 국가들 안에서 강력한 지도자를 원하는 반민주주의적 열기가 출현했다(Hadenius 2002). 그 나라들에서 추세가 변한 것은 정치의 마비와 경제의 쇠퇴를 겪고 난 후의 일이었고, 스웨덴에서도 점점 더 많은 사람이 강력한 지도력을 요구했다.

스웨덴에서는 우익보수당의 모든 사람이 민주주의 이행을 받아들인 것은 아니었다. 우익보수당은 완강하게 보통선거제 도입을 방해하려 애쓴 뒤에야 1918년에 민주주의를 수용했다. 그러나 당의 많은 사람에게 그것은 교수대 밑에서 전향하는 문제였다. 때가 무르익으면 민주주의를 모종의 권위주의적 정부로 대체하겠다는 생각도 완전히 포기하지는 않

---

* vågmästarparlamentarism. våg는 저울이나 파도를, mästare는 대가나 지배자를 뜻한다. 보그메스타레vågmästare는 균형을 잡는 사람, 중심을 잡는 사람 정도의 뜻인데 정치에서는 결정권을 행사할 수 있는 위치를 차지한 정당이나 사람을 뜻한다. 역시 적절한 역어를 찾기 어려워 원문 그대로 쓴다. 원어의 형용사형 '보그메스타르'나 어미 관사가 붙은 형태 '보그메스타렌'을 구분하지 않고 '보그메스타레'로 표기를 통일한다.

았다. 1918년에 보통선거제에 반대한 자들은 대부분 오랫동안 원칙적인 견해를 유지했다. 롤프 토슈텐달은 1920년대 내내 민주주의는 일반적으로 "우익보수당 내부에서는 좋게 보이지 않았다"고, 그 반민주주의적 가치관은 1930년대에도 잔존했다고 주장한다(Torstendahl 1969). 우익보수당이, 분명코 크게 망설인 끝에, 보통선거제를 수용했다는 사실을 일부 보수주의자들은 받아들이기 어려웠다. 몇몇은 당이 선거권 문제에서 동요했다는 이유로 탈당했다. 그러나 기본적으로 반민주주의적 사고를 가진 자들 다수가 당에 남기로 결정했고, 이는 오랫동안 당의 민주주의적 신뢰도에 어두운 그림자를 드리우게 된다. 이 신뢰의 문제는 새로운 독재 운동의 지지자들이 가장 정력적으로 움직인 곳이 우익보수당 내부였다는 사실로 악화되었다. 당의 청년 조직인 애국청년연맹은 물론 우익보수당 의원단 내부에도 나치즘에 동조한 자들이 있었다. 그래서 1934년 아르비드 린드만은 새로운 청년 연맹을 세우기로 결정했다(Möller 2004).

우익보수당은 민주주의에 동조할 때 확신이 없었다. 현실정치의 환경을 고려하여 새로운 정치체제를 수용했을 뿐이다. 이때까지는 원칙적인 민주주의가 아니라 도구적 민주주의를 얘기할 수 있을 것이다. 실용주의적인 양보가 결정적이었다. 사회 하층의 정치적 참여를 요구하는 압력이 매우 강해서 사실상 선택의 여지가 없었다. 소외의 제도화는 쓰라린 감정을 낳았고, 이는 기존 사회의 토대를 위협했다. 사회는 변했고, 보수파는 이에 적응해야 했다.

민주주의의 시작은 불안정했다. 반민주적이고 반의회주의적인 성격의 비판이 노골적으로 표현됨과 동시에 시민의 정치적 무관심도 보였다. 보통선거제가 도입된 이후로 유권자의 흥미가 사라진 듯했다. 옛 선거제도로 치른 마지막 의회 선거는 1920년에 있었다. 새로운 시대에 앞서 막간의 선거로 여겨진 이 선거의 특징은 현저히 낮은 정치적 열기였다. 1917년 투표율은 66퍼센트로 높아졌으나 이 선거에서는 55퍼센트로 낮아졌다. 지방선거에 대한 관심이 더욱 적었다는 사실은 결코 놀랍지 않다. 지방선거의 선거운동을 지배한 것도 중앙 정치였다. 지역 신문이 전하는 지방 문제에 관한 정보는 제한적이었다. 주 의회 선거나 시 의회 선거가 치러졌음을 알려주는 것은 일반적으로 후보자 홍보 광고와 선거가 실제로 실시되었다는 소식뿐이었다. 지역 문제에 관한 선거 토론은 드물었다(Möller & Norman 2002).

계급투쟁과 사회주의

1920년대 초 선거 열기가 매우 낮았다는 사실은 이상하게 보일 수 있다. 사회주의 도입이 의제에 올라 있었기 때문이다. 정치적 민주주의의 도입 이후로 한층 더 빠르게 성장한 사회민주당은 다음 목표, 즉 '사회적'이고 '경제적'인 민주주의를 향해 한 발 더 나아가려 했다. 선거권은 특정 단계의 목표, 즉 사회주의적 유토피아를 향한 첫걸음이었을 뿐이다. 사회민주당은 여전히 마르크스주의 이데올로기를 신봉한다고 공언한 정당이었다. 초점은 여전히 계급투쟁이었고, 당의 지도적 대표자들은 특히 내부적으로 당의 초창기에 보여준 것과 똑같은 일관성과 확신을 지닌 채 마르크스주의 테제를 전개했다.

사회민주당 사무총장 구스타브 묄레르는 1920년 4월 웁살라의 사회주의 학생협회에서 계급투쟁은 여러 나라에서 다르게 나타나지만 어떤 형태의 사회에서든 언제나 정치적 논쟁을 지배할 것이라고 말했다. 묄레르에 따르면, 현재의 경제 위기는 자본주의 체제에 결함이 있음을 보여주었다. "무너진 것을 복구하려면 온 힘을 다해야 하지만 수백만 명의 노동자가 분명코 실업자가 될 수밖에 없는 이 모든 상황이 노동계급에게는 미친 것처럼 보일 것이다." 근본적인 잘못은 모든 생산수단이 사유화되었다는 데 있었다. "이 때문에, 그 모든 경쟁과 담합의 체제 때문에 엄청난 낭비를 초래한다." 뮐레르는 마르크스를 인용하여 "자본주의는 끊임없이 증가하는 노동계급의 형태로 자신의 무덤을 판다"고 확인했다. 이어 이렇게 말한다.

평등을 위한 싸움은 목표가 달성되기 전에는 끝나지 않을 것이다. 이는 자본주의 경제 체제의 동력인 사익 욕구를 제거하면 가능할 것이다. 국가가 부족한 것을 채우고자 점차 생산을 떠맡게 되면, 노동의 차이 이외에 다른 어떤 차이도 존재하지 않는 상태에 도달할 수 있을 것이다. 그러한 사회로 가는 방법은 산업민주주의와 전면적인 사회화이다.[1]

노동계급은 정치적 평등을 달성했지만 그것에 만족할 수 없었다. 더 나아가 문화적, 사회적 평등도 필요했다. 스웨덴 정치에 새로운 힘의 대결이 다가오고 있는 것은 분명했다. 그 싸움은 헌정 투쟁의 경우와는 다른 진영 대결로 이루어질 수밖에 없었다. 사회주의 도입 문제가 의사일정에 올랐을 때, 우파 대 좌파라는 구분선은 더는 자유통합당과 사회민주당을 한편으로, 우익보수당을 다른 한편으로 가를 수 없었다. 대신 우익보수당뿐만 아니라 자유통합당까지 포함하는 부르주아 정당들과 사회민주당이 대립했다. 이러한 갈등 구조의 변동은 '경계선의 변동

tuschstreckets förskjutning'이라고 불렀다.

따라서 1921년 선거의 큰 문제는 사회화였다. 사회민주당 정부는 입법조사단으로 사회화위원회를 설치했지만, 총리 브란팅은 단기적 시각에서 사회주의에 '무제한의 기대'를 품을 수는 없음을 분명히 밝혔다. 목표로 삼은 사회 변혁은 시간상으로 제법 기다려야 했다. 당장은(1920년대 초) 경제 위기를 해결하고 어지간한 수준도 안 되는 궁핍한 상황에서 살아가는 자들을 여러 방법으로 지원하는 것이 중요했다. 재무부 장관 프레드리크 토숀은 자본주의 사회의 잘못은 "생필품과 일용품의 생산이 결핍을 채우는 것이 아니라 생산자에게 이익을 돌려주는 것을 우선적인 목표로 삼은 것"이라고 주장했다. 토숀은 이렇게 강조했다. 근본적인 사회 변화가 사회민주당의 주된 목표지만, "지금 우리가 준비하는 일은 하루아침에 이루어질 것이 아니라 수십 년이 걸릴 일이다."

다른 정당처럼 사회민주당도 1920년대 초에는 그 장기적인 시각 이외에 다른 것도 생각해야 했다. 경기가 급락했고 실업이 급증했다. 사회민주당으로서는 그 위기를 사회주의 사회의 전망과 연결하는 것이 당연했다. 실업의 증가는 자본주의 체제에 내재한 것으로 생각되는 구조적 모순을 부각시킬 때 수사학적으로 도움이 되었다. 사회화위원회 의장이었던 리카드 산들레르는 자본주의에 초점을 맞추었다. 경제 위기가 "자본주의 체제 전체를 일거에 포위했기" 때문이다. 산들레르는 인간의 필요가 아니라 이익 획득 욕구가 그 사회 질서의 동력임을 상기시켰다. "신발을 만들기 위해 신발 공장이 있는가? 아니다 이익을 얻기 위해서 있다." 산들레르는 러시아 공산주의의 큰 실패에도 겁먹지 않고 사회화를 권고했다. "작금의 경험은 현 체제의 결점을 더욱 잘 드러내며 생산을 사회주의적 방향으로 재조정하라는 요구를 더욱 시의적절하게 한다."

'국민의 집' 관념의 도입

사회주의와 계급투쟁이 사회민주당 대표자들의 여러 선거운동 연설에서 두드러진 구호가 되었지만, 1921년 선거에 어떻게 완전히 다른 주제가 끼어들었는지 주목할 필요가 있다. 그 주제는 사회민주당은 물론 20세기 스웨덴 정치에도 그 어느 것보다 더 깊은 흔적을 남겼다. 그 주제는 '국민의 집'이었고, 이 관념과 처음으로 연결되는 사람은 페르 알빈 한손이다. 1921년 9월 페르 알빈 한손은 감라스탄의 스투르토리에트 광장에서 연설하면서 공산주의의 반민주주의와 개혁에 저항하는 보수파에 똑같이 반대했다.

우리는 노동계급의 독재를 확립하려 하지 않으며 옛 압제를 새로운 압제로 대체하려 하지도 않는다. 우리는 민주주의의 굳건한 토대 위에서 국민 대다수의 지지를 받아 지금까지 억압당한 사회계급들에 평등을 안겨주기 위해, 스웨덴을 모든 스웨덴 사람의 좋은 집으로 만들기 위해 나아간다. 사람들은 종종 우리 사회민주당원들을 조국이 없는 자들이라고 불렀다. 그러나 나는 말한다. 사회민주당보다 더 애국적인 정당은 없다고. 우리나라를 모두가 편안히 느낄 수 있는 곳으로 만드는 것이 진정으로 가장 애국적인 행위라고. 큰 집에는 의붓자식도 귀염둥이도 없어야 한다(Isaksson 2000, s. 236).

이 연설은 국민의 집이라는 이상의 정수를 표현한다. 이제 정치적 민주주의가 실현되었기에, 사회민주당은 민주주의를 더욱 진척시키려 했다. 정치적 민주주의는 사회적, 경제적 민주주의로 보완해야 했다. 한손은 스웨덴이 아직도 '명백한 불공정'의 나라이며 사회민주당의 주된 목표는 특권 없는 사회라고 주장했다. "스웨덴의 모든 아이는 동일한 출발선에서 시작해야 하며, 나라의 모든 아들과 딸은 잘 부양받아야 할 뿐만 아니라 삶을 인간답게 만들 좋은 것을 전부 누려야 한다. 계급의 차이는 사라져야 한다. 스웨덴을 **모든** 스웨덴 사람에게!"

이렇게 정립된 국민의 집 이데올로기의 핵심은 평등사상이었다. 이는 애국주의적 수사법과 결합되었는데, 이전에 사회민주주의 사상은 이런 맥락에서 표현된 적이 없었다. 페르 알빈(스웨덴 국민은 점차 그를 페르 알빈으로 부르게 된다)은 자신의 발언에 포로가 되어 결국 연설의 말미에 '조국 만세'를 외쳤다(Isaksson 2000).

'가정주부'의 동원

새로운 선거법의 제정으로 각 정당은 치열한 도전에 직면했다. 유권자는 1년 만에 120만 명에서 320만 명으로 거의 세 배가 늘었다. 각 정당은 여성 유권자의 표를 얻기 위해 큰 노력을 기울였는데, 여성은 일반적으로 남편이 지지하는 정당에 투표할 것으로 생각되었다. 그러한 판단은 '부부투표봉투*äkta-makekuverten*'의 도입에서 예견되었다. 각 정당은 두 명의 유권자가 있는 가정에 직접 투표용지를 배포했다. 여성의 투표를 독려하기 위해 대리 투표도 가능하게 했다. 아마도 대체로 남편이었겠지만 부부 중 한 사람이 배우자의 투표용지를 봉투에 담아 밀봉하여 제출할 수 있었다. 각 정당은 '우편투표' 제도가 어떻게 작동하는지 특별

광고로 설명했다.

여성이 남편을 따라 투표할 것으로 기대됨과 동시에, 각 정당은 각자의 특별한 이데올로기적 고정관념을 부각해 여성들에게 직접 호소했다. 이와 관련하여 여성의 젠더 관련 경험을 고려한 메시지가 이용되었다. 달리 말하면 확실히 특이한 사고방식이 있었다. 우익보수당은 학교의 기독교 교육에 주목함으로써 여성 유권자의 지지를 얻으려 했다. 우익보수당은 기독교 교육이 부족하다고 보았던 것이다. 기독교 교육은 1919년 의회의 결정으로 주당 세 시간으로 축소되었고, '사회주의자들'(사회민주당과 공산당*을 아울러 지칭하는 표현이다)은 여러 선거 책자에서 기독교에 적대적인 태도를 취한다는 비난을 받았다. 선거운동 중에 가정에 배포된 책자 중 하나의 제목은 이러했다. "정신의 가치를 지키려면 우익보수당에 투표하라." 만일 "사회 전복 세력"이 자유롭게 행동할 힘을 얻으면 제도로서의 가족은 해체 직전에 몰린다는 것이었다.

자유통합당은 이에 상응하여 우익보수당이 방위비 지출을 늘리고 생필품 관세를 높이려 한다며 여성 유권자의 주목을 끌려 했다. 가정에 배포한 책자에는 가정 내 여성의 역할이 암시되었다. "우익보수당의 관세운동이 성공하면 당신들의 가정이 어떤 어려움에 직면할지 명심하라. 그렇게 되면 가정에서 일상적으로 필요한 물품의 가격이 전부 오를 것이다." 다른 정당들에도 불똥이 튀었다. "노동자 정당의 사회화 요구가 사회의 경제적 전복을 의미한다는 것을, 국영은 어려움을 더욱 악화시키고 세금을 늘릴 뿐임을 명심하라. 계급정치적인 농민연합이 전국농업

---

* 좌익사회당은 1921년 당명을 스웨덴공산당으로 바꾸었다.

인연맹과 통합한 뒤 순전한 보수파 조직이 되었음을 명심하라"(Möller & Norman 2002, s. 74에서 인용). 그러므로 이른바 '부정적 선거운동'은 전혀 새로운 현상이 아니었다.

 각 정당을 통한 여성 유권자 동원과 나란히, 정치적으로 중립적인 결사인 스웨덴 여성시민연맹을 통해서도 여성 유권자를 겨냥한 특별한 호소가 이루어졌다. 선거 전 여러 기회에 신문에도 발표된 특별 호소에서 새로운 유권자는 다음과 같은 권고에 익숙해졌다.

 이 나라의 여성들이여! 선거와 후보 지명이 눈앞에 다가왔다. 양심적으로 지지 정당을 결정하여 자신의 신념에 따라 투표하는 것은 모든 여성의 의무이다. 모든 정당의 여성 대표자들이 상원과 하원 어디든, 특히 능력 있는 여성이 갈 자리가 있다면 어떤 것이든 좋은 자리에 가야 한다고 요구하는 것은 여성의 권리이다. 정치에 이제까지 입법 기구에 부족했던 여성의 시각과 모성 보호의 정신을 들이는 것은 여성의 의무이다. 여성은 그 강력한 절약 습관으로 의회 활동에 중요한 기여를 해야 하고 또 할 수 있다. 소심해지지 말라. 여성이 유권자의 절반임을 명심하라(ibid.)!

여기서 투표는 **의무**로 기술되었다. 이 사회적 규범에 따르면 민주주의적 시민이라면 남성뿐만 아니라 여성도 투표권을 행사해야 한다는 기대가 있었다. 그러나 여기서 더 나아가 여성 유권자는 독립적으로 투표하라는 권고를 받았다. 신념에 따른 투표가 중요했다. 여성시민연맹은 여성에게, 간접적으로는 남성에게도 선거 행위가 개인적인 성격을 지녔음에 주목하게 하려고 애썼다. 어떤 여성도 남편과 동일하게 투표해야 한다는 압박을 느낄 필요가 없었다. 새로이 획득한 권리를 행사하기에 앞서 그 권력이 여성이 집단적으로 소유한 것임을, 여성이 유권자의 절반임을 잊지 말아야 했다. 투표권을 지닌 자는 또한 요구를 제기할 권리도 완전하게 소유했다. 누구도 '소심'해지지 말아야 했다. 이 광고에서는 또한 정당의 선전에서 볼 수 있는 것과 똑같은 방식으로 여성의 특성에 관한 관념이 제시되었다. 여성은 남성과는 다른 경험과 시각을 대표했다. 이제 정치에는 더 높은 차원의 모성 보호가 깃들어야 했다. 가계를 책임지고 떠맡은 여성의 경험도 의회 활동에 새로운 성격을 부여하리라고 생각되었다. 여성을 겨냥한 각 정당의 선전도 동일한 기본적인 관념 위에 수립되었다. 가족, 가정, 가계, 일상의 관점에서 출발하여 여성을 동원하려 했다.

여기서 또다시 여성의 정치 참여와 관련하여 평등 개념과 차이 개념이 어떻게 제시되는지를 볼 수 있다. 레니타 프레이덴발은 여성의 참여를 정당화하는 이런 방식의 규범적 함의를 강조했다. 그것은 실제로 '조건부 정치적 시민권'의 문제였다. 왜냐하면 여성은 "그들이 정치에 차이를 만들어낸다는 점을, 남성에게는 일반적으로 면제되는 성과를 보여주어야 하기" 때문이다. 그렇게 여성참정권은 여성이 남성과 다르다는 점에서 정당화된다. "여성은 배제를 통해 참여를 보장받는다"(Freidenvall 2003, s. 25).

그러나 여성을 선거운동에 끌어들이려는 각 정당의 노력은 부족했다. 준비된 선거 집회에서 발언하는 사람은 남자뿐이었다. 정치적 여론 형성은 아직도 남성의 관심사였다(Esaiasson 1990). 여성참정권운동이 공개적인 선전 활동을 펼치지 않은 것이 한 가지 이유였다. 영국 여성참정권 운동가들과 달리 스웨덴 여성참정권 운동가들은 외부를 향해 대대적인 시위를 벌이지 않았다.

여성은 정당 후보자 명부에서 아랫자리를 부여받았으며, 1921년에 선출된 총 380명의 의원 중에서 여성은 고작 다섯 명이었다.[2] 여성이 많이 선출되지 못했다는 사실은 당연히 많은 사람들에게 실패로 보였다. 그러나 상황은 더욱 나빠진다. 여성의 몫은 이후 10년간 의회뿐만 아니라 지방의회에서도 꾸준히 줄어들었다. 추세가 조금씩 바뀔 때에도 변화는 더디기만 했다. 1950년대에 처음으로 의회에서 여성이 차지하는 몫이 10퍼센트를 넘었다. 최근이라고 할 수 있는 1970년대 초에도 여성 의원은 겨우 14.4퍼센트를 차지했다. 2010년 선거 후 여성의 몫은 45퍼센트였는데, 이는 전 세계 의회에서 르완다 다음으로 높은 수치였다.

여성이 의결 기구에 진입하기가 그토록 어려웠던 이유는 무엇인가? 당대의 몇몇 (남성) 평자에 따르면, 문제의 원인은 여성 자신에게서 찾을 수 있다. 이전에 여성이 유권자로서 부적절하다고 판단할 때 거론된 바로 그 이유 때문에 여성은 결정권자로서도 부적절하다고 여겨졌다는 것이다. 그들의 주장에 따르면 여성은 각별히 험담과 상호 반목, 질투의 성향을 타고났다. 특히 여성은 기본적으로 정치에 관심이 없으며, 따라서 여성 의원이 적은 이유는 자격 있는 여성이 부족했기 때문이라는 것이었다. 그러나 셸 외스트베리(Östberg 2000)는 여성이 의사 결정 기구에 진입하기 어려웠던 것은 오히려 남성의 반대와 고의적인 조작에 원인이 있었다고 주장한다. 여성은 후보 지명에서 밀려났으며, 후보자 명부에 들어갔을 때에도 종종 정확히 "당선 가능한 자리" 밑에 있었다. 여성 후보를 비교적 높은 위치에(그렇지만 충분히 당선 기회를 가질 만큼 높지는 않은 자리에) 두는 목적은 여성 유권자를 유인하는 것이었다. 문제는 모든 정당이 동일한 방식으로 추론했다는 점이다. 어느 한 정당이 특별히 많은 여성 유권자를 유인하여 여성 후보를 당선시키지는 않았다. 여성 유권자의 표는 모든 정당에 골고루 분배되었다. 그리하여 후보자 명부에서 여성 후보를 높은 순위에 올린다는 생각은 미끼로서 효과가 없었다(Freidenvall 2006).

그렇지만 이따금씩 한두 명의 여성이 당선 가능성이 높은 순위에 들었다. 1921년 당선 가능성이 있는 순위에 올라 하원 의원에 선출된 유일한 여성 후보였던 우익보수당의 베타 벨린은 특별히 여성해방운동에 관심이 많았던 사람은 아니다. 그녀는 실제로 여성참정권에 반대한 사람이다(Ohlander 2001).

선거운동의 강화와 정치인의 역할 변화

1921년 보통선거제로 치른 첫 번째 선거의 특징은 강화된 선거활동이었다. 6월에서 9월 사이에 전국적으로 도합 1만 건의 선거 집회가 열렸다(Esaiasson 1990). 선거운동에서 언론 활동이 뚜렷해지기까지는 더 많은 시간이 필요했다. 홍보 전단 배포와 가정 방문 같은 다른 직접적인 선거운동 방식도 도입되었다. 문을 두드리는 행위 자체는 1800년대 말 이래로 이따금 볼 수 있었지만, 이 선거 때처럼 조직적이고 체계적인 방식으로 이루어지지는 않았다. 특히 사회민주당과 공산당이 '가택 선동$_{husagitation}$'(호별 방문$_{hembesök}$)에 힘을 쏟았다. 그러나 자유통합당은 그러한 형태의 선거운동을 삼갔다. 사람들을 지나치게 귀찮게 한다고 보았기 때문이다. 전체적으로 보아 당 지도자가 선거운동에서 수행한 중요한 역할이 두드러진다. 1920년대 초에 이미 신문의 정치 기사는 대부분 당 대표의 움직임과 발언에 관한 것일 정도로 당 대표가 선거운동의 중심이 되었다. 정당 활동 보고서에 관한 어느 연구는 정당 대표의 방문은 큰 사건이었다며 이러한 결론을 뒷받침한다(Möller & Norman 2002).

선거에 대한 관심이 저조하다는 얘기가 많았지만, 각 정당이 동원한 유권자는 합해서 거의 180만 명에 달했다. 투표율은 1920년 선거와 비슷한 수준인 55퍼센트로 비교적 저조했다. 집에 머문 자들은 우선 여성이었다. 여성 유권자의 47퍼센트만 새로이 얻은 시민권을 행사했다. 남성의 투표율은 62퍼센트였다. 남녀 간 투표율의 차이는 농촌에서 가장 컸다. 농민연합의 분노를 일깨운 상황이다. 말하자면 농민연합은 여성 선거권 도입이 농촌 여성에 불리할 것이라는 이유를 들어 이에 비판적인 태도를 취했다. 농촌 여성은 선거일에 "자녀와 가축을 돌볼 생각"을 했기 때문이다. 1960년대에 와서야 처음으로 도시와 농촌 여성 유권자의 불균등한 투표 행태가 고르게 바뀌었다.

민주주의 정치체제와 더불어 정당은 정치 제도에서 완전히 중심적인 역할을 갖게 되었다. 이전에는 의원들이 대표한 주된 대상은 자신의 선거구였다. 이 관계는 신임에 입각한 것이다. 그들은 지역의 유명 인사였기에 선출되었던 것이다. 그렇지만 이들은 유권자에 대해 독립적인 위치를 지녔으며, 의회에서 자신의 양심에 따라 투표했다. 이러한 유형의 의회주의는 이제 정당 중심 민주주의로 대체되었다. 의원은 선거구의 유권자보다 당에 더 충성하는 것이 중요해 보였다. 의회의 임무는 다른 점에서도 변했다. 의원직은 일상의 일 이외의 위임받은 임무 즉 부업이었으나, 이제 점점 더 많은 사람에게 하나의 직업이 되었다. 게다가 민주화의 결과로 공적 임무가 급속하게 증가함으로써 정치의 성격이 바뀌었다. 사회는 더욱 복잡해졌고 앞날을 전망하기 어려워졌다. 따라서 의원이 된다는 것은 이전보다 훨씬 더 많은 시간을 바쳐야 하는 일이 되었다. 1949년까지도 의회는 봄에 몇 달 동안만 모였지만, 그해부터 가을 회기가 도입되었다. 결과적으로 의회의 임무를 다른 일과 나란히 처리하는 것이 일반적인 일이 되었다.

정치적 임무를 사사로운 개인으로서 가진 직업과 함께 수행하기는 어려웠는데, 이는 우익보수당에는 충원 기반이 고갈되었음을 의미했다. 보통선거제가 도입된 이후 우익보수당의 여러 지도적 대표자들은 정치를 떠나 사사로운 경제 활동으로 물러났다. 1920년대에 우익보수당의 최상층은 행정부처의 고위직, 군인, 판사, 교수 등 공적 영역의 대표자들로 구성되었다. 시간이 지나면서 그러한 고위공무원들이 당을 지배하게 되었다. 관료 우익은 사실상 거의 언제나 스웨덴 정치의 뚜렷한 현상이었다. 1800년대 내내 국왕은 각료를 거의 그들로만 충원했다. 그러나 1900년대 초에 상황이 변했다. 기업가 우익의 지위가 강화되었다. 폭풍우가 몰아치듯 거칠었던 1910년대 우익보수당 정권에서 각료의 거의 절반이 경제계의 엘리트 출신이었다. 그들 중 다수가 민간인으로서의 직업을 계속 유지하면서 의회는 물론 지방의회에서도 당을 대표하다가 정부 각료에 임명되었다. "국왕이 불렀을 때", 다시 말해 각료가 되었을 때, 그들은 일시적으로 그 일을 그만두었다. 안데슈 이삭손이 이처럼 적절하게 설명했다(Isaksson 2000, s. 76). "이들이 국가기관의 고위 공직자들과 함께 하나의 사회계급을 이루어 정부를 소유하고 동시에 고향의 발전을 책임지는 경험을 했다." 그 '르네상스 인간들'에게 정치적 임무는 자신들이 누린 사회적 지위의 중요한 구성 요소였다. 그들이 사사로운 개인으로서 가진 직업과 나란히 정치적 임무를 담당했다는 사실은 당시 의회가 봄에 10주 내지 15주만 모였으며, 시 의회 회의는 대도시에서는 종종 한 달에 한 번 모였고 주 의회 회의는 원칙적으로 연간 이틀에 끝났다는 사실을 염두에 두고 보아야 한다.

의회의 봄 회기가 점차 길어지고 업무 부담이 늘어나면서, 대기업 사장들과 여타 경제계 대표자들의 규모는 현저히 줄어들었다. 이삭손은 그 우익 인사들이 가진 '국가를 소유'했다는 느낌은 민주주의로의 이행과 더불어 서서히 사라졌다고 말한다. 이전에 매우 두드러졌던 의무감은 사회민주당의 진전과 보조를 맞추어 훼손된 것 같다.

지방자치단체 차원에서도 같은 발전을 식별할 수 있다. 40등급제가 폐지되고 지방의회 의원 자리에 대한 경쟁이 심화하면서, 그리고 후보자에 투표하는 선거제도가 정당 중심의 선거제도로 대체되면서, 새로운 유형의 지방정치인이 무대에 등장하기 시작했다. 그러나 인물 중심의 정치는 정당정치의 영향이 커진 이후로도 오랫동안 남아 있었다. 각 정당이 지역에 기반이 있고 지역에서 크게 신임을 얻은 인사들을 모으려 노력했다는 사실과 신문에 등장한 후보자들의 정견 발표가 그 증거이다. 정당 제도가 공고해진 이후에도, 지역 차원의 정치적 임무는 주로 대표자(의원)의 신임förtroendemannaskap을 다루는 것이었다.[3]

소수의회정치의 10년

비례대표제가 도입된 결과로 의회에 진입한 정당의 수가 늘어났다. 정당 체제의 파편화 경향 때문에 다수정부 수립이 어려워졌고, 소수정부는 들어선다고 해도 대체로 단명했다. 에덴-브란팅 정부는 심한 내분을 겪은 후 1920년 봄에 사퇴했다. 사회민주당은 노동자의 지지를 두고 좌익사회당과 경쟁했기에 정책이 과격해졌다. 자유통합당 출신의 각료들은 한편으로 사회민주당과의 협력에 비판적인 당내 온건파로부터 압박을 받았다. 사회민주당이 과격해짐에 따라 비판은 더 심해졌다. 특히 정부의 국방정책에 대한 불만이 많았다. 사회민주당의 많은 의원은 국방 예산에 반대했지만, 정부는 우익보수당의 지지로 과반수를 확보했다.[4]

게다가 자유통합당이 중요한 금주 문제로 분열했다. 자유통합당 내부의 자유사상가들은 금주를 권고한 반면, 당 대표를 비롯한 도시 자유주의자들은 금주에 반대했다. 그렇지만 금주파가 다수여서 당은 공식적으로 금주 노선을 지지했다.[5] 마침내 연립정부를 깨뜨린 문제는 지방세 개혁이었다. 정당들은 이 문제에서 합의하지 못했다. 정부가 해체된 뒤, 사회민주당이 여당이 되었다. 그로써 브란팅이 헌법에 따라 수립된 세계 최초의 사회주의 정당 정부의 수반이 되었다. 구스타브 5세에게 이 새로운 정치적 상황은 이제 그의 모든 '조언자'가 공화주의 정체의 지지자임을 의미했다. 국왕은 브란팅이 아닌 다른 사회민주당원을 총리로 받아들일 수 없음을 분명히 했다. 구스타브 5세는 사회민주당 대표와 같은 학교를 다닌 동문으로 그를 깊이 신뢰했다.* 국왕은 브란팅이 '사회주의 노선의 계획'을 따르지 않을 것이라고 안심시키자, 국왕은 원칙적으로 다른 국가체제를 지지하는 자들도 헌법을 지키기만 한다면 각료로 인정하겠다고 말했다.

---

*   베스코브 인문중고등학교Beskowska skolan를 졸업했다.

국왕과 브란팅의 협력은 잘 작동했다. 스웨덴 최초의 사회민주당 정부는 확실히 단명했지만(겨우 일곱 달 뒤에 사퇴했다), 브란팅은 1925년에 사망하기까지 두 차례 더 총리로 복귀한다. 두 번째에도 국왕은 정부 수립의 임무가 브란팅 개인에게 있다고, 다른 사회민주당원은 할 수 없다고 강조했다. 국왕은 또한 이를테면 페르 알빈 한손이 대표한 군축 노선이 아니라 브란팅이 권고한 국방정책의 적용이 그를 총리로 임명하기 위한 전제 조건이라고 주장했다(이는 1917년 의회주의 관철도 국왕의 정치적 행위를 막을 수 없었음을 보여준다)(von Sydow 1997). 사실이 그랬다.

1921년 브란팅이 두 번째로 정부를 수립했을 때, 국왕은 처음으로 의회주의 원리를 공식적으로 승인했다. 구스타브 5세는 성명서를 발표하여 "의회주의 원칙에 다른 정부 수립"의 여러 가능성을 검토했다(Gerdner 1954). 1925년 브란팅이 사망했을 때, 리카드 산들레르가 총리로 뒤를 이었다. 국방정책에서 진로가 바뀌었다. 정부가 포괄적인 군축 법안을 제출한 뒤, 국왕은 의회주의 관철 이전처럼 발언을 남길 것을 신중히 고려했다. 그렇지만 그런 일은 없었다.

브란팅이 사망한 이후에도 국왕은 전체적으로 사회민주당과 좋은 관계를 유지했다. 반면 국왕과 자유주의자들 사이에는 계속해서 갈등이 일었다. 가장 심각한 사건은 임명 사안과 관련이 있었다. 칼 구스타브 에크만이 이끄는 자유국민당* 내각이 이탈리아 주재 신임 대사를 선발했을 때, 정부는 국왕의 의견을 묻지 않았고, 이로써 심한 갈등이 생겼다. 국왕은 무시당했다고 느꼈고 왕비의 지지에 힘을 얻어 처음에는 임명장

---

* 자유통합당이 분열한 후 금주 옹호자들이 1924년 창당한 자유주의 정당.

에 서명하기를 거부했다. 이 갈등에서 흥미로운 사건은 국왕이 각의에서 각료들에게 그 문제에서 총리와 외무부 장관에 반대하라고 권고한 것이다. 총리와 외무부 장관 둘 다 각의에 참석하지 않았으나, 국왕의 호소는 결과를 내지 못했다. 다른 문제에서도 에크만과 구스타브 5세 사이에 다툼이 있었다. 국왕은 어떤 형태의 정부가 바람직한지에 관하여 원칙적으로 에크만과 완전히 다른 견해를 지녔다. 국왕은 다수정부를 권장했다. 그렇지만 에크만과 그의 자유국민당 동지들은 다른 부르주아 정당들과 연립정부를 구성할 뜻이 없었고 대신 단독으로 소수정부를 수립하고자 했다. 에크만이 소수정부의 수반으로서 의미 있는 명민함을 보여주었다고 말할 수 있다. 에크만은 우익보수당은 물론 사회민주당과도 협력하여 여러 가지 해결하기 어려운 문제에서 자신의 정책에 대한 지지를 이끌어냈다. 에크만은 '보그메스타레'로 불리게 되었다. 이 개념은 의회정치 이론에 필수적인 요소가 된다. 널뛰기 과반수hoppande majoritet에 의지하여 통치한다는 의미이다.

1920년대의 인종생물학

1920년대 사회적 논쟁에 쏟아져 나온 견해들은 당시에는 전체적으로 존중을 받았지만 오늘날에는 매우 이상하게 보인다. 그 시기에 민족주의는 종교를 대신하여 정체성을 부여하는 기본적인 요인이 되었다. 민족 귀속성은 유산계급뿐만 아니라 모든 스웨덴 사람에게 하나의 자산이었다. 그것은 단지 나라의 시민을 법률적으로 지칭하는 문제만이 아니라 문화적 명칭, 나아가 사회생물학적 명칭의 문제이기도 했다. 민족성은 공동의 조건과 역사를 뛰어넘어 혈통과 혈연관계 같은 것과도 관련이 있다. 19세기 말 이래 몇십 년 동안의 민족주의 시대에 종족 범주를 확정하는 것은 중요한 학문적 과제로 여겨졌다. 역사가 호칸 블롬크비스트는 그 시대의 인종 관념에 '민주주의적 가능성'이 들어 있다고 썼다. "인종 특성을 고려하면 로벨뢰브의 아주 가난한 오두막살이 소작농까지도 민족에 귀한 것을, 정치적 영향력과 맞바꿀 수 있는 있는 것을 가진다고 할 수 있다"(Blomqvist 2006, s. 376).

민족성과 종족 특성을 거론하는 것처럼 스웨덴다움과 문명의 우월함에 대한 거창한 애국적 표현도 정치적 논쟁에서 반복되는 요소였다. 반유대주의 경향도 드물지 않았다(Andersson 2000). 유대인을 깎아내리는 표현은 모든 사회계층에서 볼 수 있었다. 부르주아 계층뿐만 아니라 노동운동 안에도 있었다(Blomqvist 2006). 안데슈 이삭손은 "게르만 종족의 특별한 자질"이라는 관념이 짙게 스며든 "이데올로기적 영역"이 있었다고 쓴다. 이는 일반적으로 유지된 반유대주의로 "낯설고 이상하며 흔치 않은 자들의 원형으로서의 유대인에 대한 것이지 개별 유대인을 겨냥한" 것은 아니었다(Isaksson 2000, s. 93).

이러한 영역을 가장 확실하게 이용한 정당은 농민연합이었다. 이 정당의 '교수 삼인방' 즉 웁살라 대학교 교수인 닐스 볼린과 K. G. 베스트만, 칼악셀 레위테르셸드는 강력한 민족주의적 색채를 띤 이데올로기로 당의 이익정책을 수놓았다. 그들의 사고방식에 따르면 스웨덴 농민은 스웨덴 상층계급보다 더 순수하고 외국 종족이 덜 섞인, 게르만 종족의 원형을 대표했다. 1920년대 초 당 강령은 "스웨덴 민족 혈통의 인종적 악화를 막기" 위한 목적에서 "바람직하지 않은 민족 성분들의 유입"을 방지하는 것이 절박하게 필요하다고 적고 있다. 농민연합이 내놓은

'서민보수주의småfolkskonservatism'를 이끈 배후의 이데올로그는 닐스 볼린으로, 그의 정치적 견해는 박사학위논문의 주제가 되었다(Hagård 1976). 농민 계급이 "스웨덴 민족의 건강한 핵심"이라는 반자본주의적 견해를 다룬 논문이다. 볼린은 처음에는 우익보수당에 들어갔지만 전혀 편하지 않았다. 볼린은 1930년대 초 우익보수당 안에서 두드러진 자유주의적 경향에 반대했으며, 오히려 사회주의에 더 가깝게 느꼈다. 볼린에게 자유주의는 천박한 경제적 가치와 우쭐한 이기주의를 대표했다. 공산주의는 한층 더 나쁘게 보았다. 볼린에게 공산주의는 사회가 병들었다는 징후였다. 그렇지만 볼린은 노동운동의 개혁주의적 노력은 크게 존중했다. 사회민주당이 사회주의적 견해를 누그러뜨리고 '국민의 집'을 얘기하면서 존중은 공감으로 바뀌었다.[6]

그러나 농민연합은 당시 인종생물학을 품은 유일한 정당이 아니다. 1920년 웁살라에 인종생물학 연구소를 설립하라고 요구하는 여러 정당의 합동 법안이 의회에 제출되었다. 얄마르 브란팅과 아르비드 린드만도 법안에 서명했다. 당시 경제적으로 위기 상황이었는데도 1921년 의회는 노골적인 재정 긴축의 요구에 반대하고 즉각 국립인종생물학연구소Statens institut för rasbiologi를 설립하기로 결정했다. 그러나 만장일치는 아니었다. 사회민주당의 원내 대변인으로 나중에 교육부 장관이 되는 아투르 엥베리는 재정을 이유로 연구소 설립에 반대한 우익보수당뿐만 아니라 원칙적인 이유에서 똑같이 반대한 좌익사회당도 비판했다.

지금 우리는 아직 조금도 망가지지 않은 민족, 매우 높고 훌륭한 자질을 갖춘 민족을 가진 행운을 누리고 있다. 그러나 이상한 점이 있다. 우리는 개와 말의 혈통은 지극히 정성 들여 관리하면서 어떻게 하면 우리 자신이 스웨덴 민족 혈통을 유지하고 보호해야 할지에 대해서는 큰 관심이 없다. 그렇게 해야 할 때가… 인종 정책의 관점에서 조만간 연구 결과를 이끌어 낼 때가 올 것이다.[7]

새로 설립된 연구소의 수장은 유명한 유전학자 헤르만 룬드보리였다. 룬드보리는 유전의 영향이 환경 요인과 성장 요인에 비해 월등하다고 강조했다. 그는 다윈주의적 정신에서 '종족 퇴화 요소'를 이야기했고 종족 혼합의 위험성에 대해 경고했다. 그는 스웨덴 민족 혈통이 '열등한 종족들'과 뒤섞이면 퇴화가 일어나 민족의 건강과 문화에 예상치 못한 결과를 초래한다고 보았다. 인종생물학연구소가 설립됨으로써 룬드보리는 인종 문제가 유럽의 큰 문제로 대두한 시기에 자신의 연구로써 인정을 받았으며 학자로서는 물론 정치인으로서도 주목을 받았다. 룬드보리가 제시한 사고방식은 1920년대 내내 사회적 논쟁에서 일종의 공공재였다. 1930년대 초가 되어서 처음으로 인종 관념에 의문이 제기되었다. 그러나 그 10년 동안에도 과학과 정치, 이데올로기가 뒤얽혀서 후세대로서는 이해하기 어려운 그 개념은 일반적인 여론뿐만 아니라 공적인 영역에도 침투했다. 사회민주당의 국민의 집 개념에도 민족주의적 기조가 들어 있다.

이삭손은 페르 알빈 한손에 관해 쓴 책에서 사회민주당의 여러 지도자가 "사회주의에 인종생물학을 통합하려 노력했다"고 이야기한다. 그렇지만 그는 페르 알빈 한손에게는 그러한 성향이 없다고도 말했다. 페르 알빈 한손의 민족주의는 "깃발과 기질, 민주주의, 복지, 가족, 경제의 민족주의였지 혈통이나 인종의 민족주의가 아니었다"(Isaksson 2000, s. 97f). 이 구분은 중요하지만, 인종생물학을 1930년대에 형성된 '국민의 집' 정치의 일반적인 특징으로 보는 것이 더 타당하다. 인종주의적 사고방식은 실제로 있었다. 페르 알빈 한손이 당 대표가 되기 전에 브란팅에 뒤이어 당 서열 제2인자로 여겨진 사회민주당의 주요 이데올로그 아투르 엥베리는 인종생물학 연구소 설립 이전 의회 토론에서 공개적으로 인종생물학적 관점에서 발언한 적이 있다. 다른 계제에도 그런 발언을 했다. 엥베리는 1930년대 내내 공공연히 반유대주의를 대변했다(Blomqvist 2006). 1921년 《아르베테트_Arbetet_(노동)》에 실은 글에서 엥베리는 이렇게 썼다.

> 유대인은 세계를 정복하여 목적의식적인 종족 정책을 완수했다… 몇몇 사람을 파견하여 다른 민족에 섞여 들어가 유대인 혼혈을 만들게 했고, 이 혼혈은 그 민족의 몸통을 점점 더 많이 채우고 있다… 그들은 다른 종족들을 체계적으로 해쳤다. 이러한 팽창에는 '세포' 건설자가 되어 조금씩 갉아먹어 무너뜨리고 안으로부터 해체하고 태워 없애는 유대인의 온전한 기질이 숨어 있다. 유대인은 보기 드문 기생충이었기 때문이다. 그들은 땅이 아니라 다른 식물에 뿌리를 내리고 그 수액에서 양분을 얻는 이상한 식물과 비슷하다. 유대인은 인도아리아 민족의 줄기에 기생하는 겨우살이였고, 지금도 그러하다. 유대인은 고귀한 종족을 자양분의 원천으로 요구한다. 그들이 생명력이 가장 강한 최고의 인종을 알아보는 안목을 지녔음을 부정한다면 온당치 않을 것이다.[8]

그러나 나치즘의 상승과 더불어 엥베리의 세계관은 변했다. 히틀러의 악행이 알려졌을 때, 그는 독일의 유대인 절멸을 강력히 비판했으며, 1940년대 초에는 "유대인을 겨냥한 지독한 잔학 행위와 그들의 체계적 절멸, 학살"에 관한 글을 써서 '종족 반역자'요 '유대인의 하수인'이라는 조롱을 받았다(Blomqvist 2006, s. 17f).

1930년대에 공공연한 반유대주의와 한층 더 조악한 형태의 다른 인종생물학 논법이 연이어 사라졌지만, '우생학'에 대한 관심은 몇십 년 더 이어진다. 1934년 알바 뮈르달과 군나르 뮈르달이 발표하여 세간의 이목을 끈 『인구문제의 위기』는 다른 시각에서 스웨덴 정치사의 그 어두운 면을 반영했다. 이 책은 이후 현대 가족정책의 발달에 큰 영향을 미치게 되지만, 뮈르달 부부는 아동수당과 공공 어린이집의 도입 따위를 주장한 것을 넘어서 유토피아적인 야심을 드러냈다. 목적은 '인간자원'을 개선하고 그로써 사회 전체를 개선하는 것이었고, 이 목적을 달성하기 위해 우생학 조치를 권고했다. 목표는 "주민 중에서 온갖 부류의 신체적으로나 정신적으로 열등한 자들을 근절하는 것"이었다. 이러한 사고방식은 1930년대 정치적 논쟁에서 흔하게 되풀이되었다. '국민의 집'이 형태를 갖추기 시작한 바로 그때였다.

훗날 특별히 논란이 된 측면은 1930년대 중반에 착수한 포괄적인 강제불임시술 정책이었다. 1935년부터 1967년 사이에 주로 여성이었지만 대략 6만 명의 스웨덴 사람이 불임시술을 받았다. 1934년 단종법은 지적장애나 유전병이 있어서 무능력자로 판정된 사람이 부모가 되는 것을 방지하기 위해 제정되었다. 1941년 법이 확대되어 '비사회적 인간'도 강제불임시술의 대상이 될 수 있었다. 이는 삶이 상궤를 벗어나거나 비난을 받을 만하다고 판단된 사람에게 해당되는 문제였다(Svensson 2001; Runcis 2002). 강제불임시술은 앞서 살펴본 인종생물학 논거의 뒷받침을 받았고 그 발전에 힘입었다. 뮈르달 부부는 큰 주목을 받은 그 책에서 법률을 최대한 엄격히 적용해야 한다고 주장했다. 새로이 출현할 현대 스웨덴에는 '하인'과 '열등한' 인간의 자리는 없었다. '정신박약자'가 부모가 되는 것은 무책임한 일로 여겨졌다.

강제불임시술 문제가 정치적으로 갈등을 일으키지 않았다는 사실은 매우 놀랍다. 이 문제는 1997년 기자 마치에이 자렘바가 《다겐스 뉘헤테르》에 일련의 기사를 쓰면서 처음으로 논란거리가 되었다. 스웨덴뿐만 아니라 외국에서도 큰 주목을 받았다. 대부분은 그 정책에 실망스럽다는 반응을 보였지만, 많은 사람이(특히 사회민주당 사람들이) 그 논란을 뮈르달 부부를 중상하려는 시도로 보았다.

계급정치에서 '국민의 집' 정치로

오랜 민주화 과정 끝에 나타난 정치적 쇠퇴는 길지 않았다.[9] 1928년 하원 선거에서 참여자는 53퍼센트에서 67퍼센트로 늘었다. 그때까지 스웨덴 선거 역사상 가장 높은 수준이었다. 의회 선거는 이제 더는 소수에게만 중요한 일이 아니었다. 그 선거에서 투표율이 그렇게 높은 수준에 이른 것은 우익보수당과 사회민주당 간의 격한 대립과 관련이 있다. 1928년 선거는 역사에 코사크 선거(코사크발레트)로 기록된다. 이 용어는 우익보수당 청년 단체인 애국청년연맹이 만든, 러시아 카자크를 묘사한 선거 포스터에서 나왔다. 포스터는 볼셰비키 공산주의와 사회주의에 반대하는 운동의 일환이었다. 이 선거전에서 사회민주당은 공산당과 연합했다. 이 전술적인 선거 협력은 1917년 이래로 지속되었지만, 1928년 선거 때에는 공산당이 소련과 한층 더 긴밀히 연결됨으로써 부르주아 정당들의 시각에서는 두 정당 간의 협력이 이전보다 더욱 강력히 비난해야 할 것으로 보였다. 사회민주당에 주는 표는 소련 공산당에 가는 표라고 설명되었다.

그렇지만 사회민주당은 공산주의에 반대하는 투쟁을 강화했다. "볼셰비키 공산주의에 맞선 싸움"은 사회민주당 지부들의 의제에서 하나의 상수였다. 사회민주당은 공산당이 노동조합운동 안에서 추진한 세포 건설 활동을 매우 심각하게 생각했다. 그래서 사회민주당 지부에서는 공산당의 노동조합운동 장악을 막기 위한 행동 계획을 수립했다. 그러나 동시에 사회민주당이 1925년 브란팅의 사망 이후 더 급진적으로 변했다는 것도 의심의 여지 없는 사실이다. 엔슈트 비그포슈는 상속세 도입 법안을 제출하여 주목을 끌었다. 이 법안은 그 후에 널리 알려진, "빈곤은 모두가 함께 나눌 때 차분하게 견딜 수 있다"는 명제로 정당화되어 더 큰 논란을 일으켰다. 세간의 이목을 끈 다수의 노사분규와 관련해서도 똑같은 급진주의가 당의 입장에 스며들었다. 1928년 사회민주당 선거 공약은 이전에 비해 상당히 급진적이었다.

따라서 우익보수당의 공격을 보기까지 오래 기다릴 필요가 없었다. 우익보수당의 상원 지도자 엔슈트 트뤼게르는 선거 연설에서 때로는 '노동자당'(사회민주당을 가리켰다), 때로는 더 일반적으로 '노동자 정당들'이라는 명칭을 써서 사회민주당과 공산당을 하나로 취급했다. 이러한 표현법으로써 그는 사회민주당이 의회에서 공산당에 의존하고 있다는 사실뿐만 아니라 이데올로기적으로 두 정당이 가깝다는 점도 일깨우려 했다. 트뤼게르는 모스크바의 권력자들이 본색을 드러냈음을 생각하면 사회민주당이 '볼셰비키 정당'과 선거 연합에 들어가기로 결정했다는 사실이 비난받을 만하다고 생각했다. 트뤼게르는 사회민주당이 연합하기로 한 정당에 관해 이야기할 때 사정을 봐주지 않았다.

그들은 스웨덴 국가의 적이다. 그들은 폭력적인 수단으로 스웨덴 헌법을 뒤엎으려 애쓴다. 그 정당에 국민적인 성격은 조금도 없으며, 그 당원들은 스웨덴 사람이라는 인식이 전혀 없다. 그들은 자신들을 스웨덴의 역사와 스웨덴의 기억, 국민의 생존을 유지하려는 스웨덴의 투쟁, 고유의 숭고한 문화를 지키기 위한 스웨덴의 수고스러운 싸움과 이어주는 줄을 끊었다. 그들에게는 국민의 위대함이 없다. 그들은 나라의 적의 식탁에 빌붙은 식객이며 그들의 발에 묻은 오물을 기꺼이 핥으려 한다. 유구한 우리 왕국의 자주와 독립을 짓밟으려 한다(Möller & Norman 2002, s. 107).

새로이 선출된 사회민주당 대표 페르 알빈 한손은 앞서 선거 연설을 했을 때 가을 선거에서 우익보수당원보다는 공산당원이 당선되는 것을 보고 싶다는 점을 분명히 했다. 차후 오랫동안 기억될 이 발언은 자유주의 계열 신문뿐만 아니라 보수파 신문에서도 비판 세례를 받았다. 페르 알빈 한손은 어느 기고문에서 자신의 의견을 개진했다. 보수주의자와 공산주의자 간의 차이는 보수주의자가 민주적인 발전을 방해하고 사회개혁을 막는 반면, 간단히 말해 공정하지 못한 사회 상황을 유지하려 하는 반면, 공산주의자는 명백히 변화를 가져오려 한다는 것이었다. 그러한 변화는 사회민주당이 원하는 정책과 일치하지만, 공산주의자는 "확실한 진보는 점진적인 발전 과정이며 개혁은 실질적인 실현 방법을 고려하여 조절해야 한다"는 점을 무시한다. 그렇지만 조만간 다른 누구보다도 스웨덴 합의 모델의 상징으로 우뚝 서게 될 페르 알빈 한손은 공산주의자들의 변화를 바라는 열망을 이해한다고 말했다. 사회 상황을 보건대 개혁의 염원은 그 자체로 반대할 일은 아니었다. 그의 생각에 공산주의가 공감을 받지 못하는 것은 "그 선전 방식과 거짓말, 음험함, 도덕적 고려의 완전한 결여, 미숙함, 민주주의 경멸, 국내정치에서 외국의 상위 권력에 의존하는 행태" 때문이었다. 페르 알빈 한손은 공산당의 선전이 반동적인 세력을 이롭게 한다고 보았다.

그런데도 한손이 그 이데올로기의 대표자들과 협력하기로 결정한 것은 이상하게 보일 수 있다. 한손은 그들을 결코 점잖게 행동하게 길들일 수 없다고 판단하지 않았는가. 그렇지만 우익보수당 사람들은 더 나빴다. 그들은 "개혁에 저항함으로써 공산주의가 번창할 분위기를 조성했다." 우익보수당의 정책은 "계급 간의 대립"을 악화시켜 전면적인 싸움을 초래할 위험이 있어 보였다. 그 사회민주당 대표에게는 사회의 평화가 최우선의 정치적 목표였다. 그는 공산당의 폭력적인 활동 방식을 증오했다.

한손에 따르면 공산주의자가 의회에 들어가도 문제가 될 일은 없었다. 다시 말해 공산주의자들은 그 전과 마찬가지로 완전히 무시할 수 있는 수준에 머물 것이었다. 공산당 출신 의원은 "어떤 실질적인 결과도 나오지 않는 것이 볼셰비키의 선전에 더 이롭다는 것을 안다고" 하더라도, "사회민주당의 실질적인 진보 정책을 지지하는 대중의 기대를 감안할 수밖에 없을 것이다." 여기서 얘기하는 것은 공산주의자들이 신봉한 마르크스주의의 파국 이론이다. 노동자 계급을 이롭게 하는 데 필요한 혁명이 가능하려면, 우선 혁명만이 유일한 해법이라는 결론이 나오도록 노동자의 생활수준이 나빠져야 했다. 마르크스주의를 배운 사회민주당 이론가들은 기본적으로 이 분석을 받아들였지만, 자본주의 파멸의 시나리오는 일상적인 의회 활동을 훼손하는 냉소적인 함의를 담고 있었다. 당이 대변한 사회 집단이 열악한 처지에 놓일수록, 반드시 필요한 거대한 파멸이 더 가까이 다가오겠지만, 그러한 역설은 이론에만 있었다. 실제에서 사회민주당은 일관되게 개혁 정책을 추진했으며, 페르 알빈 한손이 의미한 바에 따르면 공산주의자들도 그렇게 할 수밖에 없었다.

페르 알빈 한손은 공산주의자들이 민주적인 개혁 과정을 참지 못한다고 비판했을 때 20세기 스웨덴 정치에 크게 기여하는 기본적인 이념에서 출발했다. 한손은 우선 노련한 실용주의자였지만 이로 인해 걸출한 이데올로그가 된다. 바로 '국민의 집'이다. 이 개념이 노동운동 안에 터를 잡으면서 계급정치에서 '국민의 집' 정치로의 전환이 일어났다.

한손에 따르면 계급사회를 없애는 것이 사회민주당의 가장 중요한 목적이었다. 당의 이데올로기에서 주된 개념인 '계급'을 더 포괄적인 '국민'으로 대체하는 것이 큰 목표였다. "민주주의의 가장 중요한 과제는 계급 정신을 제거하는 것이다." 이 계급 정신은 굴욕과 조롱의 표현을 취했다. 몇몇 식당이 제복 입은 장교들을 반갑게 맞이하여 접대하면서 사병이나 시가전차 운전사나 차장을(이들도 전부 제복을 입었다) 받지 않는 것은 옛 신분제 사회의 사고방식이 반영된 것이다. 사람들을 계급 귀속성에 따라 분류한 것이다.

우익보수당은 사회민주당이 급진적인 정책을 들고나와 선거에 임했다는 사실을 이용하여 페르 알빈 한손의 합의 정치인으로서의 신뢰성을 흔들려 했다. 1928년 선거에서 사회민주당의 다른 지도자들이 발언했을 때, 이 급진화는 더욱 뚜렷하게 드러났다. 아투르 엥베리는 사회적, 경제적 간극이 "견딜 수 없을 정도로 넓게 벌어진" 상태에서는 '진정한 민주주의'를 이야기할 수 없다고 말했다.

엥베리는 국민의 55퍼센트가 나라 전체의 사유재산을 겨우 2퍼센트밖에 갖고 있지 않다고 상기시켰다. 따라서 경제 민주주의를 향해 전진할 필요가 있었다. 정치적 민주주의는 반쪽자리 민주주의였다. 사회 속의 간극은 사실상 한층 더 넓게 벌어져 결과적으로 "무산자의 생존에서 날카로운 모순"으로 폭발했다. 이러한 배경에서 그는 자유주의자들을 거세게 비난했다. 정치적 민주주의가 도입되자 민주화 과정을 중단했기 때문이었다.

투표일에 시민이 주권자가 되었지만 국민 대다수의 삶이 완전한 권한을 가진 존재와 권한이 없는 존재로 양분되었음을 자유주의자들은 이해하지 못했나? 완전한 권한을 갖고 투표장에 갔고 투표 행위를 통해 국내 정책은 물론 외교정책의 결정에도 영향력을 행사할 능력이 있다고 여겨진 사람, 그런 사람이 동시에 즉 무산자의 위치에 있을 때에는 사회적, 경제적 영역에서 의존과 무능력, 불안정의 삶에 떨어질 운명에 처했다. 실업이라는 다모클레스의 칼이 그의 머리 위에 매달려 있으며, 그는 정치적 동물로서 의회의 관할에 속하는 모든 문제, 대체로 그가 전문지식을 갖추지 못한 문제들에 관하여 결정에 참여할 자격을 인정받으면서도 고용주들의 제23조*가 상징하는 체제의 힘 때문에 자신의 일상적인 작업 수행과 관련된 중요한 용건에서는 공동으로 결정할 권리를 박탈당한다(Möller & Norman 2002, s. 109f).

엥베리는 동시에 "볼셰비키 공산주의가 퍼뜨리는 도덕적 야만화와 윤리적인 와해"를 격렬히 비판했다. 볼셰비키의 선전은 "지금까지 노동운동을 위협한 가장 위험한 역병"이었다. 페르 알빈 한손이 공산당 의원들이 자세를 낮추어 사회민주당의 개혁 정책에 찬동할 수밖에 없으리라는 말로써 비판자들을 진정시키려 했다면, 엥베리는 "의회에 입성한 볼셰비키 한 명은" 막강한 동쪽 이웃 나라의 "꼭두각시가 될 것"이라고 말했다. 이유는 이렇다. 공산당 의원은 축출될 위험 때문에 "모스크바의 거룩한 옥좌가 결정한 방침을 무턱대고 수행"해야 한다.

격한 대립을 생각하면 1928년 선거에서 투표율이 높아지리라는 기대는 당연했다. 이전에도 선거운동의 분위기가 뜨거웠을 때에는 투표 참여율이 높았다. 농민행진과 뒤이은 정부 위기의 와중에 시행된 1914년 선거뿐만 아니라 관세가 쟁점이었던 1887년 하원 재선거에서도 유권자가 대대적으로 동원되었다. 많은 것이 각 정당의 한층 더 강화되고 전문화된 선거운동 방식이 투표율 제고에 기여했음을 암시한다.[10]

---

* paragraf 23. 스웨덴고용주연합SAF 규약 제23조로 회원에게 노동자 단체와 협약을 체결할 때 고용주에게 "자유롭게 노동을 지도하고 분배하며 노동자를 고용하고 해고할" 권리를 보장하지 않는 협약의 체결을 금지했다. 노동조합총연맹LO은 1906년의 12월타협Decemberkompromissen으로 이를 받아들이고 단결권을 인정받았다.

6

사회민주당, 권력을 넘겨받다

1930년대 초 스웨덴은 심각한 경제 위기에 빠졌다. 실업은 기록적으로 높은 수준까지 치솟았고, 수출은 급락했으며, 농업은 거센 압박을 받았고, 많은 농민이 파산했다. 노동시장에는 긴장이 팽배했다. 파업이 일상적이었고, 노동자와 파업파괴자, 경찰 사이에 폭력적인 충돌도 드물지 않았다. 민주주의와 함께한 첫 10년 동안 정치 체제는 결정력과 문제 해결 능력에서 인상적이었다고 말할 수 없으며 크고 어려운 도전에 직면했다. 당시 유럽 대륙 전역에 비슷한 문제가 있었다. 몇몇 나라에서 정치적 혼란과 행동의 마비는 민주적인 선거로 구성된 정부가 권위주의적 체제로 대체되는 결과를 초래했다. 스웨덴은 그런 상황까지 가지는 않았지만, 극적인 사건이 없지 않았다.

1931년 오달렌

세간의 큰 이목을 끌었고 이후로도 오랫동안 스웨덴 정치에 짙은 흔적을 남긴 사건은 1931년 5월 오달렌에서 발생한 폭동이다. 노동시장에 퍼진 큰 불안이 배경이다. 실업이 급증했고, 특히 노를란드의 제재업 사정이 어려웠다. 1931년 봄 그라닝에베르켄 주식회사가 임금을 낮추려 하자 파업이 일어났다. 고용주는 목재를 싣고 내리기 위해 파업파괴자("일할 의사가 있는 자")를 불러들였다. 5월 13일 공산주의자들이 파업파괴자들이 있는 곳으로 행진하여 대대적인 항의 집회를 열었다. 분위기는 격앙되었다. '붉은 여단$_{\text{Röda brigader}}$'이 권력을 장악하려 한다는 소문이 돌았다. 군대가 동원되었다. 시위대가 파업파괴자들이 있는 장소에 도달했을 때, 그중 일부가 경찰 통제선을 뚫고 파업파괴자들을 공격했다. 그 상황에서 군대가 발포했고, 다섯 명이 사망했다.

비극적인 결말을 낳은 이 일련의 사건에서 이상한 일은 주 정부가 시위와 관련하여 파업파괴자들의 노동 금지를 결정했는데 주 경찰서장이 이를 제때 공고하지 못한 것이었다. 스티그 하데니우스는 신랄하게 말한다(2003, s. 56). "관련자 중 누구도 상황을 감당할 수 있을 것 같지 않았다."[1]

사건에 뒤이은 정치적 여파는 극적이었다. 비극의 책임은 누구에게 있었나? 공산주의자들, 생디칼리스트들, 계급투쟁을 지향하는 사회민주주의자들은 그 사건이 단지 더 나은 삶의 조건을 얻으려 했을 뿐인 노동자들의 정당한 항의에 자본주의 국가가 잔인하게 대응한 것이라고 보았다. 이에 따른 결론은 노동운동이 계속해서 합의라는 목표를 전부 포기하고 대신 비타협적인 계급투쟁에 나서야 한다는 것이었다. 경찰과 군대에 대한 신뢰는 그 어느 때보다도 낮았고, 공산주의 지도자들은 노동자들의 자체적인 경찰대 수립을 제안했다(Nycander 2002). 반면 우익보수당은 그 일이 공산주의자들의 음모이며 군대는 옳게 대응했다고 보았다. 자유주의자들과 사회민주당의 다수는(당 대표 페르 알빈 한손과 노동조합총연맹 지도부도 포함된다) 그 사태가 일련의 불운한 일들이 얽힌 결과라고 보았다. 군대와 경찰뿐만 아니라 고용주와 파업 지도자도 큰 잘못을 저질렀다. 특히 시위 조직자들이 죽음을 초래한 충격에 큰 책임을 져야 했다. 무책임하게 파업 참여자들을 자극했고 의도적으로 혁명적 분위기를 조장했다는 것이다. 여기에 고용주의 행동이 불을 붙였다. 파업파괴자들에 의지한 것은 지극히 도발적인 행태로 보였다.

페르 알빈 한손은 이 책임 논쟁에서 공산주의자들에 분명하게 반대했다. 그는 파업 지도자들이 무책임하고 불법적으로 행동했다며 그들을 '공산주의 선동가들'이라고 지칭했다. 한손의 대응은 사태 직후뿐만 아니라 당 대표로서의 그의 지위와 사회민주주의의 발전에서도 중요한 의미를 띠게 된다. 안데슈 이삭손은 한손의 전기에서 그가 전략적인 영민함과 정치적 본능을 발휘하여 당내 좌파와 공산주의자들을 연결함으로써 노련한 정치적 지도력을 증명했다고 말한다. 오달렌 사건으로 그의 당내 입지가 강해졌다. 사회민주당 좌파의 오달렌 사건에 대한 해석은 분명히 공산주의자들의 견해와 다르지 않았고, 한손은 그들을 내부의 반대파와 연결함으로써 당내 비판자들의 평판을 깎아내렸다. 그 사건과 관련하여 출판자유법을 위반했다는 혐의로 징역형을 선고받은 아투르 엥베리가 그중 한 사람이었다. 이로써 합의 지향적인 '국민의 집' 노선이 대결 지향적인 계급투쟁 노선에 확실하게 승리를 거두었다. 이삭손은 바로 그때 훗날의 국부라는 이미지가 만들어졌다고 말한다(Isaksson

2000). 한손은 큰 주목을 받은 연설 '노동운동의 투쟁 수단'에서 '볼셰비키'가 오달렌 비극의 책임을 져야 한다고 거세게 비난했다.

폭력이 널리 퍼져 있을 때에는 폭력에 호소하는 것이 인지상정이다. 그러나 우리는 법치 사회에 살고 있다. 예를 들어 어떤 파시스트가 우리를 공격한다고 하자. 우리는 이것이 옳다고 생각하지 않는다. 그런 일이 일어난다면, 우리는 법의 작동을 요구한다. 생각이 다른 자들로부터의 공격에서 보호해줄 것을 요구한다. 그러나 질서 있는 사회에서는 경멸을 받아 마땅한 최악의 인간이라도 보호받을 권리가 있다. 이를 인정하지 않는다면, 우리는 사회 활동의 모든 토대를 잃을 것이다. 나는 사회적 투쟁에서 폭력에 의지할 필요가 있다고 믿지 않는다. 노동자의 연대가 주먹질과 돌팔매질보다 더 강했음은 일찍이 분명하게 입증되었다. 폭력의 길을 따르지 않으려면, 무책임한 분자들이 노동계급의 투쟁을 지도하지 못하게 해야 한다. 나는 오달렌에서 우리가 공산주의자들에게 너무 관대했다고 말하겠다. 노동조합은 밀려났고, 노동운동이 조합원들에게 가르친 사내다움도 보이지 않았다(Isaksson 2000, s. 177f).

오달렌 사건의 여파 속에서 사회민주당 내부의 '국민의 집' 노선 옹호자들과 계급투쟁 지지자들 간의 마지막 싸움이 결판났다. 페르 알빈 한손이 법치 사회의 원칙을 옹호하면서 '사내다움'을 촉구했다는 사실이 눈에 띈다. 그것은 명예와 신뢰 같은 개념을 암시하는, 긍정적인 가치를 내포하는 표현이었다.

오달렌 사건은 주요 의원들이 참여한 특별 조사위원회의 사안이 되었다. 조사위원회의 결론은 페르 알빈 한손이 내린 것과 같았다. 고용주들은 파업파괴자를 불러들였다고, 시위자들은 '불쾌한 행동'으로, 주 정부는 방관적인 태도로 비판을 받았다(Ohlsson 2014, s. 240).

오달렌 사건에 대한 사회민주당의 설명이 시간이 흐르면서 어떻게 변했는지 추적해 볼 필요가 있다. 비극이 발생했다는 사실과 관련해서는 확실히 공산주의자들과 고용주들에게 책임이 돌아갔다. 고용주들이 노동조합을 합법적인 대화 상대로 인정하지 않았기 때문이다. 이러한 시각은 그대로 유지되었다가 1970년대 좌선회의 바람이 불면서 당내에 그 역사 서술에서 다른 기조가 등장했다. 애초에 공산주의자들이 사건에서 수행한 역할에 가해진 거센 비판은 누그러졌으며, 일어난 일에 대한 사회민주당의 시각은 종래의 공산주의자들의 시각과 가까워졌다. 역사 해석의 변화는 이렇게 정치적 동원, 노동조합 동원의 일부가 되었다(Johansson 2001).

코퍼러티즘 성격의 신경제정책

1932년 선거운동은 오달렌 사건의 여파 속에서 경제 위기를 배경으로 진행되었다. 1932년 3월 크뤼게르의 파산으로 위기는 더욱 심해졌다.* 선거운동이 한창일 때 크뤼게르 파산과 연관된 정치적 추문도 터졌다. 총리인 자유국민당의 칼 구스타브 에크만이 이바르 크뤼게르가 자살하기 전에 그로부터 상당한 액수의 기부금(5만 크로나)을 받았다는 사

---

* 크뤼거 그룹Kreugerconcernen. 기술자 이바르 크뤼게르가 설립한 회사. 건설과 금융, 성냥 등에서 크게 사업을 일으켰으나 미국으로부터의 차입금 때문에 1929년 뉴욕 증시 폭락 이후 문제를 겪다가 파산했다.

실이 폭로되었다. 에크만은 선거를 6주 앞두고 총리에서 사퇴했으며, 재무부 장관 펠릭스 함린이 뒤를 이었다.

자유국민당 정부는 경제정책의 진로를 바꾸었다. 이전에 당이 추진한 자유주의적 정책으로부터 확실하게 이탈했다. 가장 놀라운 것은 사회민주당에 다가가 실업자구제사업의 임금을 올린 것이다. 1931년 9월 파운드화 투기 광풍이 몰아친 이후 영국은 금본위제를 버렸다. 스웨덴도 뒤이어 지폐본위제도를 채택했다. 재무부 장관 함린은 크로나의 국내 구매력을 유지하는 것이 화폐정책의 목표임을 강조했다. 변동 환율로의 이행으로 크로나의 가치가 저하되어(평가절하) 스웨덴이 국제적인 위기에 휘말리지 않는 데 도움이 되었다. 위기 대응책이 경제 위기의 효과를 완화했다고 이야기되지만, 경제학 연구에 따르면 그보다는 변동 환율로의 이행이 더 큰 도움이 되었다. 위기협약은 실제로 경제가 회복의 길에 접어든 1933년에 타결되었다(Jonung 1977).[2] 농업정책에서도 진로가 바뀌었다. 농민의 소득 손실을 보전하기 위해 가격과 생산량을 대폭 조절하기 시작했다. 이는 "시장의 가격 형성에 대한 광범위한 개입"으로 설명되었다(von Sydow 1997, s. 149).

농업정책의 진로 변경은 큰 의미를 띠게 된다. 특히 낙농업에 종사하는 농민이 국가의 가격 보상 지원을 받기 위해 자율적으로 우유 생산량 조절 제도에 참여할 수밖에 없었다는 사실은 자유주의적 경제에서 이탈하는 길에서 하나의 이정표가 되었다. 그때까지 평시에 이루어진 것으로는 아마도 스웨덴 정치에서 가장 철저한 경제 통제였을 것이다(Hellström 1976). 이는 또한 협동조합 낙농장이 조합에 가입하지 않은 우유 생산자의 자금도 빼낼 권리를 갖게 되는 결과를 초래함으로써 스웨덴 정치에 코퍼러티즘이 출현했음을 뜻했다. 이후 의회가 실업보험을 노동조합 가입과 연결하는 결정을 내렸을 때, 스웨덴 정치에 코퍼러티즘 원칙이 안착했다.[3]

1932년 선거

1932년 9월 유권자들이 투표소로 갔을 때 표를 줄 정당은 그 어느 때보다 많았다. 게다가 새로운 정당들이 등장하면서 이데올로기적 스펙트럼도 이전보다 더 넓었다. 1929년 공산당이 분열했기에, 1932년 선거에서 유권자는 공산주의 인터내셔널(코민테른)에 가입하여 소련에 충성하는 정당(실렌 공산당)과 상대적으로 소련으로부터 독립적인 정당(킬봄 공산당) 사이에서 선택할 수 있었다.* 보수파에서는 나치즘 정당인 스웨덴 민족사회주의당이 등장했다. 1933년 이 정당의 당원은 대략 1만 명이었지만, 내분이 인 탓에 눈에 띄는 역할을 전혀 하지 못했다. 1936년 선거에서 나치당의 득표율은 2퍼센트에도 미치지 못했다. 스웨덴 나치당은 독일 나치당과 긴밀한 관계를 유지했으며 요제프 괴벨스뿐만 아니라 아돌프 히틀러까지 집회의 연사로 초대했다. 두 사람은 초청을 수락했지만, 나치당이 집회 허가를 받지 못해 계획은 수포로 돌아갔다.

1932년 선거에서도 투표율은 계속 증가했다. 유권자의 69퍼센트가 권리를 행사했다. 새로운 점은 선거 한 주 전 생방송으로 송출된 라디오 토론이었다.[4] 각 정당은 이전보다 더 대대적으로 선거운동에 나섰다. 선거 영상물에도 한층 더 많은 노력을 기울였지만, 호별 방문과 선전, 전단

---

* 각각 후고 실렌Klas Hugo Sillén과 칼 킬봄Karl Kilbom이 주도했다.

에도 힘을 쏟았다. 투표 참여를 독려하려고 수고를 아끼지 않았다. 여러 정당이 선거일에 차량을 준비하여 투표소까지 운행한 것이 각별히 돋보였다. 정당별로 특별한 선거운동 문화도 서서히 나타났다. 사회민주당의 선거운동이 가장 폭넓었다. 사회민주당은 당원과 선거운동원이 가장 많기도 했지만, 특히 노동조합총연맹과의 협력이 더욱 촉진되었다. 그 선거운동에서 사회민주당은 음악과 여흥으로 가득한 대규모 집회를 열었다. 부르주아 정당들은 여전히 대체로 실내에서 작은 집회를 열었다(Esaiasson 1990).

1932년 선거에서 당 대표가 선거운동의 중심이 되는 현상이 더욱 두드러졌다. 이는 한편으로는 교통이 개선된 결과였다. 일흔 살의 아르비드 린드만은 선거운동 기간에 비행기를 타고 나라 곳곳을 돌아다녔다. 린드만은 95번이나 집회를 열어 누구보다도 열심히 선거운동을 했다. 다른 당의 대표들도 선거 집회를 상당히 늘렸지만, 그보다 두 배나 많은 횟수였다. 20년 전 선거운동 중에 공개리에 나섰다는 이유로 동료들로부터 비판을 받아야 했던 바로 그 린드만이 이제 오늘날의 미국 대통령 선거판을 떠올리게 하는 강도로 열심히, 이번에는 비판이 아니라 응원을 받으면서, 선거운동을 했다는 사실은 격세지감을 느끼게 했다.

1932년 선거에서 당 대표들은 신문에 더 많이 등장하고자 정교한 방법을 고안해냈다. 이전에 각 정당은 당 대표의 연설을 편집부에 보내고 당의 신문이 이를 전부 실었지만, 이제는 연설에서 일부를 발췌하여 보냈다. 그 결과로 언론에서의 영향력이 더욱 커졌다. 편집부가 일부만 취해 내보냈기에, 당 대표가 늘 새로운 연설을 한다는 인상을 주었기 때문이다. 이는 확실하게 드러나는 제목, 많은 기사와 사진이라는 신문의 새로운 편집 방침에 적응한 것이다(Esaiasson 1990). 이 시기에 이미 언론의 이용은 확연히 드러난다.

1932년 선거에서는 두 정당이 승리했다. 41.7퍼센트의 득표율로 14석을 더 획득한 사회민주당과 9석을 추가한 농민연합이다. 농민연합은 그때까지 가장 높은 득표율인 14.1퍼센트를 얻었다. 선거는 부르주아 진영의 혼란을 초래했다. 우익보수당과 자유국민당의 의석은 크게 줄었다. 페르 알빈 한손에게 선거의 승리는 중요했다. 1928년 선거에서 사회민주당이 패한 뒤 당 대표의 능력에 의문이 제기되었기 때문이다. 당내 좌파는 한손의 '국민의 집' 정책에 비판적이었고 당이 더욱 강고한 마르크스주의적 계급투쟁의 구호를 내걸어야 한다고 주장했다. 노동조합운동이 공산주의자들을 어떻게 처리해야 하는지에 관해서도 대립이 있었다. 좌익반대파는 그 문제가 그다지 중요하지 않다고 본 반면, 당 지도부는 노동조합총연맹에 노동조합에 침투한 공산주의자들을 중요한 자리에서 제거하라고 압박했다. 국방 문제에 관해서도 대립이 있었다. 좌파는 근본적인 군축 노선을 권고했다. 그렇지만 파벌 간의 갈등은 주로 사회화에 관한 시각을 둘러싸고 벌어졌다. 좌파는 민간 산업의 국유화와 관련하여 더욱 급진적인 계획을 요구했다.

오달렌 사건 이후 당 지도부는 당원의 결집에 성공했다. 1931년 말 당 집행부 회의에서 특히 당 지도부의 제안과 관련하여 이견이 있는 문제들에서 타협이 이루어졌다(von Sydow 1997). 그래서 사회민주당은 1932년 선거에 단합한 상태로, 새로운 경제정책을 갖고 임할 수 있었다. 엔슈트 비그포슈의 주도로 케인스주의의 발상을 토대로 한 위기 대응책이 채택되었다. 그 정책은 실업을 어떻게 타개할 것인가에 관하여 더욱 공격적인 시각을 담았다.[5] 실업에 타격을 받은 자들의 곤경을 제거하는 데 더는 사회부조에 의존하지 않았다. 공적 자금의 도움으로 취로사업 대신 시장 임금을 주는 생산적인 일자리를 찾아냈다. 그러한 정책은 경제 전체에 팽창의 효과를 가져올 것으로 생각되었다. 국가는 새로운 일거리에 힘입어 경제에 구매력을 퍼부을 것이었고, 위기에 멈춘 경제의 수레바퀴는 다시 돌아갈 것이었다. 비그포슈는 교육적인 예를 제시했다. "내가 실업자에게 재단사 일을 줄 수 있으면, 그는 새 구두를 장만할 기회를 얻으며, 그런 식으로 한 명의 실직한 제화공이 일거리를 얻는다"(Lewin 2002b, s. 179에서 인용). 비그포슈의 말을 빌리자면 냉혹한 논리로써 위기를 재생산하는 경향이 있는 '악순환'을 깨는 것이 중요했다. 누군가 소득이 줄면, 이는 그의 필요를 충족시켜 생계를 꾸리는 다른 사람들이 자신의 물품을 판매하지 못하는 결과를 초래하기 때문이다.

위기협약

1932년 선거 후 페르 알빈 한손은 자신의 첫 번째 정부를 수립할 수 있었다. 그렇지만 정부 구성에는 다른 대안도 있었다. 부르주아 정당들이 의회의 다수를 점했고, 총리 펠릭스 함린은 부르주아 정당들의 연립정부를 권고했다. 그렇지만 그러한 정부가 들어서지 못했다. 우익보수당의 두 지도자 린드만과 트뤼게르는 부르주아 정당 간의 의견 차이가 너무 심하다고 보았고, 의석 수의 우세는 충분하지 않다고 판단되었다. 농민연합까지도 정부 구성의 협력에 반대했다. 그러나 우익보수당과는 이유가 달랐다. 농민연합은 아직 권력을 떠맡을 준비가 되어 있지 않았다.

이러한 상황에서 우익보수당은 국왕에게 페르 알빈 한손에게 조각을 맡기라고 제안했다. 한손은 우선 자유국민당과 함께 다수정부를 구성하려 했지만 실패했다(von Sydow 1997). 대신 사회민주당 소수정부가 수립되었다.

1932년 선거에서 41.7퍼센트의 득표율을 올린 사회민주당은 원내 제1당의 지위를 공고히 다졌으며, 페르 알빈 한손이 이끌 정부는 비교적 강력한 소수정부였다. 게다가 선거 결과는 사회민주당이 선거에 들고 나간 위기 대응책에 정당성을 부여했다. 그래도 문제는 남았다. 정부는 어떻게 그 정책에 찬성하는 과반수를 확보할 것인가? 사회민주당은 자유국민당과의 협상이 무산된 후 방향을 돌려 농민연합과의 협력을 모색했다. 조건은 괜찮았다. 두 정당은 비교적 뚜렷이 구분되는 유권자 층을 대변했고 따라서 동일한 유권자를 두고 싸워 상호 관계를 악화시키는 정당 간 경쟁을 겪을 필요가 없었다. 더욱이 두 정당은 주로 육체노동자를 대변했으며 똑같이 '서민'의 이익에 집중했다. 사회민주당 정부가 부르주아 정당들이 추진한 농업정책을 지지하면서 협력의 전제조건은 더욱 개선되었다. 이전에는 사회민주당이 자유무역에 우호적인 정책에 찬성했기에 농민연합과의 협력이 불가능했다.

그러나 농민연합은 정부와 협력하는 문제에서 분열했다. 당 대표 울로프 울손 이 쿨렌베리스토르프는 사회민주당의 위기 대응책을 수용할 수 없었다. 그러나 그는 당의 의원단 내에서 소수파에 속했고 봄에 대표직에서 밀려났다. 1933년 4월 정부와 농민연합의 협상이 시작되었을 때, 농민연합을 대표한 이는 악셀 페슌브람스토르프였다. 그는 공식적인 당 대표가 아니었지만, 그가 농민당 의원단의 다수를 대표했음은 누구나 아는 사실이었다.

5월 말 두 정당은 합의에 도달했다. 이른바 '암소 거래'의 내용은 정부가 버터와 마가린과 관련하여 추가 규제에 동의하고 동시에 원래 제시했던 법안에서 실업정책 예산을 1,500만 크로나 삭감한다는 것이었다(1억 9,500만 크로나에서 1억 8,000만 크로나로). 의회 표결에서 비록 당내 소수파였으나 적지 않은 농민연합 의원이 위기협약에 반대표를 던졌다. 그러나 자유국민당의 3분의 1이 그 안에 찬성했고, 덕분에 위기협약은 의회에서 과반수를 얻었다.[6] 위기 대응책에 관한 결정이 내려질 때 정당 구조는 매우 혼란스러웠다. 따라서 정당 구조는 형태를 갖추었다고 생각되었음에도 불안정했다. 법안이 자유국민당뿐만 아니라 일부 농민연합 의원들로부터도 지지를 받은 한 가지 이유는 정부가 그 정책이 통과되지 못하면 재선거를 실시하겠다고 위협했기 때문이다. 이는 특히 농민연합을 압박했다. 농민연합의 주된 목표는 의회의 과반수를 차지한 부르주아 정당들이 이미 결정했고 이제는 사회민주당도 지지한 농업정책을 오래도록 안정되게 유지하는 것이었기 때문이다. 협약의 성공 원인에 대한 다른 설명은 당시의 외교정책적 상황을 거론한다. 독일에서 히틀러가 권력을 잡았고 스웨덴에서도 반민주주의적 동향이 출현했다. 협약을 지지한 자들의 논거는 공산주의와 나치즘의 경향을 억제해야 한다는 것이었다. 그해에 덴마크에서 사회민주당과 농민당 사이에 이루어진 타협이 위기협약의 선례가 되었다. 타협은 1월 30일 독일에서 나치가 권력을 장악한 것과 직접적인 연관이 있었다(von Sydow 1997).

위기협약 성립의 한 가지 전제 조건은 협약이 한층 더 뚜렷해진 사회민주당의 반공산주의적 태도였다. 벵트 쉴레르크비스트(1992)에 따르면, 노동조합총연맹이 사회민주당 지도부의 강력한 지지를 받아 1932년 선거 후 "노동조합 내부의 공산주의자들Röd facklig opposition"에 대한 반대 운동을 시작한 것이 부르주아 정당들이 위기협약에 관한 협상에 나서는 데 결정적이었다. 노동조합 내부의 공산주의자들은 "해악을 끼치는 자들"이라는 꼬리표가 붙었고 "노동조합에 해로운" 활동을 한다면 축출해야 했다. 사회민주당은 진지하게 공산주의자들에 반대하는 싸움을 시작함으로써 부르주아 정당들 사이에서 받아들여질 여지가 커졌으며, 그로써 농민연합과 자유국민당이 지지한 협력의 정당성도 커졌다.

협력이라는 발상의 승리

1933년의 위기협약은 스웨덴 의회정치의 특징이 되는 협력 문화가 획기적인 진전을 이루었음을 의미한다. 비례대표제 선거제도를 갖는 모든 의회제도에서 그렇듯이, 정당 간 협력은 원칙적으로 불가피하다. 협력하지 않는다면 안정적인 과반수의 형성이 어렵기 때문이다. 그렇지만 스웨덴에서는 문을 닫고 협상하여 장기간에 걸친 안정을 목표로 포괄적인 일괄타결을 이루려는 협력 문화가 정치 문화에서 매우 현저한 요소가 되었다.

페르 알빈 한손이 1933년 위기협약을 옹호한 것이 그러한 정치 문화의 특징을 잘 보여준다. 정부는 "정치적 간계"와 "정치 공작"에 몰두했다는 비판을 받아야 했다. 비판자들의 견해에 따르면, 정부는 의회 상황을 조작하여 유권자의 판단을 오도했다. 이러한 비판에 한손은 책임의 논거로 대응했다. 기본적인 과제는 "위기에 희생된 자들을 도울 치유책을 찾아내는 것"이었다. 정부가 과반수의 지지를 획득하기 위해 어느 정도 희생을 감수해야 했다는 것은 인정된다. 그러나 다른 방안도 있었다.

추가적인 정부 구성 위기로 의회가 멈추고 재선거를 치르는 것이었다. 한손은 위기협약의 궁극적인 동인이 무엇이었는지 명백하게 밝혔다.

　　가을 선거의 결과가 나온 마당에 사회민주당 정부가 쉽게 사퇴할 상황을 만드는 것은 불합리했다. 그렇게 했다면 나라 전체가 경악했을 것이고, 분명코 이제껏 그토록 자주 언급된 의회 활동에 대한 혐오가 더욱 심해졌을 것이다… 나는 의회가 이 정책을 만장일치로 지지하기를 바란다(AK Prot. 1933:49).

총리에 따르면 정부는 집단적으로 "국가와 국민에 이익이 되는" 결정이 내려지도록 애쓸 책임이 있다. 그때까지 힘든 시기를 보냈기에 합의는 본질적인 가치였다. 책임의 윤리가 핵심인 이 협력의 철학은 차후 이어진 페르 알빈 한손의 정치 활동에 각인되며, 1946년 10월 페르 알빈 한손의 갑작스러운 사망과 더불어 그 활동이 중단된 이후로도 스웨덴 정치에 중요한 경향으로 일정한 간격을 두고 반복적으로 등장한다.

소수정부 의회정치에서 다수정부 의회정치로

1933년 위기협약은 스웨덴 정치사의 형성의 계기로 여겨지며, 오랫동안 정치적 논쟁에 흔적을 남겼다. 협약의 결과로 더욱 안정된 의회가 확보되었다. 협약이 가능했던 이유가 두 부르주아 정당 사이에 나타난 불안정 때문이었음을 생각하면 역설적인 상황이다. 비엔 폰 쉬도는 스웨덴이 위기협약 이후 '일시적인 다수정부'를 얻었다는 견해를 표명했다. 농민연합과 정부 사이의 협력과 자유국민당 일부의 지지는 1935년까지만 이어졌기 때문이다(von Sydow 1997).

위기협약은 실업정책과 농업정책과 관련하여 안정적인 정책을 수행할 토대를 놓았다. 그러나 위기협약 이후에는 협약을 지지한 집단들의 정부에 대한 호의적인 태도가 다른 문제에서도 두드러진다(Nyman 1947). 1920년대의 불안정한 소수정부 의회정치는 사실상 다수정부 의회정치를 떠올리게 하는 것으로 대체되었다. 유럽 대륙에서 민주주의 체제의 경제 위기 해결 능력에 대한 불신 때문에 의회민주주의가 권위주의 정권에 밀려나던 시기에 일어난 일이다. 이 점을 강조해야 한다. 스웨덴에서도 그러한 불신이 조금씩 눈에 띄었지만, 의회가 안정을 찾으면서 위기는 미연에 방지되었다.

그렇지만 시간이 조금 지난 후 소수정부가 국정을 운영하고 있다는 사실이 분명해졌다. 정부는 여러 중요한 문제의 표결에서 패배했고 1936년 선거가 치러지기 몇 달 전에 해산했다. 먼저 정부는 국방정책과 관련하여 쓰라린 실패를 맛보았다. 그러나 페르 알빈 한손은 국제 정세가 불안정하고 국내정치의 여론이 더 강력한 국방을 요구하는 마당에 국방정책의 패배로 사퇴하는 것은 전략적으로 현명하지 못한 처사라고 판단했다. 정부는 대신 연금정책에서 패배한 뒤 해산하기로 했다. 그 문제로 해산한 뒤 유권자를 만나는 것이 더 편했다(Hermansson 1993).*

---

* 1930년 가을 에크만 정부가 설치한 국방조사단(försvarskommissionen)의 보고서가 1935년에 제출되었다. 자유국민당과 농민연합의 다수 의견이 채택되었고, 우익보수당은 이를 지지했지만 함대 예산 증액을 원했다. 사회민주당의 소수 의견은 세 가지로 둘은 감액을, 세 번째는 전면적인 군축을 요구했다. 정부는 1936년에 사회민주당 소수 의견과 국방조사단 보고서의 중간 정도로 법안을 제출했으나 상임위원회에서 거부당했고, 페르 알빈 한손은 국민연금의 고생계비 지역 연계를 들고나와 이를 수용하면

국민당도(1933년 자유국민당과 스웨덴자유당이 통합하여 국민당이 되었다) 농민연합도 선거를 앞두고 우익보수당과 연립정부를 구성할 수는 없었기에, 페르 알빈 한손의 첫 번째 내각을 뒤이은 정부는 농민연합의 대표자들로만 구성되었다. 그 정부는 스웨덴 역사상 가장 단명한 정부였다. 악셀 페숀브람스트로프가 선거가 치러질 때까지 겨우 100일 동안 총리를 맡았다. '휴가 정부$_{semesterregeringen}$'의 의회 내 기반은 약했지만(양원에서 모두 15퍼센트), 이 정부가 나라를 운영한 짧은 기간 동안 의회는 활동하지 않았다.

1936년 선거가 끝난 후, 사회민주당과 농민연합의 연립정부가 들어섰다. 이 정부는 1939년 제2차 세계대전이 발발하면서 다른 두 부르주아 정당의 대표들도 참여하는 거국내각으로 전환되었다. 두 정당 간의 협력은 잘 작동했으며, 적-녹 정부협력은 1951년에 재개되어 1957년까지 이어졌다.

1930년대는 오랫동안 스웨덴 정치에서 모범의 10년으로 여겨졌다. 스웨덴의 '국민의 집'이 형태를 갖추기 시작했고 오랜 혼란 끝에 마침내 의회가 확연히 안정을 찾은 시기였기 때문이다. 보통선거제와 의회주의가 도입된 이래, 정부 구성 위기는 자주 반복되었다. 그러나 역사에 비추어 볼 때 1930년대를 완벽한 모범의 10년으로 볼 수는 없을 것이다. 1930년대 중반에 착수되어 폭넓게 추진된 강제불임시술 정책은 당시 사람들은 논쟁의 여지가 없는 문제로 이해했지만 나중에 논란이 되었다(제5장을 보라).

상임위원회의 법안을 받아들이겠다고 거래하려 했지만 실패했다.

7

거국내각과 전시 민주주의

　제2차 세계대전 중에 스웨덴은 사회민주당과 농민연합, 국민당, 우익 보수당으로 구성된 거국내각이 통치했다. 거국내각은 주변 세계의 험악한 상황 때문에 수립되었지만 본질적으로 스웨덴 정치 문화와 동떨어진 현상은 아니다. 민주화 투쟁이 지루하게 계속되는 동안에, 그리고 이후 경제 위기와 관련하여 대립이 심했지만, 합의는 기본적으로 전혀 위태롭지 않았다.

전쟁 이전의 정치 지형

　1939년 12월 거국내각이 비교적 무난하게 구성된 한 가지 중요한 요인은 진영 정치였다. 진영 정치는 그때까지 특별히 두드러지지는 않았지만 이후 스웨덴 정치의 특징이 된다. 경계선의 변동은 확실히 정당 체제의 이합집산 유형을 바꿔놓았다. 좌파와 우파를 가르는 선은 이제 세 부르주아 정당을 한편으로 사회민주당과 공산당을 다른 한편으로 하는 두 진영 사이에 그어졌다. 그러나 세 부르주아 정당이 1936년에 사회민주당 정부를 무너뜨렸다고 해도, 그 당시에는 부르주아 진영이라 할 만한 것이 없었다. 경제에서 국가가 어떤 역할을 수행할 것이냐는 포괄적인 문제와 관련하여 세 정당은 비교적 상당한 의견 일치를 보였다. 그러나 전반적으로 보면 부르주아 정당들은 사안에 따라 대립이 심했다. 1936년 정부가 사퇴한 뒤 부르주아 정당 간에 다수정부 수립의 토대가 없었다는 것은, 선거 후 농민연합이 사회민주당과 연립정부를 구성하기로 결정했다는 사실과 마찬가지로 의미하는 바가 크다. 사회주의 진영 내부의 대립이 적어도 부르주아 진영 내부의 대립만큼은 심했음을 지적해볼 만하다. 게다가 사회민주당과 공산당 간의 갈등은 시간이 지나면서 약해졌다기보다 커진 것처럼 보였다.

  1936~1939년의 적-녹 연립정부에서 두 정당의 협력은 잘 작동했다. 외교정책에서는 확실히 약간의 긴장이 있었다. 사회민주당은 집단안보라는 관념에 공감했고 강한 국방에 회의적인 태도를 보인 반면, 농민연합은 점점 더 불안해지는 유럽의 정세를 감안하여 국방 강화를 권고했다. 야당의 다른 두 부르주아 정당도 외교정책에 관해서 서로 다른 방침을 취했다. 국민당은 본질적으로 사회민주당이 권고한 노선에 찬성했지만, 보수당은 농민연합처럼 군비 증강을 선호했다.

  제2차 세계대전 발발 전에 스웨덴 여론이 분열했음을 강조하는 것이 중요하다. 폭넓은 여론에서 최우선의 목표는 어떤 대가를 치르더라도 스웨덴이 전쟁에 휘말리지 말아야 한다는 것이었다. 그렇지만 이 점을 논외로 하면 소련에 반대하는 여론뿐만 아니라 독일에 반대하는 여론도 있었다. 두 가지 입장은 독일과 소련의 군사 행동에 어느 정도로 강력하게 맞설 것인가에 따라 결정되었다. 많은 사람이 두 나라에 매우 비판적이었지만, 어느 나라를 더 두려워했는가에 따라 나라를 가장 잘 지킬 수 있는 외교정책이 권고되었다. 물론 그러한 정책은, 특히 독일이 소련을 침공한 이후에, 다른 한 나라의 노력을 자극할 수 있었다. 여기에 딜레마가 있었다. 이는 특히 핀란드 정책과 관련하여 분명했다. 정당 간에도, 특히 사회민주당 내부에서도 차이가 드러났다.

실제로 전쟁이 발발할 경우에 대비한 스웨덴 국방 지휘부의 계획에는 핀란드가 소련의 공격을 받는다면 스웨덴 군대의 주력을 핀란드 영토에 주둔시킨다는 시나리오가 포함되어 있었다. 소련의 핀란드 침공은 스웨덴에 대한 공격의 서막으로 여겨졌다. 1939년 8월 몰로토프-리벤트로프 조약이 체결된 후 이 시나리오는 현실이 되었다. 그 합의에 따라 핀란드가 소련의 세력권에 들어갔기 때문이다. 외무부 장관 리카드 산들레르는 그러한 판단을 내린 합동참모본부의 노선에 찬성했지만 정부 내 다른 각료들의 지지는 받지 못했다(von Sydow 1997). 그러나 1939년 9월 전쟁이 발발할 때까지 외교정책의 대립은 그다지 중요하지 않았고, 유럽의 상황이 점차 악화되었음에도 계속해서 국내정책에 관심이 집중되었다. 그러나 독일의 폴란드 침공으로 또 다른 세계대전이 기정사실이 되었고, 더불어 상황도 변했다. 폴란드 침공 이후 스웨덴 정치의 모든 것은 대체로 스웨덴이 어떻게 하면 전쟁에 휘말리지 않을 수 있는가의 문제를 중심으로 돌아갔다. 전쟁이 발발하자 스웨덴 정부는 중립을 선언했지만, 중립을 유지하기 어렵다는 사실은 머지않아 명확해졌다. 1939년 11월 30일 소련의 핀란드 침공은 스웨덴에서 독일의 폴란드 침공보다 훨씬 더 큰 관심을 끌었다. 스웨덴에서는 또한 오래전부터 소련에 대한 반감이 강했으며, 이제 스웨덴이 힘닿는 대로 적극적으로 핀란드를 지원해야 한다는 목소리가 컸다. 사람들은 구호를 외쳤다. "핀란드의 일은 우리 일이다."[1]

정부 개편

핀란드 겨울전쟁의 발발은 정부 개편을 초래했다. 핀란드가 공격을 받으면서 적극적인 핀란드정책을 고수한 외무부 장관 리카드 산들레르가 사퇴했다. 스웨덴 군대를 올란드 제도에 배치해 달라는 핀란드의 요청을 정부가 거부하기로 결정한 것이 이유였다. 정부는 앞서 올란드 제도와 스웨덴 사이의 보트니아만에 기뢰를 부설하기로 핀란드에 약속했는데 이 또한 이행하지 않기로 결정했다. 오랫동안 사회민주당 각료들 사이에 노정된 갈등이 소련의 핀란드 침공과 관련하여 심해졌다. 어쨌거나 산들레르가 사퇴하고 며칠 지났을 때, 재무부 장관 엔슈트 비그포슈가 반대했음에도 보트니아만의 기뢰 부설은 실행되었다(Johansson 1973).

정부는 대폭적으로 개편되었다. 적-녹 연립정부는 네 개 원내 정당의 대표자들이 참여하는 정부로 대체되었다. 공산당만이 참여하지 않았다. 거국내각이라는 발상은 새롭지 않았다. 특히 농민연합은 일찍이 거국내각을 권고했는데, 외교정책의 사정을 고려한 까닭이 아니라 상황 탓에 어쩔 수 없이 인기 없는 결정을 내린 정부에 부르주아 정당으로서 단독으로 참여하고 싶지는 않았기 때문이었다. 새로운 외무부 장관은 정당에 가입하지 않은 유명한 외교관 크리스티안 귄테르였다. 그의 임명은 논리적이었다. 어느 정당도 외교정책을 직접 책임지지 않는다는 뜻으로 해석되었지만, 동시에 그 반대일 수도 있었다. 모든 정당이 똑같이 책임을 나누어야 한다는 뜻이기도 했다(von Sydow 1997).

거국내각이 스웨덴을 통치하던 시기(1939~1945)를 지배한 것은 실제로 정치적인 국가 비상사태였다. 전쟁에 휘말리지 않는다는 최우선의 목표를 모두가 지지했다. 정당 정치에는 성내평화가 찾아왔고, 전쟁의 여파로 실행된 광범위한 규제 정책을 모든 중요한 사회 집단이 지지했다. 주된 이익단체들은 배급제를 비롯한 전시의 규제를 이행하는 데 참여했다. 이는 그 시기의 스웨덴 국가가 명백히 코퍼러티즘적 성격을 띠었음을 의미한다. 단체들이 정치 체제에서 중요한 역할을 수행할 수 있게 허용했다는 사실은 단지 효율성을 이유로만 정당화되지는 않았다. 실행된 정책의 정당성을 확보하는 문제이기도 했다. 모든 집단이 전쟁에 뒤이은 고난을 받아들일 필요가 있었다. 실제로 그렇게 되었다. 경제계는 물가 동결의 시행을 이의 없이 수용했고, 임금 생활자의 단체들도 마찬가지로 전쟁으로 야기된 고물가에 임금으로 보상하라고 요구하지 않았다. 그렇게 합의는 강력했지만, 레빈에 따르면 여러 가지 동인이 있었다. "보수층에서는 어려운 시기에 국민의 단합을 촉구하고 개별적인 이해관계보다 사회의 최선을 우선시하는 것이 자연스러웠으며, 사회민주주의 진영은 필수적인 국가 관리 방식을 처방하기 위한 체계를 기꺼이 선택했다. 그것이 언제나 사회주의의 이상이었던 자원의 사회적 관리를 연상케 했기 때문이다"(Lewin 2002b, s. 214).

그렇지만 합의에 걱정스러운 순간이 없지 않았다. 핀란드 겨울전쟁이 난관이었다. 여론은 곧 두 갈래로 나뉘어 팽팽했다. 한편에서는 핀란드에 우호적인 강력한 견해가 핀란드에 대한 군사적 지원을 요구했고, 다른 한편에서는 반독일 여론이 독일에 맞선 태도를 누그러뜨리는 핀란드 정책에 반대했다. 핀란드에 대한 지원이 어느 때라도 독일에 이롭게 지속된다면 큰 문제라고 본 사람이 많았다(Johansson 1973).

핀란드를 지원해야 한다는 견해는 우익보수당에서 가장 강했다. 의원단의 다수는 정부에 협력하는 것에 반대했지만, 페르 알빈 한손이 당의 지도자 예스타 바게에게 정부가 스웨덴 의용대를 특히 군사 장비를 공급함으로써 지원하겠다고 약속한 뒤, 우익보수당 지도부는 정부에 참여하기로 결정했다. 이는 핀란드 정책에서 대립을 피하고자 한 사회민주당으로서는 절박한 일이었다. 사회민주당은 우익보수당을 정부에 끌어들임으로써 스웨덴이 군사적으로 핀란드를 지원하기를 원하는 강력한 여론을 잠재우려 했다. 그러나 생각대로 되지 않았다. 오히려 핀란드 지원과 관련하여 정부의 주저하는 태도를 비판하는 목소리가 커졌다. 정부가 의용대의 지원 이외에 스웨덴 정부의 지원까지 원한 핀란드의 요청을 거부했다는 사실이 폭로된 후, 비판은 더욱 거세졌다. 시위와 항의 집회가 열렸고, 1940년 2월 19일 국왕이 정부의 회의록에 발언을 남겨 핀란드의 "용감한 투쟁"에 대한 지원은 기대할 수 없다고 밝힌 후에야 여론은 잠잠해졌다. 여러 각료가, 특히 우익보수당 출신 각료들이 국왕의 발언에 반대했지만, 각의에서 국왕은 분위기를 빨리 가라앉히는 것이 중요했기에 자신의 헌법적 권한을 사용했다고 분명히 밝혔다(Wahlbäck 1964).

국왕의 발언은 영향력이 컸다. 그 직후 정부가 핀란드를 지원하겠으니 병력이 노를란드를 통과할 수 있게 해달라는 영국과 프랑스의 요청을 거부했을 때, 비판은 이전만큼 강하지 않았다. 정부는 서방 국가들의 개입이 겨울전쟁의 결과에 결정적인 역할을 하지 못하리라고 판단했다. 만장일치의 결정은 그러한 판단 때문이었을 것이다. 그러나 그 결정은 스웨덴과 연합국과의 관계에는 부정적인 효과를 가져왔다. 그럼에도 그 결정은 엄격한 중립정책의 관점에서는 간명했다. 군대의 스웨덴 영토 통과를 허용한다면 이는 특정 교전국에 이로운 행위로 이해될 수 있었기 때문이다.

독일의 압박이 거세지다

중립정책은 끊임없이 어려운 시험을 거쳤다. 핀란드 겨울전쟁이 중단된 후,* 1940년 4월 독일은 노르웨이와 덴마크를 침공했다. 덴마크는 즉각 항복한 반면, 노르웨이 사람들은 저항했다. 스웨덴 정부는 독일 정부에 독일이 노르웨이와 서방 국가들에 맞서 수행하는 전쟁에서 중립을 지키겠다고 전했다. 그렇지만 노르웨이와 덴마크가 공격을 받은 후 스웨덴 정부가 히틀러에게 계속해서 중립을 지킬 것이며 자국 국경에 대한 모든 공격을(영국으로부터의 공격을 포함하여) 배격한다고 했을 때, 이러한 장담은 의심을 받았다. 히틀러는 이렇게 물었다. "그렇게 말한 사람은 누구인가? 국왕인가?" 스웨덴 대표단의 책임자가 "국왕과 나라의 정부, 따라서 스웨덴 국민"이라고 답하자, 불신은 줄어들었다(von Platen 2004).

---

* 핀란드는 1940년 3월 13일 강화협정을 체결하고 카렐리야 지협을 포함하여 국토의 10퍼센트를 소련에 양도했다.

한 달이 조금 더 지난 6월 18일 스웨덴 정부는 휴가를 가는 독일군 병사들이 스웨덴 철도를 이용하여 이동할 수 있게 했다. 나중에 가서 정부가 중립정책을 적용하는 방식에 일관성이 부족했다고 지적하기는 당연히 쉽다. 그러나 그렇게 도덕적인 시각에서 바라보는 것은 시대착오적인 해석에 빠질 위험이 있다. 비엔 폰 쉬도는 정치적 곤경을 간결하게 설명했다. "거국내각은 1940년 4월에서 6월까지 그 재앙 같은 상황에서 기본적으로 의견이 일치했다. 그때는 독일이 다음 날이든 다음 주든 곧 스웨덴을 침공할 것인지 아닌지 알지 못했다"(von Sydow 1997, s. 182).

한 해 뒤 1941년 6월 22일 독일이 소련을 침공했을 때 스웨덴은 공개리에 천명한 중립정책에서 한층 더 분명하게 이탈했다. 독일은 그때 보병 사단인 엥겔브레히트 사단의 스웨덴 영토 통과를 요구했다. 독일은 게다가 몇 가지를 더 요구했는데, 특히 스웨덴 영공 통과를 원했다. 이 모든 요구는 명백히 중립정책과 충돌했으며, 따라서 서방 국가들에 매정한 태도를 보인 것과 일관되게 독일의 요구도 거부하는 것이 합당했다. 순응이 독일의 적국 즉 서방 연합국뿐만 아니라 소련과의 관계에 부정적인 영향을 미치리라는 점은 쉽게 내다볼 수 있었다. 따라서 결정을 내리기가 힘들었다. 대부분의 각료는 통과에 긍정적이었다. 우익보수당과 농민연합은 그러한 방침을 옹호했고, 국민당 의원단에서는 다수가 요구에 응하는 데 찬성했다. 사회민주당은 의견이 갈렸다. 의원단에서는 통과에 찬성하는 사람이 절반에 약간 못 미쳤다. 그렇지만 정부에서는 총리를 제외한 모든 사회민주당 출신 각료가 통과 결정에 반대했다. 찬성 쪽에는 외무부 장관 귄테르가 보이지만, 또한 총사령관과 군 지휘부뿐만 아니라 국왕과 왕세자도 있었다. 정부의 태도 결정에 결정적이었던 것은 총리의 견해였다.

페르 알빈 한손은 처음에는 스웨덴이 독일의 요구에 순응함을 뜻하는 결정에 반대했지만, 결국에는 찬성 쪽에 남았다. 페르 알빈 한손의 태도에 결정적이었던 것은 국왕의 견해였다. 그러나 결정이 내려진 직후 남긴 기록에 따르면 한손은 국내정치 상황으로 보건대 전체적으로 반대가 가능한지는 의심스럽다고 추론했다. 반대하는 과반수를 획득할 가능성이 있는지 없는지와 전혀 무관하게(이제 불가능하다고 생각되었다) 스웨덴이 전쟁에 휘말릴 위험이 있다는 것이 분명했기 때문이다.

독일의 전력은 전쟁이 계속되는 동안 우월한 파괴력을 보여주었고, 독일이 소련에 승리하기는 전혀 불가능해 보이지 않았다. 총리는 이렇게 기록을 남겼다. "최악의 경우 전쟁으로 이어질 태도를 취한다면, 과반수를 등에 업는 것만으로는 충분하지 않다. 국민은 본능적으로 극단적인 결과를 감수해야 하는 문턱에 와 있음을 알아야 한다. 그렇지만 지금의 상황은 그렇지 않다"(von Sydow 1997, s. 189에서 인용).

국민은 반대의 최종적인 귀결을 감수할 준비가 되어 있지 않았다. 한손은 국민이 결코 전쟁을 원하지 않는다고 생각했다. 그러므로 중립정책을 훼손해야 했다. 그러나 이에 못지않게 총리의 태도에 결정적이었던 것은 국왕의 태도였다. 국왕이 정부가 독일의 요구에 응하지 않으면 퇴위하겠다고 위협했다는 얘기가 돌았다. 그렇지만 확실한 증거는 없다. 국왕이 압박을 가한 것은 분명하지만, 그가 총리 앞에서 명시적으로 퇴위하겠다고 위협했는지 아니면 국왕의 태도가 은근한 협박으로 이해되었는지는 분명하지 않다. 다른 해석이 가능하다. 페르 알빈 한손이 통과를 강력히 반대한 당원 동지들을 설득하려 하면서 퇴위 위협을 이용했다는 것이다. 독일의 요구를 거절했다면 나라가 헌정적 위기에 빠졌을 것이다.

6월 25일 정부가 독일의 요구를 수용했을 때, 이는 만장일치의 결정이었다. 엔슈트 비그포슈는 어느 글에서 자신은 사회민주당 출신의 다른 각료 세 명과 함께 결정에 반대했지만 만장일치의 중요성을 인식했기에 이의를 제기하지 않기로 했다고 주장했다.

민주주의 체제의 국가 비상사태

스웨덴을 독일의 한층 더 강한 압박에 밀어 넣은 것은 다만 병사들의 스웨덴 영토 통과만은 아니었다. 무역과 신문 검열과 관련해서도 독일의 영향력이 감지되었다. 스티그 하데니우스(2003)는 스웨덴 신문이 거국내각 수립과 관련하여 "놀라운 절제"를 보여주었다고 말한다. 정부 개편은 세계대전이 일깨운 국민적 단합의 필요성이 표현된 것이며, 여러 신문은 새로운 상황에 적응했다. 언론의 독립적인 감시 활동은 없었다고 하데니우스는 말한다. 예외 없이 모든 기사에서 정부에 대한 충성심이 돋보였다.

겨울전쟁과 관련하여 스웨덴 여론이 활발하게 움직였을 때, 정부는 여러 조치를 취했다. 정부에 법원의 판결 없이 지극히 임의적인 방식으로 간행물을 정간할 권리를 주었던 출판자유법의 한 조항이 적용되었다. 그때까지 한 번도 적용된 적이 없던 조항이었다. 그 조항에 따르면, 정부는 스스로 원해서 하든지 외국의 강요 때문이든지 외국의 오해를 사는 것만으로도 충분히 "정간이나 압수를 준비"할 수 있었다. 또한 정부가 예를 들면 사설에서 부적절한 발언을 함으로써 외국과의 관계를 악화시킬 수 있는 신문에 간섭할 다른 수단도 금세 마련되었다. 그중에서도 눈에 띄는 것은 정부가 마음에 들지 않는 간행물의 철도 수송이나 다른 차량을 통한 수송을 특별위원회의 청문을 거친 후 금지할 수 있게 하는 수송금지 법령의 제정이었다. 이 법률로써 정부는 못마땅한 논의를 금지할 필요가 있을 때 효과적인 수단을 얻었다. 그 밖에 정부와 언론 간의 연락 기구 역할을 할 국가정보청도 설립되었다. 국가정보청은 때때로 특별 지침("회색 꼬리표$_{\text{grå lapparna}}$")을 작성하여 확실하게 신문을 장악했다.* 노골적으로 발행 금지를 명령하는 경우도 있었다(ibid.).

국가 권력의 개입에 표적이 된 것은 우선 공산당 신문이었다. 나치 신문은 압수된 신문의 10퍼센트밖에 되지 않았다. 공산주의가 국가 안보에 가장 중대한 위협으로 여겨졌다는 데에는 의심의 여지가 없었다. 이는 제2차 세계대전이 지속되는 동안 공산주의에 동조하는 많은 스웨덴 사람이 오랫동안 자유와 권리를 침해당하는 원인이었다. 공산주의에 공감한다고 이야기된 시민들이 철저하게 통제를 받았다. 가장 주목할 만한 것은 병역 의무가 있는 공산주의자들을 특별 '노동부대'에 구금한 것이다. 심지어 정부는 1941년에 입법을 통한 스웨덴공산당의 금지를 심사숙고하기도 했다. 우익보수당과 농민연합, 국왕, 외무부 장관 귄테르가 그러한 조처에 찬성했다.

---

* 정치적으로나 군사적으로 대중이 알면 안 되는 사안들에 관하여 보도하지 말 것을 요청했다.

전쟁의 형세가 바뀌다

전세가 역전되고 독일이 좌절을 겪으면서 스웨덴의 외교정책도 변했다. 스웨덴의 대독일 관계의 단기적인 배경을 생각하면 태도 변화에 대한 시각을 얻을 수 있다. 스웨덴 왕가가 프랑스에 뿌리를 두고 있었기에 프랑스와의 유대는 19세기 거의 내내 강했다. 그러나 1872년 오스카르 2세가 즉위하면서 정치적으로나 문화적으로나 프랑스로부터 멀어졌다. 대신 유럽에서 빠르게 영향력을 키우던 독일을 지향하게 되었다. 제2차 세계대전 중에 대다수가 소련과의 싸움에서 독일의 승리를 점칠 때, 구스타브 5세는 히틀러에게 "사적인 전갈"을 보냈다. 스웨덴 국왕은 볼셰비즘이 전 유럽에 심각한 위험이므로 독일이 승리하기를 바란다고 말했다. 게다가 그는 "자신의 정부"가 머지않아 공산당 금지 문제를 '좋게' 해결하기를 바란다고 강조했다. 이 모든 일이 외무부 장관의 권고에 따라 이루어졌는지는 확실하지 않다. 당시 외무부 장관은 독일 측이 스웨덴에 보인 불신을 해소하려고 애쓰고 있었다. 그렇지만 이 전언은 총리의 만류를 무릅쓰고 전달되었다(von Sydow 1997). 입법을 통해 공산당을 금지한다는 발상은 현실이 되었지만, 그 법률의 시행 여부를 결정하는 역할은 정부에 맡겼다(Molin 1974).

독일에 반대하는 경향은 1941년에서 1942년으로 해가 바뀔 때 이미 분명했지만, 완전히 뚜렷해진 것은 그 이후였다. 스웨덴 정부는 이제 서방 연합국이 제시한 요구에 더 민감하게 반응했다. 1943년 스탈린그라드 전투 이후 독일군 휴가 병사들의 스웨덴 영토 통과는 연합국의 요구에 따라 중단되었다. 연합국의 요청에 독일로의 철광석 수출도 크게 감소했다. 전쟁 막바지에 스웨덴은 연합국의 거의 모든 요구 사항을 받아들였다. 스웨덴은 "서유럽 진영에 속한 비교전국"으로 볼 수 있다는 이야기가 돌았다. 연합국은 스웨덴 영토에서 전쟁의 마지막 단계를 수행할 수 있었다(von Sydow 1997).

스웨덴 역사의 그 극적인 시기에 중립은 공식적으로는 결코 포기되지 않았다. 그러나 스웨덴 정부는 결정적인 순간마다 1939년 전쟁 발발 때 선포한 중립의 신조에서 확실하게 벗어났다. 이렇게 중립에서 이탈했다는 사실은 이후 외교정책 논쟁에 영향을 미치게 된다. 종전 후 중립 정책이 국내정치의 의제에서 첨예한 쟁점이 되었을 때, 그 개념의 신뢰성을 두고 논쟁이 일었다. 전후 시대의 평화가 동서 양 진영 간의 냉전으로 넘어갔을 때, 사회민주당의 문제는 일관되게 중립적 태도를 지키는 것이었다. 그러나 그 점에서 의견이 갈렸다. 야당인 부르주아 정당들도 중립정책을 지지했지만 중립정책을 사회민주당과는 달리 해석했다.

전쟁 말기에 국내정치의 조건이 변했다. 거국내각은 1945년 7월까지 유지되었지만, 1944년 하원 선거는 4년 전과 비교할 때 훨씬 더 정상적인 상황에서 치러졌다. 평화가 임박했음이 점차 뚜렷해지면서, 이데올로기적인 문제들이 다시금 전면에 부상했다. 각 정당은 새로운 싸움을 앞두고 서서히 대오를 정비했다.

8

수확기와 계획경제 논쟁

1944년 전쟁의 형세가 변하여 스웨덴을 겨냥한 공격이 거의 불가능한 것이나 다름없게 되자, 각 정당은 전후 사회를 위한 노선을 확정하는 데 나섰다. 사회민주당은 엔슈트 비그포슈의 지휘로 다가올 시대의 실천 의제를 결정할 27개조의 정책 강령을 작성했다. 1944년 채택한 새로운 당 강령에서는 앞선 1920년 강령에 보이는 마르크스주의적 표현법의 기조가 약해졌다. 이제는 미래의 풍요로운 나라를 언급하지 않았고, 고용주를 이전처럼 경멸적인 용어로 묘사하지 않았다. '빈곤화' 같은 개념은 사라졌고, 산업의 국유화 요구도 약해졌다. 그러나 사회주의적 접근법은 많이 유지되었다. 기업의 광범위한 사회화 대신 더욱 강력한 국가계획의 중요성이 언급되었다. 그 목표는 완전고용과 생활수준 향상, 더 공정한 분배였다. 그렇지만 어느 정도의 국유화는, 특히 은행·보험제도와 교과서 출판, 석유산업에서 여전히 필요했다.

국민당도 1944년에 새로운 강령을 채택했다. 주요 야당이었던 국민당은 사회주의적 후견 사회가 발달하리라고 생각하고 이에 강력히 반대했다. 그러한 사회의 대립물로 내세운 것이 사회자유주의였다. 개인의 자유가 강조되었다. 그렇지만 사회민주주의의 목표와 상당한 유사점이 발견된다. 국민당도 모든 사회 구성원의 노동권과 적절한 생활수준을 강조했으며, 사회복지 사업과 사회보험에 대한 투자를 권고했다. 모두가 자유를 누릴 수 있으려면 개인과 기업에 대한 통제와 불필요한 장애물을 제거하는 것만으로는 충분하지 않았다. 사회가 시민을 지원하고 재원도 제공해야 했다. 그러므로 국민당은 사회민주주의를 이데올로기적으로 비판했음에도 일상 정치에서는 주된 정적과 가까워졌다.

전후 시대

제2차 세계대전 후 스웨덴은 유리한 상황에 놓였다. 나라의 기간시설과 생산 설비는 훼손되지 않았다. 그 점에서 전쟁에 휘말린 나라들과 큰 차이가 있었다. 또한 그러한 나라들과 다르게 스웨덴 사회는 정치적, 경제적, 사회적으로 안정되어 전후 예상되는 경기 침체에 잘 대비할 수 있었다. 경기 침체는 오지 않았다. 대신 산업은 급속하게 팽창했다. 전후에 성장은 유례없이 강력했다. 1946년에서 1950년 사이에 국민총생산은 연평균 4.5퍼센트로 증가했다. 임금과 생활수준은 급속하게 향상되었다. 동시에 먹구름도 몰려왔다. 인플레이션이 높았고 대외무역의 발전이 더뎠다.

국내정치 상황은 빠르게 변했다. 전시의 합의는 이데올로기적 대결로 대체되었다. 그러한 상황의 전개를 피하려 한 페르 알빈 한손은 전쟁이 끝난 후에도 거국내각의 지속을 원했다. 이제 전 스웨덴 국민이 '페르 알빈'이라고 부른 총리는 평시에도 거국내각을 지속할 이유가 충분하다고 보았다. 공동으로 통치할 때 협력은 잘 작동했으며, 새로이 드러난 대립은 타협으로 중재할 수 없을 만큼 크지 않았다. 페르 알빈은 평시에도 의회의 안정이 필요하다고 주장했다. 의회가 안정되어야 장기적 관점에서 정치적 개혁 작업을 지속할 수 있기 때문이었다. 그러나 사회민주당 내부에서 거국내각의 중단을 원한 세력이 합의 노선을 고수한 자들보다 강했다. 전쟁이 완전히 끝났을 때 농민연합을 제외한 다른 정당에서는 거국내각의 지속에 대한 실질적인 지지가 보이지 않았다(Ruin 1968).

1945년 여름 거국내각은 사회민주당 소수정부로 대체되었고, 이로써 스웨덴 정치에 새로운 국면이 도래했다. 사회민주당 내부에서는 '수확기'가 가까웠다는 말이 돌았다. 전시에 국내정치는 일시적으로 소강상태에 머물렀지만, 이제 앞서 시작된 개혁 작업을 재개해야 한다는 열의가 솟구쳤다. 이제 '국민의 집'을 실현해야 했다.

실제로 전후 시대는 "부정출발로 시작되었다." 전쟁이 끝날 때까지 거국내각이 존속했는데도, 각 정당은 1944년 선거에서 전통적인 방식으로 선거운동을 했다. 선거의 논쟁은 당연히 미래를 다루었다. 사회민주당과 국민당은 자녀를 둔 가정과 연금 수급자를 위한 사회적 개혁을 약속했다. 우익보수당은 세금 인상을 피하려면 정부 지출을 축소할 필요가 있음을 강조했다. 농민연합은(1943년 당명이 농촌당 농민연합으로 바뀌었다)* 여느 때처럼 농업 문제에 전력을 다했다.[1] 마지막으로, 소련군의 성공에 뒤이어 여론의 지지에 편승할 수 있었던 공산당은 사회민주당

---

* 이후로도 중앙당으로 당명을 바꿀 때까지 농민연합으로 약칭하겠다.

이 노동조합운동과 함께 내놓은 전후강령에 찬성했다. 공산당이 선거의 승자였다. 1940년에 3.5퍼센트였던 공산당의 득표율은 10퍼센트를 넘었다. 이는 1998년 선거 때까지 공산당이 획득한 최고 득표율이었다. 공산당의 성공은 사회민주당에 타격을 가하고 얻은 것이다. 사회민주당은 득표율이 7퍼센트 하락하여 과반수의 지위를 잃었다. 사회민주당은 현저히 후퇴했는데도 47퍼센트를 득표했다. 이는 전후 시대의 평균 득표율을 웃도는 수치이다.

거국내각의 해체 이후 예상대로 대립이 두드러졌다. 사회민주당이 "사회주의적 수확기"가 눈앞에 다가왔다고 성급하게 떠들어대자, 둑이 터졌다. 부르주아 정당들은 전면적인 이데올로기적 점검을 시행했고, 경제계는 큰 논란이 된 반사회주의 투쟁을 시작했다. 페르 알빈 한손은 이를 '계획경제 반대 투쟁'이라고 불렀다(Lewin 2002b). 이 투쟁은 부르주아 정당으로서는 사회주의적 계획경제를 중단시키는 문제였고 사회민주당에는 반대로 이미 시작된 '국민의 집' 전략을 완성하는 문제였다. 단기적으로는 전쟁이 끝나면 거의 언제나 뒤따르는 경향이 있는 형태의 경기 침체가 염려되었고, 따라서 사회민주당은 1930년대 초 대량 실업의 반복을 피하기 위해 전시에 실행된 경제 규제를 유지하려 했다. 전시의 계획경제는 국가가 경제의 높은 효율에 성공적으로 기여할 가능성이 있음을 보여준 것 같았다. 이 정책은 장기적으로 새로운 경제 질서를 목표로 삼았다. 계획경제 논쟁이 스웨덴 정치에서 가장 격렬한 이데올로기적 충돌인 이유가 여기에 있다.

사회민주당 사람들은 역사를 돌아보며 자신들의 기본적인 사회주의적 견해에 대한 지지를 발견했다. 자본주의는 오직 단기간에만 효과적으로 작동한 허약한 경제 체제였다는 것이다. 그래서 사회민주당에 따르면 자유주의의 이론과 실제 사이에는 간극이 존재한다. 자유주의 이론이 예측하는 것처럼 생산자와 소비자가 합리적으로 행동한다고 해도, 이것이 반드시 '보이지 않는 손의 논리'가 모든 것을 조정한다는 뜻은 아니다. 자본주의는 단기적으로 효율적일 수 있었지만, 전체적으로 보면 시장경제는 결점으로 가득했다. 두 세계대전 사이에는 경제적 위기가 연이었다. 과잉 생산에 빈곤으로 인한 저소비가 결합했다. 이러한 경기의 급변은 경제적으로 비효율적이었을 뿐만 아니라 사전 고지 없는 해고에 처할 위험을 안고 살아가야 하는 이들에게 불안정을 가져다주었다. 국가가 개입하여 노동력과 물자가 정치인들이 제시한 목표에 맞게 더 신중하고 조화로운 방식으로 사용되도록 감독함으로써 이러한 결함을 피할 수 있었다. 목표는 장기적인 시각에서 새로운 경제 체제를 도입하는 것이었다. 생산을 현실의 필요에 맞게 조정한다는 목표에 따라 시장경제를 계획적인 경제로 대체해야 했다. 보험 제도의 국유화가 한 가지 요구였고, 금융 제도에 대한 국가의 영향력 확대가 다른 하나였다(Lewin 1967).

 제2차 세계대전 발발 이전에 시작된 개혁 작업은 코뮌의 활동에 영향을 미쳤다. 정부와 의회가 '국민의 집'을 위한 지침을 확정했지만, 계획의 실현은 주로 기초자치단체인 코뮌을 통해 이루어지게 되어 있었다.[2] 기초자치단체의 행정에 관한 논쟁에서 부르주아 측 토론자는 사회민주당의 중앙화 정책을 거세게 비판했다. 자치가 위협을 받는 것처럼 보이고 결국 기초자치단체가 국가 권력의 연장된 영역이 되리라는 얘기였다. 이렇게 국가의 기초자치단체 관리에 관한 논쟁은 개혁 정책에 따른 다른 문제, 다시 말해 현재의 기초자치단체 체제로 그러한 정책을 실현하는 것이 가능하냐는 문제를 건드렸다. 농촌의 작은 코뮌은 국가의 의도를 성공적으로 실현할 수 없었다. 코뮌의 재편이 필요하다는 견해가 강력히 제기되었다(Strandberg 1998).

지방선거운동도 중앙 정치의 논쟁이 지배했다. 기초자치단체인 코뮌의 역할이 지속적으로 커지고 기초자치단체 문제가 시간이 지남에 따라 한층 더 큰 관심을 끌었는데도, 이러한 경향은 스웨덴의 지방선거가 독립적이었던 시기 내내, 다시 말해 1966년까지 지속되었다. 전후 첫 번째 지방선거인 1946년과 1950년 선거에서 전면에 등장한 것은 사실상 외교정책이었다. 1946년 선거는 제2차 세계대전 종전 후 서서히 모습을 드러낸 냉전의 그늘 속에서 치러졌다. 4년 후에는 한국전쟁이 지방선거에 그림자를 드리웠다. 긴장된 국제 정세 때문에 세계대전 중에 출현한 국민적 합의로의 일시적인 복귀가 이루어졌다. 이번에도 공산주의의 잠재적인 반역이 국내정치와 연결되었다. 네 개 '민주주의 정당', 즉 사회민주당과 농민연합, 국민당, 우익보수당의 공통된 메시지는 공산주의자들에게서 정치적 영향력을 빼앗아야 한다는 것이었다(Möller & Norman 2002).

1948년 선거

1948년 하원 선거는 역사상 가장 치열한 선거였다.[3] 양 진영의 대립이 이때보다 더 극명하게 드러난 적은 없다. 국민당의 베틸 울린은 이런 말로 선거전을 시작했다. "1948년 선거가 매우 중요한 이유는 지금 우리가 두 방향으로 나뉘는 갈림길에 서서 과거 그 어느 때보다도 더 절박한 상태에 있기 때문이다." 한편으로는 사회주의적 흐름이 있는데, 울린에 따르면 그 목표는 "전체주의적 형태의 경제를 만드는 것"이었다. 다른 한편에는 자유주의적 대안이 있는데, 울린은 "자유와 안전이 결합하고 창의적인 사람들의 자유로운 활동이 보장받으며 동시에 약자도 보호받는 사회"를 그 목적으로 권고했다. 부르주아 정당들은 사회주의의 위협이 그렇게 분명한 적이 없었다고 주장했다. 사회민주당이 소유권에 관한 과거의 노선을 포기하고 국유화 대신 '계획경제'에 전념할 준비가 되어 있다고 선언해도 문제는 여전히 사회주의라고 이들은 강조했다. 국가의 역할은 확대될 것이고 이에 따라 시장경제 작동의 토대가 되는 자유는 축소될 것이었다(Lewin 1967).

선거전은 뜨거웠다. 사회주의와 자유주의 사이의 싸움을 양측은 거의 숙명적인 용어로 설명했다. 사회민주당은 페르 알빈 한손의 사망 이후 더 급진적으로 변했다고 여겨졌다. 사회민주당의 정책이 더는 '국민의 집' 이데올로기로 균형을 잡지 못했고 따라서 결국 사회 형태 자체가 의제에 올랐다는 것이다. 위기관리 체제가 해체될 것인지 아니면 사회주의적 사회 체제로 나아가는 통로가 될 것인지가 문제였다.

사회주의는 이전의 선거운동에서 최우선의 의제가 된 적이 있었다. 1928년의 '카자크 선거'였다. 그때 가장 과장된 언사를 퍼부은 것은 우익보수당이었다. 당시 자유국민당은 상당히 자제했다. 20년 뒤 이데올로기적으로 가장 호되게 비판한 것은 국민당이었다. 계획경제 비판과 다른 누구보다도 강력히 연결된 인물은 베틸 울린이었다. 울린이 걱정한 것은 정책 실현이 가져올 예기치 않은 결과였다. "국가의 지도에 한번 굴복하면 그다음은 피할 수 없다. 곧 효율성을 핑계로 한층 더 오래 지속될 개입의 근거가 등장할 것이다. 우리는 억압에 둔감해질 것이며, 국가의 지배는 우리가 애초에 적용에서 제외하기를 원한 영역까지 확장될 것이다"(Möller & Norman 2002, s. 139에서 인용). 울린은 사회생활을 국가의 간섭으로부터 최대한 보호하기를 원했다. 국가가 일단 개입주의적 정책에 착수하면 그 팽창을 제어하기는 어려울 것이기 때문이었다. 그렇게 되면 개인의 자유는 점차 축소될 것이며 그러한 자유의 위축은 결국 해악을 교정할 수 없을 지경에 이를 것이라는 말이었다.

위험에 처한 것이 자유만은 아니었다. 국민경제를 둘러싸고 다른 논점이 제시되었다. 야당에 따르면 국가의 영향력 증대는 비효율을 초래했다. 계획경제정책 탓에 사람들의 동기를 자극하는 메커니즘이 망가졌다. 이 추론에는 애덤 스미스의 정신이 맴돌았다. 번영의 관점에서 볼 때 시장경제의 보이지 않는 손에 관리를 맡기는 것이 통제경제의 도움을 받을 때 달성할 수 있는 것보다 더 좋은 결과를 낳는다는 얘기였다.

개인에 대한 극심한 공격도 1948년 선거운동을 물들였다. 포문은 특히 사회민주당 지도자를 향했다. 엔슈트 비그포슈는 부르주아 정당들의 주요 신문에서 경제의 자유를 위협하는 존재로 묘사되었고(이 재무부 장관은 스웨덴에서 가장 큰 미움을 받는 자라는 말을 들었다), 군나르 뮈르달은 도덕적으로 문제가 있는 사람으로 그려졌으며(특히 정부 정책을 사사로이 이용했다는 말이 있었다), 새로운 당 대표이자 총리인 타게 엘란데르는 지적으로 평범하다는 평가를 받았으며, 외무부 장관 외스텐 운덴도 거센 인신공격을 받았다. 사회민주당 계열의 신문까지도 거만하게 그러한 형태의 폭언을 썼다. 예를 들면 《모론티드닝엔*Morgon-Tidningen*》은 주된 공격 표적이었던 베틸 울린을 신뢰할 수 없는 "무책임한 거짓말쟁이"로 묘사했다(Esaiasson 1990).

열띤 논쟁의 분위기는 투표 참여를 크게 늘리는 데 이바지했다. 유권자의 82퍼센트가 선거에 참여했는데, 이는 지난 선거에 비해 10퍼센트 가까이 증가한 것이다. 대결의 성격이 약해진 차후의 선거에서는 투표율이 약간 낮은 수준으로 하락했다. 1952년과 1956년의 의회 선거에서는(상당히 조용하게 치러졌다) 투표율이 각각 79퍼센트와 80퍼센트로 마감되었는데, 이는 이데올로기적 대립이 선거 참여를 늘린다는 점을 보여준다.[4]

선거의 승자는 국민당이었다. 의석수에서 하나의 정당이 비례대표제가 도입된 이후 그때까지 스웨덴 정치에서 거둔 가장 큰 성공을 국민당이 보여주었다. 국민당의 하원 의석은 26석에서 57석으로 늘었으며, 이는 득표율로 보아 13퍼센트에서 23퍼센트로 증가한 것이다. 이로써 국민당은 제1야당이 되었다. 공은 새로운 당 대표 베틸 울린에게 돌아갔다. 몇몇 평자는 페르 알빈 한손이 최고로 강한 신임을 받을 때 사회민주당에 여론을 움직이는 자산이었듯이 울린이 국민당에서 그러한 역할을 했다고 보았다. 국민당이 약진하기는 했지만 정권 교체의 여지는 없었다. 우익보수당과 농민연합은 퇴보했고 우익보수당의 경우 큰 패배를 떠안았기 때문이다. 우익보수당은 처음으로 부르주아 정당 중에 가장 약한 세력이 되었다.

득표수에서는 확실히 부르주아 정당들이 사회민주당에 앞섰지만(47.5퍼센트 대 46.1퍼센트), 의석에서는 사회민주당이 두 석 더 많았다(112석 대 110석). 이는 선거 방식에 따른 결과였다.[5] 게다가 사회민주당은 전후강령의 이행에서 공산당의 지원을 기대할 수 있었다. 그렇지만 사회민주당은 논란이 된 계획경제정책과 관련하여 한 발 물러서기로 결정했다. 개표가 완료되자마자 정부는 경제 문제에서 합의를 이끌어내기 위해 여러 조치를 취했다. 경제계의 희망사항에 맞게 과세 정책을 점검하고자 입법조사단을 세웠고, 정부와 경제계의 대표자들이 정기적으로 모여 경제정책의 문제를 허심탄회하게 논의할 특별 토론회('목요클럽 torsdagsklubben')가 설치되었다.

사회민주당이 의회에서 전후강령을 실현할 조건을 갖추었는데도 물러선 이유는 무엇인가? 레이프 레빈은 게임이론을 적용한 분석에서 후퇴에 합리적인 근거가 있다는 결론에 도달했다. 레빈은 우선 사회민주당이 유명한 '죄수의 딜레마'를 연상시키는 상황에 처했다고 말한다. 사회민주당으로서는 당연히 정책의 실현이 최선이었지만, 이는 '상대편'(레빈의 분석에서는 '경제계')의 협력을 전제로 했다. 경제계가 "경제 상황에 관한 필수적인 지식을 갖추었기" 때문이다(Lewin 2002b, s. 253).[6] 당연하게도 이 전략은 생각할 수 없었다. 사회민주당이 공산당의 지원으로 그 정책을 추진했다면, 향후 경제계와의 유대는 말할 수 없이 크게 훼손되었을 것이다. 레빈에 따르면 이는 나라에도 크게 해로울 뿐만 아니라 결과적으로 성공적인 구조 조정의 가능성도 사라졌을 것이다. 종국에는 스웨덴 모델이 위험에 처했을 것이다. 스웨덴 모델의 토대는 노동과 자본의 타협이었다. 자본가는 기업을 운영할 자유를 얻은 반면 노동운동은 경제 성장의 성과를 분배할 때 그 정치적 영향력을 통해 상당한 기회를 얻었다.[7]

따라서 사회민주당은 계산을 잘못했음을 깨달았다. 한편으로는 평화가 찾아왔을 때 경제계의 적응력을 과소평가했다. 전후에 깊은 경기 침체가 올 수 있다는 두려움은 근거 없는 것으로 판명되었다. 다른 한편으로는 전후강령에 대한 정치권의 저항을 과소평가했다. 레빈에 따르면 죄수의 딜레마 형태의 게임이 반복될 때에는 행위자들이 전략을 바꾸는 것이 유리하다. 행위자들이 장기적으로 서로 의존할 때는 게임의 토대인 파괴적인 논리를 깨는 것이 가능하다. 게임의 조건은 급격하게 변한다. 죄수의 딜레마에서는 이기주의가 지배적인 전략인데, 그 대신에 이타적으로 행동하는 것이 이익이지만, 이는 행위자들이 상대편의 협력을 확신할 때에만 그렇다. 그러한 상황에서는 조건부 협력, 즉 조건부 이타주의를 얘기할 수 있다(Riker 1980을 참조하라).

이데올로기의 사망?

헤르베트 팅스텐은 1945년에 출간한 『민주주의의 문제*Demokratiens problem*』에서 이미 서구 민주주의 국가들에 광범위한 가치공동체가 확립되어 고전적인 이데올로기들을 희석시켰다고 주장했다. 팅스텐의 논지는 이러하다. 유럽과 미국, 오스트레일리아의 '성공적인 민주주의 체제'에서 복지가 확대되면서 정당은 사회를 관리하는 도구로 바뀌었다. 정당들이 이데올로기적으로 융합함으로써 정치에서 관리로, 원칙에서 기술로의 발전을 말할 수 있게 되었다. 사회주의와 보수주의, 자유주의 같은 이데올로기적 개념은 정치 행사의 연설에서나 쓰이는 구호로 바뀌는 경향을 보였다(Tingsten 1945).

사회민주당이 전후강령의 이행을 포기했을 때, 팅스텐의 논지가 입증된 것 같았다. 1948년 선거 이후에 전개된 상황은 사회민주당이 스웨덴의 합의 전통을 크게 존중하는 집권당이었음을 돋보이게 했다. 타게 엘란데르는 네 개 '민주주의적' 정당 사이의 합의가 갖는 의미를 강조했으며, 1950년 지방선거에서 차분한 선거운동을 권고했다. 한국전쟁의 파고 속에서, 총리의 견해에 따르면 차이보다는 공통점을 강조하는 것이 자연스러웠다. 부르주아 정당들은 합의라는 합창단에 참여했다. 냉전이 현실이라는 점은 이제 더없이 명확했다. 베틸 울린은 그 선거에서 스웨덴 공산주의자들의 애국심 부족을 강조하며 거론했고 공산주의에 맞선 통일 전선을 강력히 권고했다. 이 국민당 대표에 따르면 공산당이 스웨덴 국가를 겨냥하여 펼칠 가능성이 있는 '사보타주'를 막는 것이 긴급했고, "모든 스웨덴 시민은 이에 이바지할 도덕적 의무"를 지닌 것으로 생각되었다. 울린은 공산주의자의 위협에 대처하는 정부의 태도를 불신했다. 그에 따르면 앞서 봄 정기국회에서 엘란데르가 "공산주의에 반대하는 민주주의적 호소"를 위한 부르주아 정당들의 발의에 관하여 거부 의사를 밝힌 것이 이를 드러냈다. 울린은 사회민주당으로서는 어떤 대가를 치르더라도 정권을 지키는 것이 중요했고 따라서 민주주의적이고 애국적인 관점에서 신뢰할 수 없는 정당일지언정 의회에서는 그 지지도 큰 도움이 될 수 있었다고 말했다. 이는 "크게 비난받아 마땅한 행태"였음이 드러났다(Möller & Norman 2002).

전후에 경기 침체가 예상되었지만, 실제로는 경제가 과열되었다. 성장률이 높았고, 유일한 문제는 인플레이션이었다. 1950년 한국전쟁의 발발로 인플레이션 상황은 더욱 나빠졌다. 정부는 필요하되 인기는 없는 조치들을 취해야 했으며, 그 밖에 의회에서도 더 강력한 지지 기반이 필요함을 인식했다. 그래서 1951년 새롭게 사회민주당과 농민연합의 연립정부가 수립되었다. 농민당의 새로운 당대표 군나르 헤들룬드는 결과를 중시하기로 이름난 정치인이었다. 헤들룬드는 정권 교체를 위한 부르주아 동맹에 참여하지 않고 대신 정부와 협력했다. 그는 전임 대표 악셀 페숀브람스트로프처럼 사회민주당과 좋은 관계를 유지하는 것이 장기적으로 추구할 만한 가치가 있다고 보았다. 헤들룬드의 뜻에 따르면 농민연합이 사회민주당과 협력할 때 농업의 이익이 가장 잘 촉진되었다. 그는 다른 두 부르주아 정당이 하려던 것처럼 반대를 위한 반대는 무의미하다고 보았다. 헤들룬드는 그것을 '딱따구리 정치_{hackspettspolitik}'라고 불렀다(Möller 1986).

정부 개편은 의회의 안정을 의미했다. 안정은 너무도 확연해서 이데올로기의 사망이라는 팅스텐의 논지에 이의를 제기할 수 없을 것 같았다. 부르주아 정당 하나가 정부에 참여함으로써 국민당과 우익보수당이 사회민주당을 사회주의적 모험을 한다고 비난하기는 더욱 어려워졌다. 야당의 주된 논거는 그렇게 무력해졌다.

이러한 이데올로기의 후퇴에 뒤이어 스웨덴 국내정치에는 더 평온한 시기가 찾아왔다. 사회민주당과 경제계의 주요 대표자들 사이의 관계는 1950년대 내내 각별히 좋았다. '하르프순드 민주주의'라는 용어가 만들어져 이때 생겨난 합의를 가리켰다. 이 용어는 1953년 기업가 칼 아우구스트 비칸데르가 쇠데르만란드의 영지 하르프순드를 스웨덴 총리에게 별장으로 유증하면서 생겨났다. 1950년대에 이곳에서는 정부와 노동운동, 경제계의 대표자들이 자주 모여 신뢰를 바탕으로 협의를 가졌다. 당대 국내정치에 대한 팅스텐의 평가가 옳았다는 데에는 의심의 여지가 없다. 국가 체제나 사회주의 도입을 둘러싼 싸움이 벌어질 때 스웨덴 정치를 지배한 뜨거운 논쟁의 분위기에 비하면 1950년대는 목가적으로 보인다. 총리 엘란데르가 여러 계제에 스웨덴의 합의 풍토의 가치를 강조한 것은 주목할 만하다. 엘란데르에 따르면 안정과 업무 수행 능력, 합의에 도달하는 힘이 스웨덴 정치의 두드러진 특징이었고, 바로 그러한 특징이 스웨덴 사회의 '혁명적 개조'를 가능하게 한 동력이었다(Ruin 1986).

그러나 스웨덴 정치에 중대한 합의가 존재했다고 해서 작은 다툼이 없지는 않았다. 스웨덴 정치는 언제나 대결과 협력을 오가는 진자운동이 지배했으며, 1950년대도 예외는 아니었다. 연금과 외교정책의 두 가지 정책 분야가 특별히 격렬한 논쟁의 대상이었다. 두 경우 모두 장기적인 논쟁, 따라서 스웨덴 정치의 향후 발전을 크게 좌우하는 논쟁이 된다.

9

연금과 외교정책을 둘러싼 싸움

　전후 시대 경제의 특징은 장기적이고 지속적인 성장이었다. 1950년대에 성장률은 연평균 3.5퍼센트를 찍었고, 1960년대의 첫해에는 6퍼센트의 성장률을 보였다. 기계공업을 필두로 수출산업이 경제 성장의 동력이었다.[1] 경제 발전은 스웨덴 모델을 만들었다. 세계적으로 유명한 노동계와 자본가 사이의 '역사적 타협'이 그 토대였다. 국가와 노동시장 당사자들은 합의를 제도화했고, 자본가와 노동운동 사이에는 암묵적인 분업이 존재했다. 자본가는 국가로부터 어느 정도의 지원을 받아 자유롭게 기업을 경영했고, 노동운동은 정치적 영향력을 이용하여 많은 노동자의 안전을 늘리고 산업이 이루어낸 성장의 결실을 나누었다(Korpi 1981).

늘어난 기대의 불만

사회민주당은 1950년대에 비교적 경제계에 우호적인 정책을 추진했다. 그렇지만 사회민주당의 규제 완화 정책으로 부르주아 정당들이 사회화 공포를 이용할 수 없게 되었다는 사실이 사회민주당에 이롭지만은 않았다. 경제적 안전이 강화되고 물질적 복지가 확대됨과 더불어 노동계급의 가치관과 생활 방식의 부르주아화에 대한 우려가 당내에 확산했다. 사회민주당은 성공의 덫에 빠졌나? 당 지도부는 운동 내부의 불만 증대를 그러한 두려움이 힘을 얻고 있다는 증거로 이해했다. 이제 빈곤이 해소되고 물질적 복지가 중단 없이 확대되니, 당의 핵심 지지 기반이 이탈했다는 것이다. 노동자 집단의 점점 더 많은 사람이 물질적 안전을 누렸기에 이전에 부유하지 못한 사람들이 걱정했던 것 따위로 더는 염려할 필요가 없었다. 과거의 '가난한 스웨덴$_{Fattig-Sverige}$'은 기억 속으로 사라졌다. 그러나 사회민주당의 결론은 부르주아 정당 내에 낙관론을 불러일으킨 결론과는 정반대였다. 안전이 확대된 결과로 노동계급의 가치관이 변하기는 했지만 사회민주당의 권력 지위를 위협하는 것 같지는 않았다. 오히려 복지와 물질적 안전은, '강한 사회' 테제에 따르면, 복지 정책을 강화할 기회를 주었다.

배경을 좀 더 살펴볼 필요가 있다. 합의 정치는 이데올로기적 성격의 내부 비판을 초래했다. 정치적 합의의 결과로 사회민주당의 이데올로기적 뿌리가 말라간다는 뜻이었다. 당이 확고히 권력을 잡고 있다는 사실은 운동 내부의 이론적 교육을 받은 자들에게는 그다지 위로가 되지 않았다. 계급 없는 사회라는 미래상은 어디로 갔나? 권좌에 앉아 결코 닳아 없어지지 않을 것만 같은 복지를 나누어주는 것으로 과연 충분한가?

당 지도부는 비판을 분석했고 실망감을 "늘어난 기대의 불만de stigande förväntningarnas missnöje"이 표출된 것으로 해석했다.

분석의 내용은 이러했다. 사회민주당은 창당 이래로 계속 경제적, 사회적 불평등의 결과로 나타난 불만을 정책의 토대로 삼았다. 그러나 '가난한 스웨덴'이 복지사회로 바뀌면서 사회민주당의 존재 이유가 사라졌다. 여기까지는 사회민주당의 분석이 사회주의 소멸을 예언한 부르주아 정당의 분석과 일치했다. 사회민주당에 따르면 확실히 해결해야 할 문제가 많이 남아 있었다. 여전히 불만을 느낄 이유가 있는 무시된 집단들이 있었지만, 전체적으로 새로운 스웨덴이 출현했다. 스웨덴 사람들은 그 어느 때보다도 더 부유하고 안전했다. 내부 논쟁에서 제기되는 불만은 성공적으로 추진된 정책에 비추어 볼 때 이해하기 어려운 것처럼 보일 수 있지만, 종종 인용되는 타게 엘란데르의 1956년 연설을 빌리자면 이는 이례적으로 빠르게 확대된 복지에 비추어 보아야 한다. 복지가 욕구를 키운 것이다.

엘란데르의 출발점은 정치에 대한 기대가 커졌다는 것이다. 물질적으로 풍요로운 새로운 스웨덴에서 가난과 궁핍을 면하는 것만으로는 더는 충분하지 않았다. 현대인은 상당히 많은 다른 기준을 갖고 있었다. 욕구는 이전과는 다른 성격을 지녔다. 엘란데르는 완전히 새로운 불만이 자라고 있음을 보았다. 이 새로운 불만은 과거에 노동운동 성장의 배경이었던 불만과는 달랐다. 그에 따르면 생활수준이 높아지면서 미래를 낙관하게 되었지만 발전이 더디지 않을까 하는 조바심도 생겼다. 결론은 커지는 욕구가 정치에 새로운 요구를 제기했다는 것이다. "사람이 오늘뿐만 아니라 다음 주, 다음 달에도 괜찮은 소득을 올리고 해를 거듭해도 같은 상황에 익숙해지면(완전고용 사회에서 그렇다), 그때는 물질에 대한 욕망에 빠지며, 이는 개인에게나 사회에나 더 많은 개입이 필요함을 의미한다."[2]

이 분석은 스웨덴 정치의 향후 전개에 큰 의미가 있었다. 복지가 빠르게 확대되었는데도 사회민주당은 세 번 연달아 선거에서 패배하여 좌절했는데, 이 분석이 제시하는 설명이 합리적으로 보인다. 이는 또한 이데올로기적 쇄신이라는 당의 필요를 충족시킨 해법이었다. 시민들이 품은 기대는 이를테면, 사회민주당에 따르면, 오로지 국가만이 만족시킬 수 있었다. 그것은 더 나은 교육, 더 나은 의료, 더 나은 주거의 문제였지만, 또한 특히 노년에서 더 강한 사회적 보호 장치의 문제이기도 했다. 엘란데르에 따르면, 이 새로운 욕구는 시민 편에서 볼 때 매우 더 큰 공적 개입을 요구했다. '강한 사회'라는 철학은 이제 사회민주주의의 이데올로기적 원리가 되었다. 물질적 생활이 사회민주당 첫 세대라면 결코 상상할 수 없을 수준에 올랐지만, 당은 다시금 많은 사람의 실망에서 자양분을 얻었다.

대안: 기본적인 안전과 재산 소유 민주주의

튼튼한 경제는 야당의 이념 발전에도 영향을 미쳤다. 우익보수당은 내내 사회민주당의 개혁 정책에 가장 단호하게 반대한 정당이었다. 당의 사회정책 방침은 개인이 제힘으로 삶을 잘 헤쳐나가야 하며 사회의 조치는 빈민 구제에 국한되어야 한다는 것이었다. 국민당과 농민연합까지도 사회민주당이 추진한 것보다 더 제한적인 개혁 정책을 권고했지만, 두 정당은 우익보수당과는 반대로 종종 사회민주당 정부의 개혁 작업을 도왔다. 그렇지만 가장 열악한 처지의 사람들을 보호하는 것이 모든 부르주아 정당의 주된 사회정책 목표였다. 이제 빈곤이 사라지고 있으므로, 시민의 국가 의존도를 줄이는 다른 전략의 가능성이 열렸다. 베틸 울린은 25년 내에 생활수준이 두 배로 높아질 것이라고 예측했다. 이 국민당 대표에 따르면 소득은 증가할 것이며 정치적 결정에 따라 누구에게나 '기본적인 안전'이 확보되면 보완 조치(보험, 저축 등)를 통해 스스로 적절하다고 판단하는 형태로 공적 복지를 보완하는 것은 시민 자신의 책임이 되어야 했다.

 우익보수당의 열정도 결코 덜하지 않았다. 당은 환상적인 전망을 내놓았다. 복지가 성장하면 시민 스스로 소득의 큰 몫을 처분할 것이며 그로써 소유권이 확대되리라고 보았다. 좌파처럼 우파도 많은 사람의 생활 방식이 변할 것이라고 보았다. 사회민주당 이론가들은 걱정스러운 말투로 '노동계급의 부르주아화'를 얘기한 반면, 보수당은 '재산 소유 민주주의'를 말했다. 복지 확대에 발맞추어 점점 더 많은 사람이 저축할 여유를 가질 것이며, 그렇게 오래전도 아닌 과거에 빈민 대접을 받았던 사람들까지도 국가의 시혜를 받는 대신 스스로 자신의 삶을 책임질 가능성을 갖게 될 것이라고 보았다. 소유권 자체가 인간을 품격 있는 존재로 만들 것으로 생각되었다. 소유권은 독립성과 개인의 자유를 가져왔다. 모든 집단에 소유권이 확산되면 사회에는 좀 더 동등한 생활 방식이 출현할 것이다. 당연히 완전한 평등은 오지 않을 것이다. 재능과 추진력을 지닌 자들과 그러한 능력이 부족한 자들 사이에는 불가피하게 큰 차이가 있을 것인바, 그러한 성격의 차이는 자연스럽고 정당했다. 그러나 이전의 계급사회는 사라지고 있었고, 이는 정치적 논쟁의 분위기가 극적으로 변했음을 의미했다. 사회주의 정당들이 이용한 계급 적대는 사라졌다고 생각되었다. 복지는 사회주의의 고객을 빼앗을 것이다.

국민추가연금 개혁과 '강한 사회'

사회민주당이 강한 사회라는 철학의 실현에 착수하면서 우선 선택한 영역은 연금이었다. 당은 모든 임금생활자를 대상으로 의무적인 퇴직연금을 도입하고자 했다. 부르주아 정당들은 이에 반대했다. 퇴직연금은 20세기 스웨덴에서 가장 곤혹스러운 정치적 분쟁에 속한다. 부르주아 정당들은 국민연금 수령액의 인상에 만족했지만, 사회민주당으로서는 그것으로 충분하지 않았다. 현대인은 우익보수당과 국민당이 말하는 '기본적인 안전'을 뛰어넘어 더 많은 것을 요구했다. 사회민주당의 견해에 따르면, 문제는 이제 많은 사람의 가장 기본적인 안전을 확충하는 것에서 그치지 않았다. 그들에게 이웃의 도움에 덜 의존해도 될 정도의 안전을 제공해야 했다. 달리 말하자면 문제는 자유의 개혁이었다. 사회민주당에 자유란 궁핍과 고생에 대한 염려에서 벗어나는 것이었다. 주지하다시피 많은 스웨덴 사람이 가난 속에 산 경험이 있다. 그때의 불안감은(굶주림과 여타 기본적으로 물질적인 성격의 재난에 관한 한) 그 재난을 직접 경험하지 못한 자들은 결코 의미를 이해할 수 없는 자유의 축소를 포함했다. 복지국가를 건설해야 한다는 사회민주당의 주된 논거가 바로 그러했다.

따라서 사회주의적 자유 개념은 자유주의적 자유 개념과 대립된다. 부르주아 정당들에 자유란 인간 스스로 자기 소득의 큰 몫을 처분하고 그로써 큰 자율성을 획득할 수 있는가의 문제였다. 자유는 불간섭의 문제였던 것이다(소극적인 자유). 반면 사회민주당에 자유란 재원을 습득할 수 있는가의 문제였다(적극적인 자유). 두 경우 모두 출발점은 개인의 자기결정권을 확립하고 그로써 자기실현의 가능성을 창출하는 것이다.[3]

그래서 우익보수당과 국민당은 국민연금의 수령액을 인상하여 저축할 여유가 없는 자들에게도 안전한 노년을 보장해주자고 권고했다. 그러나 국민연금 이외에는 개인이 자신의 연금을 책임져야 했다. 농민연합조차도 이러한 관점에 동의했고, 이 때문에 연금 문제가 한층 더 큰 관심을 끌면서 집권 연립정부에는 서서히 균열이 생겼다.

우여곡절 끝에 1957년 우익보수당과 국민당의 주도로 국민추가연금은 국민투표의 대상이 되었다. 사회민주당은 처음에는 국민투표에 반대했다. 사회민주당은 이 문제가 기술적으로 지나치게 복잡하다고 보았다. 그러다가 서서히 태도가 바뀌었다. 사회민주당은 늘어난 기대의 불만과 이 불만의 해법('강한 사회')을 분석하니 이데올로기적으로 새롭게 자신감이 생겼고, 따라서 당의 복지정책의 토대와 관련된 문제로 유권자를 직접 대면하는 것은 결코 두려워할 일이 아니었다. 나아가 국민투표로 두 집권 여당의 연립정부는 한동안 더 지속될 수 있었다.

의회에는 원내 소수가 상의相議 국민투표*를 발의할 수 있게 하는 법안이 계류 중이었다. 우익보수당과 국민당은 국민투표가 그 새로운 규정에 따라 실시되기를 원했지만, 의회가 그 법안을 최종적으로 통과시키지 않았기 때문에(그리고 여러 가지 이유로 그럴 가능성이 없었기에) 사회민주당은 그 생각에 반대했다. 여당은 기존의 국민투표 규정을 이용하여

---

*   특정 사안에 대한 결정을 내리기 전에 국민의 의사를 묻는 투표.

국민추가연금 논쟁에서 주도권을 잡을 수 있었다. 해당 규정에 따르면 유권자가 견해를 밝힐 선택지를 제시하는 것은 정부가 할 일이었다. (계류 법안에서는 반대로 의회의 소수가 국민투표를 발의할 수 있고 심지어 어떤 대안을 유권자에 제시해야 할지도 결정할 수 있었다.)[4]

국민투표에서 유권자는 세 가지 대안 중 하나를 선택할 수 있었다. 우익보수당과 국민당은 임의 가입을 토대로 하되 노동시장 당사자들의 퇴직연금에 관한 단체협약 체결을 가능하게 한 3번을 공동으로 지지했다. 반면 농민연합은 독자적으로 2번을 지지하기로 결정했는데, 이것도 임의 가입을 토대로 했다. 임의 가입을 기본으로 한 두 방침이 합하여 과반수가 되었다. 사회민주당과 공산당이 찬성한 1번은 45퍼센트로 가장 많은 표를 얻었다.

국민투표 이후 적-녹 연립정부의 지위는 유지될 수 없었다. 농민연합 출신의 각료 네 명이 사퇴 의사를 밝힌 뒤, 정부 전체가 사퇴했다. 이제 하원에서는 부르주아 정당들이 과반수를 차지했고, 사회민주당이 단독으로 정부를 수립한다면 약한 정부가 될 수밖에 없었을 것이다. 뒤이은 정부 구성 위기에서 국왕 구스타브 6세 아돌프는 먼저 부르주아 정당의 지도자들에게 부르주아 연립정부를 구성할 수 있는지 모색해보라고 주문했다. 우익보수당과 국민당은 연립정부에 긍정적이었지만, 모든 것은 농민연합의 결정에 달려 있었다. 군나르 헤들룬드는 "정치적 체면 때문에" 자신의 당이 하나의 연립정부에서 다른 연립정부로 곧장 넘어간다는 생각은 할 수 없음을 분명히 했다. 이후 정당들은 퇴직연금 문제의 해결에 관하여 협상했다. 국민당은(이 싸움에서 당의 유권자를 동원하기가 힘들었다) 한 가지 중요한 점을 제외하고 사회민주당의 안을 수용하는 타협안을 내놓았다. 제도에 참여하지 않을 권리 즉 임의 가입을 포기하지 않은 것이었다. 그렇지만 사회민주당은 자신들의 방침에 대한 지지가 강력함을 알고 있었기에 국민당의 타협안을 거부했다. 정부가 제출한 법안은 완전히 국민투표에 제시한 그 대안에 기초했다. 부르주아 정당이 지배한 하원은 정부 법안을 좌절시켰고, 그 상황에서 엘란데르는 국왕에게 하원을 해산하고 새 선거를 선포하라고 요구했다. 국왕은 요구를 받아들였다.

연립정부의 두 정당은 공동으로 통치한 시절 내내 여론의 지지를 잃었다. 사회민주당은 득표율이 46.1퍼센트에서 44.6퍼센트로 다소 근소하게 줄었지만, 농민연합의 득표율은 3퍼센트가 감소했고 이는 당이 집권 시기에 유권자를 네 명에 한 명꼴로 잃었다는 뜻이다. 도시화가 진척되고 농업 활동 인구가 급감한 결과로, 농민연합이 정당으로 생존하기 위해서는 지지 기반의 확대가 절대적으로 필요했다.[5] 국민투표에서 농민연합이 선택한 방안은 15퍼센트의 지지를 획득했는데, 비교하자면 1956년 선거에서 당이 얻은 득표율은 고작 9.4퍼센트였다. 그러므로 국민추가연금 문제는 당의 쇄신 전략에서 큰 의미를 지닐 수 있었다. 많은 중소기업가가 농민연합이 선택한 노선에 투표했다. 농민연합이 정책을 실용주의적으로 확대할 때 겨냥한 집단이 바로 그들이었다.

국민추가연금 문제는 두 연립 여당에 새로운 출발이 되었다. 국민투표의 결과를 해석하기는 어려웠지만, 두 정당 모두 결과에 고무되었다. 1958년의 새로운 선거에서(덧붙이자면 이 선거는 보통선거제 도입 이후 그때까지 유일한 재선거였다) 두 정당 모두 득표율을 늘렸다. 농민당은 3.3퍼센트 늘었고(12.7퍼센트), 사회민주당은 46.2퍼센트를 얻어 거의 2퍼센트

가까운 증가율을 보였다. 그러므로 국민추가연금 문제는 두 정당에 새로운 출발이 되었다. 사회민주당은 꼬박 10년간 성공의 추세를 유지했고, 반면 농민연합은(그해에 당명을 중앙당으로 바꾸었다) 거의 20년간 중단 없이 상승 추세를 탔다.

국민추가연금 투쟁은 의회에서 극적으로 해결되었다. 재선거로 구성된 하원에서 사회민주당은 가까스로 우위를 차지했다. 공산당과 함께 116석을 차지하여 부르주아 정당보다 단 한 석 더 많았다. 그러나 사회민주당 출신의 하원 의장은 의결권이 없었고, 이는 양 진영이 균형을 이루었음을 뜻했다.[6] 이러한 교착 상태에서 국민추가연금 문제는 추첨으로 결정될 것 같았다. 그렇지만 그런 일은 없었다. 국민당 의원 투레 쾨닉손이 기권함으로써 정부 법안은 하원에서 한 표 차이로 통과되었다. 쾨닉손은 많은 노동자 유권자가 전통적으로 자유주의 정당에 투표하는 성향을 보인 도시인 예테보리 출신의 기계공작소 노동자였다. 그는 노동자의 시각에서 사회민주당의 법안이 더 유리하다고 보았고, 투표 직전에 자신의 결정을 알렸다. 이로써 쾨닉손의 정치적 이력도 끝장났다. 반란을 일으킨 이 국민당 의원은 다시는 공천을 받지 못한다.

우익보수당의 도전

1959년 의회가 국민추가연금의 도입을 결정했을 때, 1950년대 거의 내내 이어진 투쟁이 종지부를 찍었다. 그 문제는 차후 두 번의 선거에서 중요한 역할을 하기는 한다. 상황이 그렇게 된 것은 우익보수당이 그 문제를 계속 거론했기 때문이다. 실제적인 이유에서도 그랬거니와 선거전략적인 이유에서도 그랬다. 국민추가연금 문제는 재산 소유 민주주의라는 우익보수당의 새로운 구호에는 상징과도 같았고, 따라서 우익보수당은 연장된 퇴직연금 투쟁에서 거세게 나왔다. 우익보수당은 1958년 6월 재선거 이후 제1야당의 지위를 되찾았고, 같은 해 9월에 열린 지방선거에서도 승리를 이어갔다.

반면 국민당에 국민추가연금 투쟁은 호된 역경이었다. 국민당은 1956년 선거에서 23.8퍼센트를 득표했는데 1958년 재선거에서는 득표율이 18.2퍼센트로 하락했다. 앞서 언급했듯이 국민당 지도부 내에는 의무적인 퇴직연금에 찬성하는 기류가 있었고, 몰락의 주된 이유는 자유주의적인 노동자들이 사회민주당에 표를 주었다는 데 있었다. 국민추가연금 투쟁은 국민당의 큰 오판이었고, 패배는 복지 확대의 의미에 대한 자신감 넘치는 분석이 너무 성급했음을 보여주었다. 국민당은 국민투표 이후 태도를 바꾸어 국민추가연금 개혁을 수용했다.

1959년에 결정된 다른 큰 문제는 영업세의 도입이었다. 영업세는 이후 부가가치세로 바뀐다. 정부의 개혁 정책은 재정 적자를 초래했고, 우익보수당은 이를 격하게 비판했다. 우익보수당은 무책임한 재정정책을 추진했다는 이유로 재무부 장관 군나르 스트렝을 헌법상임위원회에 불러 질책할 것을 요구했다. 정부는 개혁 정책을 지속하고자 했지만 직접세의 인상을 통해 재원을 충당할 준비는 되어 있지 않았다. 대신 스트렝은 제2차 세계대전 중에 일시적으로 채택한 세금인 영업세를 다시 도입하려 했다. 그렇지만 반대가 거셌다. 야당인 부르주아 정당들뿐만 아니라 노동조합총연맹도 반대했다. 노동조합총연맹은 영업세의 재분배적 성격이 조합원에게 불리하다고 판단했고, 부르주아 정당들은 세금 부담의 확대를 피하려 했다(Lidbeck 2018). 우익보수당은 영업세 도입을 막으려 했을 뿐만 아니라 기존의 세금 부담을 낮추기 위해 광범위한 절약 조치의 이행도 원했다. 그러나 스트렝은 노동조합총연맹에 과세 기반 확대에 따르는 이점을 설득했고, 부르주아 정당들과의 혹독한 정치적 싸움 끝에 4퍼센트의 영업세를 도입했다(Elvander 1972).[7]

1958년 사회민주당이 후퇴 추세를 뒤집는 데 성공하기는 했지만, 우익보수당 안에는 열정이 가득했다. 1950년대의 성공은 높은 기대로 이어졌다. 정치적 목표는 이제 사회민주당의 권력 행사를 제어하는 것에서 그치지 않았다. 우익보수당 안에는 낙관론이 팽배했다. 당이 이제 날개를 펼 기회를 얻고 적-녹 동맹이 해체되면서 정권 교체가 눈앞에 다가온 듯했다. 1960년에 실시될 의회 선거에서 우익보수당이 강한 영향력을 행사하는 부르주아 정부가 들어설 가능성이 엿보였다.

그렇게 우익보수당의 이데올로기적 자신감은 1950년대 말에 절정에 달했지만, 그 자신감은 곧 오만으로, 이후 차츰 의기소침으로 바뀌었다. 우익보수당은 다가오는 선거운동 준비의 일환으로 의회에서 집권에 대비하여 '대안 예산'을 제시하는 야심적인 활동을 펼쳤다. 재산 소유 민주주의의 핵심 요소인 당의 세금 정책에 대한 신뢰도를 높이려는 생각이었다. 이 상세한 예산안의 배후는 우익보수당 안에서 영향력이 컸던 사무총장 군나르 스베드였다. 우익보수당은 자신들의 감세 법안에 대해 어떻게 재정을 보충할 것인지를 대안 예산에서 설명했다. 이는 수많은 절약 항목에 관한 것으로, 국가가 관리하는 여러 영역과 관련되었다. 우익보수당의 대안 예산은 솔직하고 투명했지만, 정치적으로 위험했다. 사회민주당이 1960년 선거운동에서 우익보수당의 정책을 복지에 대한 위협으로 선전할 수 있었기에, 그것은 간명한 표적이 되었다. 특히 첫째 자녀 수당 폐지 제안이 호된 공격을 받았다.* 그렇지만 무상 교과서와 무상 점심 급식의 중단 제안도 사회민주당에는 감사하게도 좋은 공격 표적이었다(대안 예산은 이후 야당에는 기본적인 절차가 된다).

결과적으로 부르주아 정당 간의 분열이 두드러졌다. 국민추가연금 문제에서는 우익보수당에 이어 농민연합까지도 개혁의 중단을 요구했지만 국민당이 원래 고수했던 안에서 후퇴하여 의회의 결정을 수용했다. 우익보수당이 감세 법안과 상세한 예산 절감 계획을 내세우면서, 사회민주당은 자연스럽게 부르주아 정부라는 대안의 신뢰성을 문제 삼았다.

이러한 상황에서 베틸 울린과 군나르 헤들룬드는 '중도 선언'을 내놓았다. 두 정당 지도자는 우익보수당 정책에서 거리를 두었고 스웨덴 국민으로부터 그토록 환영받는 복지정책을 포기하는 것은 결코 있을 수 없는 일이라고 설명했다. 울린과 헤들룬드는 지속적인 개혁정책의 보증인으로 자처했으며, 그 조치는 선거에서 우익보수당의 운명을 봉인하는 데 일조했다. 우익보수당은 20.4퍼센트에서 16.5퍼센트로 4퍼센트를 잃었는데, 당시로는 이례적으로 큰 후퇴였다. 그렇지만 사회민주당은 성공을 이어갔다. 사회민주당은 47.8퍼센트를 득표했다. 제2차 세계대전 중이던 1940년에 최고 득표율을 기록한 이후(당시 사회민주당의 득표율은 53.8퍼센트였다) 가장 높은 수치였다. 중도 정당도 약진했다. 국민당은 17.5퍼센트를 얻어 다시 제1 야당이 되었다.

선거 참패로 우익보수당은 엄중한 조사에 착수했다. 비판은 당 사무

---

* 스웨덴의 아동수당barnbidrag은 1948년부터 부모의 소득과 무관하게 보편적으로 지급되었다. 자녀 수만큼 지급되고 둘째 이후로는 일정액의 추가 수당도 지급된다. 오늘날 아이당 매달 1,250크로나이다.

총장 군나르 스베드와 대안 예산이라는 발상을 겨냥했다. 복지정책은 우익보수당의 아킬레스건이었다. 우익보수당의 반대자들은 긴 예산 절감 법안을 설명하면서 법안이 여러 사회 집단에서 구체적으로 어떠한 효과를 낼지 보여줄 수 있었다. 우익보수당은 '강한 사회'의 평등 노력을 위협했다. 이른바 '가혹한 노선sträva linjen'의 칼끝은 확대되고 있던 공공복지정책을 겨냥했고, 그 때문에 당은 고립되었다. 우익보수당은 결국 지속적인 개혁정책을 중심으로 결집한 합의 세력에서 이탈하게 되었다. 외교정책을 둘러싼 다툼도 이러한 고립에 일조했다.

외교정책을 둘러싼 대립

"평시 비동맹의 목표는 전시의 중립이다." 냉전 시대 스웨덴 외교정책의 기본적인 신조는 이와 같았다. 중립정책을 두고는 의견이 일치했지만, 그 정책의 구체적인 내용이 실제로 무엇인가에 관해서는 여러 가지 상이한 해석이 존재했다. 핵심적인 문제는 독립적인 외교정책의 여지에 관한 것이었다. 소련과의 관계는 거듭 격렬한 토론을 불러일으킨 주제였다. 발트 병사 송환과 라울 발렌베리의 실종, 카탈리나 사건은 해묵은 러시아 공포증을 되살렸다(Hadenius 2003).[8]

외교정책에 대한 비판은 먼저 우익보수당에서 나왔다. 논쟁의 중심에는 우익보수당 대표 얄 얄마숀과 외무부 장관 외스텐 운덴이 있었다(운덴이 얄마숀의 대학 시절 지도교수였다는 사실은 흥미롭다). 1950년대 말 스웨덴 외교정책에서 매우 큰 주목을 끈 싸움의 하나에 얄마숀의 이름이 붙었다. 중대한 결과를 가져오게 될 이른바 '얄마숀 사건'이다. 닐스 안드렌은 사회민주당이 그 사건으로 중립정책의 함의에 관하여 해석의 우위를 점했다고 주장한다. 이 사건의 결과로 중립정책에 관한 사회민주당의 해석을 비판하던 부르주아 정당 인사들은 입을 다물 수밖에 없었다. 사회민주당의 해석에서 중립정책의 중심 요소는 **신뢰**였다. 스웨덴이 두 방위 조약의 어느 한 편과 어떤 형태로든 협력하지 않는 것이 신뢰의 전제로 생각되었고, 외교정책의 목적은 초강대국을 자극하지 않는 것이었다(Andrén 1985).

야당은 스웨덴이 냉전 시대에 서로 대적한 두 동맹 체제의 군사적 협력에 참여하지 않는 것이 중요하다는 데 동의했지만, 비동맹에는 북대서양조약기구의 개별 회원국과 안보정책의 측면에서 협력하는 문제는 물론 냉전과 관련된 여러 문제에서 태도를 취할 때 어느 정도 운신의 폭이 보장되어야 한다고 이해했다. 정부는 그러한 행동의 여지는 없다고 보았다.

야당에 따르면 평화를 보장하려면 유연성이 요구되었다. 예를 들면, 바르샤바조약기구는 특정한 상황에서 스웨덴의 중립을 존중하지 않았으며, 스웨덴이 영토를 성공적으로 지켜내려면 북대서양조약기구로부터 모종의 지원을 받을 필요가 있었다. 그러므로 정치로써 운신의 폭을 최대한 넓히는 것이 중요했다. 부르주아 정당으로서는 비동맹 노선이 '현재 상황'에서 가장 합리적이라고 판단했지만, 어떤 형태로든 동맹에 참여하는 편이 더 효과적일 상황이 갑자기 발생할 수 있기에 가능성을 열어두어야 했다. 중립정책을 옹호하는 사회민주당의 논거는 우선 원칙적이었던 반면, 야당인 부르주아 정당들이 중립정책 찬성에 합류한 것은 수단의 성격을 띠었다.

이 쟁점을 둘러싸고 싸움이 벌어졌다. 우익보수당과 국민당은 정부가 외교정책의 운신의 폭을 과소평가했다고 판단했다. 중립정책은 스웨덴이 제2차 세계대전 후 출현한 동서 분쟁에서 **이데올로기적**으로 중립을 지켜야 한다는 의미는 아니었다. 스웨덴은 자유로운 민주주의 세계의 일원이며 따라서 정부는 결국 냉전으로 표현된 사회 체제의 선택에서 태도를 분명히 하는 것이 바람직했다.

소국 현실주의

사회민주당은 스웨덴이 동서 양 진영 간에 지속되는 갈등에서 벗어나는 것이 긴요하다는 점을 야당보다 더 크게 강조했는데, 그 근거는 스웨덴이 향후 일어날 수 있는 분쟁에서 중립을 지키려는 의지와 능력이 있다는 믿음을 평시에 주변 세계에 심어줄 필요가 있다는 것이었다. 이는 북대서양조약기구라는 조직 전체나 그 개별 회원국과의 모든 군사적 협력 문제에서 엄격한 불개입을 의미했다. 핀란드의 취약한 상황에 대한 고려는 이 점에서 특별히 중요했다. 제2차 세계대전 후 핀란드는 소련과 '우호협력조약'을 체결했는데, 이는 소련 패권의 표현으로 이해되었고 사실상 핀란드의 자주권을 침해했다. 소련은 여러 차례 핀란드의 내정에 간섭했고, 핀란드의 자유로운 외교정책은 소련이 붕괴할 때까지 제한되었다. 스웨덴이 그 시점에 서방과 어떤 형태로든 동맹을 체결했다면 소련 정부가 이를 미국의 전진으로 이해했으리라는 것이 정부의 견해였다. 어떤 식으로든 이에 대한 대응 조치가 취해졌다면, 핀란드뿐만 아니라 북유럽 전체에도 영향을 미쳤을 것이다. 전직 외무부 차관 스베르케르 오스트룀은 회고록에 이렇게 적고 있다. "스웨덴이 서방과 군사적으로 협력하려 하고 북대서양조약기구에 가입했다면 소련의 대핀란드 정책은 완전히 달랐을 것이며 핀란드의 기적 대신 핀란드의 비극을 목도했으리라고 이제 어느 정도 분명하게 말할 수 있다"(Åström, 2003, s. 72).

이데올로기적 중립에 관해 말하자면, 사회민주당 정부의 태도는 더욱 모호했다. 스웨덴은 여러 국제적 상황에, 우선은 국제연합의 활동 영역에 "적극적으로, 능력에 따라" 참여하겠지만, 군사 동맹에 참여하지 않는다는 안보정책적 고려에 따른 결정은 나라의 행동 여지에 영향을 미칠 것으로 생각되었다. 부르주아 정당들은 그런 방식을 인정할 것 같지 않았다. 이 '소국 현실주의'의 전제는 어떤 대가를 치르더라도 앞으로 일어날 분쟁에 휘말리지 않아야 한다는 것이었다. 동쪽의 독재자들에 저자세를 취하는 것이 '이데올로기적 유약함'을 의미한다는 주장을 정부는 무시했다. 외무부 장관 운덴은 스웨덴이 작기 때문에 야당이 추구하는 형태의 이데올로기적 행동주의는 강국들로부터 존중받지 못할 것이라고 강조했다. 또한 운덴에 따르면, 우익보수당과 국민당이 정부의 외교정책을 비판했다는 사실은 중립정책의 토대 자체가, 즉 신뢰가 훼손되었음을 의미했다.

야당은 서방에 우호적인 태도를 더욱 공개적으로 표명할 것과 스웨덴이 민주주의 진영에 속한다는 더 분명한 표시를 원했다. 또한 특히 우익보수당은 비동맹이 설득력이 있으려면 강력한 국방이 중요하다고 거듭 이야기했다.

게다가 야당은 덴마크와 노르웨이와 방위 협력에 들어가는 것을 환영했다. 제2차 세계대전이 끝난 후 스칸디나비아 방위동맹을 수립하려는 계획이 계속 있었다. 스웨덴 정부의 주도로 노르웨이와 덴마크와 이에 관한 협상이 시작되었다. 스웨덴 정부의 주된 동기는 두 이웃 나라가 (이후 실제로 일어났듯이) 서방과 군사적으로 협력하는 상황을 피하는 것이었다. 그러한 협력은 미국과 영국이 노르웨이와 덴마크의 영토를 이용할 수 있다는 뜻이며, 이는 소련의 대응 조치를 초래하여 스웨덴에 해가 될 것이었다. 그렇지만 계획은 실행되지 않았다. 노르웨이와 덴마크는 새로이 체결된 대서양조약에 합류하기를 더 원했다. 그러나 두 이웃 나라가 북대서양조약기구에 가입한 이후에도 우익보수당과 국민당은 스칸디나비아 방위 협력의 여지가 있다고 보았다.

단합의 가치

네 '민주주의 정당'은 외교정책 분야의 단합을 그 자체가 하나의 목적인 듯 매우 귀중한 것으로 이해했다. 그러나 부르주아 야당들은 그러한 단합 노력이 논쟁까지 막을 수는 없다고 보았다. 외교정책 분야에서 특별한 조건이 유효하다고 해도, 그 영역이 모든 토론이 금지되는 성역은 될 수 없었다.

단합이 왜 그렇게 중요했나? 강국 간에 냉랭한 분위기가 퍼져 있을 때, 스웨덴 같은 작은 나라에 단합은 결정적으로 중요했다. 그래야만 강국들이 정권 교체가 어떤 결과로 이어질지 추측하지 않을 것이기 때문이었다. 최악의 경우 공공연한 내정 간섭이 발생할 수 있었다. 그러한 상황에서는 특정 정당이 집권하지 않아야 한다거나 특정 정치인이 입각하지 말아야 한다는 요구가 완전히 실현 가능한 것처럼 보였다. 또한 단합의 요구도 위험이 없지 않았다. 중립정책의 아킬레스건은 단합의 요구가 민주주의의 활력에 필요한 토론을 어렵게 만들 수 있다는 것이었다.

단합 요구가 너무 오래 지속되면, 진정한 의견 대립은 표현될 수 없을 것이다. 이는 또한 다른 나라의 오해를 유발할 수도 있다. 그러므로 거짓 단합을 보일 수는 없다. 단합의 요구는 또한 국내정치의 논쟁에서 오용될 수도 있다. 야당은 정부가 정적을 제어하려고 단합의 요구를 이용한다고 주장했다.

국방정책에서도 네 정당은 단합했다. 국방 문제는 전체적으로 외교정책과 긴밀히 연결되어 있었다. 중립정책이 신뢰를 얻으려면, 단합뿐만 아니라 스웨덴 영토의 침범을 용납하지 않을 수 있는 국방력이 필요했다. 1941년 한여름의 위기 때 드러낸 굴종의 동기는 확실히 스웨덴이 독일의 우세한 전쟁 수행 능력에 맞설 수 없다는 군사전략적 판단이었겠지만, 그러한 형태의 굴종은 중립정책의 신뢰성을 해쳤다. 그래서 특히 우익보수당은 강력한 국방의 필요성을 강조했다.

제2차 세계대전 후 외교정책 논쟁은 사라지지 않은 전쟁의 상흔을 배경으로 보아야 한다. 그렇지만 1990년대 칼 빌트 정부가 설치한 중립정책위원회의 조사에서, 서방 강국들에 대한 태도가 중요했던 1950년대에 정부와 야당 사이에 노정된 의견 대립이 **실제로는** 공개적인 정치적 논쟁에서 드러난 것처럼 크지는 않았음이 밝혀진 것에 주목할 필요가 있다. 이미 1940년대 말에 정부는 북대서양조약기구와의 협력을 주도적으로 추진했다. 특히 총리 엘란데르는 스웨덴 영토에 미국 공군 기지 설치에 필요한 조건을 조사하라는 임무를 총사령관과 합동참모본부에 부여했다. 합동참모본부는 외무부 장관으로부터 새롭게 북대서양조약기구에 가입한 덴마크와 노르웨이 두 나라와 기술적 협력을 개시하라는 명령을 받았다. 목적은 향후 전쟁이 발발할 경우에 협력을 용이하게 하려는 것이었다.

서방과의 협력을 우익보수당과 국민당 내부의 몇몇 인사들은 잘 알고 있었다. 야당은 한 가지 결정적인 점에서 사회민주당의 태도를 오해했다. 우익보수당과 국민당에는 너무도 분명했던 서방과의 이데올로기적 공감이 여당 내부에서는 결코 각별히 두드러지지는 않았다. 타게 엘란데르는 회고록에서 사회민주당이 비동맹을 어떻게 바라보았는지 설명했는데, 이에 따르면 사회민주당 내에는 서방에 대한 공감이 크지 않았다. 서유럽 국가들은 스웨덴과는 달리 민주주의와 사회 정의, 사회복지를 결합한 사회질서를 만들어내지 못한 것으로 여겨졌다(Erlander 1976).

그래서 야당은 정부가 외교정책에서 서방 지향성이 부족하다고 비판했지만, 동시에 그 지도적 대표자는 막후에서 서방 국가들과 국방정책의 협력이 진행되었음을 알았다. 정부는 중립정책이 신뢰를 얻으려면 스웨덴이 평시에도 완전히 독립적이어야 하며 이데올로기적으로든 다른 점에서든 동맹에 가입하지 말아야 한다고 단호히 주장했다. 사회민주당에 따르면 소련 체제에 대한 '일방적 비판'은 생각할 수 없었다. 분명코 비판은 할 수 있지만, 비판할 때는 동쪽과 서쪽을 동시에 비판해야 했다.

얄마숀 사건

정부와 야당 사이의 대립은 1950년대 말 강력하게 폭발했고 얄 얄마숀이 스웨덴의 국제연합 대표단에서 배제되는 결과를 초래했다. 얄마숀 사건의 씨앗은 정부가 소련 지도자 니키타 흐루쇼프에게 1959년 1월 스웨덴 방문을 초청한 것이었다. 형식적으로 보자면 그것은 답방이었다. 타게 엘란데르가 1956년 내무부 장관 군나르 헤들룬드와 함께 소련을 방문했으며, 흐루쇼프의 답방은 원래 같은 해 가을로 예정되어 있었으나 1956년 가을 소련의 헝가리 개입으로 스웨덴에서 반소련 분위기가 조성된 탓에 연기되었다.

우익보수당과 국민당은 흐루쇼프의 방문에 비판적이었다. 세간의 이목을 끈 일련의 논평으로 소련을 비판한 얄마숀이 특히 부정적이었다. 이 보수당 대표는 그 밖에도 예정된 공식 방문에 반대하는 여론을 조성하기 위해 설치된 '8월위원회' 안에서도 현저한 역할을 수행했다. 위원회가 스톡홀름 음악당에서 대중 집회를 열었을 때 주요 연사였던 얄마숀은 소련과 그 지도자에 너무도 심한 독설을 퍼부어 모스크바 주재 스웨덴 대사가 소련 외무부 장관에 초치되어 날카로운 논조의 항의 서한을 받았다. 얄마숀은 흐루쇼프의 방문을 "굴욕적인 선전 소동"이라고 했으며, 소련을 "비인간적인 정치 체제"로, 흐루쇼프를 "일급의 전쟁 위협 조직자"로 묘사했다. 소련은 명백히 스웨덴에서 시작된 반소련 '적대적 운동'을 거론하며 공식 방문 일정을 조정했다.

정부는 얄마숀의 발언이 소련의 결정에 핵심적인 역할을 했다고 판단했으며 이에 따라 얄마숀을 국제연합 파견 대표로 선출하지 않기로 결정했다. 이 결정은 극적이었다. 왜냐하면 우익보수당은 얄마숀을 지명했고 정부는(대표단 구성이 정부의 공식적인 임무였다) 대개 정당의 지명을 존중했기 때문이다. 11월 얄마숀 사건이 의회에서 토론의 주제가 되었을 때 갈등은 절정에 달했다. 엘란데르는 우익보수당 대표의 행동이 스웨덴의 비동맹정책에 대한 신뢰를 해치는 데 일조했다고 주장했다.

얄마숀 사건의 영향은 단지 외교정책에만 미치지는 않았다. 사회민주당으로서는 서둘러 얄마숀과의 관계를 부정할 필요가 있었다. 엘렌데르는 그 토론에서 "우리가 얄마숀을 정부에 받아들일 뜻이 없다는 점에 어떤 오해도 생기지 않도록 단호히 잘라내는 것"이 중요했다고 일기에 적었다(Ruin 1986, s. 301에서 인용). 달리 말하자면 그것은 국제연합 대표단 구성에 관한 문제를 넘어서는 것으로서 보수당 대표에 낙인을 찍는 문제였다. 울로프 루인은 이렇게 우익보수당 대표를 거부한 것이 스웨덴 정치사의 전환점이라고 결론 내린다. 그때까지 외교정책에서 유효했던 합의 전통은 이 사건으로 단절되었다.

소국 현실주의에서 적극적 외교정책으로

1950년대 말 외교정책과 관련하여 중요한 다른 변화도 있었다. 앞서 사회민주당 정부는 스웨덴이 강국 정치에 말려들지 않는 것이 중요하다고, 그래야만 비동맹이 신뢰를 얻을 것이라고 강조했다. 야당이 정부에 고립주의적 정책을 취한다고 비난했을 때, 정부는 나라를 군사적 분쟁에 휘말리지 않게 한다는 더 큰 목표를 언급했다. 저자세는 분쟁에 휘말리지 않는 가장 안전한 방법으로 여겨졌다. 그런데 그 점에서 견해가 달라졌다. 이제 엘란데르는 새로운 정책이 시작될 것임을 알렸다. 중립국도 "때로는 태도를 표명할" 수 있어야 했다. 국제연맹과 여타 국제기구에서 비동맹 국가도, 스웨덴처럼 작은 나라도, 강국 진영 사이를 중재하는 역할을 할 수 있었다.

스웨덴이 강국 간의 분쟁에서 중재자 역할을 하겠다는 것은 명백한 노선 변화였다. 부르주아 야당이 고립주의적이라고 정부의 외교정책을 비판했을 때, 사회민주당은 이를 부당하다고 생각했다. 나라의 안전이 최우선의 목표였기 때문이다. 그럼에도 그 비판은 근심을 안겨주었다. 사회민주당은 적극적인 외교정책으로의 전환을 선언함으로써 딜레마를 해결할 수 있다고 보았다. 노선 변경은 도덕적 기반을 강화한 적극적인 외교정책을 위해 소국 현실주의의 고삐를 늦춘다는 뜻이었다. 이러한 방향에서 결정적인 조치는 몇 년 뒤인 1965년 울로프 팔메가 예블레의 국제친선운동 대회에서 주목할 만한 연설을 하면서 취해졌다. 팔메는 그때 베트남전쟁에 점점 깊숙이 관여하는 미국을 거세게 비판했다. "사회 정의의 요구에 폭력과 군사적 수단으로써 대처할 수 있다는 생각은 환상이다. 실제로 자유를 전혀 경험해보지 못한 사람들에게 자유를 지킨다고 약속함으로써 그들의 관심을 끌기는 매우 어렵다"(Hadenius 2003, s. 157에서 인용).

우익보수당은 즉시 새로운 신호에서 거리를 두었다. 1959년 의회 토론에서 얄마숀은 이렇게 경고했다. "모든 형태의 비동맹 행동주의를 경계하자." 정부는 비동맹으로 (우익보수당에 따르면) 얻은 운신의 폭을 이용하고 외교정책의 위상을 높이려 했지만, 이 우익보수당 지도자는 그 결과로 스웨덴이 "세계정치의 강국들을 위해 들러리를 설" 수 있다고 경고했다.

왜 갑자기 역할이 바뀌었나? 답변하자면 상호 불신이 있었기 때문이다. 우익보수당은 더 도덕적인 새로운 외교정책이 소련에 지나치게 우호적일 수 있음을 두려워했고, 사회민주당은 우익보수당의 중립정책 지지를 불신했다. 의견 차이는 이제 비동맹이 더 적극적인 정책을 가능하게 할 것인지 아닌지의 문제뿐만 아니라 그 운신의 폭을 **어떻게** 이용할 것인가의 문제에도 관련되었다. 정부의 방침은 '제3의 길'로서, 강국들이 서로 가까워지게 만드는 것이 과제였다. 스웨덴은 조정자가 되어야 했다. 그러한 사고방식은 우익보수당에는 무의미했다. 스웨덴이 이데올로기적으로 두 진영 사이에서 중립을 지켜야 한다는 것이 전제였기 때문이다. 그러나 우익보수당에 평화 그 자체는 결코 내재적 가치를 갖는 목표가 아니었다. 평화도 평화 나름이었다. 헝가리의 상황이 예증하듯이 지속적인 평화는 자유가 전제되어야 했다. 헝가리 국민은 자유롭게 살지 못하는 한 의미 있는 평화를 누릴 수 없다. 소련의 점령을 비판하고 헝가리 국민의 자유로울 권리를 주장하지 않고 평화를 위해 노력한다는 것은 어불성설이었다.

얄마숀 사건은 정부와 야당 사이의 10년에 걸친 외교정책 분쟁에서 정점이자 종점이었다. 닐스 안드렌(1985)은 이 사건의 종결과 더불어 비동맹의 내용 문제는 확실하게 결정되었다고 주장한다. 사회민주당은 외교정책에서 해석의 우위를 점하는 데 성공했고, 이로써 스웨덴 정치에서 사회민주당의 지배적 위치가 더욱 강해졌다. 야코브 베스트베리는 이 해석의 우위가 국내정치에서 '국민의 집'이라는 미래상이 수행한 것과 동일한 역할을 외교정책에서 수행했다고 주장한다. 그러므로 얄마숀 사건은 여당의 우세를 공고히 하는 데 이바지했다(Westberg 2003).

엘란데르는 회고록에서 얄마숀 사건의 의미를 강조했다. 엘란데르에 따르면 이 사건은 단기적으로는 야당의 일치된 공세를 약화시키는 데 기여했다. 얄마숀의 높은 평판이 손상을 입었으며, 이듬해 실시된 하원 선거에서 우익보수당의 10여 년에 걸친 상승세가 꺾였다. 엘란데르는 외교정책을 둘러싼 싸움이 선거 후 얄마숀이 물러나는 원인이었다고 확신했다. 엘란데르는 이렇게 쓴다. 그 사건으로 "우익보수당 지도부의 판단은 크게 신뢰를 잃었다."그리고 그 싸움은 "우익보수당이… 내가 존경하고 때로 칭송한 지도자 한 사람을 잃는" 결과를 초래했다(Erlander 1976, 3. 350).

그러나 외교정책 논쟁의 격렬함은 얄마숀 사건 이후 비록 일시적이나마 줄어들었다. 1960년대 초에는 이를테면 유럽 차원의 협력 문제가 의제에 올랐다. 스웨덴은 국제연합과 유럽경제협력기구, 유럽회의에 가입했지만, 동서 양 진영의 대립이 여전한 가운데 정부는 유럽경제공동체 가입은 가능하지 않다고 보았다. 그러나 딜레마가 있었다. 중립정책 때문에 가입은 불가능했지만, 협력의 결과로 생기는 경제적 혜택은 가져와야 했다. 그러므로 정부의 방침은 중립정책을 유지하면서 유럽경제공동체에 가입하지 않고도 그 회원국들과의 협력을 모색하는 것이었다.

이 방침은 스웨덴이 1990년대 초 노선을 재고하여 유럽연합에 가입할 때까지(제16장을 보라) 30년 동안 지속되었다. 그러나 스웨덴이 유럽자유무역연합 협력에 참여한 1960년대 초에 가입에 관한 논쟁이 있었다. 우익보수당의 새로운 대표 군나르 헥셰르가 앞장서서 그 요구를 제시했는데, 그는 긴밀한 유럽 협력에 헌신적이었다. 우익보수당에 유럽자유무역연합 협력은 유럽경제공동체 가입으로 나아가는 길이었다. 그러나 스웨덴이 비동맹정책을 포기하면서까지 유럽 차원의 국제기구에 참여할 수는 없었다. 그렇지만 헥셰르가 이해한 바에 따르면 스웨덴은 비동맹을 포기하지 않고도 가입할 수 있었다.

10

좌선회와 새로운 헌법

1960년 선거와 더불어 사회민주당의 권력 지위는 위협받지 않는 것 같았다. 당은 전후시기의 부정적인 추세를 끊어냈다.[1] 국민추가연금 개혁은 당이 거둔 매우 큰 정치적 성공으로, 복지국가의 '보물'로 이해되었다(Lundberg 2003). 스웨덴 경제는 여전히 힘차게 돌아가고 있었다. 1960년대 내내 성장은 강력히 지속되었고, 사회정책 개혁은 강도가 조금도 줄지 않고 계속되었다. 노동시장은 평온했다. 중앙교섭 체제는 잘 작동했다. 노동시장의 조직들은 회원들 사이에서 권위가 있었기에 강력한 사회적 책임을 떠맡을 수 있었다. 실질임금은 해를 거듭할수록 증가했다.

그렇게 1960년대에 들어서면서 스웨덴 모델은 화려하게 꽃을 피웠다. 산업사회가 완전히 발전했고, 정치는 집단주의적인 계급적 사고방식에 젖었다. 계급투표가 높은 수준에서 지속되었고, 코퍼러티즘인 사회 모델이 그 시기에 정점에 도달했다. 1960년대 초 입법조사단에서 이익단체를 대표한 위원들은 전체의 20퍼센트에 가까워 역사상 최고 수준에 도달했다. 법안심의제도의 양태가 그러했다. 주요 이익단체의 영향력은 과거 그 어느 때보다도, 향후에 지속될 것에 비해서도 더 컸다 (Hermansson m.fl. 1999).

변화하는 사회

그렇지만 스웨덴 사회는 곧 대폭적인 변화의 시기에 들어선다. 훗날 스웨덴 모델의 전성기를 상징하게 되는 시기인 1960년대에 이미 안정된 겉모습 밑에서 어렴풋이 변화가 감지되었다. 현대 산업사회를 떠받친 합리주의적 가치관은 세속화의 지속을, 더 나아가 가속화를 의미했다. 가족 영역에서, 그리고 직장생활에서 여성이 차지하는 역할과 관련하여 좀 더 자유주의적인 시각이 성장했다. 집단주의가 정치 제도의 특징이 됨과 동시에 개인화가 사회 전체에서 힘을 발휘하기 시작했다. 앞서 개인의 행동의 여지를 제한한 사회적, 경제적, 문화적 속박이 약해진 것이다. 이러한 해방 과정과 나란히 권위에 대한 신뢰도 줄어들었다.

종합적으로 볼 때 이는 중대한 변화를 의미했다. 한편으로는 인간의 자율성이 확대되었다. 더 많은 사람이 자신의 개인적인 인생 계획을 실현할 가능성을 얻은 것이다. 교육 기회의 개선으로 사회이동의 기회가 생겼다. 삶의 방식을 선택할 자유가 늘어났다. 다른 한편으로 이러한 변화는 불안정의 확대를 의미했다. 안전의 축소는 한층 더 큰 자유를 위해 지불해야 하는 대가로 생각되었다.

사회 변화는 정치에 영향을 끼쳤다. 단기적 시각에서 보면, 권위주의에 반대하는 사회 분위기의 확산은 과격한 사회비판의 온상이 되었고, 그 칼끝은 정치와 경제의 기득권 세력을 향했다. 장기적 시각으로 보면, 가치관의 변화는 계급투표의 약화를 초래했다. 유권자가 계급 귀속성에 따라 투표하는 성향은 그 시대까지 스웨덴 정치의 특징이었고, 유권자의 투표 행태가 변하는 경향이 보이면 정당의 전략은 새로운 도전에 직면했다. 정당에 충성하는 유권자가 점점 줄어든다는 것은 전통적으로 다른 정당에 투표한 집단에 침투할 가능성이 생겼다는 뜻이다. 그러나 새롭게 유권자를 끌어오기가 더 쉬워짐과 동시에 기존의 유권자를 잃기도 더 쉬워졌다. 유권자의 변동성이 확대됨에 따라 선거운동의 중요성도 커졌다.

그럼에도 정당 제도는 여전히 안정적이었다. 조직의 관점에서 보면 노동운동 전체의 힘은 그 어느 때보다도 강력했다. 정치 부문은 물론 노동조합 부문에서도 당원과 조합원 가입률은 높았다. 노동조합총연맹은 200만 명의 조합원을 자랑했고 사회민주당의 당원은 거의 그 숫자의 절반에 가까웠다(Bäck & Möller 2003). 1900년대 초 정당 제도가 형태를 갖춘 이래로 정당에 가입한 당원은 1960년대 초까지 끊임없이 증가했다. 각 정당이 제시한 숫자에 따르면, 1962년 정당에 가입한 스웨덴 사람은 도합 130만 명이었다.[2]

사회민주당의 이례적인 지위

1960년대의 좌선회는 여러 가지로 표현되었다. 그중 하나는 순전히 정당정치적인 것으로 사회민주당의 지배라는 형태를 띠었다. 1966년 지방선거를 예외로 하면(사회민주당이 크게 패배했다) 그 지배는 1960년대 내내 두드러졌다. 1968년 선거 후 사회민주당은 의회에서 독자적으로 과반수를 차지했다. 사회민주당의 지배가 너무도 확연하여 사회민주주의 헤게모니라는 말이 돌기 시작했다. 헤르베트 팅스텐은 사회민주당이 다른 정당에 비해 "마법처럼 앞서 있다"고 주장했다. 그는 다른 정당들을 사회민주주의의 태양을 선회하는 행성들에 비유했다(Tingsten 1964). 공개 토론회에 나온 어떤 인사는 나중에 여당의 이데올로기적 패권을 생생하게 표현하고자 '의제 정립의 특권$_{problemformuleringsprivilegiet}$'이라는 개념을 만들어냈다(Gustafsson 1989). 부르주아 정당들이, 부분적으로는 의식하지 못한 채, 정치를 사회민주당에 맞추었다는 얘기였다.

사회민주당이 이례적인 지위를 차지하기는 했지만, 사회민주당에 암울하다고 해석할 수 있는 징후도 보였다. 앞서 언급한 가치관의 변화는 불길한 전조였다. 계급투표가 감소한다는 가정이 한 가지 위협을 의미했다면, 사회 분위기의 급진화는 다른 위협이었다. 1960년대에 사회민주당은 좌파로부터 이데올로기적으로 비판을 받아 곤란한 처지에 놓였다. 스웨덴공산당은 오랫동안 교조적 태도를 유지하고 소련에 가까웠기 때문에 사회민주당에 해롭지 않았지만, 이 시기에 공산당은 소련과 다소 거리를 두었고 동시에 정치권 좌파 전체가 활력을 띠었다. 여당인 사회민주당으로서는 한층 더 급진적으로 변한 사회 분위기 속에서 좌파 안에 끓어오르는 불만을 해소하기가 어려웠다. 특히 사회민주당이 경제계와 협력한 것이(스웨덴 모델의 기본적인 구성 요소이다) 새로운 좌파의 공격의 표적이 되었다.

사회 분위기의 급진화를 보여주는 가장 분명한 표현은 베트남전쟁과 관련하여 미국에 반대한 대대적인 항의였다. 1960년대 중반부터 점점 더 많은 관심을 보여준 청년 세대 안에서 항의가 증가했다. 정부는 처음에는 나서지 않았다. 상황에 대처하기가 난처했다. 스웨덴 사람들의 항의는 온건한 형태의 항의조차도 미국은 물론 나라 안에서도 거센 비판을 초래했다. 부르주아 정당들은 사회민주당이 착수한 더욱 행동주의적인 새로운 외교정책에 반대했다. 스웨덴은 세계의 양심이라는 역할을 떠맡아서는 안 된다는 것이었다. 1965년 울로프 팔메의 형제단운동* 대회 연설은 정부 인사가 처음으로 미국의 베트남 정책을 비판한 것으로 심한 분란을 낳았다.

그러나 이러한 다툼은 7년 뒤 정부의 베트남 정책에 폭포수처럼 쏟아진 비판에 비하면 소소하게 보인다. 1972년 6월 미국이 북베트남에 대한 폭격을 강화한 뒤, 이제 총리가 된 울로프 팔메는 미국을 거세게 공격했다. 포격은 "일종의 고문"으로 묘사되었다. 팔메가 미국의 6월 폭격을 역사상 가장 잔혹한 것으로 기억되는 몇몇 사건과("폭력이 승리한" 장소들) 같은 범주에 포함시키자, 미국은 날카롭게 반응했다.[3] 외교관계는 최소한으로 축소되었다. 국내정치에서는 그 조치 때문에 팔메가 야당인 부르주아 정당들로부터 호된 비난을 받았다.

1960년대의 급진적인 사회 분위기를 보여주는 다른 사건도 있다. 큰 소란을 일으킨 것은 1968년 학생회관 점거 사건이었다. 파리의 거대한 학생 혁명이 가져온 여파로 스톡홀름 대학교 학생들이 대학 교육 개혁안(대학교육국 연구팀UKAS의 제안)에 대한 항의의 표시로 며칠 동안 학생

---

* Broderskapsrörelsen. 1929년에 설립된 정치 단체인 스웨덴 사회민주당 기독교연맹SKSF의 별칭. 2011년 신앙과 연대를 위한 사회민주주의자들STS로 바뀌었다.

회관을 점거했다. 이로 인해 정부와 교육부 장관(울로프 팔메였다)이 압박을 받았다. 이듬해 대규모 광부 파업이 길게 이어지면서 정부는 좌파로부터 한층 더 심한 압박을 받았다. 스바파바라에 있는 LK주식회사 광산에서 일어난 파업은 처음에는 임금과 노동 조건에 대한 불만이 원인이었다. 그러나 파업은 언론의 집중적인 조명을 받았다. 첫 몇 주 동안 스웨덴라디오$_{SR}$와 스웨덴텔레비전$_{SVT}$이 30명의 기자를 현장에 파견하여 상황이 어떻게 전개되는지 추적했고, 그 분쟁 중에 도합 522건의 기사가 송고되었다(Hadenius 2003). 파업은 곧 상층계급에 대한 반란으로 묘사되었다.

노동조합총연맹은 파업 노동자들에게 불법적인 파업을 중단하라고 설득했지만 실패했다. 새 총리 울로프 팔메에게 파업은 정부 수반으로서 악몽 같은 출발이었다. 팔메와 정부가 개입할 여지는 거의 없었다. 광부 파업은 정부는 물론 스웨덴 모델 전체에도 혹독한 정치적 패배였다.

1960년대 말에 사회민주당만 좌선회에 굴복하지는 않았다. 연구에 따르면 1969년 모든 정당의 의원단이 유권자보다 왼편에 서 있었다. 그렇게 정당 체제 전체가 뚜렷한 좌선회의 특징을 보였다(Holmberg 1974).[4]

부르주아 정당의 패배주의

좌선회와 더불어 야당인 부르주아 정당들의 좌절도 고착되었다. 1950년대 말에는 부르주아 정당 안에 낙관론이 퍼져 있었다. 우파가 큰 성공을 거두었고, 농민연합이 중앙당으로 바뀐 것은 정치의 장이 변했음을 뜻했다. 정당 개혁은 이익정치에 대한 강조가 줄어들고 시장자유주의 요소가 더 뚜렷해졌으며 특히 정권 교체의 노력이 더욱 확고해졌음을 의미했다. 모든 부르주아 정당이 정권 교체를 위해 노력했지만, 그럼에도 1960년 선거에서 부르주아의 분열은 전에 없이 확연하게 드러났다. 우익보수당은 복지정책의 대폭적인 축소를 제안하여 물의를 일으켰으며, 두 중도 정당은 우익보수당과 거리를 두었다.

선거가 끝난 후 정권 교체는 가능하지 않은 얘기로 보였다. 사회민주당의 권력 지위는 요지부동처럼 보였다. 부르주아 정당들에 체념과 패배주의의 분위기가 퍼졌다. 1930년대 이래로 사회민주당은 민주주의 국가에서 유례를 찾아볼 수 없는 방식으로 스웨덴 정치를 지배했다. 1950년대의 국민추가연금 투쟁은 야당에 이중의 패배였다. 중요한 사안에서 패했을 뿐만 아니라 사회민주당이 이데올로기적 쇄신을 이루어냈다. '국민의 집'의 자연스러운 연장선상에 있는 '강한 사회'라는 미래상은 유권자와 열성적인 당원을 동원했다. 이러한 상황에서 부르주아 정당이 사회민주당의 일방적인 통치를 끝낼 수 있으려면 쇄신이 필요하다는 각성이 일었다. 곳곳에서 더 자주 부르주아 정당들의 협력을 요구했다.

우익보수당 대표 군나르 헥셰르는 부르주아 협력 문제를 핵심 의제로 삼았다. 정권 교체를 위해서는 의제를 조정하는 것이 중요했다. 모든 정당이 자체의 정책에서 이탈해야 했다. 헥셰르가 신념으로부터의 이탈은 오직 장기적인 전략의 일부일 뿐이라고 강조했음에도, 정작 자신은 그러한 방침에 대해 자기 당의 지지를 이끌어내기가 어려웠다. 우익보수당의 많은 사람이 급진적 가치관이 강력해지는 때에 당이 이데올로기적 지향점을 놓치지 않는 것이 중요하다고 보았기 때문이다.

우익보수당의 기본적인 문제는 헥셰르가 말한 이른바 '일상정치의 덫'에 깊이 빠졌다는 것이다. '재산 소유 민주주의'라는 우익보수당의 미래상은 국가 지출의 축소를 전제로 했다. 그러나 복지 축소를 실행할 준비가 되어 있지 않은 두 중도 정당이 우익보수당의 감세 법안을 무책임한 재정정책으로 이해했기 때문에, 우익보수당은 어쩔 수 없이 이러한 현실에 맞게 당의 정책을 조정해야 했다. 우익보수당 대표는 야당의 공동 대오를 형성하려는 목적에서 헌법 문제와 과세 정책, 기타 중요한 영역에서 일방적으로 몇 가지 양보를 하여 타협의 의지를 증명하고자 했다. 그렇지만 이러한 양보도 부르주아 정당의 결속을 가져오지 못했고, 결과적으로 헥셰르의 당내 지위도 약해졌다. 우익보수당 내부의 대립은 심화되었다. 분명한 노선 정치로의 회귀를 권고한 '감청색'(강경) 당원들과 당 대표의 협력 정책을 지지한 '담청색'(온건) 당원들이 대립했다. 헥셰르는 1964년 선거에서 한 번 더 패배한 뒤 이러한 당내 불화의 결과로 사퇴할 수밖에 없었다.

그럼에도 부르주아 정당 간의 협력 조건은 더디지만 확실하게 개선되었다. 부르주아 정당 간의 약한 고리였던 중앙당은 당 개혁을 이행했다. 당명 개정은 탈바꿈의 일부였다. 그 결과로 중앙당은 좀 더 확실하게 부르주아 진영으로 들어왔다. 중앙당은 이제 정권 교체를 위해 노력했다. 그러나 이전의 적-녹 협력은 결코 완전히 사라지지 않았다. 군나르 헤들룬드와 타게 엘란데르는 여전히 관계가 좋았고, 연립정부가 해체된 이후로도 두 정당은 다양한 영역에서 여러 차례 합의에 도달했다. 국민당과 우익보수당은 이를 비난했다. 중앙당이 부르주아 정당들이 그토록 뜨겁게 열망한 정권 교체의 토대를 약화한다고 보았기 때문이다.

중앙당은 또한 계속해서 우익보수당으로부터 거리를 두었다. 군나르 헤들룬드는 당 대표로 일한 오랜 기간 동안(1949년부터 1971년까지) 자신의 정당이 '우파 정책'을 추진하는 정부에 들어가는 일은 결코 없으리라고 강조했다. 그러나 1960년대에 부르주아 정당을 지지하는 유권자들의 불만에 세 정당은 큰 압박을 받았다. 스코네에서 부르주아 협력을 지지하는 강력한 운동이 일어났고, 1964년 선거에서는 기존 부르주아 정당 이외에 시민연합$_{Mbs}$이라는 이름으로 별도의 후보자 명부가 등장하여 그 선거구의 많은 부르주아 유권자로부터 세 명의 의원을 내기에 충분한 지지를 얻었다. 부분적으로는 남부 스웨덴의 이 통합 운동이 성공한 데 대한 대응으로서 1965년 중앙당과 국민당은 협력의 제도화를 시작했다. 중도 정당 간의 협력은 유례가 없었다. 이전에 야당의 두 정당이 그토록 긴밀히 협력한 적은 없었다. 정권 교체를 촉진하고 장래에 여당으로서 실행할 정책의 토대를 놓는 것이 목적이었다. 나아가 시간이 지나면서 다른 동기도 생겼다. 두 정당의 통합이었다. 두 정당은 긴밀히 결합한 동맹으로서 의회에서 일련의 공동 법안을 제출했으며 선거운동에서 공동으로 선거 공약을 내놓고 활동했다. 협력은 선거 전략의 측면에서 성공적이었다. 두 정당의 득표율을 합하면 1964년 선거에서 30.1퍼센트였는데 1970년 선거에서 36.1퍼센트로 증가했다. 중도 정당들이 약진한 결과로 우익보수당의 득표율은 급락했다. 1970년 선거에서 온건보수당(1969년부터 그렇게 개명했다)에 표를 준 유권자는 겨우 11.5퍼센트였다.*

---

* 1969년에 새로이 채택한 이름인 Moderata samlingspartiet을 축자적으로 옮기자면 moderat은 '온건한', '적당한', '중간 정도의' 뜻이며 samling은 '모임'이라는 뜻이다. 앞서의 명칭 Högerpartiet은 höger가 '오른쪽'이라는 뜻이니 '우익당'이나 '우파당' 정도로 옮길 수 있다. 그러나 보수 정당임을 드러내기 위해 각각 '우익보수당'과 '온건보수당'으로 옮겼다. 앞서 다른 책에서 Moderata samlingspartiet을

그 정당 역사상 최악의 선거 결과였다.

그러나 동시에 국민당을 지지한 유권자의 상당수가 중앙당으로 넘어갔다. 두 정당 간의 협력이 시작되었을 때 국민당은 가장 큰 부르주아 정당이었다. 1968년 선거 후 중앙당이 처음으로 가장 큰 부르주아 정당이 되었고, 1970년 선거(헤들룬드가 당 대표로 치른 마지막 선거)에서 유권자 다섯 명 중 한 명의 지지를 얻어 다른 부르주아 정당보다 확실하게 우세했다. 투르비엔 펠딘이 당 대표가 되어 치른 1973년 선거에서는 득표율이 더욱 높아졌다. 중앙당은 25.1퍼센트의 득표율을 보인 반면, 국민당은 겨우 9.4퍼센트의 지지를 받았다. 이 또한 국민당 역사상 최악의 선거 결과였다. 이러한 상황에서 국민당 내부에서 협력을 비판하는 목소리가 들렸다. 중앙당이 협력을 통해 무임승차로 도시에 침투했다는 것이다. 그러한 상황이 지속된다면 국민당은 뿌리가 뽑힐 위험에 처할 것이었다. 국민당에는 두 가지 대안이 있었다. 협력을 중단하고 자신들의 정책을 부각하든지 아니면 두 정당을 통합하는 것이었다. 국민당 내부의 분열은 심각했고, 일부 당원들에게 통합은 생각할 수 없는 것이었는데도 중앙당과 새로운 정당의 창당을 두고 협상이 시작되었다. 중앙당 지도부는 통합에 긍정적이었지만, 중앙당 내부의 청년연맹과 기초자치단체의 많은 중량급 인사들이 연합하여 협상을 중단시켰다. 투르비엔 펠딘은 이 실패 이후 당 대표 사퇴를 심사숙고했으나 자리를 지키기로 결정했다.

'보수통합당'으로 옮겼는데 아무래도 낱말의 뜻을 살리는 것이 좋을 듯하여 이 책에서 명칭을 바꾼다. 차후 스웨덴 연구들에서 논의를 거쳐 확정할 기회가 있으리라고 생각한다.

진영 정치의 확립

투르비엔 펠딘이 새로이 선출된 중앙당 대표로서 어느 편에 설 것인지 결정하고 부르주아 협력에 들어간 뒤로, 사회민주당은 그를 '우파의 새장'에 든 사람으로 보았다. 1971년 11월 부르주아 정당의 대표들은 공동의 경제정책을 제시했고, 처음으로 함께 기자회견에 나섰다. 여러 신문의 일면을 장식한 투르비엔 펠딘과 군나르 헬렌, 예스타 보만의 사진은 새로운 단원제 의회 시대에 이어진 진영 정치의 상징이 되었다.

1973년 선거 후 펠딘은 부르주아 진영의 자명한 총리 후보로 보였다. 펠딘과 울로프 팔메가 여러 차례 토론하여 주목을 끌었는데, 전임자인 군나르 헤들룬드와 타게 엘란데르의 토론과는 양상이 완전히 달랐다. 날카로운 말투는 이데올로기적 대립이 격해진 결과였다. 사회민주당은 팔메의 등장 이후 좌파의 이미지가 강해졌다. 국가가 다시금 한층 적극적인 역할을 떠맡는 공세적인 경제정책이 시작되었다. 그러나 이보다 더 중요했던 것은 1960년대 말 노동조합운동에 나타난 급진화였다. 그것이 노동운동의 정치 부문에 영향을 미쳤기 때문이다. 급진화의 가장 뚜렷한 표현은 노동조합총연맹 경제학자 루돌프 메이드네르가 구상한 집단적인 임금노동자기금의 제안이었다. 펠딘은 이 문제에서 매우 단호한 태도를 취했고, 이로써 야당 지도자라는 역할이 돋보였다. 그러나 처음에는 핵발전소 문제를 두고 중앙당과 사회민주당의 대립이 더 두드러졌다(임금노동자기금과 핵발전소에 관한 상세한 설명은 다음 장을 보라).

대립의 원인에 대한 다른 설명은 개인적인 성격을 띤다. 펠딘은 정치적 과제에 관하여 전임자와는 완전히 다른 시각을 지녔다. 군나르 헤들룬드는 당 대표로 있던 마지막 시절 중앙당이 분명코 가장 큰 야당이었는데도 야당 지도자로 나서기를 단호히 거부했다. 중앙당의 새로운 대표는 주저 없이 야당 지도자라는 역할을 떠맡았다. 울로프 팔메와 투르비엔 펠딘은 또한 개인적인 차원에서도 관계가 냉랭했다.

갈등으로 가득한 1970년대 초의 정치적 분위기에 대한 세 번째 설명은 단원제 의회의 도입과 더불어 정권 투쟁이 심해졌다는 것이다. 이전의 양원제 의회는 사회민주당 정부에는 사실상 헌법이 제공한 우산이었다. 사회민주당은 선거에서 패배한 후에도 상원에서 과반수를 유지한 덕에 여유를 얻어 집권을 연장할 수 있었다. 부르주아 정당들이 정부를 수립할 수 있으려면 사실상 두 번의 선거에서 연이어 사회민주당에 승리를 거두어야 했다. 1970년부터는 의회가 하나뿐이었기에 매 선거가 정권 확보 투쟁을 직접 결정했다(Stjernquist 1996).

새로운 헌법

1975년 1월 1일 지금의 스웨덴 헌법이 발효되었을 때, 이는 거의 20년간에 걸친 준비 기간을 거쳐 나온 결과였다. 왜 그렇게 오랜 시간이 걸렸나? 1809년 헌법이 의회주의와 보통선거제가 도입되면서 이미 시대에 뒤진 폐물이라는 것은 너무나 분명했는데도 통치자들이 이를 그토록 오래 고수한 이유는 무엇인가?

헌법 문제는 제2차 세계대전이 끝난 후 처음으로 의사일정에 올랐다. 오래 지체된 이유는 그러한 성격의 문제가 전쟁 때문에 미루어졌을 뿐만 아니라 국체國體를 둘러싼 해묵은 싸움에 각 정당이 진이 빠졌다는 사실과도 상당 부분 관계가 있다. 1918년 12월 17일 의회가 자유통합당과 사회민주당의 연립정부가 제출한 선거권 법안을 통과시켰을 때, 헌법

정책은 이미 오랫동안 전면에 부상해 있었지만 다른 문제들도 주목을 받았다.

옛 헌법은 현실에서 발전한 '실효' 헌법과 비교적 잘 공존할 수 있는 것으로 드러났다. 헌법 개정에 반대한 자들은 1809년 통치조직법이 '탄력적'이어서 제정 당시와 조건이 전혀 다른 새로운 시대에도 잘 작동했다고 지적했다. 또한 매우 혼란스러운 시기에도 스웨덴 정치는 비교적 평화롭게 발전했다는 말도 있었는데, 이는 1809년 통치조직법을 고수한 결과로 생각되었다. 1809년 통치조직법은 위기의 국면을 거치면서도 특유의 탄력성 덕분에 잘 작동했다는 것이다. 또한 필요성이 있을 때 부분적으로 기본법을 개정하는 것이 꽤나 용이했다는 주장도 있었다. 대대적인 헌법 개정의 추진은 이러한 제도적 틀에 대한 존중의 부족으로 여겨졌다.

핵심 논거는 기능과 관련되었다. 철저한 개혁이 이루어지면 현행 헌법의 강점으로 이해된 유연성이 사라질 위험성이 있었다. 새로이 작성된 법조문은 당연히 엄격하게 적용되어야 하기 때문이었다. 옛 기본법의 이점은 법의 적용을 끊임없이 조절할 수 있다는 데 있었다(Holmberg m.fl. 2003).

1809년 통치조직법의 유지에 찬성한 논거는 개혁 옹호자들을 설득하지 못했다. 그 출발점은 공식 헌법과 실제의 헌법 사이에 벌어진 간극이었다. 종전 후 헌법 논의가 시작되었을 때, 국왕이 이미 오래전부터 영향력을 상실했다는 사실에 비추어 헌법이 이미 효력을 상실한 오래된 권력 분립의 원칙에 공식적으로는 여전히 의존하는 것이 만족스럽지 못했다. 헌법이라면 모름지기 작금의 현실을 반영해야 했다. 옛 헌법이 유연하여 여전히 꽤나 잘 작동한다고 해도 앞으로도 계속 그러리라는 보장은 없었다. 갈등이 더 심한 상황이 오면 1809년 통치조직법이 기능부전에 빠지리라는 우려가 있었다. 의회가 헌법상 우위에 있다는 핵심적인 측면에서 1910년대의 국체에 관한 다툼 이래로 나타난 헌법적 관행을 분명히 해야 할 이유가 있었다. 특히 전쟁을 겪은 후에 국왕권이 의례에만 국한되어야 하는지가 현실적인 문제로 부각되었다.

개혁 옹호자들의 주장을 들여다보면 1809년 통치조직법의 모순이 드러난다. 1809년 통치조직법은 규범의 관점에서나 설명의 관점에서나 시의적절하지 않다고 판단되었다. 한편으로 1809년 헌법은 헌법적 상황의 설명으로서 오해를 불러일으킨다고 생각되었다. 왕권의 역할은 이미 오래전에 끝났고, 이는 당연하게도 자구(字句) 헌법에 분명히 드러나야 했다. 그러나 다른 한편으로 바로 그 동일한 헌법은 원치 않는 상황 전개를 초래할 수 있는 불명료함을 담고 있다고 생각되었다. 헌법의 틀 안에서 국왕은 특정 상황에 권한을 요구할 수 있었고 헌법적 관행에 따라 권한을 행사할 수 있었다. 이 논지의 의미는 왕권의 역할이 확실하게 역사의 뒤안길로 사라졌다고는 볼 수 없다는 것이다. 현행 헌법적 관행을 명료하게 설명하지 않으면, 왕권은 어떤 형태로든 다시금 현실이 될 수 있었다.

따라서 개혁 옹호자들에게 헌법 개정은 당연한 일이었다. 그들은 입법 활동과 관련하여 스웨덴 정치에 나타난 헌법적 관행을 거론했다. 시대에 뒤진 것으로 해석된 법률이 주기적으로 더 효율적인 법률로 대체되곤 했으며, 이는 헌법에도 적용되어야 했다. 형식적인 헌법과 실제의 헌법 사이의 간극은 더 벌어진다는 걱정이 일었다. 사회는 빠르게 변했다. 장기적으로 보면 150년간 생존의 능력을 보여준 옛 헌법이 계속해서 작동할 가능성은 없었다.

헌법개정조사단과 헌법준비위원회

승자는 개혁 옹호자들이었다. 1954년 정부는 헌법개정조사단을 구성하여 총리와 외무부 장관을 역임한 리카드 산들레르에게 책임을 맡겼다. 전면적인 개정을 추구해야 한다는 점이 활동 지침에 분명하게 제시되었다. 부분적 개정의 방침을 따르면 조만간 다시 땜질을 해야 할 수밖에 없었다. 정부는 전력을 다해 그 문제를 다루지 않으면 한층 더 심각한 효율성 문제에 직면할 것이라고 보았다.

헌법개정조사단은 시간을 충분히 가졌다. 조사단 위원들은 1961년 노르웨이의 복슨오슨에서 열린 회의에서 가장 논란이 큰 몇 가지 쟁점에 관하여 처음으로 합의를 도출하는 데 성공했다. 결과적으로 말하자면, 국민의 자유와 권리를 헌법에 명문화하고 차후로도 선거제도는 비례대표제 방식을 따르며 국민투표 제도를 도입하되 헌법 문제에 제한하고 법원에 사법심사권을 부여할 것을 제안했다. 반면 양원제 문제에서는 의견 일치를 보지 못했다. 다수가 단원제로의 이행을 원했다. 이러한 의견 불일치는 1963년 조사단이 최종 보고서를 제출할 때에도 그대로 유지되었다. 헌법개정조사단의 사회민주당 위원들과 정부 간의 접촉은 효과가 없었고, 사회민주당 위원 한 사람은 단원제로의 이행에 반대한 조사단의 소수파에 합류했다(Algotsson 2000).

정부로서는 "코뮌 연계성"이 중요했다. 국가 활동과 기초자치단체 활동 간의 연계를 어떤 식으로든 총선거에서 유지하는 것이 긴요하다고 보았다. 사회민주당에 따르면, 기초자치단체가 상원 위원을 선출하면서 그러한 연계가 있었지만, 이제 간접선거로 구성하는 상원이 사라지면 중요한 민주주의적 가치를 상실할 위험이 있었다. 부르주아 정당들은 그 저의를 의심했다. 사회민주당 시각의 밑바탕에는 지독한 권력욕이 도사리고 있다는 것이었다. 분명코 여당이 상원 과반수의 연장으로 이득을 보았기 때문이다.* 비엔 폰 쉬도는 『단원제로 가는 길 Vägen till enkammarriksdagen』(1986)에서 그러한 의심이 합당하다는 점을 증명한다. 사회민주당으로서는 당리당략의 측면에서 상원을 유지해야 할 강력한 동기가 있었다.

이러한 태도를 도덕적으로 해석할 이유는 없다. 헌법 정치의 영역에서 각 정당이 자신들에게 이로운 관점을 취하는 일은 다반사다. 당연히 그들은 대외적으로 입장을 설명할 때 결코 그러한 당략적 논거를 이용하지 않는다. 그 점에서 사회민주당의 행태가 독특하지는 않다. 부르주아 정당들이 국민투표 제도를 권고한 것도 마찬가지로 전략적 동기에서 비롯한 결과이다. 강력한 권력 분립의 요소를 집어넣고 이로써 헌법적 과정이 사회민주당의 개혁 정책을 제어하게 만드는 일이었기 때문이다.

양원제인가 단원제인가의 문제는 새로운 헌법을 둘러싼 다툼에서 가장 해결하기 어려운 것이었다. 국민당은 단호히 단원제를 요구했다. 상원에서 의원 교체가 지연되어 과반수 상황이 연장되는 양원제를 민주주의의 문제점으로 보았기 때문이다. 국민의 뜻이 제대로 반영되려면 단원제가 필요했다. 우익보수당에 이어 중앙당이 국민당의 요구에 동참함으로써 그 문제는 1964년 이후 새로운 국면에 들어갔다. 우익보수당

---

* 　상원 의원이 해마다 8분의 1씩 교체되었기 때문에 나타난 결과이다.

이 태도를 바꾼 것은 당 대표 군나르 헥셰르가 부르주아 정당 간의 협력을 이끌어내려 한 결과였다. 그는 대다수 우익보수당원처럼 기본적으로 국민당의 방침에 회의적이었지만, 협력 노력의 일환으로써 양보가 의미 있다고 생각했다. 우익보수당이 입장을 바꾸자 연쇄효과가 발생했다. 1966년 지방선거 후에 사회민주당도 단원제 제안에 동의했다. 사회민주당은 정당이 난립하는 의회를 보고 싶지 않았고, 그래서 군소 정당을 효과적으로 방지하여 단원제를 보완하자고 양보의 조건을 내걸었다. 사회민주당은 전국 투표율을 기준으로 하는 비례대표제를 주장했다.

이러한 태도 전환으로 의회 구조 문제에서 사회민주당의 시각은 이후 의회가 내린 결정과 동일하게 되었다. 사회민주당이 의회 구조 문제를 선거제도의 의석 배분 하한선 규정과 비례대표제와 연계했다는 사실은 단지 타협이 가능했다는 사실만을 뜻하지는 않았다. 그것은 또한 사회민주당이 의지할 수 있는 협력 정당인 공산당에 유리했다.* 한편으로 4퍼센트의 장벽은 공산당이 계속해서 의원을 당선시키기에 충분할 만큼 낮다고 생각되었고, 다른 한편으로 비례대표제 원칙의 효과로 공산당이 더 많은 의원을 할당받게 되었다.**

헌법개정조사단과 뒤이은 정당 대표들 간의 논의에서 헌법을 대폭적으로 개정한다는 데 의견이 일치했다. 합의에 따르면 새로운 헌법은 국민주권의 원리에 입각해야 했다. 국왕과 국민 사이의 권력 분할은 더는 볼 수 없을 것이었다. 나아가 의회주의 원칙이 헌법에 명시되어야 했

---

*   스웨덴공산당$_{SKP}$은 1967년에 당명을 좌익공산당$_{VPK}$으로 바꾸었다.
** Fyraprocentsspärren. 스웨덴의 수정홀수방식 비례대표제에서 의석을 배분받을 수 있는 최소 득표율은 유효투표의 4퍼센트였다.

다. 단원제 의회 도입에도 의견이 일치했다. 기본적인 원칙에 합의가 이루어진 뒤, 외레브루 주지사 발테르 오만(사회민주당)이 주재하는 새로운 조사단이 발족했다. 1966년의 헌법준비위원회이다. 헌법준비위원회에 넘겨진 과제는 해결되지 않은 문제를 풀고 합의된 원칙에 따라 새로운 헌법의 구체적인 안을 도출하는 것이었다. 1년간의 작업 끝에 부분적인 헌법 개정안이 제시되었다. 단원제 전환과 4퍼센트 이상의 득표율을 올린 모든 정당에 (실제로) 정확한 비율에 따라 의석을 배분하는 새로운 선거제도에 관해서는 만장일치였다. 국민당은 두 군소 정당, 즉 공산당과 새로이 출현한 기독교민주연합의 의회 진입을 어렵게 만들고자 5퍼센트 장벽을 권고했지만, 사회민주당은 공산당의 의회 진입을 용이하게 하고자 3퍼센트 장벽을 원했고, 4퍼센트로 타협이 이루어졌다. 의원 임기는 4년에서 3년으로 단축되었고, 국회와 기초자치단체 의회, 주 의회의 동시 선거가 도입되었다. 같은 날에 선거가 동시에 치러짐으로써 자치단체 연계성이 유지되었다. 의회주의를 강화하기 위해 의회의 정부 불신임 투표와 각료 해임권이 제안되었다. 마지막으로 헌법준비위원회는 정부에 의회 해산권을 부여하자고 권고했다. 이 개정안은 1968~1969년에 통과되었고, 1970년 선거부터 적용되었다.[5]

부분적인 헌법 개정이 이행된 후, 헌법준비위원회는 철저한 헌법 개정 작업을 지속했다. 골치를 썩인 한 가지 문제는 국가수반의 지위였다. 사회민주당이 당 강령에 여전히 공화국 요구를 적시했지만, 군주제를 유지한다는 것은 거의 자명했다. 정부는 제출한 헌법 개정안에서 왕국의 유지는 "새로운 헌법의 제정에서 당연한 출발점"이었다고 확인했다 (prop. 1973:90, s. 172). 국왕이 국민의 강력한 지지를 받고 있다는 것이었다. 그러나 국왕이 어떤 책무를 가져야 하나? 군주제와 의회주의 정체政體를 어떻게 결합해야 하는가? 1971년 네 정당이 투레코브에서 타협에 이른 후, 국가수반의 역할은 비정치적이어야 하고 따라서 국왕은 어떠한 공식적 권한도 갖지 않는다는 데 합의했다. 군주제는 상징에 머물러야 했다.[6]

다루기 어려웠던 다른 문제는 새로운 헌법에서 국민투표 제도에 부여할 역할이었다. 부르주아 정당들은 의회의 소수(의원의 3분의 1)가 국민투표를 발의할 수 있다는 데 합의하자고 강력히 요구했다. 1950년대에 사회민주당은 그렇게 해야겠다는 생각에 이르렀지만, 이후 그러한 시각에서 멀어졌다. 1963년 헌법개정조사단이 보고서를 제출했을 때 이미 그 점에서 사회민주당의 후퇴는 기정사실이었다. 조사단에 참여한 사회민주당 위원들은 대의민주주의 체제에서 국민투표를 시행하는 데에는 문제가 있다고 근심스럽게 강조했다. 반면 계류 중인 개정안에 의회 소수의 국민표결 국민투표 발의를 포함하는 문제와 관련해서는 부르주아 측의 요구를 어느 정도 수용했다. 그러나 헌법준비위원회 활동이 종결 국면에 들어갔을 때, 사회민주당은 이 점에서도 태도를 바꾸었다. 그때 사회민주당은 국민투표 제도의 확대에 일관되게 반대했다(Möller 2005).[7]

헌법준비위원회가 다룬 문제 중에서 가장 논란이 심했던 것은 새로운 헌법에서 기본적인 자유와 권리를 어떻게 보호해야 하느냐는 것이었다. 부르주아 정당들은 사회민주당이 원한 것보다 더 확실한 보호를 옹호했지만, 1972년 헌법준비위원회가 최종 보고서를 제출했을 때에도 정당들은 타협안을 도출하지 못했다. 그렇지만 시민의 자유와 권리를 헌법으로 보호하는 것은 1970년대 내내 중요한 문제였다. 부르주아 정부 시절에 군나르 헥셰르가 주재한 권리조사단에서 합의가 이루어진 뒤에야, 권리에 관한 장(제1장)은 오늘날의 형태를 갖추게 되었다.

효율적인 민주주의

앞서 확인했듯이 헌법 정치에서 각 정당의 태도는 당략이 크게 결정했다. 필연이었다. 그것이 권력 행사의 제도적 조건에 관한 문제였기 때문이다. 그러나 각 정당은 동시에 당연하게도 이데올로기적 동기에 의해서도 움직였다. 스웨덴이 새로운 헌법을 채택해야 했을 때 헌법 정치의 어떤 원리와 이상이 길잡이가 되었나?

칼예란 알고트손(2000)에 따르면, 헌법개정조사단의 활동 지침에 이미 네 정당이 본질적으로 공유한 기본적인 헌법관이 암시되어 있다. 알고트손은 활동 지침의 몇몇 문구에 주목했다. 그는 그것이 정당들이 민주주의의 효율성이라는 가치를 강조하고 있음을 분명하게 드러낸다고 보았다. 이를테면 민주주의가 사회 발전에 수반되는 문제를 해결할 수 있으려면 '안정과 유능함'이 전제되어야 한다고 확인했다. 동시에 국민이 통치 권력을 제어하는 것이 중요하다고 생각되었다. 헌법 연구에서는 효율성이 민주주의의 다른 가치와 어울리기 어렵다고 보는 것이 일반적이다. 예를 들어, 국민이 의사 결정 과정에 폭넓게 참여하면 정치 제도의 추진력이 부정적인 영향을 받는다는 것이다(Elster & Slagstad 1988). 그러나 시민의 영향력은 물론 효율성도 분명코 민주주의의 원활한 작동에 중요하다. 민주주의의 가장 큰 목표는 **국민의 의지를 실현하는 것**이다. 그렇기 때문에 민주주의는 국민의 의지를 확인하고 **동시에** 이를 실현하는 문제이다.

국민의 의지를 확인하려면 많은 국민의 참여가 바람직하다고 생각할 수 있다. 그러나 폭넓은 국민의 참여로 국민의 의지를 확인할 기회가 개선될지는 분명하지 않다. 대의민주주의가 원칙적으로 직접민주주의보다 우월하다고 생각하는 자들에 따르면, 총선거와 총선거 사이에 자원이 부족한 시민 집단의 이익을 옹호해야 할 때 문제가 발생한다. 이러한 시각에 따르면 다양한 형태의 시민 참여는 국민의 의지를 왜곡하는 경향이 있다. 말할 기회를 얻는 것은 우선 교육을 많이 받은 자들과 자원이 풍족한 자들이기 때문이다(Gilljam & Hermansson 2003).

시간이 지나면서 각 정당의 태도는 더욱 명확해졌다. 사회민주당은 시종일관 강한 정부가 필요하다는 주장을 고수했다. 가장 큰 야당인 국민당에서는 순수한 민주주의가 최고의 가치였다. 이를테면 국민당이 단원제에 찬성했을 때, 출발점은 유권자의 영향력 확대였다. 선거에 표출된 국민의 의지가 정책의 실행에 직접적으로 영향을 미치는 것이 중요하게 여겨졌다. 양원제에서는 현실이 그렇지 않았다. 상원은 일거에 바뀌지 않았기 때문이다. 그래서 철 지난 여론이 하원 선거에 표현된 국민의 의지를 방해할 수 있었다.

헌법정치의 관점이 당략과 연계되어 있다는 것은 이번에도 충분히 가능한 해석이다. 정당 체제에서 지배적인 위치를 점한 여당이 행정권을 보호하려는 것은 자연스러웠다. 마찬가지로 선거에서 승리했으면서도 상원 의원의 교체 지연 탓에 정권 교체에 실패한 국민당이 선거에 표출된 국민 의지의 직접적인 영향력이 중요하다고 강조한 것도 특별히 놀랍지 않다. 옛 헌법에서 권력은 분할되었지만 이제는 그렇게 되지 말아야 했다. 그렇지만 모든 정당이 일원론적 헌법이라는 기본적인 시각에 동의했다. 권력은 한곳에 집중되어야 했다. 사회민주당은 정부에, 반면 국민당은 선거일에 유권자의 손에 더 많은 권력을 부여하고자 했다. 그러면서도 원칙적인 헌법정치의 논의에 권력 분립의 필요성을 암시하는 것은 없었다. 법치국가, 권력 분립, 합법적인 권력 행사라는 입헌주의의 관념은 헌법정치의 논의 중에 대체로 보이지 않았다. 논의를 완전히 지배한 것은 "민주주의적 복지국가의 헌법정치적 원리"였다(Algotsson 2000).

1974년 헌법 채택과 관련하여 결정 과정이 늦어진 이유는 당연히 스웨덴 정치 문화와 스웨덴 모델에 관하여 의미심장하게 말해주는 것이 있다. 그 과정의 중요한 가치 전제는 합의와 합리성이었다. 그러한 문제들에서 합의가 강력한 내재적 가치일 정도로 헌법 문제가 독특했던 것은 분명하다. 특히 권력과 정치적 게임의 규칙이 문제일 때, 합의가 내재적 가치가 아니라면 정통성의 관점에서 치명적이다. 두 개의 대규모 입법조사단이 정력적으로 수행한 활동, 전문가들의 기여라는 중대한 요인, 정치적 합의에 도달한다는 의식적이고 명시적인 목표가 이 나라에서 중요한 문제의 결정이 보통 어떻게 내려지는지에 관하여 전형적인 이미지를 만들어냈다.

그러나 새로운 헌법의 출현과 관련하여 이루어진 폭넓은 합의가 장기적이고 지배적인 시각에서 스웨덴 정치에 전형적이라고 말할 수 있다고 해도, 그러한 합의는 1970년대 초의 특징인 시대정신에서 벗어난다. 그 시기 스웨덴 정치의 특징은 합의보다는 갈등이었다. 정치적 의견 교환의 분위기는 현저하게 바뀌었다. 논쟁에 신랄함이 스며들었다.

11

대결의 10년

1970년대는 대결의 10년이 된다. 주로 임금노동자기금과 핵발전소 두 가지 문제로 갈등이 일었다. 임금노동자기금은 전형적인 좌우 대립의 문제였지만, 핵발전소의 경우에는 완전히 새로운 차원의 갈등이 나타났다.

임금노동자기금

1960년대에 스웨덴 경제는 폭주했다. 강력한 성장은 높은 고용률과 실질임금 상승을 가져왔을 뿐만 아니라 민간 경제에도 큰 이익을 주었다. 특히 큰 수출기업들이 거둔 이익은 당시의 급진적인 사회 분위기에서는 화를 돋울 만큼 크다고 생각되었다. 1970년대 초 재산 형성과 경제적 민주주의가 노동운동의 최우선 의제가 되었을 때, '초과이윤'이라는 개념이 도입되었다(Åsard 1978). 노동조합총연맹은 연대임금정책이 큰 수익을 올리는 기업의 자본가들에게 이롭다고 분석했다. 그러한 기업의 고용인들은 임금 인상이 가능한데도 이를 단념했기 때문이다.[1]

바로 이러한 배경에서 노동조합총연맹 경제학자 루돌프 메이드네르는 1975년 노동조합총연맹 대회에서 임금노동자기금을 제안했다. 출발점은 연대임금정책의 불편한 귀결이었다. 임금정책의 전략 때문에 수익이 큰 기업의 노동자들은 어쩔 수 없이 임금 인상 요구를 자제했는데, 이것이 그 기업에 한층 더 큰 이익을 가져다주었다는 것이다. 이러한 결과가 긴장을 초래했다. 계속된 이익은 복지 성장의 전제조건이었기 때문이다. 그 '초과이윤'을 잘라내면서도 동시에 '자본주의의 젖소'를 죽이지 않는 것이 중요했다(Åsard 1978).

노동조합총연맹 대회에서 채택된 메이드네르의 제안은 부와 권력의 지속적인 집중을 막는 것이 목적이었다. '초과이윤 문제'를 전통적인 임금정책이나 재정정책의 조치로써 해결하기는 불가능하다고 판단되었다. 연대임금정책은 노동조합운동 안에서는 신성불가침으로 여겨졌다. 그것의 폐지는, 부분적인 수정조차도 원천적으로 배제되었다. 큰 이익을 내는 기업에서 임금을 많이 인상하려면 연대임금정책을 희생해야 했다. 그리고 전체적으로 높은 임금은 투자를 해치고 성장을 위협할 수 있었다. 법인세의 인상도 동일한 효과를 낼 수 있었다. 그렇지만 집단적인 임금노동자기금 제도를 수립하면 '초과이윤'의 문제점은 피할 수 있으리라고 생각되었다. 채택된 안은 기업의 연간 이익 중 5분의 1을 임금노동자의 조합이 관리하는 특별 기금으로 적립하자고 제안했고, 이는 수출기업의 성공이 지속된다면 그 기금이 곧 산업의 지배적인 주인이 된다는 뜻이었다. 기업의 수익이 크면 클수록, 기업의 소유권은 더욱 빠르게 기금에 넘어가게 된다.

사회민주당이 그 제안에 분명한 태도를 밝히지 않았는데도, 1976년 선거는 이데올로기적 대결로 전개되어 증오의 감정 속에 1928년 코사크 선거와 1948년 계획경제 선거를 떠올리게 했다. 야당인 부르주아 정당들은 단합하여 '기금사회주의'에 맞서 싸웠다. 노동조합총연맹의 제안은 철의 장막 뒤에 있는 동유럽의 국가사회주의에 비교되었다. 1976년 선거에 관한 어느 연구에 따르면, 임금노동자기금 문제는 부르주아 정당들의 비장의 한 수였다. 그것이 그해 선거에서 일어난 역사적인 정권 교체에 기여했기 때문이다. 그때 사회민주당은 44년 만에(1936년 석 달 제외) 처음으로 통치권을 내려놓아야 했다(Petersson 1977).

사회민주당은 1976년 선거 패패 후 임금노동자기금 문제에서 제안을 내놓기 위해 연구팀을 꾸렸다. 연구팀이 1978년에 제출한 안은 노동조합총연맹의 최초 제안에 비해 크게 완화되었다. 새로운 목적이 제시되었다. 기금으로 집단적 저축을 늘리고 경제의 자본 형성을 확고히 한다는 것이었다. 기본적으로 새로운 제안은 원래의 제안과 달랐다. 기금의 통제권을 지역 노동조합과 광역권의 대표기구가 나누어 가졌다. 그러나 다른 무엇보다도 고용인 500명 이상의 기업으로 경계가 설정된 것이다. 이는 현저한 후퇴였다. 권력의 측면에서 기조가 대폭적으로 누그러진 것이 가장 눈에 띄었다. 연구팀은 기금이 원칙적으로 "기업이 활동할 경제적, 정치적 환경"을 변화시키지 않을 것이라고 주장했다(Åsard 1978, s. 190에서 인용).

사회민주당 지도부는 그렇게 새로운 방안을 제시함으로써 1979년 선거운동에서 1976년 선거운동을 물들인 논쟁의 분위기가 되풀이되는 것을 피할 수 있으리라고 기대했다. 그러나 1979년 선거에서도 기금 논쟁은 부담이 되었다. 새로운 제안에 사람들은 당황했다. 그 방안으로 사회민주당이 진정으로 무엇을 얻고자 했는지가 불확실했다. 경제민주주의를 실현하는, 다시 말해 기존 권력 구조를 바꾸는 문제였나? 아니면 예를 들어 기업의 장기적 투자를 지원한다는 다른 동기가 있었나?

1978년 사회민주당 대회에서 여러 대의원이 새로운 제안을 비판했다. 애초의 효과가 약해졌다고 보았기 때문이다. 새로운 연구팀이 조직되었다. 이번에는 사회민주당과 노동조합총연맹의 대표자들이 다 참여했다. 3년 후 활동이 종결되었을 때, 임금노동자기금 문제에는 여전히 물음표가 찍혔다. 연구팀은 여러 해법을 논의했지만, 이데올로기적 성격의 권력 문제에 관해서는 구체적인 결과물이 없었다. 그래서 제안의 목적이 무엇인지 다양한 해석이 이어졌고, 당 대회는 공개적으로 지도부에 후속 작업을 위임했다. 제안의 배후에 놓인 '원칙'과(당 대회는 원칙을 분명하게 밝혔다) '세세한 기술적 측면'을 구분하면 해결이 가능했을지 모르나, 이는 사실상 적용하기 어려운 구분이었다(Öhman 1982).

사회민주당이 1982년 선거에서 다시 권좌에 복귀한 뒤 도입한 모델은 기본적으로 1981년 당 대회가 지지한 원칙을 토대로 한 임금노동자기금이었다. 1991년 그다음 번 정권교체가 일어났다. 부르주아 정부가 들어선 뒤 시행한 조치 중 하나는 임금노동자기금 제도의 폐지였다. 이후 그 문제는 정치적 논쟁의 대상이 되지 않았다.

사회민주당과 소유권

레이프 레빈은 사상사적 관점에서 사회민주당이 임금노동자기금 논쟁에서 보여준 태도를 분석한 뒤 이렇게 확인했다. "소유권에 대한 시각 속에 사회주의의 특성과 문제가 숨어 있다"(Lewin 2002b, s. 355). 사회민주당은 처음에는 마르크스주의 이론에 동조했다. 출발점은 자본주의가 파멸할 운명에 처해 있다는 것이다. 왜? 자본가가 의도적으로 임금노동자에게 최대한 낮은 임금을 지불한 결과로 빈곤이 확대되고 이로써 자본가의 생산품 판매에 필요한 시장이 고갈되기 때문이다. 자본주의는 제 무덤을 팠다. 위기가 연잇다가 결국 점점 더 심하게 착취당하는 노동자들이 각성하여 조직을 갖추고 마지막으로 혁명을 일으켜 권력을 쥐게 될 것이다. 그렇게 되면 산업은 사회의 소유로 넘어갈 것이다.

마르크스주의의 예측은 이러했고, 19세기 말에 스웨덴 사회민주당은 유럽의 다른 사회민주당처럼 그 분석을 신봉했다. 그렇지만 보통선거제 도입 이후 스웨덴 정치에서 사회주의 문제가 현실이 되었을 때, 사회민주당이 사유재산권의 폐지 요구를 밀어붙일 준비가 되어 있지 않았음이 밝혀졌다. 의회 상황이 이를 허용하지 않았기 때문만은 아니었다. 이데올로기적 요인도 한몫했다. 사회민주당은 개혁주의적 정당으로 성장했고, 소유권에 대한 모호한 태도는 바로 그러한 이데올로기적 유산을 반영했다. 부르주아 좌파와의 긴밀한 협력과 혁명을 지지하는 당내 좌파와의 내부 투쟁도 당의 정책에 분명한 영향을 끼쳤다. 당의 정책은 압도적으로 실용주의적 고려에 좌우되었다. 정치의 중심에는 가까운 장래에 노동자의 생활수준을 향상시키겠다고 약속한 사회개혁이 있었다.

그러나 근본적인 이데올로기적 확신은 잔존했고, 이 때문에 당내 여러 분파 사이에서는 물론 당의 수사법에도 긴장이 일었다. 필요의 충족 대신 이익의 추구로 움직이는 자본주의는 기본적으로 혐오스러운 체제로 인식되었다. 그러나 1930년대 위기 대응책과 이후 수립된 계획경제 정책과 더불어 사회민주당은 소유권 노선을 포기했고 대신 기능사회주의 노선을 밟기로 했다. 그러나 노동조합총연맹이 지지한 임금노동자기금 방안은 소유권 노선으로의 복귀를 의미했고, 노동운동에 과거의 긴장이 다시 나타났다. 집단적 소유의 제안은 사회민주당에서 지지가 없지 않았다.

사회민주당은 처음에 이 문제에서 관망하는 태도를 취했는데, 그 이유는 당 지도부가 당의 단합을 원했기 때문이다. 노동운동의 두 부문(노동조합 부문과 정치 부문)이 분열한다면, 운동은 동력을 상실할 수밖에 없었다. 문제는 사회민주당이 1976년 선거를 앞두고 힘든 처지에 놓였으며 그렇게 급진적인 정책을 들고 선거에 임하는 것은 선거 전략의 측면에서 바보 같은 짓이라는 데 있었다. 따라서 당 지도부로서는 절실히 제안을 완화하고 싶었고, 동시에 당이 아직 태도를 확정하지 않았음을 강조해야 했다.

이 점에서 정당 연구의 중요한 주제 하나를 언급할 이유가 있다. 정당은 정강 실현을 궁극의 목표로 하는 합리적이고 목적의식적인 조직으로 제시되곤 한다. 정강을 실현하려면 일련의 부차적인 과제를 잘 처리해야 한다. 당의 단합을 유지하고 유권자의 지지를 얻어야 하며 의회에서 영향력을 확보해야 한다. 이러한 하위 목표들이 반드시 서로 조화롭지는 않다(Sjöblom 1968). 그렇다면 무엇이 가장 중요한가? 공공선택이론을 받아들인 연구자들은 득표 최대화가 최우선의 목표라고 주장한다(예를 들면 Downs 1957). 다른 연구자들은 대신 조직 내부의 가치, 특히 조직 생존의 전제조건으로 생각되는, 따라서 선거의 성공보다 더 중요하다고 여겨지는 안정성의 의미를 강조한다(Panebianco 1988). 득표 최대화 가설이 정당이 우선 유권자라는 장에서 움직이며 다른 목적은 선거 승리를 위한 노력에 종속된다는 가정에 입각해 있는 반면, 안정성 가설은 정당이 완전히 다른 목적에 의해 움직이는 결사라는 관념 위에 서 있다. 이에 따르면 지도부의 임무는 정당의 단합과 장기적인 생존을 지키는 것이다. 이것이 가능하려면 당원들은 반드시 이데올로기적 연대 의식과 정체성을 지녀야 한다. 그러므로 정치를 지배적인 여론에 맞추거나 대체로 득표 최대화의 동기를 정치적 행위의 토대로 삼는 것은 위험하다. 정당은 그 이상에 충실해야 한다.

사회민주당이 임금노동자기금 제안을 신중하게 다룬 것은 이러한 배경에서 보아야 한다. 한편으로는 1976년 선거에서 승리하는 것이 중요했는데, 이로 인해 노동조합총연맹의 노선을 지지할 수 없었다. 다른 한편으로는 당의 단합을 보호하고 장기적인 생존을 보장해야 했는데, 이로 인해 노동조합총연맹의 노선에서 멀어질 수 없었다.

그렇지만 노동조합총연맹 제안의 토대가 된 분석이 많은 당원에게 합리적으로 보였음을 강조해야 한다. '초과이윤'에 관한 논쟁은, 특히 10년간 강력한 좌선회의 바람이 몰아친 뒤에, 사회민주당 이데올로기의 신경계를 강타했다. 동시에 그 관망하는 태도는 사상사적 배경에서 보아야 한다. 사회민주당은 노동조합총연맹이 옹호한 소유권 노선으로의 복귀를 위해 복지 노선을 포기할 준비가 되어 있지 않았다.

스웨덴 모델의 위기

1960년대의 호경기에 스웨덴 모델은 국제적으로 유명세를 치렀다. 장기간의 중단 없는 성장은 복지의 급속한 확충을 가능하게 했다. 1960년 대 말 스웨덴은 세계 최고의 생활수준을 자랑했다. 그러나 스웨덴 모델에서 특별한 주목의 대상이었던 것은 이 시기에 그 어느 때보다도 명백한 현실이었던 합의 문화이다. 노동시장에서는 당사자 간의 상호 신뢰가 책임 있는 임금 협약과 안정성을 보증했고, 여당과 경제계의 주요 대표자들 간에도 합의가 두드러졌다. 거대 금융자본을 상징하는 가장 주된 인물인 마르쿠스 발렌베리와 총리 엘란데르를 비롯한 사회민주당 지도자들 간의 관계는 더할 나위 없이 좋았다.

1960년대에는 통치권을 둘러싼 싸움이 격해진 결과로 정당 간의 대립이 심하기는 했지만, 정책에서 이데올로기적 대결도 약해졌다. 중앙당과 국민당의 협력은 이 점에서 정치 지형을 바꿔놓았다. 이 협력이 구체화되기 전에는 부르주아 진영에서 신뢰할 만한 대안 정부의 모습이 드러나지 않았다. 이렇게 중도 동맹이 결성된 상황에서 과반수 상황에 변화가 온다면 우익보수당의 지지도 기대할 수 있었기에 갑자기 그러한 가능성이 생겼다. 그러나 이 동맹은 여당인 사회민주당을 이데올로기적으로 거의 도발하지 못했다. 오히려 중도 정당들의 협력 이후 주된 정치적 대안들 간의 이데올로기적 차이는 그 어느 때보다도 작았다. 우익보수당이 중도 정당들에 가까이 다가간 것도 이러한 그림에 속한다. 우익보수당은 1969년에 채택한 새로운 강령에서 처음으로 공적 개입의 확대에 찬성했다. 동시에 이전에는 당에서 익숙하지 않았던 표현법이 쓰였다. 같은 해에 우익보수당은 온건보수당으로 당명을 바꾸었다. 개명이란 것이 대체로 그렇듯이 이 경우에도 상징적인 의미가 있다. 이전의 당명은 세계 도처의 다양한 형태의 극단적 우익 운동과 연결될 수 있기에 신뢰가 깎일 수 있다고 생각되었다. 새로운 당명의 채택은 스웨덴의 우파가 사회 발전에서 중도 세력이 되는 것을 그 역할로 본다는 점을 강조했다. 그러나 '보수konservativ'가 아니라 '온건(중도中度)moderat'이라는 낱말을 채택했다는 사실은 기존의 시대정신에 관해 암시하는 바가 있다. 명칭은 또한 당이 부르주아 협력을 추구한다는 점을 반영했다.

따라서 스웨덴에 사회민주주의의 사회관이 깊이 스며들었고 부르주아 정당들이, 팅스텐이 정확히 요점을 짚었듯이, 태양 주위를 도는 행성처럼 여당을 중심으로 선회했음이 그 어느 때보다도 더 분명하게 드러났다. 부르주아 정당들은 정권 교체를 위해 노력했지만, 정치의 철저한 변화는 바라지 않았다. 모든 국민에게 높은 생활수준을 보장하는 것이 사회의 책임이라는 복지국가의 기본적인 원칙에 관해서는 합의가 존재했다.

1970년대에 이르기까지 스웨덴 정치의 다른 두드러진 특징은 장기간에 걸쳐 발전한 코퍼러티즘이다. 국가와 노동시장 당사자들 간의 좋은 관계가 특징인 스웨덴 모델은 결사체들이 공적인 의사 결정 과정에 참여함으로써 일찍부터 정치에서 형식적으로도 중요한 역할을 수행했음을 배경으로 두고 보아야 한다. 그들은 사회적 책임을 지고 회원들을 통제하는 대가로 자신들에게 중요한 문제에서 큰 발언권을 얻었다. 이러한 코퍼러티즘은 합의 문화를 설명해주는 한 가지 요소이다.

1970년대에 들어서면서 상황이 변했다. 스웨덴고용주연합뿐만 아니라 노동조합총연맹도 코퍼러티즘 체제에 갇혔다고 느꼈다. 고용주연합은 자신들이 사회민주주의적인 사회 발전에 인질이 되었다고 판단했다. 노동조합총연맹은 급진적으로 바뀌었고, 코퍼러티즘의 합의 지향적 모델 안에서 이익단체로서의 행동의 자유를 박탈당했다고 생각했다(Lewin 1992). 그래서 그 시기에 노동조합은 노골적으로 더 많은 것을 요구했다. 출발점이 이데올로기적으로 매우 분명했던 임금노동자기금 제안이 가장 주목할 만한 것이나, 노동조합총연맹이 급진화 과정을 거치고 스웨덴 모델에서 떠나려 했음을 보여주는 것이 비단 그 제안만은 아니었다. 그 시기에 의회에서 통과된 공동결정권 개혁이 다른 사례이다. 20세기 초 이래로 노동을 지도하고 분배하며 노동자를 자유롭게 채용하고 해고하는 것은 고용주의 권한이었다. 이는 1906년 고용주들이 노동자의 단결권을 인정할 때 이루어진 타협의 일부였다. 이제 노동조합총연맹은 그 협약에서 이탈했고, 교섭권과 이사회에 대표를 보낼 권리를 요구했다. 이 요구가 의회의 결정에 토대가 되었다(Hadenius 1983).

고용주들은 노동조합총연맹의 공세를 자신들도 불만을 느끼고 있는 사회협약에 대한 공격으로 이해했고, 그러한 상황에서 틀에 갇힌 스웨덴 모델에서 벗어날 수밖에 없었다. 고용주연합은 중앙임금협상을 중단했고(연대임금정책의 귀결인 저임금기금*에 대한 반대가 있었다), 중앙행정기구에서 탈퇴했다(Lewin 1992; Bäck & Möller 2003).

핵발전소

1970년대 초 스웨덴 모델에 금이 가는 소리가 들렸을 때, 스웨덴 모델의 전제 조건이자 목적이라고 할 수 있는 경제 성장을 다른 시각에서 보

---

* låglönesatsningar. 중앙단체협약에서 임금이 일정 수준에 못 미치는 저임금 노동자들에게 경제 성장의 성과를 분배하여 빈부 격차를 줄이려는 제도. 기준보다 낮은 임금을 받는 노동자가 많은 기업에서는 좋아할 수가 없다.

는 견해가 나타났다. 많은 문명비평가가 급속한 물질적 발전에는 어두운 이면이 있다고 주장했다. 구조조정과 노동자이주정책,* 대량생산방식은 불안을 초래했다. 그러나 1970년대에 밀려온 '녹색 물결'은 처음에는 급속한 사회 변화에 동반된 불안정을 겨냥하지 않았다. 문제가 된 것은 오히려 물질주의적인 생활 방식, 궁극적으로 성장사회였다.

그 시기에 가치관의 뚜렷한 변화가 나타났다. 서구 세계 전역에서 전후 시대의 특징은 평화와 기록적인 경제 성장이었다. 그 점에서 1960년대 청년은 독특한 세대였다. 전쟁이나 물질적 결핍을 겪지 않았기 때문이다. 미국 정치학자 로널드 잉글하트(1997)에 따르면 평화와 복지, 안전의 결합은 '조용한 혁명'이 일어났음을 의미한다. 기존 민주주의 국가들의 정치 문화는 지속적으로 변했다. '탈물질주의' 세대가 성장했다. 좋은 교육을 받고 생활 방식의 문제에 관심을 가진 자들이다. 구세대는 물질적 복지와 확고한 규범을 높이 평가한 반면, 탈물질주의 세대는 삶의 질이나 개인적인 생활 방식을 선택할 기회 따위에 더 큰 중요성을 부여하는 경향을 보였다. 정치적 관심도 더 많지만 또한 엘리트층에 더 강력히 도전하는 세대였다. 이들은 이미 종합적 시각을 갖추었으되 매력이 떨어지는 정당보다는 여러 단일문제 단체(특히 환경운동 같은 새로운 사회운동과 연계되었다)를 찾았다.

탈물질주의가 물질주의에 대한 반대와 동일하지 않음을 강조할 필요가 있다. 탈물질주의적 가치관을 지닌 사람들은 일반적으로 물질적 복

---

* flyttlasspolitik. 1960년대와 1970년대에 노동력 확보를 위해 국가가 보조금을 지급하여 농촌과 인구가 희박한 지역에서 대도시로 주민을 이주시킨 정책.

지 자체를 거부하지 않는다. 오히려 물질적 복지를 당연하게 여긴다. 그 것은 탈물질주의가 지향하는 가치의 전제조건을 이룬다고 말할 수 있 다. 그들의 기대는 다만 높은 물질적 수준에서 멈추지 않았다. 그 시기의 특징은 탈물질주의자들과 반물질주의자들이 성장사회와 그 물질주의 적 생활 방식에 이의를 제기함으로써 결합한 것이다. 동기는 여러 가지 였지만 기본적으로 근대성의 주요 전제인 물질적 진보와 합리성에 대한 믿음 등에 대한 이데올로기적 비판과 관련이 있다. 비판은 민감한 첨단 기술 사회에서 불안정을 경험할 일이 많아진다는 데 주목했다. 가장 날 선 비판은 당연히 반물질주의 진영에서 나왔다. 그들은 물질주의적 가 치에 초점을 맞춘 근대의 기획에 크게 실망했다. 이 점에서 문명비판을 거론하는 것은 더없이 합당하다.

이 비판은 기존 생활 방식이 환경에 미친 영향을 더 잘 인식했고, 기존 사회에 강력하게 도전했다. 비판은 극복하기 어려운, 정치적 함의를 지닌 도전이었다. 정당과 진영을 관통하는 새로운 차원의 갈등에 관한 문제였 기 때문이다. 핵발전소 문제는 환경운동과 성장에 비판적인 여론에 촉매 제 역할을 하게 된다. 1970년 의회가 거의 만장일치로 핵발전소를 건설 하기로 결정한 뒤(11기의 원자로를 건설하기로 했다), 여론은 급변했다. 중 앙당과 좌익공산당 두 정당이 1973년 선거를 앞두고 핵발전소에 비판적 인 태도를 취했다. 이 논쟁에서 특히 영향력이 강했던 이는 중앙당 대표 투르비엔 펠딘이었다. 핵발전소에 관한 그의 개인적인 신념은 종교적 광 신자에게서나 볼 수 있는 요지부동의 확신에 비견될 정도로 너무도 강력 했다(Vedung 1978). 펠딘은 핵발전소 사회의 전진을 멈추기 위한 십자군 운동을 시작하여 대단한 반응을 이끌어냈다. 중앙당은 1973년 선거에서

4분의 1이 넘는 지지를 받았다(25.1퍼센트). 1928년에 우익보수당이 29.4퍼센트를 득표한 이래로 그때까지 부르주아 정당이 받은 최고 득표율이었다. 새로운 유권자 집단이 몰려들었다. 젊은 문명비평가들뿐만 아니라(이들은 경멸적으로 오사니세 마르크스주의자*라고 불렸다) 핵발전소의 위험성을 걱정한 매우 높은 연령층의 보수적 유권자들도 있었다.

사회민주당에 핵발전소 문제는 처음에는 복잡하지 않았다. 핵발전소는 당이 신봉한 성장 철학의 일부였다. 스웨덴 경제가 번창하는 동안 에너지 소비가 급증했다. 1950년대부터 증가율은 거의 연간 5퍼센트에 달했다. 정부가 보기에 에너지 사용 증대는 당연히 복지의 확대에 중요한 의미를 지녔다. 그러나 스웨덴 에너지 소비의 주된 몫은 석유가 차지했고, 이는 점점 더 문제가 되었다. 전후 초기에 석유는 전체 에너지 소비에서 40퍼센트를 차지했지만, 1970년대 초에는 70퍼센트에 달했다. 스웨덴이 높은 석유 의존도 때문에 취약하다는 사실은 1973~1974년에 터진 석유 위기 때 분명해졌다. 게다가 석유 의존도를 높이는 추세를 유지한다는 것은 세계적으로 확산하는 환경적 시각에 비추어 무책임하게 보였다. 핵발전소는 매우 환경 친화적인 수단으로 여겨졌다.

1975년 의회의 에너지 정책 결정과 더불어 핵발전소 문제가 중요한 쟁점이 되리라는 것이 분명해졌다. 핵발전소에 비판적인 중앙당과 좌익 공산당은 핵발전소의 해체를 요구했지만, 의회는 총 13기의 원자로 건

---

* Åsa-Nissemarxissm. 오사니세 마르크스주의는 1970년대와 1980년대에 좌파 지향적이고 환경을 위해 노력하는 중앙당 청년연맹의 이데올로기를 말한다. 오사니세는 작가 스티그 세데르홀름Stig Cederholm이 1946년부터 낸 여러 작품에 등장하는 농민 에브라임 에리크 닐손의 별명이다.

설을 지속하기로 결정했다. 온건보수당도 그 결정을 지지했다. 반면 국민당은 기존에 확정된 11기의 원자로로 충분하다고 보았다. 우유부단한 태도는 여론에 민감하다는 증거였다. 국민당은 특히 핵폐기물 처리와 관련하여 널리 퍼진 우려를 분명하게 거론했다. 총리 울로프 팔메는 정부의 핵발전소 일정을 '신중한 건설'이라고 표현했다. 그는 많은 사람이 핵발전소에 불안을 느낀다고, 그래서 애초에 생각한 핵발전소 계획을 이행하지 않을 이유가 있다고 말했다. 성장사회에 관한 논쟁에서 영향을 받은 팔메는 장기적으로 진로를 변경할 이유가 있다고 생각했다. 지속적인 성장은 에너지 사용의 증가를 전제로 했다. 그렇지만 에너지 소비의 증가 속도를 줄일 필요가 있었다. 증가 속도를 연간 4~5퍼센트에서 2퍼센트로 축소하는 것이 목표였다. 에너지 절약과 효율적인 에너지 사용은 향후 에너지 정책의 중요한 요소가 되어야 했다.

 1975년 의회의 결정에서 핵발전소 건설에 긍정적이었던 정당들이 어느 정도 유보적인 태도를 보이기 시작했다. 핵발전소에 반대하는 다양한 여론은 이미 성공을 거두었다. 애초에 고려된 대규모 핵발전소 건설은 결코 실현되지 않았다. 그러나 이는 오래도록 질질 끈 정치적 다툼의 시작일 뿐이었다. 1976년 선거운동에서 핵발전소는 가장 중요한 쟁점이 되었다. 사회민주당에서 중앙당으로 유권자가 이동했기에 그 문제가 선거 결과를 좌우했다는 것이 입증된다(Petersson 1977). 그리고 이러한 여론의 움직임은 지속되었다. 1980년 스웨덴의 네 번째 국민투표가 실시되어 핵발전소의 미래를 결정한다(다음 장을 보라).

이데올로기적 활력의 부활과 새로운 지도자

1970년대는 정치적 긴장의 팽배가 특징인 시기였다. 지배적인 좌-우의 극심한 대립과 나란히 완전히 새로운 차원의 갈등이 출현하여 유권자와 여러 정당을 분열시켰다. 이데올로기적 배경을 갖는 싸움은 두 가지였다. 이데올로기적 긴장이 1970년대에 정점에 달했는데도, 두 경우 모두 다툼은 오랜 기간에 걸쳐 길게 이어졌다. 앞서 언급한 주제를 더 추적하자면, 선거 참여율이 그 시기에 가장 높았음을 지적할 필요가 있다. 1973년에서 1982년까지 도합 네 번의 선거에서 투표율은 90퍼센트를 넘었다. 이전에도 이후로도 이보다 더 많은 유권자가 투표한 적은 없다. 이데올로기적 다툼이 민주주의의 활력을 높이는 효과가 있음은 이로써 한 번 더 증명된다.[2]

그렇지만 이데올로기적 대결이 투표율을 높였는지, 만약 그렇다면 어느 정도로 높였는지는 판단하기 어렵다. 높은 선거 참여율을 설명하는 다른 가설은 이를테면 "많은 것이 걸려 있다"는 의미에서 선거가 '중요했다'는 것이다. 쉽게 말하자면 선거가 정권 교체의 문제였다는 것이다. 한 가지 가설이 더 있는데, 박빙의 선거가 높은 투표율로 이어졌다는 것이다. 세 가설이 서로 충돌하지 않는다는 점을 강조해야 한다. 실제의 선거 사례가 그 점을 잘 보여준다. 1973~1982년의 실제 선거운동에서는 이데올로기적 긴장뿐만 아니라 강경하면서도 불확실한 정권 투쟁도 두드러졌기 때문이다.

새로운 헌법적 상황이 정치 투쟁을 격화시켰다. 단원제 의회가 출현하면서 모든 선거에서 정권 획득 투쟁의 성격이 이전보다 더 분명해졌다. 그리하여 부르주아 정당들이 공동의 대안을 중심으로 결집할 강력한 유인이 있었다. 실제로 그런 일이 일어났다. 이로써 더욱 극적인 상황이 펼쳐졌다.

마지막으로 정당 대표의 교체가 있었다. 이는 그 자체로 합의가 강조되는 토론 분위기의 퇴조에 기여했다. 1969년 사회민주당의 대표는 나이 많은 타게 엘란데르에서 날카로운 화법을 지닌 젊은 울로프 팔메로 바뀌었다. 논쟁의 재능이 뛰어났기에 달리 바랄 것이 없는 사람이었다. 1970년 온건보수당에서는 예스타 보만이 현직 당 대표 윙베 홀름베리와 싸워 대표가 되었다. 이 교체로 당의 이데올로기적 성격이 뚜렷해졌다. 보만도 팔메만큼이나 정치적 대결에 고무된 정치인이었다. 페르 알빈 한손과 함께 다른 어느 정당 대표보다도 스웨덴의 합의 문화를 상징하는 인물이었던 군나르 헤들룬드는 1971년 투르비엔 펠딘으로 교체되었다. 펠딘은 전임자와는 완전히 다르게 야당 정치인의 면모를 갖추었고 따라서 완전히 다른 방식으로 사회민주당을 비판했다. 다른 무엇보다도 펠딘이 헤들룬드를 대신하여 중앙당 대표가 된 것이 진영 정치의 출현에 크게 기여했다. 마지막으로 1975년에 '협력의 기술자' 군나르 헬렌을 대신하여 논쟁의 욕구가 강한 이데올로그 페르 알마르크가 국민당의 대표가 되었다.

이 대결의 10년 동안 스웨덴의 합의라는 목가적인 풍경은 적어도 일시적으로는 사라졌는데, 이는 투쟁적인 새로운 대표, 이데올로기적 파급력이 있는 새로운 문제들, 단원제 의회를 도입한 결과로 심해진 정권 획득 투쟁 등 서로 밀접한 연관이 있는 여러 가지 요인에서 비롯했다.

12

부르주아 정부 시절, 1976~1982

전후 시대 스웨덴 정치는 스위스 의회정치와 영국 의회정치의 특징을 빌려왔다. 한편으로는 강력한 합의 정신과 정당 간의 포괄적인 협력이 보였고, 다른 한편에서는 정부와 야당 사이에 대치가(어떤 시기에는 다른 때보다 더 심하게) 이어졌다(Ruin 1968). 그러나 스웨덴 정치에서 '양당 체제'라는 특징이 단원제 시대의 첫 번째 의회 시기만큼 뚜렷하게 부각된 적은 없었다. 부르주아 정당들은 처음으로 조화를 이루었고, 공동 정부를 추구한다는 점을 이전보다 더 분명하게 밝혔다. 게다가 정권 교체를 가져온 1976년 선거 전에 분명한 총리 후보가 있었다. 중앙당의 새 대표 투르비엔 펠딘이었다. 두 명의 총리 후보가 정치적 양자대결에서 서로 맞선 것은 베틸 울린의 전성기 이래로 처음이었다. 울린은 여러 해 동안 엘란데르의 주된 상대자였다. 이제 협상 상대자인 팔메와 펠딘 두 사람이 주목을 받았다.

1973년 선거 결과로 의회에서 균형 상태가 만들어지면서 두 중도 정당은 진영 정치를 부분적으로 재고했고, 따라서 균형의회의 3년간은 대체로 진영의 경계를 넘어 협력하는 합의 정신에서 지나갔다. '하가 협약'의 틀 안에서 사회민주당과 두 중도 정당은 처음으로 경제정책에 관하여 합의에 도달했다.* 목적은 1973~1974년 세계경제에 암운을 드리운 석유 위기 이후 경제를 부양하는 것이었다. 그러나 부가가치세 3퍼센트 인하를 포함한 협약은 충분해 보이지 않았으며, 사회민주당과 국민당 사이에 새로운 협약이 체결되었다. 국민당은 진영을 따지지 않는 협력에 가장 열심히 응한 정당이었다. 당시 국민당은 앞서 부르주아 협력을 추진했던 군나르 헬렌이 이끌었다. 헬렌은 '협력 기술자'라고 불렸는데, 결코 지나친 표현이 아니다. 국민당은 그가 당 대표였을 때 의회에서 큰 영향력을 행사하는 중요한 역할을 수행했다. 동시에 유권자는 국민당에 등을 돌렸다. 국민당은 선거에서 퇴보했다. 1970년 선거에서 득표율이 16.2퍼센트였는데 1973년에 9.4퍼센트로 하락했고, 선거 후 여론 조사에서도 하락 추세는 계속되었다. 1975년 헬렌이 당 대표에서 물러났을 때, 여론 조사 기관 시포Sifo에 따르면 국민당의 지지율은 6퍼센트 미만으로 추락했다. 새로운 당 대표 페르 알마르크가 들어선 후 국민당은 이데올로기적 면모를 강화했고 대결에 방점을 둔 투쟁 정치로 전환했다.

1973년 야당인 부르주아 정당들은 오랫동안 염원했던 정권 교체에 거의 다가갔으나 실패했고, 3년 뒤 44년간의 사회민주당 정권이 끝나고

---

* 1974년과 1975년에 스톡홀름 하가 왕궁Haga slott에서 체결된 것으로 중위 소득자의 세금을 인하하고 연금 수령 연령을 앞당기며 인플레이션을 잡기 위한 강력한 조치를 취하는 것 등이 포함된다.

그 일이 일어났을 때, 그것은 앞서 말했듯이 대결이 두드러진 정치적 분위기 속에서 발생했다. 핵발전소뿐만 아니라 임금노동자기금까지도 의제에 올라 있던 1976년 선거전은 이데올로기적인 면에서 그 어느 때보다도 격렬했다. 여론 조사에서 양 진영의 지지율이 대등했다는 사실은 분위기를 고조시키는 데 일조했다. 1976년 투표율이 그 어느 때보다도 높았던 것은 우연이 아니다. 선거 연령이 21세에서 18세로 낮아졌는데도(그래서 첫 선거를 치르는 유권자가 이전 선거에 비해 두 배로 늘었다), 유권자의 91.8퍼센트가 투표했다. 절대적 수치로 말하자면 거의 550만 명의 스웨덴 사람이 투표소로 향했다. 1973년 선거에 비해 거의 30만 명이나 더 많은 숫자였다.[1]

역사적 정권 교체: 배신 논란

1976년 선거로 부르주아는 의회에서 안정적 다수를 확보했다. 중앙당과 온건보수당, 국민당이 도합 50.8퍼센트를 득표했다. 그러나 1932년 이후 첫 번째 부르주아 정부가 수립되기까지는 힘겨운 협상이 필요했다.[2] 세 정당은 역사적으로 대립한 경험이 있었고, 선거운동 중에도 팽팽한 긴장이 뚜렷하게 드러났다. 세 정당은 거국내각에 들어갔을 때를 제외하면 함께 통치한 적이 없었다. 그리고 3년 전 선거에서 부르주아 정당들은 과반수에 가까운 의석을 얻었는데도, 사전에 공동의 강령을 만들어내지 못했고 별다른 집권 준비도 하지 않았다.

그렇지만 1976년 10월 부르주아 정당들이 스웨덴 국가의 운영을 떠맡게 되었을 때 상황은 한 가지 점에서 유리했다. 정부에 참여한 세 정당은 함께 의회에서 안정적 과반수를 확보할 수 있었다. 이들이 쓸 수 있는 의석은 180석이 넘었고, 반면 사회민주당과 좌익공산당의 의석은 169석에 머물렀다. 단원제 시대에 들어선 후 그렇게 강한 지위를 누린 정부는 없었다. 그러나 집권 경험의 부족은 확연했다. 어떤 장관이나 차관도 이전에 내각에서 일한 적이 없었다. 게다가 사회민주당 정부의 부처에서 일했던 비정치적 공무원들은 많은 경우에 사회민주당과 그 가치관에 충성했다. 새로운 장관들이 행정 관청의 강력한 지지를 받아야 하는 상황에서, 오히려 적어도 부분적으로는 새로운 정부에 대한 뿌리 깊은 저항이 발견되었다(Bergström 1987).

새 정부는 경험도 없고 준비도 되어 있지 않았으며 중요한 문제에서 내부의 반대에 직면했고, 게다가 정부 수립과 국제 경기의 하강이 겹쳐 스웨덴 경제가 폭넓게 영향을 받았다. 따라서 정부의 활동은 위기에 봉착했다. 2년 뒤 핵발전소 문제에서 의견 차이가 생겨 정부는 사퇴한다.

핵발전소 문제로 정부가 무너지는 것은 예상치 못한 일이 아니었다. 선거운동에서 이미 중앙당이 정부에 협력하는 데 두 가지 전제조건을 걸었다는 점이 분명하게 드러났다. 첫째는 가동 중인 원자로의 폐기 계획을 즉각 수립해야 한다는 것이었고, 둘째는 새로운 원자로의 가동을 허가하는 일은 절대로 없어야 한다는 것이었다. 그러한 요구가 받아들여질 때에만, 투르비엔 펠딘은 정부 구성에 협조할 의사가 있었다. 중앙당의 이 지도자는 1976년 봄 의회 토론에서 울로프 팔메에 압박을 당한 뒤 어떤 국무위원 자리도 "자신의 신념을 훼손할" 만큼 매력적이지는 않다고 선언했다.[3] 한 가지 견해를 그보다 더 엄중하게 고수할 수는 없다.

레빈(2002b)은 정부 구성 협상을 게임이론으로 분석하면서 그 상황이 '치킨 게임'의 전형이라고 말했다. 치킨 게임은 계약 당사자들이 협상의 좌초를 피해야 하는 공동의 이해관계를 지닌 동시에 어느 한편이 양보하면 얻을 것이 많다는 특징을 갖고 있다.[4] 이 게임의 논리에 따르면 대결이 행위자들의 기본 전략이다. 자신의 방침을 완고하게 고수하면, 상대가 굴복할 가능성이 생긴다. 동시에 그러한 전략은 협상의 파탄으로 이어질 위험이 있다. 정부 구성 협상의 기본 전제가 바로 그러했다. 실패는 선거에서 승리한 모든 부르주아 정당에 재앙이었다. 부르주아 정당을 지지한 유권자들의 압박이 강했기 때문이다. 정부 수립을 방해한 정당은 십중팔구 처벌을 받을 수밖에 없었다. 따라서 타협의 의지는 상당했다. 문제는 핵발전소에 관한 타협의 대가가 특히 핵발전소 폐기 약속에 큰 기대를 보인 중앙당과 그 대표에게 매우 컸다는 것이다.

단기적으로 보면 중앙당의 전략은 성공적이었다. 중앙당은 선거운동에서 지지세 하락 추세를 역전시켰고 투표자 네 명 중 한 명이 중앙당을 선택한 1973년의 기록적인 결과를 엇비슷하게 되풀이했다. 선거가 부르주아 정당들의 과반수 획득으로 이어졌다는 사실뿐만 아니라 중앙당의 성공적인 선거도 분명히 핵발전소 문제 덕분이었다(Petersson 1977). 그러나 대가가 컸다. 정부 구성 협상 중에 이미 갈등이 고조되었다. 새로운 원자로, 즉 바세베크 제2호기가 가동 준비를 마쳤고, 새로 들어선 정부는 새로운 가동 승인 문제에 관하여 태도를 취해야 했다. 이것은 가부간의 양자택일 문제였다. 타협은 논리적으로 불가능했다. 중앙당 대표는 양보했고, 가동을 승인한다는 결정이 내려졌다.

펠딘은 어쨌든 그 결정을 타협으로 설명하려 했다. 그는 "목적을 달성하지 못했다"고 인정했지만 향후 가동 허가를 엄격하게 한다는 특별 단서를 부가한다는 데 합의했음을 고려했다고 말했다. 그 밖에 에너지

정책 전반을 감독할 임무를 띤 에너지위원회를 설치하기로 했다. 전체적으로 이러한 조치들은 에너지 정책의 새로운 방향을 알렸다(Vedung 1979; Larsson 1987).

그렇지만 타협의 패자가 중앙당이라는 사실은 분명했다. 당이 선거에서 제기한 요구는 확고부동한 것이었고, 따라서 거의 타협의 대상이 될 수 없었다. 펠딘은 선거 직전 텔레비전의 질의응답에서 만약 부르주아 정당들이 과반수를 확보하면 타협을 생각할 수 있는지 묻는 질문에 이렇게 답했다. "이 문제에서 내가 오로지 조각의 기회를 얻고자 견해를 바꾸는 것이 온당하다고 말하려는 것인가? 당신들도 알다시피 그렇지 않다. 우리 중앙당은 정치를 그런 식으로 하지 않는다. 앞으로도 이 점을 명심하라"(Vedung 1979, s. 18에서 인용)! 펠딘의 이 마지막 말은 확실히 응답을 받았다. 그의 단호한 약속을 기억하기는 어렵지 않다. 중앙당 대표가 선거 전에 적절하지 않다고 설명한 바로 그 일(집권을 위해 핵발전소 문제에서 타협하는 것)을 실행한 뒤, 그에게 비난이 쇄도했다. 펠딘은 도덕적으로 비난받아야 할 사람이 되었다. 이제 야당 대표로 위치가 바뀐 울로프 팔메에 따르면, 펠딘은 "정치적 사기"의 책임을 져야 했다(Vedung 1979).

1976년 투르비엔 펠딘의 행위를 어떻게 이해해야 하나? 그 문제에서 펠딘의 확신이 유달리 강했다는 사실에는 의심의 여지가 없다. 펠딘은 발언을 통해 핵발전소의 중단을 위해 모든 것을 내걸 준비가 되어 있다고 분명한 메시지를 전했다. 전략은 예정된 연립정부 참여 정당들에 최대한의 압박을 가하는 것이었다. 그 정당들이 펠딘으로 하여금 공약을 깨뜨리게 하기는 불가능하다고 이해했을 것이기 때문이다. 그러나 결과는 반대였다. 펠딘은 스스로 운신의 폭을 좁혔다. 만일(가망이 없다는 뜻이다) 중앙당이 독자적으로 과반수를 확보했다면, 그의 공약은 문제가 없었을 것이다(핵발전소의 신속한 해체가 의미했을 이행의 문제는 별개였다). 그러나 펠딘은 중앙당이 의회에서 과반수를 확보했어도(거의 온건보수당과 국민당을 합친 것만큼 강했음에도) 독자적으로 정책을 결정할 수 없었기에 역설적인 난관에 봉착했다. 어떻게 처신해도 실수일 수밖에 없었다.

이 경우는 정치적 지도력의 딜레마를 잘 보여주는 사례이다. 정치적 행위는 기본적으로 신념에 바탕을 두고 있지만, 오로지 신념에 의해서만 움직이는 정치인은 많은 일을 할 수 없다. 신념을 분명하게 밝히고 이를 고수하는 동시에 운신의 폭을 유지해야 한다는 데 딜레마가 있다. 현실정치란 바로 그런 것이다. 막스 베버의 용어를 빌리자면, 정치적 행위의 지침이 되는 윤리에는 두 가지 형태가 있다. 신념윤리와 책임윤리이다(Weber 1977). 다른 사람처럼 펠딘도 신념윤리의 인도를 받았지만, 그러한 윤리의 인도를 받을 때의 문제가 이 경우만큼 나쁘게 드러난 적은 없었다. 정치인이 그렇게 자진해서 운신의 폭을 좁히는 것은 놀랍게 보일 수 있다. 최대한 많은 표를 얻기 위한 것이라도 그렇다. 선거 전에 펠딘은 최대한 많은 표를 얻는다는 목표를 설정했다. 이는 당면한 문제에 대한 그의 확신에 부합하는 목표였다. 운신의 폭을 스스로 미리 좁힘으로써 협력 대상인 정당들에 양보를 강요한다는 생각도 있었다. 스스로를 구속하는 전략의 문제점은 결과를 전제로 한다는 데 있다. 타협할 수 없다고 선언하는 자는 타협 이후에는 자신의 신뢰성을 유지하기 어렵다.

뒤이은 배신 논란은 펠딘의 정치적 권위가 무너졌음을 의미했다. 펠딘이 당 대표의 자리를 지킨 9년 동안 배신 논란은 그와 그의 당에 암운을 드리웠다. 1976년 선거 후 중앙당은 여론에서 오랫동안 내리막길을 걸었다. 1973년 25.1퍼센트로 최고점을 찍은 뒤 2002년에 이르기까지 모든 선거에서 뒷걸음질 쳤다. 2006년에 약간 올랐다가 이후 2010년과 2014년에 두 번의 선거에서 더 후퇴했다. 2014년 선거에서 중앙당의 득표율은 6.1퍼센트였다.[5]

경제에 드리운 먹구름

핵발전소 문제는 1976년 정부 구성 협상으로도 해결되지 않았고 새로 들어서는 정부에 어두운 그림자를 드리웠다. 게다가 다른 문제도 생겼다. 스웨덴 경제는 1970년대 초에 국제수지 문제가 악화되는 단계에 접어들었다. 사회민주당 정부는 이 문제를 해결하고자 엄격한 재정정책을 추진했지만, 실업은 증가했고 얼마 후 경제정책은 더 팽창적인 방향으로 재조정되었다.[6] 동시에 세계경제도 단기적으로 악화되었다. 1971년 미국 정부가 달러의 금 태환을 해제하여 브레턴우즈 체제가 붕괴하면서 중대한 변화가 일어났다.[7] 다른 중요한 사건은 1973년 중동전쟁 후 발생한 석유 위기였다. 석유수출국기구가 유가를 대폭 인상하여 스웨덴과 여타 석유에 의존하는 나라들의 에너지 비용이 크게 증가했다. 스웨덴이 석유 수입에 지불한 금액은 1974년에 배로 늘었다.

그래서 균형의회 시기에 국내 소비와 생산을 늘리고 그로써 고용도 확대하기 위해 팽창적 재정정책이 추진되었다. 부가가치세 인하와 아동수당 인상을 통해 가구의 구매력을 자극했다. 그 '타개 정책'에 관해서는 합의가 이루어졌다. 목적은 국제경기 하락의 효과를 완화하는 것이었다. 하가 협약의 범위 안에서 사회민주당 정부는 중도 정당들의 지지를 받았다. 그 케인스주의 정책의 출발점은 경기 문제의 배후에 놓인 것이 수요의 불안이라는 것과 그 문제는 재정정책의 도움으로 막을 수 있다는 것이었다. 스웨덴 정치에서 케인스 이론과 연결될 수 있는 정당은 우선 사회민주당이다. 1930년대 초에 수립된 위기 대응책이 바로 케인스 이론에 토대를 두었기 때문이다. 그렇지만 1970년대 초 지나치게 엄격한 재정정책을 추진한다고 정부를 비판한 것이 당시 야당이었던 부르주아 정당들이었음은 주목할 만하다. 그때 재무부 장관 군나르 스트렝은 "무책임한 선심 정책"을 추구한다고 부르주아 정당들을 공격했다. 그러나 석유 위기 이후 정부는 동요했고, 균형의회 시절에 '타개 정책'에 관해서는 폭넓은 합의가 이루어졌다(Löwdin 1998).

부르주아 정부 시기에도 팽창 정책은 지속되었다. 1976년 정권교체 이후 경제 상황은 급격하게 나빠졌다. 경제성장률은 추락했다. 1973년 석유 위기에 뒤이어 1975년에는 기록적으로 높은 수준의 임금 협약이 체결되었다. 그해와 이듬해에 임금은 평균 40퍼센트 인상되었다. 여기에 사회보험의 고용주분담금 인상이 더해져 산업계의 비용이 크게 늘어나는 결과를 가져왔고, 이는 수출에 영향을 미쳐 1975년에 수출은 거의 10퍼센트가 감소했다. 이후 산업생산은 4년 연속 감소했다. 그렇게 경제 상황과 관련하여 놀라운 국면전환이 이루어졌다. 의회에서 부르주아 정당들이 과반수를 차지한 6년의 기간 동안 산업투자는 거의 40퍼센트에 가깝게 하락했으며, 산업 내 고용은 13만 명에 가까운 숫자가 줄어들었다. 특히 철강과 조선, 석탄, 섬유 같은 기간산업이 큰 타격을 입었다. 이러한 구조적 문제의 결과로 정부는 산업부에 긴급대응 부서를 신설했고, 여기에 기초자치단체 정치인들과 기업의 대표자들이 쇄도하여 줄지어 늘어섰다.

부르주아 정당들은 야당이었을 때 사회민주당의 선택적 경제정책을 비판했지만, 이제 선택적 개입은 강화되었다. 특정 부문과 기업에 맞는 일괄 지원책이 다양하게 마련되었다. 그러한 조치에 많은 비용이 들었다. 부르주아 정부 시절에 조선업과 철강 산업의 상당 부분이 국유화되었다는 사실보다 더한 역설은 없다. 정부는 그렇게 하지 않으면 많은 기업이 생산을 중단할 수밖에 없다며 그러한 조치를 정당화했다. 그러한 기업 다수가 소재 지역을 완전히 지배했기 때문에, 생산이 중단되면 실업과 자본 잠식, 산업 생산 역량의 축소가 초래될 수밖에 없었다. 정부의 개입은 경기 하강 국면을 힘들게 버텨낸 생산 역량에 투자하는 것으로 인식되었다.

달리 말하자면 부르주아 정당들은 강령에서 선언한 것과 일치하지 않는 정책을 실행했다. 이는 온건보수당의 경우에 더욱 두드러졌다. 온건보수당은 여러 해 동안 감세를 요구하는 정당이라는 이미지를 유지했다. 그러나 온건보수당이 여당이었던 시기에 전체 납세 부담은 증가했다. 집권 첫해에 이미 납세 부담은 국내총생산의 50퍼센트를 넘었고 (Löwdin 1998), 부르주아 정부 시절에 스웨덴 사람들이 납부한 세금은 그때까지 사상 최고였다. 그랬는데도 재정 적자는 늘어났다.

정부는 통화의 평가절하를 통해 비용 위기에 대처하려 했다. 우선 1977년 4월에 도이치 마르크에 대해 6퍼센트 평가절하를 단행했고, 그 직후인 같은 해 8월에 도이치 마르크 연동을 대체한 통화바스켓에 대해 추가로 10퍼센트의 평가절하를 더 단행했다. 발생한 비용 증가에 스웨덴 경제를 적응시키는 것을 목적으로 한 이러한 평가절하에 뒤이어 1981년에 다시 10퍼센트의 평가절하가 실행되었다. 이듬해 사회민주당이 다시 집권한 직후, 최종적으로 일련의 긴 평가절하 중에서도 가장 큰 규모로 스웨덴 크로나의 16퍼센트 평가절하가 단행되었다. 이제 실업에 대처하는 주된 수단은 재정정책이 아니라 환율이었다(Lindvall 2005).

정부 위기와 핵발전소 국민투표

부르주아 정권 시절인 1976년에서 1982년 사이에 두 차례 정부 위기가 발생했다. 1978년에 최초의 세 정당 연립정부는 핵발전소에 관한 의견 불일치를 해소하지 못하여 무너졌고, 1981년에는 온건보수당이 자신들의 바람에 부합하지 않는 과세 정책에 관하여 중앙당과 국민당이 사회민주당과 합의했다는 이유로 세 정당의 두 번째 연립정부에서 이탈했다. 이는 부르주아 정당들이 의회 과반수를 차지한 6년 동안 네 차례나 정부가 바뀌었음을 뜻했다. 제1차 펠딘 정부(중앙당, 국민당, 온건보수당) 1976~1978, 울스텐 정부(국민당) 1978~1979, 제2차 펠딘 정부(중앙당, 국민당, 온건보수당) 1979~1981, 제3차 펠딘 정부(중앙당, 국민당) 1981~1982.

바세베크의 새 원자로 가동을 승인한다는 최초의 양보는 중앙당에 크나큰 역경이었고 당의 신뢰 자본을 크게 잠식했다. 1978년 바텐팔 주식회사가 원자로 두 기, 즉 포슈마르크 제1호기와 링할스 제3호기의 가동 승인을 추가로 신청했을 때, 정부는 어려움에 직면했고 이는 극복하기 힘든 것으로 판명되었다. 온건보수당과 국민당은 바텐팔 주식회사가 새로운 조건부 법률*에 규정된 대로 방사능 폐기물의 절대적으로 안전한

---

* Villkorslagen(1977:140)에 따르면 원자로 소유자가 사용 후 핵연료의 완벽하게 안전

처리 요구를 충족했다고 보았지만, 중앙당 대표는 견해가 달랐다. 지루한 과정을 거친 뒤 바텐팔 주식회사의 요청을 거부하기로 했다. 그렇지만 최종적인 결정은 아니었다. 추가 시험 굴착으로 지반에 구멍을 뚫어 법에 정한 안전 규정이 충족된다면 승인이 내려질 수 있었다. 이는 새로이 설립된 핵발전소점검단SKI의 결정에 달렸다. 그렇지만 그 결정으로 사실상 가동이 승인된 것으로 해석되었다.

중앙당에 그 '굴착 타협'은 심각한 패배였다. 투르비엔 펠딘은 새로이 배신 논란에 휩싸였다. 그리고 온건보수당 대표인 예스타 보만이 자신이 이해한 바에 따르면 바텐팔 주식회사가 이미 '99퍼센트' 조건부 법률의 요건을 충족했으며 굴착을 계속하면 핵발전소점검단이 거의 틀림없이 가동을 승인할 것이고 이는 사실상 순전히 형식의 문제라고 말했을 때, 중앙당 지도자에 대한 압박이 가중되었다. 그렇지만 중앙당의 다른 인사가 이후의 상황 전개에서 결정적인 역할을 하게 된다. 중앙당의 에너지부 장관 울로프 요한손이었다. 요한손은 보만의 발언 이후 기자들에게 타협의 의미를 완전히 다르게 해석한 메모를 배포했다. 요한손에 따르면 향후의 굴착에는 지극히 엄격한 요구가 제시될 것이었으며, 그는 가동이 승인될 가능성이 적다고 생각했다. 이 조치는 논란이 되었는데, 연립정부 내의 깊은 대립을 드러냈을 뿐만 아니라 해당 장관인 울로프 요한손이 조건부 법률이 특정 사안에 어떻게 적용될지에 관하여 자신의 해석을 공개적으로 밝히는 것은 '장관의 지휘'라는 잘못을 저지르는 것이기 때문이었다.[8]

한 처리를 입증할 수 있을 때에만 신규 원자로의 가동을 승인할 수 있다.

이러한 긴장이 정부 위기로 귀결되었다. 세 정당 연립정부는 국민당이 주도하는 소수정부로 대체되었고 새로 선출된 국민당 대표 울라 울스텐이 총리가 되었다. 그러나 신임 총리에 대한 의회 투표에서 울스텐을 지지한 의원은 국민당 의원 39명뿐이었다. 거의 두 배나 많은 66명의 의원(온건보수당과 좌익공산당의 의원들)이 반대표를 던졌다. 결정적이었던 것은 215명 의원의 기권이었다.

스웨덴에는 '부정적 의회주의'가 있다. 다시 말하자면 총리를 선출하는 데 찬성표 숫자가 결정적이지 않다는 말이다. 대신 반대표 숫자가 과반수면 안 된다. 요컨대 의장의 제안이 부결되려면 175명의 의원이 반대표를 던져야 한다는 뜻이다.[9] 울라 울스텐은 사회민주당이 기권하기로 결정한 뒤 총리가 되었다(중앙당 의원들도 기권했다). 사회민주당은 이 경우에 총리 투표의 의미에 관한 당의 원칙적 입장을 포기했다. 부르주아 정당들은 사회민주당의 선거 승리와 관련하여(1982년과 1994년) 또는 사회민주당 당대표 교체와 관련하여(1986년과 1996년) 발생한 권력 교체기에 의회 사정을 감안하여 기권했던 반면, 사회민주당과 좌익공산당은 비슷한 상황에서(1976년, 1979년, 1981년, 1991년, 2006년) 투표가 선거 결과와 기존의 과반수 상황의 확증이 아니라 제안된 총리 후보의 정책에 대한 입장 표명에 관한 것이라는 논거로써 일관되게 반대표를 던졌다.[10]

이른바 2014년의 12월협약에 참여한 여섯 정당(사회민주당, 온건보수당, 환경당, 중앙당, 국민당, 기독교민주당*)은 최대 '정당연합partikonstellation'의

---

* 기독교민주연합은 1987년에 기독교민주사회당Kristdemokratiska samhällspartiet으로, 이후 1996년에 기독교민주당Kristdemokraterna으로 당명을 바꾼다. 1987년 이후로는 기독교민주당으로 표기하겠다.

총리 후보가 과반수를 얻지 못하더라도 총리에 선출될 수 있다는 데 합의했다. 협약에 참여한 정당들은 이제 의무적인 일이었던 총리 선출 투표에서 기권하기로 했다. 협약의 배후에 숨은 동기는 스웨덴민주당을 고립시켜 정부 구성에 영향력을 행사하지 못하도록 하는 것이다.

사회민주당은 1978년에 무엇 때문에 원칙적인 태도를 포기했나? 국민당 정부 수립을 허용하는 것이 가장 덜 나쁜 대안이었기 때문이다. 사회민주당이 기권하지 않았다면, 온건보수당과 국민당이 연립정부를 수립하거나 의회가 교착상태에 빠져 결과적으로 총선이 치러진 지 겨우 1년밖에 지나지 않은 상황에서 재선거를 치러야 했을 것이다. 스웨덴에서는 임기 연장이 적용되지 않는다. 다시 말해서 재선거 실시 여부와 무관하게 정기 선거는 언제나 제때에 실시되어야 했다. 국민당 정부를 허용하는 것은 역사적 막간으로 여겨졌지만 의회의 난국을 타개하는 해법이었다. 게다가 사회민주당은 이를 통해서 부르주아 진영에 쐐기를 박았다. 온건보수당은 두 정당 연립정부를 준비했다. 울스텐에 반대표를 던진 이유가 거기에 있었다. 그러나 국민당 편에서는 온건보수당과 협력하여 연립정부를 수립하는 것은 생각해보지도 않았다. 국민당 내부에는 역사적으로 보수파에 대한 적대감이 유전처럼 이어져 내려왔으며, 폭넓은 부르주아 협력의 틀 안에서 다수정부를 토대로 활동하는 것이 더 쉬웠다. 그 시점에 자유주의 진영에는 진영 정치로부터 이탈하려는 노력도 보였다. 국민당은 여러 문제에서 사회민주당과 가깝다고 생각했으며, 의회의 소수당 처지에서 1920년대에 자유국민당이 칼 구스타브 에크만의 지도에 따라 실행한 '보그메스타레' 정책을 되풀이할 가능성도 보았다(Petersson 1979).

보그메스타레 정책은 처음에는 성공적이었다. 세 정당 연립정부는 일련의 조사단을 발족시켰고 더불어 여러 법률을 입안하기 시작했지만, 그러한 조치의 성과는 제한적이었다. 현대 정치에서 결정이 내려지기까지는 일반적으로 긴 시간이 걸린다. 나락에서 빵이 만들어지는 과정은 길다. 국민당 정부가 들어섰을 때는 정치적으로 수확기였다. 울스텐 정부는 앞서 연립정부를 같이 구성한 정당들의 지원을 받아 의회에서 빠르게 몇몇 성공을 거두었고 열심히 일한다는 평가를 받았다. 1979년 봄 국민당의 지지율이 올랐지만, 그럼에도 다른 정당들은 정부에 의회에서 그 입지가 허약하다는 점을 일깨울 필요를 느낀 것 같았고, 정부에 일련의 패배를 안겨 답답하게 만들었다.

정부의 불운은 1979년 3월에 미국 펜실베이니아주 해리스버그에서 핵발전소 사고가 발생하면서 시작되었다. 그 사고는 즉각 스웨덴 정치에 영향을 미쳤다. 정부는 사회민주당과 긴밀히 협력하여 에너지 관련 법안을 막 제출했는데, 펜실베이니아 원자로 사고와 더불어 사회민주당이 정부 법안에 대한 지지를 철회했다. 1976년 사회민주당의 선거 패배는 대체로 핵발전소 문제 때문이었고, 선거운동을 앞두고 그 다루기 어려운 문제를 치워버리고자 사회민주당은 1980년 봄에 국민투표를 실시하자고 제안했다. 핵발전소를 두고 상호 간 대립이 지속되었기 때문에 그러한 해법은 부르주아 정당들에도 잘 맞았다. 문제를 유권자에 직접 떠넘김으로써 새로운 세 정당 연립정부가 수립될 수 있었다. 1979년 선거에서 부르주아 진영이 미세한 차이로 과반수를 유지하는 데 성공했기 때문이다.

핵발전소 문제를 국민투표로 해결한다는 발상은 논리적이었다. 그 문제는 여론을 두 편의 대등한 부분으로 갈라놓았고 각 정당의 태도는 일 반적인 진영 정치의 유형을 따르지 않았기 때문이다. 좌파-우파의 척도가 유권자를 인도하지 못했다는 사실은 정당이 유권자 집단을 동원하기가 어려웠음을 의미했다. 특히 이는 내부적으로 핵발전소와 관련하여 대립이 심한 사회민주당에 해당하는 문제였다. 이러한 상황에서 국민투표는 전략적으로 당에 이로운 것처럼 보였다. 일찍이 핵발전소에 비판적인 정당들이 국민투표 발상을 내놓은 것은 분명하다. 그들은 의회에서 소수파였으며 따라서 잠재적인 패자였기 때문이다. 그러나 그때는 다른 정당들이 냉담한 반응을 보였다. 핵발전소 문제는 기술적으로 매우 복잡한 문제여서 국민투표의 대상이 될 수 없다는 말이었다. 여론이 다른 견해를 나타내고 있는 것처럼 보이는 상황에서 의회의 과반수를 점한 쪽에서 충분히 내놓을 수 있는 논거였다. 그러나 해리스버그 사고 이후 상황은 변했다.

  1980년 3월 23일 유권자들은 핵발전소의 미래에 대해 입장을 표명해야 했을 때 1957년 국민추가연금 표결에서 그랬던 것처럼 세 가지 대안 중 하나를 선택할 수 있었다.[11] 제1안은 온건보수당의 노선으로 전기 수요와 고용과 복지의 유지를 감안하여 "가능한 속도로" 핵발전소를 폐기하자고 권고했다. 제2안은 향후 국가와 기초자치단체가 중요한 에너지 설비를 소유한다는 이면합의를 제외하면 제1안과 동일한 것으로 사회민주당과 국민당이 지지했다. 마지막으로 제3안은 핵발전소의 추가 건설을 즉각 중단하고 기존 원자로를 10년 안에 해체하라고 요구했다. 제3안은 중앙당과 좌익공산당이 지지했다. 제2안이 39.1퍼센트를 얻었고, 제3안은 그보다 약간 적은 38.7퍼센트, 마지막으로 제1안이 18.9퍼센트를 얻었다. 국민추가연금 표결과 똑같이 결과는 해석하기가 어려웠다.

세 방안 모두 핵발전소의 해체를 준비했다는 것이 주목할 만하다. 다른 점은 해체의 속도였다. 그러나 제3안과 다른 두 방안 사이에는 확연한 차이가 있었다. 장기간에 걸쳐 "가능한 속도로" 해체하라고 권고한 두 방안은 핵발전소에 우호적인 태도로 여겨졌다. 따라서 싸움은 찬성과 반대 사이의 싸움이었고, 두 방안이 찬성 편이었다. 세 방안 다 해체를 선택한 것처럼 보이려 했다는 점은 당시의 여론 상황을 감안해 보아야 한다. 해리스버그 사고 이후 여론 조사에 따르면 다수가 해체에 찬성했다.

이번에는 국민추가연금 국민투표의 경우에 비해 각 정당이 자체의 유권자를 동원하기가 더 어려웠다. 유권자의 68퍼센트만이 지지 정당(1979년 선거에서 표를 준 정당)의 노선에 투표했다. 그럼에도 정당 간 차이는 컸다. 중앙당을 지지한 유권자의 85퍼센트가 제3안을 선택한 반면, 국민당을 지지한 유권자의 33퍼센트만이 제2안을 선택했다. 연구자들은 "피로와 좌절"의 투표 운동을 얘기한다(Holmberg & Asp 1980). 많은 사람이 핵발전소 문제를 기술적으로 어려운 문제로 인식했고, 유권자의 40퍼센트만이 국민투표 실시에 긍정적이었다. 또한 제시된 대안들에 대한 불만도 있었다. 겨우 36퍼센트만이 만족했다. 세 방안에 긍정적이고 나아가 국민투표 실시에도 긍정적이었던 비율은 고작 15퍼센트로 매우 낮았다. 투표 운동에도 그 문제에 대한 관심은 늘어나지 않았다. 그런데도 투표율은 75.6퍼센트나 되었고, 이는 그때까지 스웨덴 국민투표로는 가장 높은 것이다.

이 국민투표와 이전 국민투표 사이의 한 가지 중요한 차이는 각 정당이 유권자의 판단을 따르겠다고 분명하게 약속했다는 점이다. 말하자면 이번에도 투표는 상의 국민투표였는데 결과는 구속력이 있었다. 문제는 투표용지에 제1안과 제2안(합쳐서 과반수였다)에 나타난 표현이 꽤나 모호했다는 것이다. 문구에 따르면 전기 수요와 복지와 고용의 유지를 고려하여 "가능한 속도로" 핵발전소를 해체하기로 했다. 이 대략적인 표현은 해석하기 어려운 여러 조건을 포함했으며 핵발전소가 "가능한 속도로" 해체되어야 한다고 본 과반수의 운신의 폭이 넓어졌다. 이후 에너지 정책에서 전개된 상황은 그 표현에 관하여 해석의 문제가 있음을 증언한다. 지지자는 물론 반대자도 국민투표 결과를 상이한 출발점에서 얘기했다. 몇몇은 투표 결과를 비교적 빠른 해체의 결정으로 해석한 반면, 다른 이들은 명백한 과반수를 차지한 두 투표용지에 제시된 조건에 집착했다. 다시 말해 아주 긴 장기간에 걸친 해체를 결정한 것으로 해석했다.

  정치적 관점에서 보면, 국민에게 핵발전소의 미래라는 문제를 결정하도록 하는 것이 논리적이었다. 그러나 그렇게 하면 국민이 실질적으로 그 문제를 결정한 것인가? 분명코 그렇지 않다고 보는 것이 타당하다. 국민투표가 시행된 지 거의 40년이 지난 지금 핵발전소의 존폐는 더는 쟁점이 아니다. 원자로 두 기가 해체되었는데도(바셰베크 제1호기와 제2호기), 전체 전기 생산에서 핵발전소가 생산하는 몫은 약 50퍼센트로 변화가 없다. 그 이유는 정부가 나머지 원자로의 출력 확대를 승인했기 때문이다. 이는 1980년에 '해체 결정'이 내려졌음에도 핵발전소가 생산하는 전기가 증가했음을 의미한다. 그러나 출력 확대 결정은 사실상 논란이 되지 않았다. 이전에 핵발전소 문제가 얼마나 파급력이 컸는지 생각하면 이는 이상하게 보일 수 있다. 핵발전소를 해체해야 한다는 일련의 결정이 내려졌기 때문에 더 그랬다.

그러나 국민투표는 핵발전소 문제의 최종적인 운명을 결정하지는 못했어도 1979년 선거 이후 들어선 세 정당 연립정부가 권좌에 남아 있도록 할 수는 있었다. 그 문제가 의제에서 사라졌기 때문이다. 동시에 국민투표는 사회민주당 내부의 결속을 용이하게 했다. 그렇게 국민투표는 의회의 안정에 기여했고 정당 제도를 지탱하는 역할을 했다.

제3차 펠딘 정부

부르주아 정부 안에는 핵발전소 말고도 다른 갈등의 씨앗이 있었다. 시간이 갈수록 연립 여당 내부에는 경제정책을 둘러싸고 긴장이 고조되었다. 빠른 속도로 늘어나는 재정 적자를 피하고자 온건보수당은 엄격한 긴축을 실행하려 했지만 중앙당과 국민당은 그렇게 할 준비가 되어 있지 않았다. 이러한 균열은 제1차 펠딘 정부 말기부터 조금씩 드러났고, 국가 재정이 나빠지면서 한층 더 뚜렷해졌다. 온건보수당은 또한 한계세율을 낮추고자 했다. 다른 두 정당은 원칙적으로 동의했으나 온건보수당과는 달리 감세와 더불어 예산까지 삭감할 준비는 되어 있지 않았다. 그러나 1981년 봄 한계세율 인하가 이루어졌고, 그때는 사회민주당도 찬성했다. 그렇지만 온건보수당은 인하가 만족스러울 만큼 충분히 크지 않았기에 정부를 떠나기로 결정했다.

그러나 일이 그렇게 된 것은 온건보수당이 감세 규모를 더 확대하려 했기 때문만은 아니다. 온건보수당은 정부에서 자신들의 영향력이 미약한 것에 불만이었다. 온건보수당은 1979년 부르주아 정당 중 가장 강한 정당이었지만, 그 점이 정부 구성이나 정책에 반영되지 않았다. 온건보수당은 총리직을 얻지도 못했고 주요 직책인 다른 두 장관직(재무부 장관과 외무부 장관)도 얻지 못했다. 온건보수당이 선거에서 성공을 거둔 후에도 여론의 동향은 지속되었고, 당 내부에서는 1982년 선거에서도 성공하리라는 기대가 있었다. 그렇게 되면 영향력을 행사할 조건이 개선될 수 있었다. 온건보수당 지도부는 자신들에게 매우 중대한 문제인 세금 문제에서 굴복한다면 당의 신뢰에 금이 갈 수 있다고 걱정했다. 동시에 일반적인 부르주아 정당 지지자들이 부르주아 정부의 위기를 재차 촉발한 정당을 응징할 위험성도 있었다. 그러나 (세 부르주아 정당의 연립정부를 한 번 더 깨뜨림으로써) 부르주아 정당의 향후 신뢰를 훼손하는 것도 작은 문제는 아니었지만, 그보다는 당의 전략이 더 큰 위험에 처했다(Hadenius 1981).[12]

1970년대의 특징이 대결이었지만, 복지국가에 관해서는 정당 간에 의견 일치가 얼마나 컸는지 주목할 필요가 있다. 오랜 사회민주당 집권기에 구축된 사회 모델을 지키는 것은 부르주아 정부가 공개적으로 표명한 목표였다. 중도 정당들은 실업 축소와 사회정책 개혁에의 투자를 약속하는 정책을 계속했다. 온건보수당조차도 사회적 책임을 더욱 강조했다. 특히 1976년에는 재가 요양에 10만 병상을 추가하려는 야심 찬 목표를 지닌 의료정책을 들고 선거에 나섰다.

그러나 온건보수당은 다른 무엇보다도 감세 요구를 제기했다. 부르주아 정부 시절에 재정 상황이 암울했는데도 비록 온건보수당이 권고한 수준에는 미치지 못했지만 한계세율이 인하되었다. 성장률이 낮은 시기에 지출이 늘어나는데도 세금이 축소되었기에 재정 적자는 1975/1976년 회계연도의 40억 크로나에서 1982/1983년 회계연도에 900억 크로나로 늘어났다. 그러나 한계세율이 인하되었다고 총납세 부담이 감소한 것은 아니다. 그 세금이 인하됨과 동시에 지방세*가 크게 늘어났기 때문이다. 1975년 평균 지방세는 25크로나였는데, 5년 뒤에 29크로나로 증가했다. 특히 온건보수당이 오랫동안 소득의 매우 큰 몫이 세금으로 나가는 사회 제도를 비판했는데도, 부르주아 정부가 연이은 시절에 국내총생산에서 공공 부문이 차지하는 몫은 과거 어느 때보다도 더 빠르게 증가했다. 1970년대에 공공 지출은 경제 성장보다 훨씬 빠르게 증가했다. 그 결과로 국내총생산에서 공공 부문이 차지하는 몫은 1970년대에 45퍼센트에서 62퍼센트로 늘어났다.

  1981년 펠딘이 세 번째 정부를 세웠을 때 집중적인 관심을 받은 것은 늘어나는 재정 적자였다. 재정정책은 바짝 조여졌고, 절약이 많이 이루어졌다. 실제로 정책은 1979년 가을에 이미 변경되었다. 당시 정부는 더는 수요를 촉진하는 재정정책을 추진하지 않겠다고 분명하게 밝혔다. 그러한 정책은 스웨덴의 국제 경쟁력을 악화시킬 것이기 때문이었다. 이제 재정정책은 국가의 지출을 줄여 재정 적자의 축소를 목표로 삼아야 한다는 점이 강조되었다. 그때까지 재정 적자 확대에 대한 우려는 정부 안에서나 야당에서나 특별히 크지 않았다. 일반적인 생각은 재정 적자 확대가 현재의 불경기의 함수일 뿐이며 따라서 일시적이라는 것이었다. 이제는 재정 적자가 구조적 현상이라는 인식, 다시 말해 국가 예산의 세입과 세출 사이에 근본적인 불균형이 발견된다는 인식이 커졌다. 이제 재정 적자를 줄이는 것이 정부의 우선적인 목표였고, 이는 주로 지출

---

*   kommunalskatt. 기초자치단체와 광역자치단체가 부과하는 지방소득세.

축소의 문제였다. 정부가 세금 인상을 원치 않았기 때문이다.

　중도 정당들에 복지를 축소하는 데 따르는 정치적 위험은 온건보수당이 여당에 있지 않을 때, 특히 온건보수당이 세금 인하가 충분하지 않다고 중도 정부를 공격할 때 더 적었다. 그러나 동시에 정부는 세금 인하가 복지를 위협한다고 주장한 사회민주당의 비판을 받아야 했다.

　제3차 펠딘 정부 내의 협력은 그 시기 다른 연립정부의 경우보다 좋았다. 마찰은 연립 여당이 두 정당일 때 더 적었다. 게다가 그 두 정당은 오랫동안 서로 가까웠고 야당일 때 포괄적으로 협력을 추진했다. 여기에 현재의 통치 활동의 경험을 덧붙여야 한다.

　부르주아 정당들의 연립정부가 스웨덴을 통치하던 시절에 의회정치는 변화를 겪었다. 1970년대 초에 정립된 진영 정치는 균형의회 시기에 중요성이 줄어들었지만 부르주아 정당들이 협력하여 공동으로 정부를 수립하면서 만개했다. 그것은 1974~1976년 균형의회 시기가 1976~1978년 다수의회정치로 넘어갔을 때 더욱 분명했다. 균형의회 시기에 무게중심은 의회의 역할에 놓였다. 정치는 주로 의회의 상임위원회에서 이루어졌다. 정권 교체 이후로는 내각이 강조되는 의회정치가 자리를 잡았다. 그 시기에 의회는 옆으로 밀려났다. 정부 정책이 확정된 후로는 추가 협상의 여지가 거의 없었기 때문이다. 연립정부가 과반수를 확보하면, 연립 여당의 의원단은 일종의 거수기로 위치가 격하되었다. 작은 국민당 정부가 나라를 통치하던 역사적 막간에는 다시 의회가 중심이 되었다. 이론상으로는 가장 약한 형태의 정부인 소수 연립정부였던 제3차 펠딘 정부 때도 마찬가지였다. 그때는 우선 정부 안에서 조정이 이루어져야 했고 이후 다시 의회의 다른 정당들과 합의를 이루어야 했다.

13

제3의 길에서 유일한 길로

 1970년대 말, 그 10년간 추진된 케인스주의 정책은 막바지에 다다른 것처럼 보였다. 10년 동안 성장률은 절반으로 하락했으며, 실업과 인플레이션이 증가했다. 국가 재정은 위기에 봉착했다. 1980년대 초 재정 적자는 900억 크로나에 가까웠다.
 동시에 국제 경기도 좋지 않았다. 한 가지 원인은 1979년 이란 혁명으로 촉발된 새로운 석유 위기였다. 경기에 미친 영향은 매우 컸다. 1979년에서 1981년 사이에 경제협력개발기구 내부의 수출 규모는 축소되었고, 고유가로 인하여 유럽 전역에서 인플레이션이 크게 증가했다. 스웨덴의 인플레이션 속도는 1980년대 초에 14퍼센트 내지 15퍼센트였는데, 이는 성장이 낮은 상황에서 물가지수에 연동한 공적 지출의 비용이 크게 증가했음을 의미했다. 그래서 재정 적자는 더욱 늘어났다. 스웨덴에는 첫 번째 석유 위기에 비해 그 두 번째 석유 위기의 영향이 더 컸다. 2년간 국제수지는 오로지 석유 수입 비용 증대로만 170억 크로나 적자였다 (Bergström 1987).

1980년대 초 스웨덴 경제의 특징은 낮은 성장률과 취약한 국가재정, 높은 인플레이션, 실질임금 하락, 투자 감소, 실업 증가였다. 경제 위기로 좌파와 우파 사이에 대립이 격해졌다. 1980년대에 이데올로기적으로 새로 태어난 온건보수당은 신자유주의적 강령을 들고나와 복지국가를 거세게 공격했다. 그렇지만 합의 문화는 존속했다. 진영의 경계를 넘어 다수의 큰 협약이 체결되었다. 경제의 세계화는 국내정치의 조건을 바꿔놓았다. 새로운 시각과 해법이 필요했고, 이는 정치 문화에 영향을 미쳤다. 그러한 세계화의 여파로 1980년대에는 말하자면 경제정책뿐만 아니라 스웨덴 정치 전반에서도 패러다임의 전환이 이루어졌다. 국내정치에서 운신의 폭이 줄어들었고, 이는 문제 해결의 수단이라는 정치의 이미지에 영향을 미쳤다.

1982년 선거 전후의 경제정책

1982년 선거운동에서는 경제 위기가 중심을 차지했는데, 선거 결과를 분석해보면 경제 위기는 사회민주당의 선거 승리에 기여했다(Holmberg 1984). 선거운동 기간에 사회민주당은 부르주아 정부의 삭감 조치, 즉 질병수당 대기기간_karensdagar_의 도입,* 부분연금**과 실업급여의 축소, 국민연금의 물가지수 연동 폐지 등을 강하게 비판했다. 게다가 모든 부르주아

---

* 질병으로 인한 소득 손실을 보상하는 질병수당_sjuklön_을 지급받지 못하는 기간.
** delpension. 노동시간을 줄이고 연금을 일부 수령하여 소득을 보전할 수 있게 하는 제도.

정당은 선거전에서 긴축 정책의 지속을 표방했다. 사회민주당은 이를 복지국가에 대한 위협이라고 비난했다. 사회민주당은 대신 "허리띠는 덜 조이고, 운신의 폭은 더 넓히자"라는 구호로 고전적인 케인스주의 모델에 따라 수요를 늘리는 정책을 권고했다(Löwdin 1998). 낙관론과 미래에 대한 믿음을 결합하려 한 사회민주당은 선거 공약으로 네 가지를 들고나왔는데, 전부 부르주아 정부 시절의 결정을 폐기하는 것이었다. 국가는 기초자치단체의 아동보육에 대한 지원을 늘려야 했고, 연금의 물가지수 연동을 재도입해야 했으며, 실업급여를 더 후하게 지급해야 했고, 질병수당 대기기간을 폐지해야 했다. 이러한 정책은 정의의 이름으로 제시되었지만 거시경제정책의 관점에서도 정당화되었다. 국민경제의 바퀴를 돌리는 것이 가장 중요한 목표였다(Bergström 1987).

사회민주당은 선거에서 45.6퍼센트를 득표했고 좌익공산당과 함께 의회에서 안정적 과반수를 확보할 수 있었다. 그러나 좌익공산당은 이제 이전처럼 확실하게 의지할 수 있는 정당이 아니었다. 1982년 이후 사회민주당은 집권했을 때 좌익공산당의 지지를 자동적으로 기대할 수 없었다.[1] 네 가지 "복원 약속"은 이행되었지만, 전체적으로 보면 선거 전에 예견할 수 없던 경제정책의 진로 변경이 일어났다. 1982년 10월 8일, 새 정부가 들어선 그날에 이미 크로나는 16퍼센트를 꽉 채워 평가절하가 단행되었다. 목적은 스웨덴 크로나의 신뢰를 확보하고 경제의 경쟁력을 개선하는 것이었다. 크로나의 평가절하로 국민 개인의 생활수준이 하락하게 되었다. 이는 선거 구호에 배치되는 것이었지만 이제는 산업생산 증대를 위해 필요하다고 주장되었다. 새로이 들어선 정부에 따르면, 크로나의 평가절하로 기대한 효과를 거두려면 모질게 아끼는 재정정책으로 보완해야 했다. 총리의 시정연설은 예산 작업에서 "매우 엄격한 지출 심사"가 이루어질 것이라고 밝혔다.[2]

이 정책은 사회민주당이 선거운동에서 한 말과 다르기는 했지만 잘 준비된 것이었다.[3] 사회민주당은 권력 장악 이전에 이미 경제정책에서는 새로운 발상이 필요하다는 점을 분명하게 이해했다. 1970년대 스웨덴 정부와 1980년대 초 프랑스의 사회당 정부처럼 고전적 케인스주의 방식의 팽창적 재정정책을 추진한 정부들은 실패했다. 그러나 사회민주당 정부가 마거릿 대처가 이끈 영국이나 로널드 레이건 대통령의 미국에서 실천한 방식처럼 인플레이션을 낮추려고 실업이 치솟도록 내버려둘 수는 없었다. 그래서 이제는 "제3의 길 경제정책"에 착수했다. 그 정책의 요점은 절약하고 열심히 일하여 위기에서 벗어난다는 것이었다. 기본적인 분석에 따르면 임금 비용의 큰 증대로 국민경제의 경쟁력이 심히 약해졌다. 따라서 첫 번째 목표는 통화의 평가절하를 통한 국민경제의 경쟁력 강화였다. 경제는 수출 증대로 자극을 받겠지만, 생산과 고용이 증대됨과 동시에 엄격한 재정정책으로 국내 수요를 억제해야 했다. 두 번째 목표는 재정 적자를 줄이는 것이었다. 엄격한 재정정책은 정부가 부르주아 정부 시절에 설치되어 폭넓은 지원 활동으로 재정 적자에 일조한 산업부의 '응급실'을 폐쇄하는 결과를 낳았다(Löwdin 1998).

패러다임 전환을 향하여

좀 더 포괄적인 의미의 국가 역할 즉 국가 투자의 규모 이외에, 완전고용이나 낮은 인플레이션이 정책의 가장 중요한 목표인지 아닌지가 경제정책에서 기본적인 대립의 문제였다. 1980년대에 그러한 차원의 첫 번째 문제가 논쟁의 중심을 차지했다. '강한 사회'는 이데올로기적으로 이전에 없던 방식으로 도전을 받았다. 이는 제16장에서 면밀히 검토하겠다. 그러나 또한 다른 차원, 즉 경제정책에서 우선적으로 다루어야 할 과제가 낮은 실업률인지 아니면 낮은 인플레이션인지의 문제가 대두되었다. 여기서 패러다임 성격의 변화가 일어났다. 그러나 그 문제에 관한 논쟁은 없었다.

실업률을 최대한 낮게 유지하는 것은 모든 정당의 주된 목표였다. 인간적인 이유뿐만 아니라 국민경제적 이유에서도 그렇게 노력해야 했다. 더 심층적인 차원에는 개별 인간의 노동 가치에 관한 뿌리 깊은 이데올로기적 관념이 자리 잡고 있었다. 노동은 의미를 창출하고 노동자를 사회에 참여하게 하며 동시에 자기실현의 가능성을 부여한다. 게다가 노동은 부양의 독립성을 가능하게 하는 토대이다. 간략히 말하면, 인간은 바로 노동을 통해 책임 있는 개인으로 성장할 가능성을 얻는다.

스웨덴 정치에서 완전고용은 1930년대 이래 내내 경제정책의 총체적 목표였다. 특히 노동운동에 그 목표는 다른 모든 노력을 압도했다. 1930년대에 케인스 이론이 국민경제학과 정치에 확고히 닻을 내린 이래로, 국가가 수요를 낮추거나 자극함으로써 경기변동을 조절할 수 있고 또 그렇게 해야 한다는 생각은 널리 지지를 받았다. 케인스주의의 승리는 국가의 전능함이라는 관념의 발견을 의미했다. 국가는 재정정책을 통해 고용과 인플레이션의 수준에, 그 두 목표를 조정하는 방식에 영향을 미칠 수 있었다. 그러나 동시에 통치 집단은 올바른 선택을 해야 했다. 전후 시대의 오랜 성장기에, 즉 1940년대 말부터 1970년대 초까지 팽창적 재정정책 조치를 정당화할 만한 심각한 경기 침체는 없었다. 그 시기 내내 완전고용이(실제로는 완전고용이라는 목표로써 의미했던 바가) 이루어졌고, 정치적 과제는 노동시장정책 조치의 도움을 받아 노동시장의 유동성을 자극하여 수요가 큰 부문과 지역으로 노동력을 빼내는 것이었다.

고용정책이 주목을 받은 목표였음은 1970년대 초 실업률이 3퍼센트로 증가했을 때 분명하게 드러났다. 3퍼센트의 실업률은 오늘날의 기준으로 보면 낮은 수준이지만 당시로는 높았다. 그러한 상황이 되자, 실업 타개는 1980년대 말까지 모든 정당의 최우선 목표가 되었다. 그러나 고임금의 단체협약과 낮은 성장률은 1980년대에 높은 인플레이션을 낳았고, 이는 인플레이션 억제 노력이 한층 더 큰 문제로 등장하는 결과를 가져왔다(Löwdin 1998).[4] 그러나 다른 많은 나라와 달리 스웨덴은 실업률이 주변 나라들에 비해 현저히 낮았는데도 완전고용을 경제정책의 최우선 목표로 고수했다. 1980년대 말이 되면 상황이 달라진다. 인플레이션 목표가 고용 목표보다 우선시되었고, 이는 1991년 사회민주당 정부의 예산 법안에서 추인되었다. 인플레이션 억제는 계속해서 다른 모든 목표에 앞서야 한다고 주장되었다.[5] 그로써 스웨덴은 약간의 시차가 있었지만 국제적 모범을 따랐다. 스웨덴이 진로를 변경했을 때 다른 나라에서는 이미 10~15년간 인플레이션 억제가 주된 목표였으며, 그 나라들에서는 실업률이 상당히 높았다. 1980년대 경제협력개발기구 국가들의 평균 실업률은 7퍼센트였는데, 스웨덴의 경우 2.5퍼센트였다(Lindvall 2005).

스웨덴이 정책을 바꾸기까지 왜 그렇게 오랜 시간이 걸렸나? 정당 간에 완전고용이 주된 목표라는 점에 이견이 없었음을 지적할 필요가 있다. 요한네스 린드발은 그 시기의 정책 변경을 이해하려면 정치 문화가 변했음을 감안해야 한다고 주장한다. 그는 경제정책 변경을 "거시경제적 체제 변화"라고 보았고, 그러한 정책 변경에 앞서 정치 체제의 규범과 제도가 먼저 바뀌는 경향이 있었다. 스웨덴의 경우에 문제는 1980년대에 국가에 대한 강한 신뢰가 지속적으로 줄어들었다는 것이다. 린드발(2006)은 미국 정치학자 엘머 E. 샤트슈네이더를 따른다. 일찍이 1944년에 샤트슈네이더는 서방 정치인들이 대량 실업의 문제를 해결한 것처럼 보였다는 사실의 중요성을 내다보았다. 사람들이 국가가 실업으로부터 (샤트슈네이더에 따르면 실업은 경제 위기의 가장 두려운 표현이다) 자신들을 지켜줄 수 있음을 경험으로 알게 되면, 이는 사람들의 정치 관념에 영향을 미친다는 것이다. 샤트슈네이더의 예측은 사람들이 정치 제도가 사회의 중대한 문제를 해결할 수 있다고 이해하는 순간 그 제도에 대한 신뢰가 현저하게 커진다는 점을 고려했다. 1980년대 경제정책의 패러다임 전환은 바로 이러한 맥락에서 보아야 한다.[6]

전후 시대에 스웨덴에서 실업은 문제가 아니었다고 주장할 수 있다. 완전고용이 달성되었다. 노동조합총연맹의 경제학자인 예스타 렌과 루돌프 메이드네르의 이름을 따서 붙인 이른바 렌-메이드네르 모델은 엄격한 재정정책이 인플레이션을 억제하고 임금협상을 순조롭게 한다는 가정에서 출발했다. 그러나 그 모델은 다른 무엇보다도 동일한 노동에 고용된 사람은 이윤을 내는 기업에서 일하든 아니든 전혀 상관없이 모두 동일한 임금을 받는다는 연대임금정책이라는 원칙에서 시작했다. 공정한 임금뿐만 아니라 효율적인 국민경제까지 이끌어내는 것이 목적이었다. 연대임금정책의 효과는 생산성 향상에 성공하지 못한 비효율적 기업의 퇴출이었다. 그로써 일시적으로(지역적으로) 실업이 발생했지만 이는 노동시장정책으로써 다루었다. 노동자는 재교육을 받거나 추가 교육을 받았고, 보조금의 지원을 통해 새로운 일자리로 보내졌다.

따라서 전후 시대의 스웨덴 경제정책이 케인스주의 모델 위에 섰다는 것은 신화이다. 수요를 촉진하여 실업을 줄이는 것이 목적인 적극적 재정정책은 실업이 급증하기 시작한 1970년대에 와서야 실행되었다. 그러나 완전고용을 달성한 몇십 년간 케인스 이론이 적절한 것으로 여겨지지 않았다고 해도, 1930년대의 위기 대응책은 여전히 집단적 기억 속에 살아 있었다. 이는 제1차 석유 위기 이후 재정정책이 변경되었을 때 분명했다. 그때 팽창 정책은 1930년대 경험과 관련하여 새롭게 불경기에 생산과 고용을 증진하는 해법으로 여겨졌다. 나중에 경제학자들이 위기 대응책이 실질적으로 1930년대 위기를 해결하는 데 이바지했는지 문제 삼기도 했지만, 오랫동안 정치인들과 경제학자들은 실제로 기여했다고 대체로 인정했다. 그러므로 이 집단적 기억의 함의는 정치적 수단으로써 실업을 해결할 수 있다는 것이었다.

완전고용이라는 목표가 인플레이션 억제라는 목표에 밀려났을 때, 이는 경제정책의 패러다임 변화뿐만 아니라 그 연장선상에서 정치 문화의 변화와도 관련이 있었다. 물론 당시의 정권은 당연히 그 시점에서 그렇다고 생각할 수 없었을 것이다. 어떻게 패러다임이 변할 수 있었느냐는 질문에 답하려면, 행위자들의 준거 기준을 이해할 필요가 있다. 이 점에서 스웨덴이 다른 유럽 국가들보다 실업률이 현저히 낮았음을 강조해야 한다. 당시 정권이 1990년대에 실업이 얼마나 확산될지 알았다면 정책이 달리 수립되었을까? 어떤 현상을 반사실적 가정을 통한 설명방식으로 분석할 때 늘 그렇듯이, 모든 답변은 진부하거나 불확실성을 띠고 만다.

그렇지만 사회민주당 정부가 여전히 대량 실업을 받아들일 수 없었다는 점만은 확인할 수 있다. 그러한 태도는 당의 이데올로기적 영혼에 어긋났기 때문이다. 그러나 경제는 당시 전반적으로 과열되었고, 인플레이션 억제라는 목표에 대한 신뢰를 얻을 필요가 있었다. 또한 그런 이유로 환율이 계속 고정되어야 함을 분명히 했다. 이는 고용 확대와 관련하여 국가의 운신의 폭이 더욱 줄어든다는 뜻이었다.

"국민국가의 위기"

국민국가의 위기는 경제의 광범위한 세계화가 두드러진 그 시절의 논쟁에서 매우 자주 되풀이된 주제였다. 초국적 자본은 한층 더 빠르게 국경을 넘나들었다. 1970년대에 국제 외환시장에서 100~200억 미국 달러가 거래되었는데, 세기말에 거래 규모는 100배로 증가했다(1조 5,000억 미국 달러). 그 순수한 금융 차원의 경제적 세계화는 주로 1980년대에 나타났다. 1983년 국제 외환시장에서 이루어진 거래는 전 세계 무역 거래의 10배였으며, 1992년에는 60배였다. 1980년 약 1만 개의 다국적 기업이 세계 전역에 9만 개에 가까운 해외 지점을 보유했는데, 10년 뒤인 1990년에는 그러한 기업이 전부 3만 5,000개로 해외 지점은 17만 개였다(Thörn 2002).[7]

스웨덴 같은 작은 나라로서는 국가 재정이 취약하고 환율이 고정되었을 때, 그리고 동시에 국제자본은 쉽게 이동할 수 있을 때, 화폐정책과 재정정책으로써 국내 수요를 조절하기가 어렵다. 전통적 성격의 경제정책을 추진하기가 어려웠음을 보여주는 증거는 당시의 총리 잉바르 칼손의 회고록에서 발견된다. 그는 재정정책도 화폐정책도 작동하지 않았다고 쓰고 있다(Carlsson 2003). 따라서 정책 변경이 발생한 데 대한 지배적인 설명은 세계화라는 이름으로 움직이곤 했던 강력한 구조적 요인에서 찾을 수 있다. 자본의 이동이 더욱 자유로워지면서 국민국가의 조건은 극적인 변화를 맞이했다.

세계화는 정책의 시장 지향성이 강해지는 결과를 가져왔다. 스웨덴을 비롯하여 광범위한 공공복지 제도를 갖춘 나라들은 자본이 자유롭게 이동하고 상품과 용역의 시장이 개방될 때 특별히 심한 타격을 입었다. 과세 수준이, 더불어 정치의 조건도 대체로 주변 세계에 맞추어 조정되었다. 낮은 생산비와 적은 세금을 바라는 기업의 요구는 정치의 기준 역할을 했다. 환경 변화로 어쩔 수 없이 시장에 적응해야 했고 그 결과로 1930년대 이래로 정치의 우위에서 시작된 스웨덴 정치 문화에 단절이 생겼음을 다시 강조해야 한다. 이제 갑작스럽게 새로운 조건에 적응하는 수밖에 다른 대안은 없는 것 같았다.

사회민주당으로서는 당연히 적응하기가 힘들었다. 당내에는 개혁파와 전통주의자들 간의 '장미전쟁'이 사납게 몰아쳤다. 당의 정책을 쇄신하려는 자들은 적어도 기본적으로는 새로운 경향을 지지한 반면, 전통적 노선을 고수하려는 자들은 반발했다. 우선회가 일어났다. 10년간 광범위한 경제적 세계화와 신자유주의 사상의 강력한 침투가 이루어진 뒤 1980년대 말이 되면, 사회민주당 내부에서도 시장 지향적 정책이 한층 더 강하게 수용되었다(Svensson 2001). 그렇다고 노동운동 전체가 그 정책을 지지했다는 뜻은 아니다. 오히려 시장이라는 해법에 대한 강력한 회의가 지속되었다.

1988년 선거 후 사회민주당과 국민당이 가까워졌는데, 이는 사회민주당 내부의 이데올로기적 변화를 보여주는 사례이다. 1989년에 두 정당은 "세기의 세제 개혁"이라고 부르게 되는, 세금에 관한 합의에 도달했다. 개혁은 부분적으로는 세계화 때문에 불가피했다. 스웨덴은 1980년대 말에 세계에서 세율이 가장 높은 축에 드는 나라였다. 특히 소득세율이 높았다. 한계세율은 저소득층과 중위소득층에도 심하게 느껴졌고, 저열한 납세 윤리와 광범위한 탈세의 형태로 한계세율의 부정적 효과가 나타난다는 점에 많은 사람의 의견이 일치했다. 그러나 대규모 세제 개혁 문제는 1988년 선거운동 전이나 선거운동 기간에 논의되지 않았으며, 감세 법안은 사회민주당 내에서 논란을 일으켰다. 많은 당원이 소득 재분배를 위해 강력한 누진세 제도의 유지를 원했다. 개혁은 저소득층과 중위소득층의 국세(바로 그 소득 재분배 기능을 하는 세금)를 폐지하는 것을 의미했다. 개혁안에 따르면 고소득자의 총한계세는 지방세를 포함하여 대략 50퍼센트가 될 수 있었다. 이는 실질적인 인하였다. 소득세 인하로 생긴 재정 부족은 과세 기반 확대를 통해 채웠다. 특히 에너지와 호텔 사업, 음식점 사업의 부가가치세가 인상되었다. 그 밖에도 국가의 주거보조금이 축소되었다(Hadenius 2003).

 개혁은 우파는 물론 좌파로부터도 비판을 받았다. 공산당은 분배 정책에 미치는 결과를 수용할 수 없다고 생각했고, 반면 온건보수당은 감세 규모가 너무 작다고 보았다. 온건보수당은 개혁 이후에도 납세 부담이 여전히 세계 최고라고 주장했다. 국민당만 진정으로 열렬히 개혁을 환영했다. 국민당이 처음에 내놓은 법안이 합의안과 거의 일치했기 때문이다. 사회민주당 안에서 개혁은 앞서 말했듯이 다소간의 논란거리였다. 게다가 개혁은 당 내부의 실질적인 논의 없이 추진되었다. 선거운동에서 당의 주요 대표자들이 국민당의 세금 정책을 신랄하게 비판했다는 사실은 나중에 개혁을 정착시켜야 했을 때 문제를 야기했다. 그러나 합의가 이루어진 뒤, 사회민주당은 사후에 개혁에 대한 이해를 돕고자 내부적으로 "연구 활동"을 시작했다.

이렇게 새로운 정책이 확정되었을 때 당 지도부는 열성적인 평당원의 지지를 구했는데, 이렇게 전도된 과정은 정당민주주의의 모범적인 의사결정처럼 보이지 않는다. 그렇지만 그 과정은 당시에 얼마나 중요한 노선 변경이 일어났는지를 보여주었다. 잉바르 칼손의 회고록과 셸울로프 펠트의 회고록 둘 다 1980년대 말 통치 행위가 확연하게 역행적이었음을 증언한다. 세계화의 여파로 점점 빨라진 속도는 정치 제도와 그 행위자들을 압박했다. 그래서 유럽공동체 가입에 관해서도 실질적인 토론 없이 변화가 생겼다. 다른 한편으로는 최종적인 단계에서 국민투표로 문제를 결정할 가능성이 주어졌다(제15장을 보라). 국민국가 정치 체제의 운신의 폭이 축소되고 여기에 시간의 압박이 더해지니 전통적인 의사결정 형태는 목적 달성에 어울리지 않는 것처럼 보였다. 각 정당에서는 예기치 않게 하향식 통제 확대에 관한 토론이 벌어졌다. 각 정당이 대중운동의 성격을 잃고 있다는 지적이 있었다. 이는 대의민주주의의 정당성에 영향을 미칠 것으로 추정되었다. 정당은 흔히 민주주의의 지주로 여겨졌기 때문이다.

과열된 경제

1980년대 말 스웨덴 경제가 확연히 과열되었을 때, 인플레이션은 단기간에 4퍼센트에서 10퍼센트로 높아졌다. 1989년 봄 정부는 긴축적인 재정정책을 실행하려 했지만, 의회의 과반수가 이를 막았다. 또한 사회민주당 내부에서도 정책 방향에 대한 견해는 계속 갈렸다. '장미전쟁'은 조금도 약해지지 않은 채 지속되었다. 노동조합총연맹과 사회민주당 좌파는 재무부 장관 셸울로프 펠트가 권고한 정책에 반대했다. 이 '전통주의자들'은 긴축보다는 고소득자에 대한 세금 인상으로 경기 과열에 대응하기를 원했다. 분배정책이 핵심이어야 했다. 기업의 이익이 증가하고 금융자본의 이윤이 크게 늘어난 결과로 사회 내 간극이 서서히 벌어졌고, 이는 좌파의 시각에서는 걱정스러운 일이었다. 1990년 상황이 더욱 나빠지자, 정부는 "일괄중지안"이라는 적절한 이름으로 한 묶음의 조치를 내놓았다. 여기에는 임금 동결, 가격 동결, 임대료 동결, 지방세 동결, 파업권 제한, 협약에 어긋나는 파업의 벌금 인상에 관한 제안이 포함되었다.

제안은 특히 사회민주당 안에서 논란거리였으며 강력한 저항에 부딪쳤다. 정부는 파업권의 제한과 불법 파업 벌금의 인상에 관한 제안에서 후퇴했지만, 그럼에도 일괄중지안은 의회에서 거부되었다. 좌익공산당은 임금 동결을 수용할 수 없었고, 그래서 정부 법안을 통과시키지 말아야 했다. 이로 인해 정부는 사퇴했다. 정부가 이 문제와 관련하여 신임 투표를 요구했기 때문이다. 달리 정부를 수립하기는 불가능하다는 것이 분명해진 뒤 칼손 정부가 새로운 형태로 돌아왔다. 재무부 장관이 바뀌었다. 이전의 노동시장청장 알란 라숀이 1982년부터 재무부 장관을 지낸 펠트를 대신했다. 펠트는 공개적으로 노동조합총연맹과 당내 좌파와의 갈등을 거론했다. 그에 따르면 그 갈등 때문에 책임 있는 경제정책이 불가능했다(Feldt 1991).

정부 구성 위기 이후, 정부는 경제정책에서 국민당과 협력했다. 재정

정책은 긴축에 들어갔다. 몇몇 세금이 인상되는 동시에 비용 절감이 이루어졌다. 양당 간의 협력은 잘 작동한 것 같았고, 특히 양당 지도부는 연립정부 구성에 긍정적이었다. 그러나 각 당에서 연립정부 수립의 지지층은 두텁지 않았다. 1991년 선거 한 해 전, 대신 국민당은 온건보수당에 가까워졌다. 1991년 봄 두 정당은 "스웨덴의 새로운 출발"이라는 공동의 경제정책을 제시했다.

여기서 문제가 되는 유형의 기본적인 전략적 선택에서 정당 내부의 여론 구조와 세력 분포가 결정적인 역할을 한다고 추정하는 정당 이론들이 있는데, 그런 이론을 참조할 이유가 한 번 더 생겼다. 당이 강령으로부터 이탈하는지 감시하는 열성당원들 때문에 당 지도부의 운신의 폭은 제한되었다. 강령을 벗어나면 조직이 불안정해지고, 이는 지도부의 정당성을 훼손한다(Sjöblom 1968; Panebianco 1988). 사회민주당의 경우에 당 지도부는 주변 세계의 변화에 맞게 정책을 바꿀 수밖에 없었고, 이는 당 내부에 소란을 일으켰다. 이 방향으로 더 나아가고 국민당과 공동으로 통치하는 것은 너무도 소화하기 어려운 일이었다. 국민당의 경우에도 이에 맞먹는 저항이 있었다. 내부의 결속을 확실하게 다지기 위해 당 지도부는 진영을 뛰어넘는 협력의 지속을 삼가야 했다.

11월혁명

1980년대에 세계화가 스웨덴 모델에 가한 압박은 특히 그 10년의 중반에 광범위한 규제의 대상이었던 화폐정책 영역에 나타났다. 규제는 스웨덴 모델의 전제조건이었다. 그 덕분에 외부 세계보다 상당히 높은 납세 부담이 가능했기 때문이다. 그러나 1985년 11월 신용시장에 대한 규제가 해제되었다. 이는 그 10년의 후반기에 나타난 경기 과열의 중요한 원인이었다.

신용시장을 조종한다는 큰 목표는 사회민주당이 제2차 세계대전 이후에 수립한 계획경제정책과 조화를 이룬다. 당의 전후강령은 이렇게 주장했다. "신용 공여는 사회적 관점에서 생산이 필요에 따라 계획적으로 이루어지고 모든 생산 자원이 완벽하고 효율적으로 이용되도록 조정되어야 한다."[8] 계속해서 1984년에는 대출 한도, 유동성 비율, 연체이자 등을 상세히 규정함으로써 은행과 금융회사의 대출 활동을 규제했다. 그러나 그 시기에 규제 제도에 의문이 제기되기 시작했다. 점점 더 많은 사람이 규제를 전근대적이고 비효율적이라고 생각했고, 1985년 봄 강력한 통화 유출입이 발생했을 때 조용히 규제 완화가 시작되었다. 이자율 조절이 폐지되었는데, 이는 금융시장 행위자들이 자유롭게 이자율을 낮출 수 있다는 뜻이었다. 그해 11월 21일 중앙은행이 신용 규제를 완전히 폐지하기로 결정한 것은 화폐정책의 근본적인 전환에 관한 문제였다. 이 결정은 사후에 "11월혁명"이라고 부르게 된다(Jonung 1999).

그러나 신용 시장의 규제 완화는 지루한 과정이었다. 그 혁명이 일어나기까지 오랜 시간이 걸렸기 때문이다. 그런데 이것은 매우 중요한 문제였는데도 토론 없이 이루어졌다. 1970년대에 각 정당은 신용 시장을 규제할 필요가 있다는 데 의견 일치를 보았지만 연이어 다른 태도가 나타났다. 온건보수당을 필두로 부르주아 정당들이 규제 완화를 추진했으며, 사회민주당은 차츰 그 견해에 동조했다. 실용적인 이유에서 그렇게 했다. 규제가 비효율적이라고 생각되었기 때문이다. 놀라운 것은 결정 과정에 참여한 이들이 극소수의 의사 결정권자와 전문가였다는 사실이다. 전반적인 화폐정책에 관하여 의원 간의 다툼이 적었던 것도 마찬가지로 흥미롭다. 권력은 사실상 중앙은행의 공무원들에게 있었다. 전문지식을 갖춘 자들도 그들이었다. 공식적인 결정은 분명히 국회의원들로 구성된 중앙은행위원회가 내렸지만, 과정을 주도한 것은 중앙은행의 전문가들이었다. 위원회는 바로 이들이 제시한 문제와 해법을 토대로 결정을 내렸다.

공무원의 정치권력이라는 문제는 논란이 되고 있으며 이제까지 특별한 연구의 대상이었지만, 전체적인 이미지는 갈린다. 공무원이 영향력을 행사하기 위한 전제조건은 여러 형태의 영역으로 분리된다. 지식과 분석 능력이 많이 요구되는 영역에서는 전문가의 큰 영향력이 두드러진다. 화폐정책은 단연 그러한 영역이다. 결정 과정을 분석한 토슈텐 스벤손은 "정치적 대표자들을 의사 결정에 결정적인 영향력을 행사하는 유능한 전문가들이 득시글한 정부를 잠깐 방문한 힘없는 자들"로 여기는 이론이 "이 점에서 좋은 사례를 만난다"고 했다(Svensson 2001, s. 174). 정치인들은 지식 측면에서 불리한 상황에 놓였고 그저 전문가들이 기초를 잡아준 대로 결정을 내리는 것밖에 달리 할 수 있는 일이 없었다. 11월혁명이 일어나던 시기에 국민이 선출한 권력은 다른 영역에서도 힘을 잃었다(Svensson 2001).

돌이켜보면 신용 규제의 완화가 논쟁의 대상이 아니었다는 사실은 어쨌든 이상하게 보인다. 그러나 여기서 우리가 보는 것은 스웨덴 정치 문화의 두 가지 두드러진 특징이 그 사태에 영향을 미친 방식이다. 하나는 폭넓은 합의, 다른 하나는 전문지식 즉 합리성이라는 공리에 대한 강한 신뢰이다. 정부는 그 결정을 진행 중인 경제정책 현대화 과정의 자연스러운 일부로 제시했고, 순수하게 실용주의적인 어법으로 이를 정당화했다. 중앙은행이 일반은행들을 효과적으로 조종하기가 더는 가능하지 않은 듯했다는 말이다. 신용 규제에는 허점이 있었다. 금융시장의 행위자들은 규제를 피할 수 있었고, 대출은 끊임없이 확대되었다. 그러나 문제는 규제 완화에 은행 쪽의 집중적인 마케팅이 뒤따랐다는 것이다. 이는 대출의 극적인 확대를 낳았다. 은행권의 총대출은 4년간 세 배로 늘었는데, 이것이 1980년대 말 스웨덴 경제의 과열에 결정적인 요인이었다. 이는 재정정책에 어려운 과제를 던져주었다. 과열을 식히려면 긴축이 필요했다(Feldt 1991). 그러나 앞서 보았듯이 이와 관련하여 의회에서 어려움이 있었다. 정부가 경제를 바짝 조이려고 했지만 지지를 얻기가 힘들었던 것이다.

1990년 가을 외환시장의 불안이 증가했다. 10월 말 정부는 인플레이션을 극복하기 위해 일괄 조치를 계획했다. 경제정책의 패러다임 전환이 공식적으로 드러나는 것 같았다. 실업 축소와 더불어 인플레이션 극복이 다른 모든 것에 우선하는 목표로 제시되었다. 이는 몇 달 뒤 예산안에서 입증되었다.

1990년 10월 26일 정부가 인플레이션 억제 조치를 내놓았을 때, 역사적으로 큰 의미가 있는 다른 시험이 등장했다. 정부가 유럽공동체 가입 의도를 분명하게 밝힌 것이다. 진로 변경은 예기치 않은 일이었다. 총리 잉바르 칼손은 반년 동안 확실히 가입 심의를 위한 지반을 넓히려 했다. 그러나 그 문제는 민감했고, 칼손은 너무도 신중했기에 신호가 포착되지 않았다(Carlsson 2003).

새로운 태도와 더불어 정치적 조건은 근본적으로 바뀌었다. 온건보수당과 국민당은 오래전부터 스웨덴의 유럽공동체 가입을 강력히 지지했지만, 사회민주당의 진로 변경을 촉진하기 위해서는 비교적 한 일이 없다. 그렇기에 회원 가입은 현실적이지 않았다. 스웨덴이 유럽공동체 회원국이 됨을 뜻하는 과정과 그 회원 자격이 스웨덴 정치에 어떤 의미를 지니는지는 제15장에서 다루겠다.

요약: 경로 변경

1980년대는 다사다난했던 시기로 무엇보다도 경제의 세계화가 스웨덴 정치의 조건을 근본적으로 바꿔놓았다. 제3의 길 정책은 오랫동안 성공적이라고 여겨졌지만 그 10년의 끝 무렵이 되면 더는 잘 작동하지 않는다는 점이 분명해졌다. 종합적으로 평가할 때 경제정책의 패러다임이 변했다는 사실에는 의심의 여지가 없다. 이론상 여기서 경로의존성이라는 개념과 역사적 제도주의라고 부르는 이론을 떠올리는 것이 당연하다. 경로의존성 이론에 따르면 이전에 특정 영역에서 형성된 정책은, 만족스럽게 작동한다면, 앞으로 추진될 정책에서 중요한 역할을 수행하는 경향을 보인다. 특정한 경로가 선택되었을 때, 차후 통치 집단의 운신의 폭은 제한된다(Peters 2005). 이 이론의 출발점은 안정성과 역사의 보존력을 가정하는 것이다. 그리고 사상의 문제이든 더 견고한 제도의 문제이든 정치 제도를 변경하기는 매우 어렵다는 사실과 연관이 있다.[9]

그렇다면 이러한 변화를 어떻게 설명할 것인가? 경로 변경은 어떻게 일어났나? 그 점에서 비판은 역사적 제도주의를 향했다. 제도 변화 같은 근본적인 성격의 변화는 기능 장애 개념으로 설명된다. 어느 제도에 금이 가면, 그 배후의 문제를 해결하기 위한 새로운 경로와 규칙이 생겨난다. 제도는 살아남기 위해 적응하지만, 기존의 경로의존성 영역 내에서 적응할 뿐이다. 문제는 이렇다. 어디까지가 적응이고 어디서부터 패러다임 전환인가? 거대한 변화가 어떻게 경로의존성 개념 안에 들어가는가? 패러다임 성격의 변화조차도 그 안에 들어갈 수 있다면, 그 이론을 논박할 가능성은 없다. 따라서 그 이론은 광범위한 변화를 설명할 수 없다.

경로의존성 이론은 왜 신용 시장의 규제가 완화될 수 있었는지 적절하게 설명한다. 기존 방식이 기능 장애를 일으켰기 때문이라는 것이다. 1970년대 경제 위기에서 부르주아 정부뿐만 아니라 사회민주당 정부까지 케인스주의로 기운 것도 경로의존성 개념으로 설명된다. 오랜 기간 동안의 완전고용에 뒤이어 실업이 급증했을 때, 1930년대의 대량 실업이 어떻게 팽창적 재정정책의 도움으로 치유되었는지(그랬다고 이해되었다) 되돌아보는 것은 당연했다. 그러나 1980년대에 완전고용이라는 목표에서 이탈한 것을 역사적 제도주의의 해석 구도로써 설명하기는 더 어렵다. 나중에 돌이켜볼 때 그것이 어떻게 제도적 적응이 아니라 패러다임 전환이었는지(린드발의 말을 빌리자면 "거시경제적 체제 변화") 알아보기란 쉽다.

케인스주의는 1930년대 위기 대응책 이래로 성공적이었다고 여겨졌고 그래서 1970년대 경기 침체 시기에 팽창적 재정정책을 정당화했다. 그런 케인스주의가 더는 잘 작동하지 않자, 형성의 계기가 찾아왔다. 정치 제도는 바뀔 수 있다.

경기 과열의 여파로 새로운 경제 위기가 누적되면서, 야당은 제3의 길에는 결함이 있다고 추정하며 조롱했다. 그래서 야당이 대안을 제시했을 때, "유일한 길의 경제정책"이라는 말이 돌았다. 이것에 관해서는 제16장에서 다루겠다. 그 유일한 길에 닥친 운명에 매달리기 전에, 1980년대에 스웨덴 영해에서 일어난 잠수함 침몰 사건에 주목해보려 한다. 그 사건을 두고 사회민주당과 온건보수당은 오랫동안 격렬한 논쟁을 벌였다.

14

잠수함과 밍크의 여파
외교정책을 둘러싼 새로운 싸움

    1981년 10월 28일 소련 잠수함 U137함이 칼스크로나 군도에서 좌초했다. 군사 훈련 구역의 바로 옆이었다. 매우 극적이게도 잠수함이 핵무기를 탑재했을 가능성이 크다는 사실이 드러났다. 스웨덴 정부는 소련에 강력하게 항의했다. 잠수함 사건은 스웨덴 정치에서 외교정책에 관한 긴 싸움의 출발점이었다. 1950년대의 중립정책의 내용에 관한 혹독한 싸움이 얄마숀 사건으로 정점에 달한 이후 처음으로 외교정책은 정국의 최대 쟁점으로 부상했다.

    일이 그렇게 된 것은 1980년대에 두 강국 사이의 긴장이 고조된 것과 관련이 있다. 서유럽에 핵미사일이 배치된 이후, 미국과 소련 사이의 대화는 단절되었다. 두 나라에서, 특히 1980년 로널드 레이건이 대통령에 당선된 후 미국에서 대규모 군비 확충이 이루어졌다. 긴장의 고조는 스웨덴과 여타 북유럽 국가에 대한 위협이 증대되는 결과를 가져왔다.

1981년 칼스크로나 군도에 잠수함이 좌초한 이후, 스웨덴의 여러 섬에서 잠수함으로 추정되는 물체들이 추가로 관측되었다. 그 사건이 발생하고 고작 1년밖에 지나지 않은 1982년 10월, 정권 교체와 때를 같이 하여 해군은 스톡홀름 군도의 호슈피에덴만에 외국 잠수함으로 보이는 물체가 출현하자 이를 추적하고자 대대적인 무장에 힘을 쏟았다. 그 직후 산드함 외곽에서 새롭게 관측이 이루어졌고, 이번에는 폭뢰까지 투하했다. 이후 상황은, 특히 호슈피에덴만에서 벌어진 추적은 언론으로부터 엄청난 주목을 받았다. 추적을 관찰하기 위해 스웨덴과 여타 국가의 기자가 600명 가까이 현장에 나타났다. 거의 2주에 가까운 긴 기간에 걸친 외국 잠수함 추적이 성과 없이 끝난 후, 음모론이 무성했다. 일부는 스웨덴 군부가 환각을 보았다고 믿었고, 다른 이들은 정부가 동쪽의 강력한 이웃 나라를 달래고자 영해를 침범한 잠수함이 빠져나가도록 내버려두었다고 생각했다. 새로이 들어서는 사회민주당 정부는 잠수함의 스웨덴 영토 침범이 이루어졌음을 어느 정도로 증명할 수 있는지, 그 경우에 동기가 무엇일지 판단하는 임무를 띤 조사단 잠수함방어위원회를 설치했다. 해군 장교로 구성된 특별 분석단이 여러 지표를 평가한 뒤, 위원회는 잠수함의 침범이 있었으며 주체는 바르샤바조약기구라고 결론을 내렸다.

잠수함 사건은 15년간 스웨덴 정치에 흔적을 남기게 된다. 그 사건의 결과로 울로프 팔메의 두 번째 총리 임기에 외교정책과 관련하여 주목을 받은 일들이 몇몇 이어진다. 외교정책을 둘러싸고, 특히 사회민주당과 온건보수당 사이에 벌어진 대결은 현대 스웨덴 정치에서 유례없이 격렬했다.

연이은 정치적 사건

사회민주당 집권기는 잠수함과 직접 연관이 없는 사건, 즉 '바르 사건'과 더불어 시작되었다.[1] 그 배경은 1982년 12월 스웨덴이 제시한 중부유럽 핵무기 제로 지대 제안의 발의자가 서독 사회민주당의 에곤 바르로 밝혀진 것이었다. 바르는 울로프 팔메가 이끄는 것으로 유럽의 안전 증대를 위한 정책을 제안하는 임무를 지닌 국제적 위원회의 일원이었다. 둘 다 사회민주당원이었던 팔메와 바르가 서로 긴밀한 유대관계를 맺고 있다는 사실 자체는 주목을 끌 만한 일은 아니었지만, 야당인 부르주아 정당들의 비위에 거슬린 것은 외국 정치인이 민감한 영역의 스웨덴 외교정책에 간여하고 그것을 설계했다는 사실이었다.

바르 사건은 특히 U137함 좌초의 결과로 스웨덴에서 안보정책이 큰 관심사가 된 상황에서 발생했지만, 앞서 말한 대로 1982년 가을에 일어난 새로운 잠수함 사건과는 전혀 직접적인 관계가 없었다. 그러나 그 직후인 1983년 5월 잠수함방어위원회 보고서가 제출된 것과 관련하여 다른 주목할 만한 일이 이어졌다. 잠수함방어위원회 위원이었던 온건보수당의 젊은 국회의원 칼 빌트가 위원회 활동이 종료된 직후 미국으로 가서 정보기관인 중앙정보국의 군사 분과를 대표하는 주요 인사를 만났다. 그 상황에서 그는, 위원회의 결론에 부합되게, 소련에 스웨덴 영토를 여러 차례 침범한 책임이 있다고 지적했다. 사회민주당 지도부에서는 빌트가 잠수함 사건을 당략적으로 이용하려 했다고 이해했으며, 그래서 울로프 팔메는 그의 책임감과 판단력 부족(총리는 그렇게 이해했다)을 거세게 공격하기로 했다. 위원회의 보고서는 분명히 공개적이었지만, 그런 일이 있고 나서 스웨덴은 민감한 상황에 놓였고, 팔메는 빌트의 대화로 스웨덴 외교정책의 신뢰가 훼손될 수 있다고 판단했다.

5월 20일 외교위원회* 회의가 열렸을 때, 팔메와 빌트는 격렬한 논쟁을 벌였다. 팔메는 "잠수함방어위원회 보고서의 잉크가 마르기도 전에" 미국 군부의 대표자와 대화를 나눈 것은 현명하지 못한 처사라고 보았으며, 빌트는 한 논평에서 '팔메의 공격'을 감히 총리의 외교정책 판단을 문제 삼은 자들에 대한 "중세의 복수욕에 가까운 것"의 표현이라고 썼다(Carlsson 1999, s. 78). 1983년 5월 26일 정부의 특별 보고서는 빌트의 행위를 날카롭게 비판했다. 한 사람의 정치인에 대한 비난으로는 거의 유일한 것으로 1959년 알 얄마숀을 향한 저주에 비할 만했다. 그러나 그 비난은 빌트의 정치적 도약을 가져왔고 그만큼 역효과를 냈다. 1986년 울프 아델손이 사퇴하자 빌트가 그의 뒤를 이었다. 당시 부총리였던 잉바르 칼손은 회고록에서 팔메와 빌트의 결투로 빌트가 당 대표 자리에 오르는 길을 닦았다고 쓴다.

외교정책의 사건들이 잇따라 급류처럼 흘렀다. '빌트 사건' 후 반년이 지나 '페름 사건'이 발생했다. 울로프 팔메의 가까운 조력자요 팔메가 이끈 국제안보위원회 간사였던 스웨덴의 국제연합 대사 안데슈 페름이 뉴욕에서 소련의 국제연합 대표단을 접견하던 중에 위원회의 소련 대표였던 게오르기 아르바토프와 잠수함방어위원회 보고서에 관해 의견을 나누었다. 야당은 이를 명백히 부적절한 행위로 보았다. 특히 《스벤스카 다그블라데트》의 뉴스 기사에 언급된 바에 따르면 소련 정부에 이중의

---

* utrikesnämnden. 외교 문제에 관하여 의회와 정부가 협의하는 상설 기구. 정부는 중요한 외교정책적 상황에 관하여 위원회에 보고하고 중요한 결정을 내리기 전에 논의해야 한다.

메시지를 보낸 꼴이기 때문이었다. 한편으로는 강력한 공식 통지가 있었고, 다른 한편으로는 페름을 통해 논조를 상당히 누그러뜨린 비공식적 통지가 전해졌다는 것이다. 페름과 팔메는 그런 일이 있었다는 사실을 부인했다. 두 사람은 아르바토프와의 대화에서 가능했다면 공식적인 항의 서한보다 한층 더 강력한 의사를 전했을 것이라는 뜻으로 말했다. 페름은 총리에게 보낸 서한에서 그 대화에 관해 보고했고, 외교위원회에서 낭독된 그 서한은 그러한 설명을 뒷받침했다. 그러나 온건보수당은 싸움을 멈추지 않았다. 울프 아델손은 편지의 일부만 낭독되었으며 이중 통지는 여전히 비판받아야 한다고 주장했다. 그러나 회의록은 위원회에서 편지 전체가 보고되었음을 보여준다.

사회민주당 정부와 온건보수당 사이의 견해 차이는 당연히 형식 문제뿐만 아니라 특히 중립정책의 내용과도 관련이 있었다. 페름 사건 이후로 대립은 격해졌다. 아델손은 신문의 토론 기사에서(DN 30/5-84) 스웨덴이 정치적으로나 군사적으로나 소련의 압박을 받고 있으며 정부는 상황의 심각성을 계획적으로 은폐하려 한다고 주장했다. 온건보수당에 따르면 스웨덴 제도에서 벌어지는 상황을 감안하면 동쪽의 강한 이웃 나라에 대한 태도를 바꿀 때가 왔다. 소련은 스웨덴 해역에서 군사 작전을 벌여 스웨덴 영토의 일부를 군사적 준비 태세에 이용하려는 것처럼 보였다. 온건보수당은 잠수함 침입의 배후에 놓인 동기를 그렇게 보았다. 울로프 팔메는 강대국이, 미국은 물론 소련도 군사전략적으로 북유럽 국가들의 영토에 큰 관심을 보이기 시작했다는 데 동의했지만 스웨덴 외교정책이 그로부터 영향을 받지는 않을 것이라고 말했다. 팔메의 결론은 온건보수당의 태도가 외교정책에 관한 합의의 중단을 뜻한다는 것이었다. 총리가 보기에 특별히 주목할 만한 것은 형식 문제의 비타협적 기조, 그리고 온건보수당이 계획적으로 사회민주당 정부의 외교정책을 의혹에 휩싸이게 만들려 하고 소련에 대한 유화적 태도를 빈정거리려 했다는 것이었다.

총리와 온건보수당 지도부가 갈수록 거친 언사를 교환하는 데 많은 사람이 우려했다. 그중에는 외무부 차관을 역임했던 스베르케르 오스트룀이 있었는데, 그는 총리에게 보낸 편지에서 온건보수당에 대한 거친 공격에 따르는 위험성을 지적했다. 오스트룀의 생각에 그들을 신뢰할 수 없는 자들이라고 공박하는 것은 스웨덴의 국익에 해로울 수 있었다. 팔메는 온건보수당의 외교정책에 변화가 있었고 이를 폭로할 필요가 있다고 답했다. 온건보수당은 이제 더는 중립정책을 지지하지 않았고, 새로운 당 대표는 반소련 노선을 확고히 했으며, 아델손과 빌트는 조금의 망설임도 없이 당의 이익을 국익보다 앞세웠음을 보여주었다는 것이었다. 팔메는 이렇게 결론 내렸다. "나의 판단이 이렇게 확고한데, 내게 그 반대로 얘기하라는 것은 무리한 요구이다. 작금의 상황에서 외교정책에 관하여 온건보수당에 마음대로 할 권리를 부여하는 것은 내게는 지적으로나 도덕적으로나 명백히 불가능하다."[2]

1985년 2월 이른바 부드스트룀 사건과 관련하여 외교정책을 둘러싼 갈등은 절정으로 치달았다. 외무부 장관 렌나트 부드스트룀이 주요 신문의 외교정책 담당 기자 몇 사람과 저녁을 함께 하면서 잠수함보호위원회가 국적 확인과 관련하여 내린 결정에 회의적인 태도를 내비쳤다. 며칠 뒤 그 일이 세간에 알려졌을 때, 부드스트룀은 의심을 표명했다는 사실을 부인했지만, 야당은 기자들의 정보를 신뢰했고 외무부 장관의 사임을 요구했다. 이번에는 온건보수당뿐만 아니라 모든 야당이 정부를 비판하고 나섰다. 부드스트룀의 불신임안이 제출되었지만 찬성이 과반수가 되지 못해 부결되었다. 의회에서 격론이 벌어졌다. 온건보수당 대표 아델손은 이 점에서도 잠수함 문제에 관한 정부의 이중적인 태도를 재차 문제 삼았다. 토론이 끝난 뒤 팔메는 안보정책 영역에서 모든 다리가 무너졌다고 말했다. 부르주아 정당들은 중립정책을 위협하는 존재로 묘사되었다.[3]

논쟁의 퇴조

1986년 2월 28일, 사회민주당이 유권자로부터 새로이 신임을 얻은 지 반년이 지났을 때, 영화를 관람하고 귀가하던 총리 울로프 팔메가 살해되었다. 분명코 스웨덴 역사상 가장 큰 국가적 비극의 하나였다. 국내정치에 미친 영향은, 적어도 단기적으로는 대단했다. 외교정책과 국내정책에서 모두 스웨덴 정치의 특징이었던 대결이 중단되었다. 거국적인 합의가, 제2차 세계대전 중에 출현한 것과 비견될 만한 합의가 다시 나타났다.[4]

부총리 잉바르 칼손이 팔메의 자리를 이어받았다. 팔메가 당 대표로 있던 17년 동안 내내 그의 가장 가까운 조력자 중 한 사람이었던 노련한 정치인이다. 잔인한 살인 이후라서 새 총리는 집무 첫해에 동정을 받았다. 동정적인 분위기는 사건 이후 2년이 지나 실시된 선거에서 선거운동을 할 때에도 어느 정도 남아 있었다.

상황 변화는 잠수함 문제를 둘러싸고 격해진 분위기가 누그러졌음을 의미했다. 그러나 잠수함 방어에 상당한 자금이 투입되고 잠수함 침투에 맞설 해군의 무력이 증강되었는데도 새로운 침입의 징후가 계속 보고되었다. 또한 미하일 고르바초프가 이끄는 소련의 새로운 지도부로부터 관계 개선을 원한다는 분명한 신호가 있었는데도 외교 접촉이 침투 징후의 소멸로 이어지지 않았다.[5]

합동참모본부는 침투가 계속되고 있으며 문제의 괴물체가 소련 잠수함이라고 보기에 충분한 근거가 있다고 보았다. 정부는 다르게 판단했다. 정부가 조사의 의지가 있는 한, 스웨덴 영해에서 수상한 해저 활동이 있음은 확인할 수 있었다. 반면에 국적을 확인할 수 있는 잠수함의 증거는 충분하지 않다고 추정되었다. 이제 온건보수당의 대표가 된 칼 빌트는 다른 판단을 내렸다. 1990년 12월 그는 왕립전쟁학회*에서 주목할 만한 발언을 했다. 한편으로는 울로프 팔메 총리 시절에 정부가 잠수함 문제를 다룬 방식을 거세게 비판했고, 다른 한편으로는 여전히 계속되고 있는 침입의 책임을 소련에 돌렸다. 정부의 판단에 어긋나는 발언이었다. 1992년 9월 옥셀외순드 인근 바다에서 새로이 침투가 보고되었을 때는 빌트가 총리였다. 정부가 침투 보고를 받은 후, 빌트는 러시아를 범인으로 지목했다(소련이 무너진 뒤의 일이다).

그 시점에 잠수함 문제는 거의 꼬박 10년 동안 정치적 의제에 올라 있었다. 외교정책을 둘러싼 다툼은 울로프 팔메의 총리 시절에 유달리 심했고, 이후 기본적으로 점차 약해졌으나 논쟁에서 완전히 사라지지는 않았다. 침입이 계속되고 있다는 소식은 스웨덴 정치에 지속적으로 짙은 그림자를 드리웠다. 사회민주당 정부 시절에 온건보수당은 정부

---

*   Kungliga krigsvetenskapsakademien(KKrVA). 스웨덴의 국방과 안보의 중요성을 학문적으로 드높이려는 목적을 지닌 독립적인 기관.

가 시종일관 문제를 은폐했고 동쪽의 강국을 꼭 집어 책임을 물을 의지가 없었다며 강력히 공격했다. 이는 사회민주당의 강한 반격을 초래했다. 그들은 제1야당이 잠수함 문제를 무기로 중립정책의 신뢰성을 해치려 한다고 말했다. 사회민주당은 온건보수당이 치졸하게 국가 안보보다 당략을 앞세운다고 보았다. 빌트가 총리로서 보인 행동은 온건보수당이 여당의 위치에 있을 때에도 똑같은 동기에서 움직이고 있음을 증명하는 듯했다. 빌트는 1994년 5월 러시아 대통령 보리스 옐친에게 날카로운 어조의 항의 서한을 보냈다. 서한에서 빌트는 소련 해체 이후로도 스웨덴 해역에서 침입이 계속되고 있으며 그 활동의 책임이 "여전히 남아 있는 옛 소련의 조직이나 행태"에 있음을 확실하게 믿을 수 있다고 밝혔다.[6] 서한을 보낸 동기는(서한은 외교위원회나 정부와 아무런 협의도 거치지 않았다) 러시아 대통령으로 하여금 국방정책을 더 확실하게 파악하고 그로써 작전을 중단시킬 수 있게 하려는 것이었다.

그러므로 출발점은 소련이 붕괴한 이후로도 새로운 러시아 국가 지도부가 알지 못하는 가운데 침입이 지속되었다는 것이다. 빌트는 서한을 받은 옐친이 그 문제에 주목하여 군 지휘부에 정보를 요구하고 이어 어떤 의도에서 한 일인지 낱낱이 밝히기를 기대했다. 무리수였다. 러시아 대통령이 군대를 통제하지 못한다고 암시한 꼴이기 때문이다. 옐친의 반응도 기대와는 달랐다. 빈정대는 서한에 옐친은 신랄한 답변으로, 스웨덴 총리의 가정이 우습다고 간단히 처리했다(Bergstrand 2002).

그러나 1994년 여름 잠수함에 관한 지저분한 논쟁을 끝낸 사건이 발생했다. 이전 침입 사례들의 음향 효과를 분석한 결과, 기록된 소리가 꼭 잠수함 것이라고만 볼 수는 없었다. 그해 여름 7월에 청취된 공동화空洞化 현상 음향은 잠수함 소리가 아니라 밍크가 헤엄치는 소리로 입증되었다. 총사령관 우베 빅토린은 이전에 분명히 잠수함을 가리킨다고 생각된 음향이 실제로는 많은 경우에 밍크 소리였다고 확인했다. 해군의 잠수함 추적 능력을 강화하기 위해 많은 자금이 투입되었고, 외교정책을 둘러싸고 국내정치권에서 비타협적인 투쟁이 벌어졌으며, 스웨덴의 대러시아 관계는 힘든 시험을 거쳤다. 그런데 스웨덴 해군이 오랫동안 폭뢰와 유탄으로 잡으려 했던 것에 외국 잠수함뿐만 아니라 작은 모피 동물도 있었다는 말인가! 그렇게 이 문제를 두고 맹렬하게 싸운 정치인들은 물론 스웨덴 합동참모본부까지도 우스운 꼴을 면치 못했다. 그러나 선거운동 초기에 내막이 밝혀지면서 지저분한 잠수함 문제의 놀라운 전환은 다른 사안의 그늘 속에 가려졌다. 선거가 끝난 후 정치의 초점은 11월에 시행될 스웨덴의 유럽연합 가입에 관한 국민투표에 맞춰졌다.[7]

  1981년에서 1994년 사이에, U137함의 좌초부터 밍크 사건의 폭로까지, 잠수함이 스웨덴 해역에 침입한 징후가 있다는 보고는 6,367건이나 되었다. 1994년 7월 28일까지 그중 529건이 '확실'하거나 '개연성 있음'으로 판단되었다. 이후 잠수함 논쟁은 사그라졌다. 당시 책임자였던 총사령관 벵트 구스타브손은 전역 후에 잠수함 문제에 관해 의견을 밝히면서 공동화 현상 음향을 전부 다시 조사했는데 결과적으로 음향의 3분의 1은 '확실히' 밍크 소리였고 나머지 3분의 2는 밍크일 '개연성'이 있다고 설명했다(ibid.).

  1995년 2월 잠수함 문제를 조사할 새로운 위원회를 꾸렸다. 위원회는 보고서에서 스웨덴 영해에서 외국의 해저 활동이 있었을 가능성이 있다고 진술했다. 잠수함이라고 믿을 만한 물체가 관측된 여러 곳에서 해저에 남은 흔적이 증거였다. 동시에 음향 징후를 오해했다는 점에서 여러 해 동안 합동참모본부에 올라온 침입 보고를 문제 삼을 이유도 충분했다. 그렇지만 위원회가 비판할 이유를 찾은 대상은 다른 무엇보다도 잠수함일 가능성이 있는 물체의 국적 확인이라는 정치적으로 민감한 문제였다. 바르샤바조약기구의 잠수함이라는 증거는 부족했다. 큰 의미가 있었던 첫 번째 잠수함방어위원회의 1983년 결론은 그렇게 부정되었다. 그렇지만 논쟁에서는 여하튼 소련(이후에는 러시아) 잠수함이 문제라는 확신을 굽히지 않은 자들이 여전히 있었다.

1995년 잠수함위원회가 제출한 보고서는 놀라우리만큼 주목을 받지 못했다. 국적 확인과 관련하여 많은 발언이 있었기에, 보고서가 러시아와의 외교적 긴장을 유발할 수 있다고 생각할 만한 다른 이유도 있었다. 이 문제에 적극적으로 대처한 칼 빌트 같은 주요 정치인이 보고서의 내용 때문에 부정적인 영향을 받으리라고 추정할 이유도 있었다. 그렇지만 그런 일은 일어나지 않았다. 빌트가 총리 시절이 끝날 무렵에 러시아 대통령에게 보낸 서한 때문에 헌법상임위원회에서 비판을 받은 것은 사실이다. 그의 소속 정당을 제외한 모든 정당이 사전에 외교위원회에 알리지 않은 빌트의 처신을 강력히 비판했다. 그렇지만 이를 제외하면 잠수함 문제는 용두사미 꼴로 사라졌다.

잠수함 논란의 핵심

극한 대립을 가져온 잠수함에 관한 오랜 논쟁을 시간이 지나 이해할 때 주목해야 할 몇 가지 요소가 있다. 첫째, 논쟁이 격해진 것이 이상하지 않았다. U137함의 좌초는 냉전이 가장 심한 시기에 발생했다. 그 일은 갑작스럽게 스웨덴의 취약한 군사전략적 상황을 일깨웠다. 1981년의 사건들은 중립정책의 해석에 관한 사회민주당과 온건보수당 간의 오랜 갈등에 불을 지폈다. 이 갈등은 1950년대의 외교정책을 둘러싼 싸움 이래로 잠복해 있었으나 새롭게 활력을 얻었다. 그 이후의 영해 침범은, 아니 침범으로 추정된 사례들은 상당히 폭발력이 있었다. 온건보수당은 정부가 그 문제를 경시했으며 소련에 유화적인 태도를 취했다고 보았다. 이는 온건보수당에 따르면 비동맹 정책 전체의 신뢰성을 해치는 일이었다. 반면 사회민주당은 온건보수당의 투쟁 욕구가 스웨덴의 국익을 위태롭게 한다고 보았다. 사회민주당 안에서는 1950년대 갈등의 궁극적인 원인이었던 반소련 수사법이 지나치게 두드러진다고 생각했다. 그러한 표현은 중립정책에 부합하지 않는다는 것이었다.

문제 자체에 근본적인 불화의 원인이 있었다. 그렇지만 또한 양쪽에서 똑같이 전략적인 동기가 끼어든 것 같다. 적어도 온건보수당은 실제와 같이 갈등이 분명하게 드러나는 것이 좋았다. 승리가 가까웠다고, 잠수함 문제가 사회민주당의 외교정책 헤게모니에 맞설 강력한 수단이라고 본 것이다. 정치적 갈등이 점점 더 심해지는 상황에서, 외교정책도 그 추세를 따라갔다. 그렇지만 외교정책에서, 특히 울로프 팔메와 칼 빌트의 전면 충돌에서 목소리가 유달리 컸다. 상호 불신이 깊었다. 많은 것이 위험했다. 싸움이 벌어졌다는 사실 자체가 외교정책의 신뢰성이 흔들릴 위험이 있음을 의미했다. 말하자면 중립정책의 기본적인 전제조건은 합의이다. 정당 간의 불화는 정책의 해석에 관하여 주변 국가들에서 불확실성을 초래할 수 있다.

그렇지만 1980년대의 잠수함 논란에는 주목해야 할 논리가 숨어 있다. 기본적으로 현실에 대한 판단이 달랐다. 사회민주당은 온건보수당에 비해 합동참모본부의 영해 침범 보고에 대해, 특히 국적 확인과 관련하여 더 불신하는 태도를 보였다. 온건보수당은 소련 잠수함이 거의 분명하다고 평가했다. U137함이 이미 그러한 사례였고, 소련이 스웨덴 해역에서 작전할 이유는 북대서양조약기구보다 분명히 더 컸다. 반면 사회민주당으로서는 동기 분석과 과거의 기술적 증거를 토대로 국적을 확인하는 것이 가능한지 의심스러웠다. 사회민주당은 여당의 위치에 있고 따라서 어떤 국가나 방위동맹이 배후로 지목되었을 때 차후 발생할 외교적 사태에 궁극적인 책임이 있다고 느꼈기에 더욱 신중할 수밖에 없었다. 그러나 상황은 정부가 국내정치적 압박에 저항하기가 어렵게 전개되었다. 동쪽의 강력한 이웃 나라에 유화적인 태도를 내비치면서 정부 각료들과 사회민주당의 다른 지도자들은 예상보다 더 오래 비난과 항의에 부딪쳐야 했다.[8] 그런 의미에서 그 사태에는 사후에야 쉽게 알아볼 수 있는 뿌리 깊은 논리가 숨어 있었다. 이 점에서 당연히 오래전부터 스웨덴에 자리 잡은 러시아 공포증을 무시할 수도 없었다. 그 집단적 기억은 합동참모본부의 보고서에 회의적이었던 자들을 더욱 힘들게 했다.

정부에 그러한 처신을 강요한 논리는 문헌에서 흔히 규범적 제도주의라고 부르곤 하는 것과 연관이 있다. 출발점은 상이한 조직에 뿌리내린, 특정한 상황에서 어떻게 하는 것이 적절한지에 관한 규범이다. 이른바 적절성의 논리 logic of appropriateness 이다(March & Olsen 1989). 이는 역할을 가진 자가 특정 상황에서 특정한 방식으로 행동하기를 바라는 기대의 문제이다. 이 경우에 사회민주당의 주요 인사들에게 중요한 것은 신념에 따른 행동이 아니라 정치적 압박에 대한 대응이었다. 야당이 싸움을 걸지 않았다면, 정부는 아마도 잠수함의 국적을 판정하지 않았을 것이다. 그러나 실제로 전개된 바와 같이 더 조심스러운 태도는 양보로 해석될 수 있었다. 다른 한편으로 온건보수당에 중요한 것은 가치관에 따른 행동이었다. 온건보수당에 따르면 입수할 수 있는 정보를 토대로 판단하건대 잠수함이 어느 나라에서 왔는지는 명확했고, 스웨덴 해역에서 잠수함이 발견되었다는 것도 의심의 여지가 없는 사실이었다. 온건보수당의 시각에서는 정부가 확실히 지나치게 신중했으며 그러한 태도는 국익에 해로웠다.⁹

잠수함 논쟁의 마지막 국면에 냉전이 종결되었다. 빌트가 소련 해체 이후에도 잔존한 조직에 관하여 옐친에게 보낸 서한은 이를 배경으로 보아야 한다. 서한은 도발적이었다. 러시아 대통령의 답변이 그 증거이다. 빌트는 너무 세게 나갔다. 그는 합동참모본부의 '확실한 침입'이라는 보고서가 당연히 옳다고 생각했다. 스웨덴 영해를 침범한 잠수함이 러시아 것이 아니라고는 보기는 어려웠다. 동시에 러시아 국가 지도부가 작전을 시작했다고 믿기도 어려웠다. 거대한 나라인 러시아는 단기간에 전면적인 변화를 겪었고, 사회 체제가 바뀌었다. 빌트는 아직 끝나지 않은 그러한 과정 중에 옛 조직의 잔재가 남아 있을 수 있으며 러시아 국가 최고 지도부가 실제로 일어난 모든 일을 다 알지 못할 수도 있다고 가정했다. 그 서한이 일종의 도박이었다고 해도(빌트는 분명코 서한이 도발적으로 받아들여질 수 있음을 의식했을 것이다), 결코 안보정책을 위험에 빠뜨렸다고는 말할 수 없다. 러시아는 그 시기에나 가까운 장래에나 스웨덴에 위험이 되지 못했다.

2014년 가을 스톡홀름 군도에서 "외국의 해저 활동"이 새롭게 관측되었다. 1980년대의 사건이 다시 언론의 큰 주목을 받았다. 그렇지만 실제로 문제가 된 잠수함 추적은 이번에도 아무런 결과를 얻지 못했다. 따라서 국적 확인도 불가능했다. 그래도 의혹의 눈길은 다시 러시아를 향했다. 우크라이나를 겨냥한 공격성과 발트해에서의 군사 활동 확대를 감안하면 잠수함 침입의 주체는 러시아로 추정되었다.

1990년대 잠수함 문제가 초래한 내분은 냉전의 중단과 스웨덴의 유럽연합 가입과 시기가 겹쳤다. 스웨덴 외교정책의 조건은 근본적으로 변했다. 그러나 중립정책은 비록 비판적인 평자들에 따르면 수사법상의 장식에 불과했지만 계속해서 스웨덴 외교정책의 토대가 된다. 많은 사람이 중립을 세계화한 사회에서 시대에 뒤진 관념으로 보았다. 정부의 외교정책 선언에서는 "스웨덴은 군사적으로 비동맹국가"이며 여러 해 동안 이행된 외교정책은 "주변 국가들에서 분쟁이 발생할 경우 중립의 가능성"을 허용했기에 유익했다는 표현이 나오곤 했지만, 21세기 초에 처음으로 중립의 중요성은 줄어들었다.[10]

외무부 장관 안나 린드가 새로운 안보정책 신조의 채택을 주도했다. 온건보수당과 기독교민주당, 중앙당의 세 야당은 중립정책을 대서양 동맹과 연결된 유럽 노선으로 대체하는 정부의 결정을 지지했다. 정부에 따르면 이러한 노선 변경의 출발점은 유럽연합과 북대서양조약기구가 유럽회의와 유럽안보협력기구와 함께 유럽 안보 구축의 초석이라는 사실이었다. 미국이 유럽에 관여하는 것이 중요하다고 강조되었다. 2009년 의회가 유럽연합 가입에 따르는 연대선언*을 채택했을 때(말하자면 1995년

---

* 유럽연합 조약의 집단안보에 관한 조항과 관련된 것으로 회원국이 외부의 군사적

스웨덴이 유럽연합에 가입했을 때는 채택되지 않았다), 그 과정은 공식적으로 완료되었다.

공격을 받을 때 지원 의무가 있음을 밝힌 것이다.

15

스웨덴의 유럽연합 가입

1995년 1월 1일 스웨덴은 유럽연합 회원국이 되었다.¹ 6주 전 국민투표가 실시되었고, 투표자의 과반수가 가입을 지지했다. 그러나 이러한 결과에 이르기까지는 긴 과정이 필요했다. 1950년대에 석탄철강공동체 내부의 초국적 협력으로부터 유럽연합의 전신인 유럽경제공동체가 출현했을 때, 스웨덴의 가입은 중립정책 때문에 실현되지 않았다. 반면 유럽경제공동체 여섯 나라의 자유무역 협력에는 처음부터 관심을 보였고, 1950년대에 그러한 협력이 가능하지 않다는 것이 분명해지자 스웨덴은 북유럽의 이웃 나라들과 영국과 함께 유럽자유무역연합EFTA의 출범을 주도했다. 그 자유무역 기구는 목표가 상대적으로 제한적이었고 초국적인 요소가 없었다.

1991년 스웨덴이 유럽공동체 가입을 신청했을 때, 유럽자유무역연합이 출범한 지 30년이 지났다. 스웨덴은 그 기간 동안 유럽경제공동체/유럽연합과의 다양한 협상을 통해 관세 인하와 유익한 교역 조건을 얻어 내려 노력했고, 그로써 회원국 지위에 따르는 의무에 구속되지 않고도 유럽경제공동체/유럽연합으로부터 경제적 이익을 누렸다. 몇 차례 유럽 경제공동체 가입 문제가 논의의 대상이 된 적이 있지만, 1990년 10월 사회민주당 정부가 태도를 바꿀 때까지 가입 신청은 실현되지 않았다. 한 가지 중요한 이유는 스웨덴 정치사에서 가장 유명한 축에 드는 연설에 있다. 1961년 8월 22일 당시 총리였던 타게 엘란데르가 한 연설로 역사에는 '금속노동조합연맹 연설$_{\text{Metalltalet}}$'로 기록되어 있다. 그 연설은 스웨덴의 유럽정책에 형성의 계기가 되었다.

금속노동조합연맹 연설과 그 여파

1961년 봄 영국이 태도를 바꾸어 유럽경제공동체 가입을 신청하면서 조건이 변했다. 영국이 유럽자유무역연합을 탈퇴하면서, 정치적으로는 물론 경제적으로도 조직의 중요성이 감소했다. 덴마크가 영국의 선례를 따르려 한다는 것이 분명해지고 노르웨이도 그렇게 하려는 징후가 보이자, 스웨덴도 어쩔 수 없이 가입 신청을 의제로 삼아야 했다. 우익보수당과 국민당은 가입에 긍정적이었다. 경제적으로 가입에 찬성할 만한 이유가 상당해 보였다. 스웨덴 대외 교역의 3분의 2 이상이 유럽경제공동체 회원국이거나 조만간 회원국이 되리라고 예상되는 나라들과의 교역이었다. 그렇지만 그러한 노선에 여론의 지지를 이끌어내기는 어려웠고, 엘란데르가 금속노동조합연맹 대회에서 연설했을 때 안에서부터 문제가 터졌다. 연설에서 가입은 배제되었다. 우선 중립정책 때문에 불가능했다. 유럽경제공동체의 무역 협력에서 토대가 된 규정이 위기 상황에서 중립국의 행위에 지침이 되는 국제법과 배치된다고 생각되었기 때문이다. 유럽경제공동체 여섯 개 회원국은 북대서양조약기구의 회원국이었고, 따라서 스웨덴의 가입은 불가능하다고 판단되었다. 가입하게 되면 중립정책의 신뢰성이 무너진다는 것이 엘란데르의 뜻이었다.

가입에 반대하는 다른 논거는 국내정책과 관련이 있었다. 엘란데르에게 스웨덴이 경제정책과 복지정책, 노동시장정책 같은 영역에서 국가의 주권을 포기한다는 것은 생각할 수 없었다. 로마 조약에 따르면 이러한 영역은 전부 유럽경제공동체가 상당히 큰 권한을 행사할 수 있는 영역이었다. 따라서 협력은 국내정치적 이유로도 배제되었다. 유럽경제공동체에 가입하면 그 시기에 국제적인 모범으로 여겨졌고 사회민주당이 자부심을 느낀 스웨덴 모델을 유지하기 어렵게 되리라는 것이 총리의 판단이었다. 엘란데르는 1930년대의 성공적인 위기 대응책이 당시 스웨덴이 그러한 유형의 제약에 구속되었다면 과연 가능했을지 의구심을 내비쳤다.[2]

야코브 구스타브손은 로마 조약이 중립과 국내정책에 갖는 함의보다 다른 판단이 1961년 엘란데르의 태도에서 매우 결정적인 역할을 했다고 말한다. 그가 보기에 어리석은 판단이었다. 연설은 영국과 덴마크가 가입을 신청했다는 사실을 상세히 평가하며 시작한다. 엘란데르는 두 나라가 겪고 있는 경제적 문제를 강조하며 가입 신청이 충분히 이해가 된다고 보았다. 그렇지만 스웨덴의 상황은 달랐다. "그러므로 다른 조건에 놓여 있는 스웨덴 정부가 다른 결론에 도달하기란 불가능해 보인다"(Gustavsson 2002, s. 25).

30년 뒤 사회민주당의 시각 변화가 경제적-정치적 논거로 정당화되

없음을 생각할 때, 이러한 배경을 기억하는 것이 중요하다. 구스타브손은 유럽 협력의 발전이 국민국가의 주도권과 권위를 회복하기 위한 노력이라는 앨런 밀워드의 이론을 출발점으로 삼는다. 제2차 세계대전이 끝난 뒤 유럽 대륙의 국가들은 반백 년 동안 전쟁과 독재, 경제 불황에 시달린 뒤라서 정통성 위기에 빠졌다. 1951년 석탄철강공동체와 1957년 유럽경제공동체의 창설은 밀워드에 따르면 유럽 국민국가들에 구원이었다(Milward 1992). 구스타브손은 이 이론을 출발점으로 삼아 스웨덴에는 그러한 구원이 필요하지 않았으며 엘란데르의 태도에 결정적이었던 것은 원칙적인 논거가 아니라 바로 튼튼한 스웨덴 경제였다고 가정할 이유가 있다고 주장한다.

금속노동조합연맹 연설은 스웨덴의 유럽정책에 지속적으로 영향을 미쳤다. 그러다가 1990년대 초에 와서 갑자기 변동이 생겼다. 새로운 노선은 회원 가입은 생각할 수 없지만 중립정책이 허용하는 한에서 유럽경제공동체와의 긴밀한 협력은 추구할 만하다는 것이었다. 금속노동조합연맹 연설 후 몇 달이 지났을 때 스웨덴은 과거에 유럽의 식민지였던 나라들과의 협약을 가능하게 하고자 로마 조약에 삽입된 규정에 따라 유럽경제공동체에 제휴를 신청했다. 그렇지만 프랑스 대통령 샤를 드골이 영국의 회원 가입에 거부권을 행사하면서 신청은 실현되지 않았다. 유럽경제공동체의 확대 과정은 중단되었고, 여기에는 스웨덴을 비롯한 여러 나라의 협력 요청도 포함되었다. 1965년 룩셈부르크 타협으로 유럽경제공동체가 좀 더 정부 간 협력 기구의 성격을 띠는 쪽으로 바뀌었다. 회원국은 자국의 중대한 이익을 위협한다고 생각되는 모든 제안에 거부권을 행사할 수 있게 되었다. 초국적 성격이 약해지면서 스웨덴이 협력에 참여할 조건도 개선되었다. 1967년 스웨덴은 영국이 덴마크와 노르웨이, 아일랜드와 함께 다시 가입을 신청한 뒤 공식적으로 가입을 신청했다. 그러나 1971년 이제 엘란데르의 후임으로 사회민주당 대표와 총리가 된 울로프 팔메는 가입이 더는 당면한 문제가 아니라고 선언했다.

가입의 재고

이듬해 스웨덴은 유럽공동체와 자유무역협정을 체결했다. 정부는 처음에는 관세동맹이 목적이었으나, 제한적인 무역협정에 만족해야 했다. 이후 유럽 문제는 스웨덴 정치 논쟁에서 사라졌다가 1980년대에 온건보수당과 국민당이 유럽연합과 더 긴밀한 협력을 추진하면서 다시 등장한다. 유럽연합 집행위원회의 새로운 의장 자크 들로르의 지도로 유럽공동체의 협력은 한 차원 더 깊어졌다. 회원국은 12개 국가로 늘어났고, 효율성을 이유로 1987년 이른바 단일유럽법이 도입되었다. 그 내용은 다수결로 많은 결정을 내릴 수 있다는 것이다. 이는 역내시장의 발전과 자본과 상품, 서비스, 사람의 자유로운 이동이 핵심인 지속적인 통합 과정의 전제조건으로 여겨졌다. 계획에 따르면 역내시장은 1992년에 발효될 예정이었다. 유럽공동체 내부의 발전은 스웨덴으로 하여금 협력을 위한 새로운 제도적 토대를 마련하게 했다. 스웨덴은 유럽자유무역연합의 다른 국가들과 함께 유럽경제지역EEA의 형태로 관세동맹을 설립하는 문제를 두고 유럽공동체와 협상에 들어갔다. 유럽경제지역에는 유럽연합과 유럽자유무역연합의 18개 국가가 다 참여할 예정이었다. 그러나 유럽자유무역연합 국가들의 공동결정권 요구와 여러 가지 예외 요구와 관련하여 해결하기 어려운 문제가 등장했다. 유럽공동체로서는 공통 규칙으로부터의 예외를 수용하는 것은 물론 의사 결정 과정에 참여할 권리를 달라는 그 나라들의 요구를 받아들일 수 없었다. 협상은 중단되었다.

1990년 10월 26일 총리 잉바르 칼손이 기자회견을 열어 재무부 장관 알란 라숀과 함께 경제 위기 대응책을 제시했을 때, 유럽공동체에 관한 조항이 포함된 것은 예상치 못한 일이었다. 그는 정부가 "유럽정책에 관하여 의회에서 유럽공동체 회원국이 되겠다는 스웨덴의 목표를 더 분명하고 긍정적으로 밝히는 결정을 새롭게 이끌어내고자 노력했다"고 말했다.[3] 이는 실로 지금 책에서 설명하는 것보다 훨씬 더 큰 관점의 변화였다. 이전에는 가입이 '분명한' 목표라고 말한 적이 없었다. 그 후 1991년 7월 1일 스웨덴의 가입 신청서가 접수되었고, 1993년 2월 빌트 정부의 주도로 협상이 시작되어 꼬박 1년 동안 진행된 뒤 결말이 났다. 1994년 11월 13일 스웨덴은 특별 국민투표에서 가입 문제를 다루었고, 과반수가 찬성하는 것으로 밝혀진 뒤 의회는 가입을 결정했다. 1995년 1월 스웨덴은 유럽연합 회원국이 되었다.

이러한 태도 변화는 어떻게 가능했나? 유럽연합 회원국 지위는 스웨덴 정치에 어떤 의미를 지녔나?

정치적 기회의 창이 열리다

유럽의 협력이라는 기획이 국민국가의 정통성 위기를 해결하는 방법이었다는 밀워드의 논지는 스웨덴에는 전혀 맞지 않았다. 더 정확히 말하자면 이전에는 스웨덴 국민국가에 어떠한 구원의 사업도 필요하지 않았다. 그러나 스웨덴이 그 협력 사업에 대한 태도를 바꾼 1990년대 초에는 사정이 달랐다. 스웨덴 경제는 완전히 내리막길을 걸었고, 유럽 통합 과정이 본격적으로 시작하고 여러 나라가 그 공동체에 가입하려 한다는 것이 분명해졌을 때, 스웨덴의 참여도 특히 경제적, 정치적 관점에서 필요하다고 판단되었다. 경제 상황 때문에, 심각한 위기의식과 조급함이 나타나면서 주변 세계에 대한 의존과 국가의 무력감이 한층 두드러졌다. 특히 통화시장에 대한 염려가 그러한 인식을 키웠다. 그 시기 사회민주당의 시각 변화를 설명하는 지배적인 해석에 따르면, 복지국가의 재정을 확보하고 국가의 정치적 운신의 폭을 다시 확보하려면 신속한 변화가 필요했다. 유럽연합 가입은 그러한 조정 과정의 중요한 구성 요소로 여겨졌다(Jacobsson 1997). 유럽연합과의 더 긴밀한 협력에 대한 의존이 한층 더 분명해짐과 동시에, 진행 중인 유럽경제지역 협상도 중단되었다. 가입만이 유일하게 가능한 방안으로 나타났다. 베를린 장벽이 무너지고 냉전이 종결되었을 때, 중립정책도 더는 유럽연합 가입을 막는 결정적인 장애가 아니었다.

사회민주당 정부의 태도가 변한 시기에 일어난 일을 달리 말하자면 경제 위기와 주변 세계의 변화와 더불어 형성의 계기가 생겼다는 것이다. 유럽공동체 문제는 30년 동안 의제에 올라 있었지만, 이제야 처음으로 정치적 기회의 창이 열렸다. 앞서 말했듯이 스웨덴 정치의 다른 점에서도 빠르게 관점이 이동했다. 이 또한 위기 상황의 문제였다. 선거권 투쟁에서 우익보수당이 보여준 태도와 1933년 사회민주당과 농민연합의 협약, 1939년 거국내각 수립, 1992년 위기 협정과 1994년 연금 합의(이에 대해서는 다음 장에서 설명하겠다)와 마찬가지 상황이었다. 위기가 닥치고 정치적 기회의 창이 활짝 열렸을 때 태도 변화를 취하는 것이 더 쉽게 보였다. 잉바르 칼손은 1990년에 그 기회를 포착했고 신속히 움직였다. 그렇지만 야코브 구스타브손은 실제로는 다른 대안이 없었다고 주장한다. "가입을 향해 발걸음을 내디딘 것은 단순하게 복지와 자율권을 바꾸는 문제가 아니라는 판단에 따른 것이었다. 계속해서 유럽연합의 밖에 있으면 스웨덴의 참여 없이 확정된 규정에 소극적으로 적응할 수밖에 없었다. 대신 회원국으로 가입하면 경제적 이익을 실현할 뿐만 아니라 정치적으로 결정에 영향을 미칠 수 있었다"(Gustavsson 2002, s. 36).

사회학자 셰슈틴 야콥손도 찬성 쪽의 논거에 유념한다. 출발점은 선택의 여지가 없었다는 것이다. 반대파는 가입에 따르는 유럽연합의 초국적 성격과 국가 자율권 축소에 민주주의 훼손이 뒤따를 것이라고 주장했지만, 찬성파는 형식적 주권과 실질적 주권 간의 구분에 주목해야 한다고 주장했다. 세계화 시대에 국가의 자결권이란 환상이었다. 한층 더 심하게 침해될 뿐이었다. 스웨덴이 유럽연합의 밖에 있다는 것은 공식적으로는 주권을 유지하되 실제로는 영향력을 행사할 기회를 포기한 것이고 어쩔 수 없이 적응해야 한다는 뜻이었다. 결정을 내릴 권한은 결정을 내릴 능력으로 바뀌었다. 야콥손에 따르면, 진정한 주권을 이야기하고 동시에 주권 개념과 민주주의 개념을 결합함으로써 민주주의 담론에 변화가 일어났다. 민주주의의 정의는 국민의 통치가 아니라 문제 해결 능력으로 변했다. 모든 담론이 그렇듯이 이 담론도 특정한 배경에서 생겨났고, 뚜렷한 위기의식과 정치의 무력함을 해소할 필요성이 돋보이는 상황에서 출현할 수 있었다(Jacobsson 1997).

야콥손은 여기서 1950년대 민주주의 논쟁과 유사한 점을 발견한다. 그때에도 정치 제도의 효율성을 높이는 것, 즉 정치제도의 현대화가 핵심이었다. 민주주의 정체를 새로운 시대적 요구에 맞게 조절해야 했던 것이다. 그러나 1950년대의 사회 변화에서는 개혁 정치가 어떻게 하면 국민국가의 영역 내에서 매우 효율적으로 이행될 수 있느냐가 문제였던 반면, 1990년대에는 어떻게 세계화에 적응할 것이냐가 문제였다. 후자의 경우 1950년대와 반대로 무엇에 적응해야 하는지 예측하기가 어려웠다. 두 경우에 똑같이 효율성 차원이 부각되었지만, 근본적인 차이가 있었다. 앞선 경우에는 정치 만능이라는 관념이 논쟁을 지배했다면, 두 번째 경우에 논쟁에 스며든 것은 정치 제도의 무력함이라는 관념이었다. 이 점에서 유럽연합 가입에 관한 논쟁은 그 시기에 정치 문화가 변했음을 가리킨다(제16장을 보라).

민주주의의 가장 중요한 내용은 국민 의지의 실현이다. 다시 말해 민주주의란 한편으로 국민의 의사가 무엇인지 확인하고 다른 한편으로 그것을 확실하게 실현하는 문제이다. 서로 연결되나 명백히 다른 두 부분이다. 민주주의가 실제로 적절한 내용을 갖추려면 둘 다 잘되어야 한다. 유럽연합 가입 논쟁은 민주주의 개념이 종잡을 수 없게 변했음을 보여주었다. 가입을 옹호한 자들은 두 번째 부분의 의미를 중요하게 고려했고, 반대자들이 순진하게도 국민의 의사를 확인하는 것만을 민주주의의 핵심으로 보는 견해를 고수한다고 비판했다.

그러나 집단의 의지를 확인하는 것이 그리 쉽지만은 않을 수도 있다. 스웨덴의 유럽연합 가입 문제는 그러한 어려움을 보여주는 사례이다. 국민 일반과 엘리트층 사이에는 간극이 있다. 여론은 오랫동안 가입에 회의적이었지만, 사회민주당의 태도 변화와 더불어 의회에서 압도적 다수가 가입에 찬성했고 이로써 그 문제는 매듭이 지어졌다. 1991년 환경당이 의회 진입에 실패하자, 가입에 반대한 의원은 전체 349명 중 좌익당 소속 의원 16명뿐이었다.* 그런데 놀랍게도 의회는 유럽연합 가입을 상의 국민투표에 부치기로 결정했다.

국민과 유럽연합

유럽연합 가입에 관한 국민투표의 형식을 두고 무수히 많은 논쟁이 벌어졌다.[4] 우선 과연 국민투표를 실시해야 하는지 의견이 일치하지 않았다. 유럽연합에 비판적이었던 좌익당과 환경당이 정부가 가입을 위해 노력한다는 목표를 밝힌 것과 관련하여 먼저 국민투표를 요구했다. 두 정당이 국민의 의사를 물으려 했다는 사실은 오랫동안 여론 조사에서 스웨덴 사람들이 가입에 회의적이었음을 감안할 때 전혀 예상치 못한 바는 아니었다. 그러나 국민투표가 시행될 때 여론은 단기간에 흔들렸다(Lindahl 1996). 몇 달 뒤 온건보수당의 칼 빌트는 국민투표를 지지한다고 선언했다. 그에게 국민투표는 정통성의 문제였다. 국민이 직접 가입에 대해 찬성 의사를 밝힐 수 있어야 했다. 빌트는 "우리 모두가 깃발을 들고 북을 울리며 유럽 협력에 참여하는 것"을 원했다(《쉬드스벤스칸》 1990년 12월 22일). 다른 부르주아 정당들도 제안에 찬성했지만, 사회민주당은 오래 주저했다(Ruin 1997).

형식에 관한 다른 의견 차이는 투표 시기에 관한 것이었다. 빌트는 원래 당략적인 이유로 1994년 의회 선거와 연계하여 국민투표를 시행하기를 원했다. 가입 문제로 사회민주당이 내분을 겪었기에, 그 전략이 선거

---

* 환경당은 1991년 선거에서 득표율이 4퍼센트에 미치지 못하는 3.4퍼센트를 얻어 의석 확보에 실패했다. 좌익공산당은 1990년 소련과 동유럽 사회주의 국가들이 무너지면서 당명에서 '공산주의자들'이라는 명칭을 제거했다.

에서 사회민주당을 곤란한 처지로 몰고 가리라고 판단했던 것이다. 그렇지만 투표는 선거가 끝난 후 시행하기로 결정되었다. 찬성 측의 전체적인 시각에서 볼 때 그때가 더 적합했을 것이다. 사회민주당이 여당이 되었을 때 사회민주당을 지지하는 많은 유권자를 동원하기가 더 용이했기 때문이다. 시기와 관련된 다른 문제는 스웨덴의 국민투표와 가입을 신청한 다른 나라들의 국민투표의 순서였다. 유럽연합에 가장 우호적인 신청국인 오스트리아가 제일 먼저 국민투표를 실시하고 뒤이어 그다음으로 우호적인 태도를 보여준 핀란드, 그다음 스웨덴, 마지막으로 유럽연합에 대한 열의가 가장 적은 신청국인 노르웨이의 순서로 국민투표를 시행한다는 사실은 반대파로부터 비판을 받았다.[5] 이러한 일정은 일종의 연쇄 효과를 촉발할 수 있다고 생각되었기에 조작되었다는 주장이 제기되었다.

유권자들이 국민투표에서 태도를 밝혀야 할 질문 자체도 논란의 대상이었다. 정부와 유럽연합의 가입 협상에서 합의된 결과를 수용할 것인지 여부였는데, 일부 반대자들은 이것이 실패할 경우를 대비한 찬성파의 전략이라고 의심했다. 그렇게 되면 정부는 재협상에 착수할 수 있을 것이고, 그로써 적절한 시점에 의회에 스웨덴의 유럽연합 가입을 편안히 제안할 수 있을 것이다. 국민투표는 이전의 협상 결과에 대한 물음이었기 때문이다. 반대파는 또한 찬반 운동 간의 정보 불균형도 비판했다. 찬성파가 온당치 않게 유리했다는 뜻이었다. 유럽연합 반대파에 따르면, 특히 사실을 기반으로 한 정보 수집을 임무로 외무부 안에 특별히 설치한 유럽정보사무국이 찬성파의 선전 도구였다는 것이다.

앞서 설명했듯이, 형식 문제를 둘러싼 논쟁을 시작한 것은 주로 반대파였다. 그렇지만 투표 전 운동의 마지막 국면에서 유럽연합 찬성파는 반대파가 마음을 정하지 못한 유권자의 지지를 얻기 위해 이용한 주장에 관하여 논쟁을 시작했다. 반대파는 일단 국민투표에서 찬성이 나오면 돌이킬 수 없으니 태도가 불확실한 자들이 반대표를 던질 것이라고 보았다. 결과가 그렇게 나오면 가입은 먼 미래에나 재검토의 대상이 될 수 있으므로, 찬성파는 강력하게 대응하여 반대는 곧 스웨덴이 오랜 기간 동안 유럽연합에 들어가지 못하게 된다는 뜻이라고 주장했다.

찬성파가 분명히 우세했지만 차이는 크지 않았다. 찬반의 격차는 겨우 30만 표였다. 그렇지만 투표 참여율은 83.3퍼센트로 매우 높아서 의회 결정에 정부가 얻으려 애쓴 정당성을 부여하는 데 도움이 되었다. 또한 그 투표로 국민투표 제도의 정당성도 개선되었다. 이전의 국민투표 경험은 압도적으로 부정적이었다. 특히 앞서 두 차례 실시된 국민투표에서는 세 가지 대안이 제시되어 결과를 해석하기가 어려웠기 때문에 더욱 부정적이었다. 이번에는 두 가지 명백한 안이 제시되었고, 각 정당은 결과가 구속력을 지닌다고 확실하게 선언했다.

1994년 국민투표는 민주주의적 관점에서도 적절했다. 유권자 사이에는 유럽연합에 비판적인 강한 여론이 있었고, 이들이 지지 정당을 위해 견해를 바꾸는 일은 없었다. 이로써 그 국민투표는 대의민주주의 제도를 뒷받침했다. 한편으로는 유럽연합 문제로 내분을 겪은 정당들로 하여금 투표를 독려하게 했고, 다른 한편으로 결정에 강력한 정당성을 부여했다(Möller 2005). 그렇지만 유럽연합에 비판적인 여론은 국민투표 이후에도 남아 있었다. 유럽연합 가입 이후에 여론은 반대자들에 유리하게 뒤집혔다. 스웨덴은 가입 이후 영국과 함께 유럽연합에 비판적인 여론이 가장 강한 가입국이 되었다(Lindahl & Oskarsson 2001).

9년 뒤 2003년 9월 13일 스웨덴이 새로운 국민투표를 준비했을 때, 반대파가 복수했다. 이번에는 유로화 도입에 관한 투표였는데, 확실한 과반수인 55.9퍼센트가 반대했고, 찬성은 42퍼센트에 머물렀다. 투표율은 82.6퍼센트였다. 높은 투표 참여율은 한편으로는 투표 시행 며칠 전 외무부 장관 안나 린드가 살해되어 국민이 큰 충격을 받은 결과였다.* 그 국민투표는 민주주의가 존재한다는 증거였다.

2003년 국민투표는 유럽연합의 경제 협력과 통화 협력에서 단호히 제3의 길을 취할 것인지 아니면 유럽연합 경제통화동맹EMU 가입을 신청할 것인지에 관한 투표였다. 국민투표를 시행해야 한다는 것은 몇 년 전부터 분명했다. 그렇지만 이번에도 시기가 논란거리였다. 유럽연합 경제통화동맹에 반대하는 자들에게는 최대한 빨리 시행하는 것이 바람직했다. 여론 조사에 따르면 가입 반대 견해가 상당했다. 유럽연합이라는 기획 전체에 대해 아직도 가시지 않은 반대와 일치하는 것이었다. 유럽연합 경제통화동맹 옹호자들에게는 반대로 스웨덴 사람들이 2001년 1월 1일부터 시작된 통화 협력이 가져올 것으로 예상되는 긍정적인 효과를 확인할 수 있을 때까지, 소외에 따르는 결점을 인식할 수 있을 때까지 국민투표를 연기하는 것이 절실했다.

1994년 국민투표와 정확히 똑같이 2003년에도 투표 운동은 뜨거웠

---

* 2003년 9월 10일 수요일 경호원 없이 친구와 함께 시내의 NK백화점을 찾은 그녀를 1960년대에 이주한 유고슬라비아인 부부의 아들 미야일로 미야일로세비치가 칼로 찔렀다. 간 손상을 비롯한 내출혈로 많은 양의 피를 수혈하며 수술했지만 이튿날 새벽에 사망했다.

다. 아마 이전보다 더 가열되었을 것이다. 투표 운동의 분위기는 상당히 험악했고, 스웨덴 사회의 중심부와 주변부 사이에 깊은 간극이 벌어졌다. 비단 지리적인 의미에서만 그런 것이 아니었다. 이 국민투표에서 스웨덴은 분열했다. 도시와 농촌, 고소득자와 저소득자, 교육 수준이 높은 자들과 낮은 자들, 남자와 여자가 대립했다. 이로써 엘리트층의 기획이라는 유럽연합의 이미지가 한층 더 강조되었고, 오랫동안 가려졌던 대립이 다시 수면 위로 떠올랐다. 투표 운동 중에 확연히 드러난 대결 구도에 많은 사람이 고뇌에 빠졌다. 안나 린드의 비극적인 죽음은 어떤 의미에서 그 논쟁에 스며든 비타협적 태도를 상징적으로 보여주었다. 유럽연합 경제통화동맹 문제에서 두드러진 다른 측면은 결정해야 할 사안을 두고 여러 정당이 내부적으로 분열했다는 사실이다. 내분으로 가장 난처했던 정당은 이번에도 사회민주당이었다. 여당에는 유럽연합 경제통화동맹에 반대하는 유럽연합 회의론자들이 상당히 많았다. 정부의 핵심 인사들 중에도 반대하는 자들이 있었지만, 유럽연합 경제통화동맹에 비판적인 각료들은 투표 운동에 앞장서지 않았다. 어느 차관이 공개적으로 반대편에 합류하자, 그 부서의 장관이 심하게 질책했고, 이는 결국 당과 찬성 측 전체에 재갈을 물리는 곤란한 상황을 초래했다.

    국민투표가 갈등을 야기하는 것은 당연하다. 한 가지 문제가 오랫동안 세간의 주목을 받으면, 결코 예상치 못한 일이 아니지만 새로운 시각이 논쟁에 등장한다. 쟁론은 더욱 격해지며, 단순화와 과장이 난무한다. 논쟁에서는 대결이 두드러지며, 시민들은 어쩔 수 없이 찬성인지 반대인지 선택해야 한다. 좀 더 합리적인 어조로 이야기하고 좀 더 정교하게 주장을 제시한 자들은 태도가 모호한 사람이라는 취급을 받기가 쉽다.

이 모든 것은 국민투표에 전체적으로 해당되는 속성이지만, 2003년 국민투표는 이례적으로 적의가 가득했다.

국민투표에 반대하는 한 가지 논거는 그것이 종종 핵심 사안을 넘어서 상당히 많은 일을 다룬다는 것이다. 예를 들면, 많은 사람이 국민투표를 여당에 대한 전반적인 항의로 이용한다. 유럽연합과 관련된 스웨덴의 국민투표에서 그러한 해석을 무시하기 어렵다. 결과는 기존 정치권력에 대한 명백한 항의였다.

그러나 이는 또한 당연하게도 유럽연합에 대한 전체적인 불만과 큰 관계가 있었다. 이 불만은 유럽의회에 관한 투표에도 표현되었다. 투표 참여율은 지극히 낮았다. 제2차 세계대전 이후 스웨덴 의회 선거의 평균 투표율이 대략 84퍼센트였는데, 이는 나머지 유럽의 평균과 대체로 일치한다. 그러나 세 차례 유럽의회 선거에서 스웨덴의 투표율은 유럽연합의 다른 가입국들에 비해 확연히 뒤처졌다. 전체적인 평균 투표율은 60퍼센트를 약간 웃돈 반면, 이에 비해 스웨덴의 평균 투표율은 40.2퍼센트였다. 2004년 선거에서는 스웨덴 유권자의 37.8퍼센트만 투표했다. 이 선거에서는 또한 유럽연합에 비판적인 정당인 유니리스탄이 성공리에 첫발을 내디뎠다.* 유니리스탄은 14.5퍼센트를 득표하여 유럽의회에 3석을 확보했다. 전체적으로 투표자 세 명 중 한 명이 유럽연합에 비판적인 정당인 유니리스탄과 환경당, 좌익당에 지지를 보냈다. 2009년에 실시된 다음번 유럽의회 선거에서는 투표율이 45.5퍼센트로 늘었다. 그

---

* Junilistan. juni는 6월이고 listan은 명부를 뜻한다. 2004년 6월 유럽의회 선거를 앞두고 창당해서 그렇게 이름을 지었다.

러나 투표율이 증가하기는 했어도 자국 선거에 비해 유럽의회에 투표할 의사가 있는 사람은 여전히 눈에 띄게 적었다. 연구에 따르면 여러 가지 이유가 있다. 어떤 이들은 평소에 지지하는 정당이 유럽연합에 대해 자신과는 다른 태도를 보여 갈등이 생기자 투표를 포기한다. 다른 이들은 유럽연합에 대한 불신 때문에 투표하지 않는다. 이 경우에 기권은 일종의 저항이다. 그러나 투표율이 그렇게 낮은 가장 중요한 이유는 유럽의회의 권한이 작고 그래서 선거가 많은 유권자에게 상대적으로 무의미하게 다가왔다는 데 있다. 투표가 모종의 정부 수립으로 연결되지 않았기에 국내 의회 선거에서 두드러지는 긴장되고 극적인 면모가 보이지 않았다. 이는 투표 운동의 마지막 국면에서 더욱 분명했다. 중요한 권력 문제가 의제에 오르지 않았기에 열기가 적었다.[6]

'반항하는 유럽인'

유럽연합에 회의적인 스웨덴 여론은 앞서 보았듯이 기록으로 잘 드러난다. 유럽연합 안에서 그것에 가장 회의적인 태도를 드러낸 자들이 스웨덴 사람들이라는 사실은 정기적인 여론 조사에서 알 수 있다. 충분히 예상할 수 있는 바이다. 스웨덴이 '반항하는 유럽인'이라는 말은 결코 오해가 아니다. 이러한 불순응의 태도를 어떻게 설명할 수 있는가? 어쩌면 가입에 이르게 된 경로가 그러한 태도를 부분적으로 설명해줄 것이다. 경제 상황 때문에 가입은 거의 불가피한 것으로 제시되었다. 처음부터 열의는 적었고 거의 더 커지지 않았다. 그렇지만 장기적인 역사적 관점에서 볼 필요도 있다.[7] 1960년대 초 가입 논의가 처음으로 시작되었을 때, 다른 나라들에서는 유럽이 하나의 공동체라는 인식이 커지고 있었지만 스웨덴에서는 부족했다. 스웨덴은 지리적으로 유럽의 주변부에 속했고, 유럽 대륙에서 치러진 두 차례 세계대전에도 휘말리지 않았다. 다른 나라 주민들은 유럽 차원의 협력 부재가 어떤 의미를 갖는지 알았지만, 스웨덴 사람들은 그런 경험을 하지 못했다. 유럽 차원의 협력에 대한 회의적인 태도에는 이데올로기적 이유도 있었다. 야코브 베스트베리에 따르면, 스웨덴의 반항적인 여론은 그들이 이해한 이른바 "보수적인 가톨릭, 자본주의 유럽"에 대한 대응이었다(Westberg 2003, s. 144).

이러한 시각의 뿌리는 1930년대 이래로 진보적 스웨덴과 반동적 유럽의 차이를 드러내려 한 사회민주주의 정책에 있다. 그러한 반유럽적 시각은 제2차 세계대전 중에 추가로 자양분을 얻었다. 전쟁의 경험이 유럽 차원의 협력에 대한 스웨덴 사람들의 견해에 영향을 주었다면, 스스로 소외됨을 선택했다는 인식도 그만큼 더욱 굳어졌다. 역사가 알프 W. 요한손에 따르면, 도덕적으로 우월한(우월하다고 이해된) '스웨덴다운 삶의 방식'을 중심으로 내부를 향한 선전이 생겨났다. 요한손에 따르면, 전후 시대에 스웨덴이 제2차 세계대전 중에 어떤 역할을 했는가는 조금도 논의되지 않았다. 시선은 과거가 아니라 미래를 향했다. 그다지 영광스럽지 못한 과거를 곱씹는 것은 스웨덴 정치인과 여론 주도층에 전혀 매력적이지 않았다. 스웨덴은 전쟁으로 중단된 현대 사회의 건설에 여념이 없었다(Johansson 1995).

베스트베리는 20세기에 스웨덴 정체성 정치를 결정하고 유럽정책을 형성한 두 가지 반복되는 주제를 강조한다. '국민의 집' 이념과 중립정책이다. 베스트베리에 따르면, 이 두 가지 주제가 전부이다. 한 가지 주제에서는 국내정책에서 발전한 공동의 가치관(평등과 참여, 안전으로 이루어진다)이 중심인 반면, 다른 주제에서는 주변 세계와의 관계가 정체성의 핵심 요소이다. 여기서 중요한 것은 스스로 선택한 소외이다. 이는 '국민의 집' 관념과 더불어 스웨덴이 스스로를 독특한 나라로, 베스트베리의 말을 빌리자면 '운 좋은 중도中道'로 이해하는 데 이바지했다(Westberg 2003, s. 9). 베스트베리의 결론은 유럽연합에 대한 유보적 태도의 배후에 약간의 자기 미화가 숨어 있다는 것이다.

16

도전에 직면하여 개혁된 복지국가

1980년대 말 스웨덴 경제가 소비 증대와 치솟는 인플레이션으로 과열되었을 때, 사회민주당 정부에 상황은 한층 더 근심스러웠다. 경기 과열은 대체로 몇 년 전에 시행된 신용시장 규제 완화의 효과였다. 소비는 생산보다 훨씬 빠른 속도로 증가했고, 가격과 임금 비용이 급속하게 인상되어 스웨덴 산업은 시장을 빼앗겼다. 악순환을 끊기 위해 정부는 경기를 진정시키려 했고, 따라서 1989년 봄 부가가치세와 사회보험의 고용주부담금 인상을 제안했다. 그러나 법안은 의회에서 지지를 받지 못했다. 대신 중앙당의 지지로 일시적인 '강제저축'을 실행했지만, 이 긴축정책으로도 충분하지 않았음이 드러났다. 이듬해 정부가 다시 이른바 일괄중지안을 들고나왔을 때, 사회민주당에서 '장미전쟁'이라는 이름으로 격한 내부 투쟁이 벌어졌다(제13장 참조).

이 장에서는 1990년대의 발전을 자세히 살피겠다. 그 10년의 기간은 또한 다사다난했다. 앞 장에서 보았듯이 스웨덴은 1995년 1월 1일 유럽 연합 회원국이 되었다. 1991년뿐만 아니라 1994년에도 정권 교체가 이루어졌다. 새로운 정당들이 의회에 진입했다(제17장에서 다루겠다). 이 10년 간에도 경제 위기가 찾아왔다. 유럽정책의 급격한 변화와 마찬가지로 두 번의 정권 교체도 그러한 위기에 비추어 볼 것이다.

'스웨덴의 새로운 출발'

1988년 선거 결과를 야당인 부르주아 정당들은 큰 패배로 인식했다. 단원제 의회의 도입 이래로 6년마다 정권 교체가 이루어졌는데, 이 선거로 그 유형이 깨졌다. 부르주아 정당들에 다시 실망과 체념이 찾아왔다. 그러나 이번에는 패배주의가 오래가지 않았다. 앞서 보았듯이 세계화에 따른 경제 위기와 조정 과정은 사회민주당도 어려움에 직면했음을 의미했다. 사회민주당이 1988년 선거에 들고 나간 정책은 당의 전통에 따른 새로운 개혁의 약속이었다(특히 연 6주 법정 휴가). 그러나 선거가 끝난 후 사회민주당 정부는 과열된 경기를 제어하기 위해 긴축정책을 취할 수밖에 없었다. 이는 논란이 되었다. 여론은 극적으로 변했다. 시포의 조사에 따르면 2년 만에 사회민주당의 지지율은 45퍼센트에서 32퍼센트로 하락했다(Bergström 1993).

동시에 부르주아 정당들 내부에서도 의견은 계속 일치하지 않았다. 중앙당은 1989년에 '강제저축'의 도입에 관하여 정부와 협약을 체결했고, 같은 해에 국민당은 '세기의 세제 개혁'에 관하여 정부와 합의했다. 이후 중앙당과 국민당은 경제정책에 관하여 정부에 계속해서 협력했다. 부르주아 정당들은 세금 정책과 전체적인 경제정책에 대한 시각뿐만 아니라 에너지 정책과 스웨덴의 유럽연합 관계에 관해서도 분열했다. 스웨덴 정치에 다른 대안은 없는 것이냐는 논쟁이 진행되던 바로 그때, 온건보수당과 국민당은 부르주아 정부 수립의 기본 원칙에 관하여 합의에 이르렀다. 1990년 10월 30일, 선거를 1년 앞두고 두 정당의 대표 칼 빌트와 벵트 베스테르베리는 《다겐스 뉘헤테르》에 공동으로 논쟁적인 기고문을 실었다. 두 사람은 "우리는 다시 함께 통치하겠다"라는 제목으로 여섯 가지 정책을 제시했다. 조속한 유럽연합 가입, 감세, 공공 지출 축소, 복지정책에서의 '선택 자유의 혁명', 사유재산권과 저축의 강화, 지난 10년간에 비해 더 합리적인 논의에 입각한 에너지 정책. 기고문은 크게 주목을 받았고 정치적 조건에 변화를 가져왔다. 모든 부르주아 정당이 다 그 정책을 지지하지는 않았지만, 그 조치는 대안 정부의 토대로 이해되었다.

벵트 베스테르베리가 이에 찬성한 것은 예상치 못한 일이었다. 이 국민당 대표는 정치적으로 중요한 문제에서 사회민주당 정부와 긴밀하게 협력했고 진영을 뛰어넘는 협력에 지속적으로 긍정적인 태도를 보였다. 게다가 베스테르베리는 국민당이 1991년 선거 전에 특정한 정부 구성안을 고수하지 않으리라는 점을 여러 차례 분명하게 밝혔다. 베스테르베리가 사회민주당과의 공동 정부 수립에도 문을 열어놓기를 원했다고 해석할 수 있었다. 베스테르베리는 생각이 바뀌어 부르주아 정부 수립을 지지한 이유로 두 가지를 이야기했다. 첫째, 사회민주당은 얼마 전에 '기금 사회주의'의 실현에 관한 새로운 발상을 들고나왔다. 사회민주당은 기존의 임금노동자기금 말고도 국민연금기금도 주식을 매입할 수 있게 하자는 노동조합총연맹의 제안을 수용했다. 임금노동자기금 논쟁에서 앞장서 싸웠던 베스테르베리에게 이는 진영을 뛰어넘는 협력을 재고하게 만드는 요인이었다. 둘째, 이 국민당 지도자는 정부가 양당이 1990년 봄까지 협상을 통해 도출한 경제정책에 관한 합의의 이행을 미룬다고 이해했고 이에 실망했다. 합의된 것은 실업보험료 개인부담금 인상과 장애연금 변경, 산재보험과 의료보험의 통합이었다. 사회민주당이 이러한 사안에서 뒷걸음질 친 것은 노동조합총연맹이 반대했기 때문이다. 베스테르베리에게 그러한 양보는 신뢰할 수 없다는 증거일 뿐만 아니라 정치적으로 허약하다는 표시이기도 했다.

사회민주당의 상황은 달랐다. '장미전쟁'은 전면적으로 전개되어, 노동조합총연맹이 정부의 경제정책을 대놓고 비판했고, 노동운동의 노동조합 부문과 정치 부문 간의 단결을 지킨다는 최우선의 목표 때문에 당 지도부의 운신의 폭은 제한되었다. 정당에 조직 내부적인 가치가 얼마나 결정적인지를 보여주는 사례를 다시 맞닥뜨리게 된다. 지도부의 가장 중요한 임무는 안정과 장기적인 생존을 보장하는 것이다(다음을 참조하라. Panebianco 1988).

1991년 선거가 부르주아 진영의 승리로 끝났을 때, 스웨덴은 1920년대 아르비드 린드만 이래 처음으로 보수당 총리를 맞이하게 되었다. 온건보수당과 국민당, 중앙당, 그리고 그 선거에서 의회 진입에 성공한 기독교민주당이 칼 빌트의 지휘로 정부를 구성했다. 그러나 의회에서 과반수를 확보한 정부는 아니었다. 네 정당의 의석 수는 합해서 170석으로 도합 154석인 사회민주당과 좌익당보다 많았지만, 그 선거에서는 기독교민주당뿐만 아니라 신생 정당인 신민주당도 의회에 진입했다. 신민주당은 25석을 얻어 의회에서 결정권을 쥐었다.[1]

빌트 정부는 한 번의 임기로 끝났다. 그렇지만 그 3년 동안 큰 변화가 일어났다. 정책에 변화를 주겠다는 의지로 보자면 이전의 부르주아 정부 시절과 큰 차이가 있었다. 1976년 첫 번째 부르주아 정부가 들어설 때와 비교하면 1991년에는 출발점의 상황도 달랐다.

신자유주의의 도전

1976년에 수립된 부르주아 정부의 과제 중에 복지국가 개혁은 없었다. 높은 과세 부담과 팽창하는 관료기구는 선거운동에서 요긴하게 쓸 수 있는 공격 지점이었지만, 부르주아 대안 정부에서 명백한 중심을 차지한 두 중도 정당은 개혁정책의 지속이라는 확실한 공약을 들고나왔다. 온건보수당도 집산주의적인 사회 모델을 이데올로기적으로 비판했으면서도 복지국가를 사실상 문제 삼지 않았다. 달리 말하자면, 1976년에 부르주아 정당들이 추구했고 떠맡은 임무는 기존의 복지 제도를 유지하고 개선하는 것이었다. 44년 동안 권좌를 차지한 사회민주당을 그 자리에서 끌어내리는 것이 우선적인 목표였다. 집권한 후에는 정권 교체가 사회민주당의 주장과 달리 복지의 후퇴와 빈부 격차 확대로 이어지지 않을 것임을 보여주는 것이 중요했다. 온건보수당 사무총장은 당이 어떤 기대를 받고 있는지 강조하고자 내부에 돌린 회장回章에 새로 들어선 정부가 다시 선택을 받는 데에는 "여느 때처럼 해가 뜨고 기차가 다니는 것"으로 충분하다고 썼다. 1976년에 들어선 정부에는 사회적 안전과 실업 퇴치가 최우선의 목표였다. 이는 사회민주주의의 헤게모니가 당대를 지배했음을 보여준다(Möller 1986).

복지국가에 대한 전폭적인 지지는 중도 정당들에는 자명한 것이었지만 온건보수당의 경우에는 이데올로기적인 양보였다. 온건보수당의 정부 참여는 그러한 양보를 전제로 했다. 여당 시절에 온건보수당은 부득이 잘 드러나지 않는 역할만 할 수밖에 없었다. 그렇지만 유권자의 지지는 늘었다. 1979년 선거에서 온건보수당은 가장 강력한 부르주아 정당으로 올라섰고, 1982년 선거 후에는 중앙당과 국민당을 합한 것보다 더 강했다. 온건보수당은 선거 승리와 더불어 이데올로기적으로 과격해졌다. 이러한 변화는 흔히 1981년 5월 30일 예스타 보만의 연설에서 시작되었다고 얘기되지만, 이데올로기적 면모는 그 이전부터 확연하게 드러났다. 그러나 이 연설은 온건보수당이 제2차 펠딘 정부에서 이탈한 직후에 있었기에 전환점이었다고 볼 수 있다. 보만은 당이 나아갈 길을 환상적으로 보여주어야 할 이유가 있었다. 그는 연설에서 자유주의적 반란을 촉구했다. 지난 사회 발전은 확실히 집산주의적 방향으로 지나치게 멀리 갔다고 생각되었다. 부르주아 정부가 몇 차례 들어섰는데도 그러한 발전은 중단되지 않았다. 보만에 따르면 온건보수당 앞에 중요한 과제가 놓여 있었다. 사회의 철저한 자유주의화가 필요했다. 온건보수당이 그러한 길을 재촉하지 않으면, 사회주의를 향한 발전이 지속될 것이었다. 주된 목표는 개인에게 더 많은 자기결정권을 주는 것이었다. 보만에 따르면 집산주의적 복지국가는 시민의 '학습된 무기력'을 유발했다. 그들은 수동적인 사람으로 바뀌었고, 이는 시민의 역할이 축소되었다는 뜻이었다. 이러한 추세를 꺾는 것이 가장 중요했다.[2]

  1980년대 초 온건보수당이 그러한 신자유주의 노선을 확고히 붙잡았을 때, 사회민주주의적 사회 모델은 수십 년 만에 처음으로 도전을 받았다. 온건보수당에 따르면 복지국가는 지난 시절의 빈곤과 불안을 성공적으로 제거했다. 그러나 이제 복지국가는 너무 비대해져 비효율적이었을 뿐만 아니라 시민의 자유를 억압했다. 우선 국가와 시민사회 제도 간의 관계를 다시 규정해야 했다. 사회는 국가보다 더 중요했다. 온건보수당은 복지국가를 복지사회로 대체하고자 했다. 첫째 개인의 책임을, 타인에 대한 책임은 물론 자신에 대한 책임도 강화할 필요가 있었다. 그러나 온건보수당에 따르면 이 복지사회에서는 가족과 시민사회의 다른 제도도 지금보다 더 큰 역할을 해야 했다.

이러한 신자유주의 정책은 영국과 미국에서 영감을 얻었다. 두 나라에서는 이데올로기적으로 단짝이었던 마거릿 대처와 로널드 레이건이 대폭적인 감세와 규제 해제, 공공 부문 축소, 사영화로써 온건보수당이 가고자 한 방향으로 급격한 변화에 착수했다. 온건보수당은 1970년대 초에 이미 여론을 주도하고자 장기적인 전략을 세운 스웨덴고용주연합으로부터 뜨거운 지지를 받았다. 스웨덴고용주연합의 선전 활동은 1970년대에 우세했던 반자본주의적 시대정신에 대한 반응으로 시작되었다. 신자유주의 싱크탱크인 팀브루의 설립과 "스웨덴의 힘을 북돋자"와 "자신에게 투자하라" 같은 이데올로기적 투쟁을 통해서 좌파 헤게모니를 무너뜨리려 했다. 스웨덴고용주연합의 여론 형성 활동이 크게 보아 서구 세계 도처에서 신자유주의적 가치관이 자리를 잡은 때와 시기적으로 겹치기 때문에 그 효과가 어느 정도였는지 측정하기는 어렵지만, 1980년대 초에 좌파의 여론 지배가 중단되었다는 것만은 확인할 수 있다. 연구에 따르면, 여론은 스웨덴고용주연합과 온건보수당이 권고한 방향으로 확실하게 변했다. 이는 특히 공적 논의에 쓰인 어휘에서 포착된다(Boreus 1994). 임금노동자기금 논쟁이 중요한 기여를 했다. 이 논쟁의 절정은 1983년 10월 4일 스톡홀름의 대규모 시위였다. 7만 명이 모여 정부의 기금 도입 계획에 항의했다. 임금노동자기금은 그 시기에 기세를 더한 신자유주의에 이데올로기적 촉매제가 되었다(Bäck & Möller 2003).

1985년 선거는 사회민주당과 온건보수당 간의 이데올로기적 대결이었다. '체제 변화' 문제가 관심의 초점이었다. 사회민주당이 사실상 온건보수당이 복지 축소를 추진하려 한다고 비난하며 그 계획을 중단시키겠다는 약속만으로 선거에서 승리했다는 사실은 기존의 사회 모델이 얼마나 강력한 지지를 받고 있었는지 보여준다. 1985년 선거는 분명히 좌우 사이에서 선택하는 선거였지만, 이러한 차원의 이데올로기적 대결이 벌어진 다른 선거와 같지는 않았다. 1928년과 1948년, 1976년 선거에서 사회주의 도입 문제가 의제에 올랐고 사회민주당은 후퇴했지만, 이번에 전면에 부상한 것은 복지국가였고 사회민주당은 승리했다. 유권자들은 '체제 변화'라는 메시지를 1960년 선거와 동일한 방식으로 받아들였다. 그때도 우익보수당은 공공 부문을 축소하여 세금을 대폭적으로 줄이겠다는 공약을 내걸었고, 사회민주당이 승리했다.

1985년 선거 전에 온건보수당 안에서는 큰 기대로 분위기가 후끈 달아올랐다. 1985년 선거운동이 시작되었을 때의 여론 조사는 유권자 세 명 중 한 명이 온건보수당에 투표할 것으로 나타났다. 그랬기에 역사적으로도 좋은 21.3퍼센트라는 득표율(2퍼센트 하락했다)에 당은 실망했다. 선거 후에 울프 아델손은 당 대표직에서 사퇴했다. 그러나 이 선거에서 온건한 체제 변화가 거부되었다고 해도, 신자유주의 사상은 스웨덴 정치에서 계속 중요한 역할을 한다. 공공 부문에 관한 논쟁은 지속되었다.

심지어 사회민주당 안에도 복지정책의 재검토를 권고하는 목소리가 있었기에 다른 관점에서도 논쟁이 있었다. 개혁을 제안한 자들은 긴 진료 대기 시간과 비효율성 같은 문제를 지적했으며, 관료기구가 때때로 지나치게 엄격하여 시민의 영향력이 침투할 여지가 없다는 데 의견을 같이 했다. 이 논쟁은 1980년대 말에 찾아온 경제 위기와 시기가 겹쳤다. 공공 부문을 계속 확대하기가 불가능하다는 것은 많은 사람에게 분명했다.

공공 부문의 '후퇴'가 시작되었다. 그 과정은 부르주아 정부 시절의 끝 무렵에 이미 작게나마 착수되었다. 1980년 의회는 여러 이전지출의 기본 급여액을 인상하지 않기로 결정했다. 사회민주당은 그 결정에 강력히 반대했다. 울로프 팔메는 스웨덴이 불공정한 정책을 추진하는 '우파 투쟁 정부'를 갖게 되었다고 말했다. 그러나 정권을 되찾은 사회민주당은 긴축정책을 계속했다. '제3의 길 정책'이 선포되었을 때, 개혁을 지속할 여력이 없다는 점이 강조되었다. 국가 재정의 건전성을 확보하는 것이 급선무였다. 사회민주당은 전통주의자들이 당의 이데올로기적 유산이라고 이해한 것에서 차츰 멀어졌다. 어느 연구자에 따르면 1980년대의 통치 정책은 "사회주의보다는 경제주의"에 젖었다. 그 결과는 "확실하게 자본에 유리한 재분배"였다(Löwdin 1998, s. 377f). 스톡홀름 증권거래소는 1980년대에 세계에서 가장 빠른 상승을 보였다. 그 10년 동안 1,144퍼센트가 상승했다. 신용시장과 외환시장의 규제도 조용히 완화되었고, 1988년 선거 후 사회민주당 정부는 국민당과 협력하여 '세기의 세제 개혁'을 실행했다. 그 주된 요소는 한계세율 인하였다. 동시에 경제정책의 패러다임도 전환되었다. 인플레이션 억제가 최우선의 목표가 되었다는 뜻이다.

요컨대 사회민주당은 많은 사람이 보수적 성격이 강하다고 이해한 정책을 추진했다. 세계화와 경제 위기, 구조적 요인들의 압박으로 행동의 여지가 제한되었기 때문이라는 것은 분명했다. 동시에 야당의 위치에 있던 부르주아 정당들, 특히 온건보수당은 시장자유주의적 성격을 더욱 뚜렷하게 내보였다. 다시 말해서 1980년대 말 신자유주의는 부르주아 정당들의 정책에 깊이 침투했을 뿐만 아니라 사회민주당 정부의 정책에도 이전보다 더 강하게 침투했다(Löwdin 1998). 따라서 1991년 네 개 부르주아 정당의 연립정부가 들어섰을 때, 이데올로기적 전제는 15년 전과는 완전히 달랐다. 사회민주주의 헤게모니 대신에 시장에 순응하는 분위기가 나타났다. 그러나 1976년 정권 교체 이후와 정확히 똑같이 스웨덴 경제는 심한 위기에 빠졌다.

위기의 시절

인플레이션 억제가 경제정책의 주된 목표로 설정되었을 때, 이른바 낮은 인플레이션 관리 체제가 확립되었다. 인플레이션은 지속적으로 축소되었고, 디스인플레이션 과정이 나타나 생산 능력의 활용이 적어졌다. 빌트 정부는 바로 그 과정이 진행되는 가운데 들어섰다. 경제 활동은 경기 과열의 시기를 지나 거의 완전히 멈추었다. 가구의 부담을 급격하게 늘린 1980년대의 '대출 경제'가 이자의 소득공제를 제한한 세제 개혁과 함께 실효금리의 충격을 안겼다. 가계저축이 감소했고, 3년 만에 가구의 수요는 국민총생산의 7퍼센트가량 축소되었다. 부동산 시장이 폭락했으며, 뒤이어 은행의 경영이 악화되었다. 소비의 극심한 위축으로 투자는 감소했고, 실업의 급증으로 국가 재정은 급속히 나빠졌다(Bergström 1993).

1990년대 초에는 또한 국제경기도 하락했다. 스웨덴에서는 고정 환율을 지키는 것이 경제정책의 중심이 되었다. 화폐정책은 물론 재정정책도 그 목표를 지향했다. 1991년 5월 스웨덴의 유럽연합 가입 준비의 일환으로 스웨덴 크로나는 유럽통화단위ECU에 연동되었다. 1980년대 초 평가절하가 단행되었기에 통화 영역에서 스웨덴의 신뢰성을 강화할 필요가 있었던 것이 그 결정의 배경이었다. 그렇지만 그 신뢰성이 더 구체적으로 무엇에 관한 문제였는지는 분명하지 않았다. 린드발은 이렇게 쓴다. "때로는 정부와 중앙은행이 체면을 지키고 싶었다는 뜻으로 해석되기도 했고, 때로는 스웨덴 경제가 높은 금리로 손상을 입을 수 있다는 뜻으로 해석되기도 했다. 이는 또한 공약과도 관계가 있었다. 1982년 평가절하 이후 사회민주당은 차후로 평가절하가 많지 않을 것이라고 선언했다"(Lindvall 2006, s. 96).

1980년대 말의 높은 인플레이션은 임금이 크게 인상된 결과였으며, 이로써 고정 환율(노동시장 당사자들에게 압박을 가했다)은 이제 정책의 초점이 된 인플레이션 억제 노력에서 기본적인 요소가 되었다. 정부는 노동조합운동과 기업에 경제정책이 비용의 급증을 계속해서 막아줄 수 있으리라고는 기대하지 말라고 전했다. 고정 환율을 지키는 것은 또한 스웨덴이 유럽연합 가입을 신청했다는 사실에도 비추어 보아야 한다. 낮은 인플레이션과 안정된 통화 가치는 가입 실현에 필요한 조건이었다.

1992년 여름 외환시장의 불안이 커졌다. 통일된 독일에서 여러 차례 금리가 인상되었고, 덴마크가 국민투표에서 마스트리흐트 조약을 거부하면서 외환시장의 불안은 더욱 가중되었다. 스웨덴의 빌트 정부는 집권 첫해에 의회 상황에 문제가 있었고, 따라서 당연하게도 경제 위기를 쉽게 해결할 기회를 갖지 못했다. 정부가 의회에서 과반수를 확보하지 못했다는 사실은 1992년 봄에 더할 나위 없이 분명하게 증명되었다. 부분연금 폐지 법안이 신민주당과 사회민주당, 좌익당의 반대에 부딪쳐 부결된 것이다.

경제 위기의 징후는 여름에 확연해졌고, 정치력이 요구되었다. 따라서 여름이 끝날 무렵 총리가 스웨덴 경제가 위기에 처했다는 경고를 "휴가철 임시 노동자의 억측"이라며 무시했을 때, 금융시장의 반응은 부정적이었다. 그 발언 이후 그날은 역사에 '검은 월요일'로 기록된다. 나라에서 외환이 급속히 유출되었고, 시장 금리는 급격하게 치솟았고, 주가 지수는 4퍼센트 폭락했다(Teorell 1998, s. 45).

이러한 상황에서 중앙은행은 시장을 진정시키고자 기준금리를 13퍼센트에서 16퍼센트로 올릴 수밖에 없었다. 많은 사람이 이를 불필요하게 높은 인상이라고 판단했지만, 1992년 가을 동안 이어진 사태의 진전으로 보건대 그것은 지극히 제한적인 인상이었다. 거의 동시에 핀란드는 자국 통화 마르크에 대해 변동 환율제를 시행했다. 권역을 초월하는 협력이 필요하다는 목소리가 점점 더 커졌다. 그럼에도 칼 빌트는 그러한 조치에 회의적이었고 아무런 조치도 취하지 않았다. 통화 유출은 계속되었고, 9월 초 중앙은행은 이자율을 다시, 이번에는 24퍼센트까지 올렸다. 그런데도 빌트는 문제의 심각성을 낮게 보았고, 정책에 변함이 없을 것이라고 고집을 부렸다. 그러나 시장은 진정되지 않았다. 그래서 중앙은행은 9월 16일 이자율을 75퍼센트까지 올리기로 결정했고, 동시에 이탈리아와 영국, 에스파냐가 통화의 평가절하를 단행했다. 엄청난 액수의 자금이 계속해서 나라 밖으로 빠져나갔기에, 같은 날 이자율은

500퍼센트라는 상상할 수도 없는 충격적인 수준으로 폭증했다. 중앙은행장 벵트 덴니스는 급격한 자본 유출을 막는 것이 중요하지만 이렇게 높은 수준의 이자율을 오랫동안 유지하기는 불가능하다고 설명했다. 덴니스에 따르면, 스웨덴 크로나에 대한 신뢰를 회복할 정치적 조치를 당장 이행해야 했다. 크로나의 신뢰를 떨어뜨린 것은 취약한 국가 재정이었기 때문이다.

　이러한 상황에서 정부와 사회민주당 간에 협상이 개시되었다. 며칠 만에 정당들은 위기 대응책에 관하여 합의했다. 재정 지출을 280억 크로나 이상 감축하기로 했다. 그 방편은 의료보험과 산재보험의 수급액 축소, 의료보험료의 개인부담금 도입, 주거보조금 축소, 국방비와 원조의 삭감이었다. 나아가 세금을 100억 크로나가량 늘려야 했다. 그래서 각 정당은 고정 환율 유지를 위해 소중하게 지켜온 많은 원칙을 포기해야 했다. 시민들이 삼키기에는 쓰디쓴 약이었지만, 협정이 체결된 후 시행된 여론 조사에 따르면 압도적 다수가 긍정적이라고 보았다. 반면 금융시장의 행위자에게서는 회의적인 태도가 지속되었다. 협정 체결 이후 기준금리가 높은 수준에 머물렀는데도(50퍼센트 낮아졌다), 시장의 금리는 눈에 띄게 내려가지 않았고 통화 유출은 계속되었다. 그래서 정부는 새로운 협정을 위해 사회민주당과 다시 협상했다. 정부의 제안에 따라 사회보험의 고용주부담금을 인하하는 형태로 경제의 높은 비용 부담을 줄여 '국내 차원의 평가절하'를 시행했다.

　이 점에서 흥미로웠던 것은 벵트 덴니스의 역할이다. 그는 협의에 직접 참여하지는 않았지만, 협상에 나선 이들이 합의한 방안은 중앙은행장의 승인을 받아야 했고, 그는 예를 들면 고용주부담금 인하에 관한 사회민주당의 제안을 충분하지 않다는 이유로 거부했다(Teorell 1998).

두 번째 협정 이후 시장은 진정되었지만 일시적이었을 뿐이다. 이후 가을에 다시 통화의 국외 유출이 시작되었다. 정부는 사회민주당과 한 차례 더 협의를 시도했지만, 사회민주당은 크로나를 계속 방어하는 데 점점 더 분명하게 의구심을 드러냈다. 기준금리를 높은 수준에서 유지하고 엿새 동안 1,580억 크로나를 매입하는 등 마지막으로 노력을 기울인 뒤에, 11월 19일 중앙은행은 크로나의 변동 환율제를 채택했다. 그렇게 1933년 이래 처음으로 스웨덴은 고정 환율을 포기했다. 결정을 내리고 한 시간 뒤에 중앙은행은 유럽통화단위에 대하여 크로나의 8퍼센트 평가절하를 단행했다. 한 해 뒤 크로나는 주요 교역 상대국들의 통화에 대하여 38퍼센트 가치가 하락했다.

이전에는 고정 환율의 중요성에 관하여 이견이 없었지만, 11월 19일 결정이 내려지기 전 한 주 동안 그때까지 매우 견고했던 합의가 서서히 깨졌다. 스웨덴 크로나를 겨냥한 투기가 새롭게 시작되자, 점점 더 많은 사람이 가던 길을 계속 가도 되는지 공공연히 의문을 제기했다. 사후에 뒤를 돌아보면 그렇게 쓰라린 결말에 이르기까지 그러한 형태의 반대가 없었다는 사실은 놀랍다. 정부와 사회민주당, 주요 평자들, 경제학자들은 평가절하는 선택지에 없다는 데 의견이 일치했다. 모두 단호히 다른 대안은 없다고 주장했다. '유일한 길'이라는 빌트의 발언은 그와 정치권의 다른 이들의 운신의 폭이 얼마나 제한되었는지 보여주었다. 일치된 견해에서 벗어나는 견해가 있었지만, 이는 너무도 유별나서 반박할 필요조차 없는 것으로 여겨졌거나 격한 항의에 부딪쳤다.

그렇게 무시당한 비판자로는 일찍이 1992년 1월에 변동 환율을 권고한 온건보수당 의원 후고 헤겔란드를 들 수 있다. 그는 첫 번째 위기 협정이 체결된 것과 관련하여 여러 편의 기고문에서 자신의 주장을 되풀이했다. 헤겔란드에 따르면, 고정 환율을 유지하려는 노력은 영웅적인 투쟁처럼 보였지만 실패할 운명이었다. 있지도 않은 크로나의 가치를 정치적 결정으로 안정시키는 것은 가능하지 않았다. 이 온건보수당 의원의 견해에 따르면 실행된 정책은 시장경제의 원리와 충돌했다. 경험으로 보건대 시장의 판단에 어긋나는 규제는 장기적으로 유지할 수 없었다. 협정 체결 후 이틀이 지나 그는 이렇게 썼다. "정부가 위기 대응책을 제시한 후, 통화시장의 혼란이 진정되더라도 스웨덴의 이자율은 혼란 이전보다 높은 수준이 될 것으로 예측된다." 그의 예상은 적중했다.[3]

의회에서 엄격한 통화정책에 이의가 제기된 것은 단 한 번뿐이었고, 발언도 지극히 신중했다. 10월 중순 정책 현안 토론에서 신민주당 대표 이안 바흐트메이스테르는 두 차례의 위기 협정이 있었음에도 불안이 지속되었는데 그렇다면 크로나의 변동 환율을 채택할 이유가 있는 것이 아니냐고 질의했다. 그 발언에 아무런 반응도 없었다.[4]

반면 당시 누드방켄 은행의 수석 경제학자 닐스 룬드그렌의 의견은 격한 항의를 받았다. 첫 번째 협정이 시장을 진정시키기에 충분하지 않았음이 분명해진 뒤, 룬드그렌은 기고문에서 이자율이라는 수단이 작동하지 않으면 최소한 평가절하를 진지하게 고려해볼 이유가 있다고 말했다. 높은 이자율을 장기간 지속할 수 없다고 생각되었기 때문이다(DN, 1992년 9월 28일). 여러 사설과 논평이 이 기고문에 뜨거운 반응을 쏟아냈다. 복지를 지키려면 고정 환율 정책 말고는 다른 대안이 없다고 주장했다(Teorell 1998).

실행된 통화정책에 대한 지지가 너무도 강력하여 어떤 토론도 가능하지 않았다. 비판적인 견해는 침묵을 강요받거나 무시되었고, 비판자에게는 무책임하다는 낙인이 찍혔다. 스웨덴의 가장 유명한 경제학자인 아사르 린드베크는 훗날 자신은 개인적으로 고정 환율 정책에 심히 회의적이었으나 매국노 취급을 받을 것이 두려워 감히 의견을 밝히지 못했다고 증언했다(DN, 2002년 9월 13일).

이 정책은 그렇게 많은 사람으로부터 동의를 받았지만 큰 실패로 이어졌다. 그 실패가 궁극적으로 스웨덴 국가에 얼마나 큰 손해를 끼쳤는지 정확하게 판단하기는 어렵지만 엄청난 액수였음은 분명하다. 또한 고집스럽게 엄격한 통화정책을 지속한 것이 어느 정도로 경제 위기의 극복 기회를 힘들게 했는지도 판단하기 어렵지만, 힘들게 했다는 사실에는 의문의 여지가 없다. 그렇지 않고 달리 어떻게 그 실패를 설명하겠는가? 다시금 경로의존성 이론을 찾을 이유가 있다. 스웨덴은 1933년 이래로 고정 환율 제도를 유지했다. 인플레이션을 진정시키고 유럽공동체 가입과 관련하여 스웨덴 경제의 신뢰성을 인정받으려면 고정 환율이 필요하다는 관념이 폭넓게 지지를 받는 상황에서 경로의 변경은 이상한 생각으로 비쳤다. 통화 위기는 국가 재정 위기가 초래한 결과로 이해되었다. 1990년대 이래로 재정 적자가 급증했기 때문이다. 정부와 사회민주당이 협상을 통해 두 차례 위기 대응 협정에 이르렀을 때, 이들은 시장이 진정되리라고 생각했다. 그렇지만 생각대로 되지 않았다. 결국 크로나의 가치가 지나치게 높이 평가되었음이 분명했다. 규범적 제도주의가 채택한 합리성 논리라는 가설도 이러한 기능 장애를 이해하는 데 도움이 된다. 권고된 노선에서 이탈하지 말아야 한다는 기대가 강력했다.

정당의 규율이 효과적이기도 했지만, 전체적으로 보건대 엄격한 통화정책에 공개적으로 이의를 제기하지 말라는 압박이 있었다. 안보정책과 마찬가지로 통화 정책도 민감한 분야였다. 혼란한 상황에서는 더욱 민감했다. 정부나 중앙은행의 대표자가 기존 정책을 대신할 다른 방안이 있다는 암시를 주면, 십중팔구 비참한 결과가 초래되었다. 겉으로 드러난 폭넓은 지지는 바로 이러한 점을 염두에 두고 보아야 한다. 당연히 엄격한 통화정책에 의구심을 품은 사람이 이따금 있었지만, 이들은 아사르 린드베크처럼 입을 다물었다. 한편으로는 성공의 기회를 더 악화시키지 않기 위해서, 다른 한편으로는 그런 결과를 초래하게 했다는 비난을 받지 않기 위해서 그랬다.

얀 테오렐은 1992년 온건보수당과 사회민주당이 위기 협정을 체결할 당시 두 정당의 내부 결정 과정을 연구했다. 그는 이 결정 과정에 극소수만이 관여했고 두 정당에서 똑같이 문제를 민주적으로 해결할 여지가 없었음을 증명한다. 결과는 뻔했다. 협상은 시간에 쫓겨 진행되었다. 테오렐은 이렇게 쓴다. "그러한 상황에서 결과를 도출하려면 당 지도부의 재량권이 필요하다"(Teorell 1998, s. 180).[5]

압박을 받으며 서둘러 결정을 내려야 했고 게다가 결정을 내리기가 매우 복잡했던 이러한 유형의 일에서는 일종의 '구조적 어리석음 strukturdumhet'이 출현할 위험성이 크다. 행위자들은 소수이며 대개 동일한 준거에 의지하기에 대충 생각하기가 쉽고 집단적으로 협소한 시각에 갇힐 가능성이 크다. 물론 특정 참여자가 어떤 계제에 정말로 고정 환율을 유지할 수 있느냐고 문제를 제기했을 가능성을 배제할 수 없지만, 테오렐은 그러한 기미를 보인 사람을 찾지 못했다. 정부에서나 야당에서나

고정 환율의 옹호는 내내 '논란의 여지가 없는 기본적인 가정'이었다.[6]

정치적으로 지지를 받는 정책이 실패하여 치명적인 결과를 가져왔다는 점은 누구도 의심하지 않는다. 그러나 정부와 사회민주당 간의 의견 일치는 더 넓은 맥락에서도 이해할 수 있다. 1992년 가을에 전개된 극적인 상황은 정치적 기회의 창이 열렸음을 의미했다. 예산의 대폭적인 삭감이 갑작스럽게 가능해진 것이다. 통상적인 상황이었다면 그러한 결정은 불가능했다. 특히 사회민주당 안에는 절약에 강력히 반대하는 자들이 있었기에 더욱 불가능했다. 그렇지만 기준금리가 500퍼센트에 달한 상황에서 예산 삭감은 정당하게 보였다.

국가 재정 건전화

1992년 가을의 극적인 협정 이후로도 스웨덴 경제 사정은 여전히 위태로웠다.[7] 국제 경기는 여전히 나빴다. 실업률은 1993년 8.2퍼센트에 달했다. 재정 적자는 증가했고 2,400억 크로나로 최고점을 찍었다. 1990년대 초에 성장률은 3년 연속 마이너스를 기록했고, 국가 채무는 같은 기간에 폭증했다. 1994~1995년에 국가 채무는 국민총생산의 80퍼센트를 웃돌았다. 예산의 3분의 2를 대출로 메웠다. 여전히 높은 이자율 때문에 개인은 물론 기업도 어려움에 처했다. 스웨덴 경제에 대한 주변국들의 신뢰도는 낮았다. 시장이 다시 타격을 가해 이자율을 더 올릴 것이라는 우려가 컸다. 정부는 1994년 봄 이른바 나탈리 계획을 발표했다. 경제의 균형을 되찾으려는 장기적인 처방이었다.[8] 정부는 800억 크로나의 예산 삭감을 제안했지만 충분하지 않다고 생각되었고, 선거운동이 시작되기 직전인 1994년 여름 당시 보험회사 스칸디아의 사장인 비엔 볼라트가 주목할 만한 조치를 취했다. 그는 정부가 스웨덴 경제의 구조적 문제를 해결할 능력이 없는 것 같으므로 스칸디아는 스웨덴 국채를 더는 매입하지 않겠다고 선언했다.

경제 상황은 선거운동에 영향을 끼쳤다. 각 정당은 통치 능력을 갖추었다는 믿음을 심어주기 위해 경쟁했다. 대폭적인 예산 축소와 증세의 가혹한 정책을 들고 선거에 나선 사회민주당이 이 싸움에서 승리했다. 사회민주당이 선거에서 승리한 후, 새로운 재무부 장관 예란 페숀은 세입 증대와 예산 절감을 중심으로 재정 건전화 계획을 제시했다. 두 조치로 끌어모을 액수는 1,280억 크로나에 달했다.

1994년 선거에서 사회민주당이 얻은 득표율은 역사적으로도 꽤나 좋았다. 1991년의 실패한 선거에서 사회민주당의 득표율은 37.7퍼센트로 급락했는데, 1928년 코사크 선거 이후로 최악의 성적이었다. 이제 득표율은 45.3퍼센트로 늘었는데, 1911년 남성 보통선거제가 도입된 이래로 증가 폭이 가장 컸다. 그러나 사회민주당은 과반수를 얻지 못했고, 처음에는 의회에서 좌익당에 의존해야 했다. 그렇지만 1995년 봄 사회민주당은 중앙당에 더 가까워졌다. 중앙당은 선거 후에 진영 정치를 탈피하겠다는 의사를 이미 밝혔다. 중앙당은 울로프 요한손 대표 시절에 빌트 정부에 참여하기는 했지만 사회민주당과도 긴밀히 협력했고, 요한손은 이제 새로운 총리에게 진영의 경계를 초월한 협력이 중요하다면 "도망쳐 숨지 않겠다"고 전했다. 1995년 초 이자율이 상승하고 통화 가치가 하락하자, 이는 정부와 좌익당의 협력이 시장의 주체들을 설득하지 못했다는 뜻으로 해석되었고, 이 상황에서 사회민주당과 중앙당 간에 대화가 시작되었다. 4월 두 정당은 포괄적인 위기 대응책을 발표했다. 특히 공공 지출의 상한선이 도입되었고(이는 이후 새로운 예산안의 한 요소가 된다), 실업보험과 의료보험의 수급액이 75퍼센트 수준으로 축소되었다.

사회민주당과 중앙당의 협력은 경제정책을 넘어서 다른 영역으로까지 확장되었다. 예를 들면 국방 분야에서 중대한 협정이 체결되었고, 협력을 공식화하여 중앙당 사람들이 정부 부처에 들어갔고, 경제에 관한 모든 중요한 법안이 양당 간 협의로 마련되었다. 사회민주당에 이 협력은 이중으로 소중했다. 한편으로는 안정적과 관반수를 확보하여 강력한 국가 재정 건전화가 가능했으며, 다른 한편으로 부르주아 진영이 분열함으로써 진영 정치가 완화되었다. 재정 건전화 정책의 일환으로 일련의 인기 없는 조치들이 시행되는 동안, 대결적 성격이 줄어든 분위기가 지배했다.

선거 승리 후 1년이 채 지나지 않아 잉바르 칼손은 당 대표 자리에서 물러나겠다고 선언했고, 이에 부총리 모나 살린이 자명한 후임자로 등장했다. 그러나 어느 석간신문이 살린이 법인 카드로 개인 물품을 구매했으며 씀씀이가 헤프다고 폭로한 뒤, 언론의 몰이가 시작되었다. 결국 그녀는 후보에서 사퇴했다. 여러 인사가 후보로 거론되었으나 그 와중에 다른 유력한 후보도 기피했고, 사회민주당은 재무부 장관 예란 페숀을 총리로 내세웠다. 총리가 된 페숀은 재무부 장관으로서 책임지고 추진한 재정 건전화 정책을 지속했다.

그렇게 1998년까지 많은 유권자에게, 특히 전통적으로 사회민주당에 가까운 유권자에게 인기 없는 정책이 시행되었다. 많은 사회민주당원이 자신의 정당이 어떤 정당인지 모르겠다고 생각했다. 1980년대에 '장미 전쟁'이라는 이름으로 진행된 내부 논쟁이 계속되었다. '전통파'와 '쇄신파' 간에 긴장이 일었다. 전통주의자들은 긴축에 반대했고 세금을 인상하여 재정 적자를 메우기를 원한 반면, 쇄신파는 사회민주당의 전통적인 정책으로는 위기를 해결할 수 없다고 보고 예산을 더욱 바짝 조이라고 권고했다. 정부 정책의 당면한 목표는 국가 채무를 줄여 시장의 이자율을 낮추는 것이었다. 고금리는 정부의 재정정책에 대한 불신의 표현이었다. 그러므로 국가 재정의 건전성을 확보하는 것이 결정적인 의미를 지녔다. 그렇게 해야만 국민의 선택으로 들어선 정부는 다시금 운신의 폭을 넓히고 시장에 좌우되지 않을 수 있었다.[9]

두 가지 제도 개혁 덕분에 정부는 더 빨리 위기를 해소할 수 있었다. 우선 새로운 예산 절차가 도입되었다. 1995년에 도입된 예산 상한제는 나중에 재정 잉여라는 목표로 발전되었다. 1996년 재정정책에 관하여 정부의 권한을 강화한 새로운 예산법이 제정되었다. 1997년부터 발효된 새로운 규정에 따르면, 먼저 예산 총액이 결정되면 이전과는 반대로 그 한도를 넘는 증액은 불가능했다. 이 제도로써 지출이 아무런 통제를 받지 않고 늘어날 위험성은 줄어들었다. 그렇지만 적극적 재정정책의 여지가 줄어들었기에 특히 좌파에서 새로운 예산법에 대한 비판이 제기되었다(Mattson 2001).

두 번째 개혁은 중앙은행과 관련된 것이다. 중앙은행은 사실상 오랫동안 상당한 독립성을 누렸지만, 1998년에야 처음으로 공식적인 독립성을 획득했다. 이제 법률에는 중앙은행이 정부의 명령을 받아서는 안 된다고 규정되었다. 게다가 중앙은행 직원들은 상당한 권한을 갖고 있으며 해고하기가 쉽지 않았다. 심지어 인플레이션 목표까지도 법으로 규제되었다. 1993년 중앙은행은 인플레이션을 연간 1퍼센트에서 2퍼센트 사이로 유지한다는 목표를 세웠고, 이는 그대로 확정되었다.

재정 건전화 정책은 빠르게 성과를 냈다. 적-녹 협력이 시작되고 한 해가 지났을 때 재정 수지는 개선되었고 이자율은 하락했다. 1997년 심각한 위기는 지나갔다. 대폭적인 재정 적자는 흑자로 돌아섰다. 국가가 적자를 보전하기 위해 자금을 빌리는 일은 끝났다. 차관을 들여오는 시기는 지나갔고, 스웨덴 국가는 막대한 채무를 갚아나갈 수 있었다. 이는 매우 큰 의미가 있는 것으로 생각되었다. 그러나 중앙당도 사회민주당도 1998년 선거에서 크게 후퇴했다. 사회민주당의 득표율은 36.6퍼센트로 급락했다. 1991년보다 더 낮은 수준이었다. 8.8퍼센트의 감소는 다섯 명에 한 명꼴로 지지자를 잃었다는 뜻이었다. 중앙당의 득표율도 7.7퍼센트에서 5.1퍼센트로 하락했다. 중앙당은 선거를 다섯 달 앞두고 정부와 협력했다는 비난에 따라 당 대표를 교체했다. 울로프 요한손을 대신한 렌나트 달레우스는 고작 3년을 일한 뒤에 사퇴했다. 2001년 3월 마우드 울로프손이 중앙당 대표가 되었다. 달레우스도 울로프손도 사회민주당과의 협력에 관하여 요한손보다 더 회의적인 태도를 취했다. 특히 울로프손이 대표일 때 중앙당은 부르주아 협력의 강력한 주창자였다.[10]

사회민주당은 선거 결과가 형편없었는데도 좌익당과 환경당의 도움으로 권좌를 지킬 수 있었다. 이후 8년 동안 세 정당은 긴밀하게 협력했다. 중앙당처럼 이 협력 정당들도 정부에 당을 대표하는 자들을 들여보내 외교정책과 유럽연합 문제를 제외한 모든 영역에서 협력을 촉진했다. 제도화의 수준에서 사회민주당 정부와 두 지원 정당 간의 협력은 생각할 수 있는 최고 수준에 이르렀다.

이 긴밀한 협력의 결과로 진영 정치가 견고해졌다. 그렇지만 이에 더 크게 기여한 요인은 2003년 프레드리크 라인펠트가 온건보수당 대표가 된 후 부르주아 정당들의 사이가 가까워진 것이다. 라인펠트는 온건보수당의 철저한 쇄신에 착수하여 다른 정당들과 긴밀히 협력할 길을 열었다. 이 협력은 '스웨덴을 위한 동맹'이라는 기치 아래 부르주아 측에서는 역사상 가장 야심적인 대안 정부를 이루어냈다. 2006년 선거에서는 두 개의 대안 정부가 대립했는데, 하나는 이 부르주아 정당들의 동맹이었고 다른 하나는 두 지원 정당의 뒷받침을 받는 사회민주당 정부였다. 후자의 경우 두 정당은 세 협력 정당이 계속해서 과반수를 유지할 경우 장관 자리를 달라고 요구했다.

연금개혁

1950년대 말 국민추가연금 개혁 이후 폭풍이 잦아든 뒤로 연금 문제는 오랫동안 정치적 논쟁에서 소소한 역할밖에 하지 못했다. 그 새로운 연금제도는 환영을 받았고, 1960년대와 1970년대에 연금 수령 연령 하향 조정과 연금 조기 수령, 부분연금 같은 수급자를 위한 개혁이 부가되면서 복잡해졌다. 이러한 개혁에는 정치적으로 폭넓은 합의가 있었다.[11]

그러나 1970년대 중반에 시작된 장기적인 경제 위기는 연금제도의 전제 조건을 바꿔놓는다. 국민추가연금제도는 큰 규모와 특수한 구조 때문에 점차 공공 재정의 골칫거리로 여겨졌다.[12] 경제 성장의 둔화와 더불어 여성이 노동시장에 나오고 국민이 점차 노령화하면서, 국민추가연금 제도의 구조에 깃든 결함이 한층 뚜렷해졌다. 제도의 재검토를 요구하는 목소리가 들리기 시작했다. 국민추가연금은 정치적으로 일구어낸 성취였다. 그 자체로 스웨덴 복지국가라는 '왕관의 보석'이었고, 따라서 1990년대 중반의 연금제도 개혁은 국민추가연금을 도입할 때만큼이나 정치적으로 상징적인 의미를 띠었다. 1950년대와 마찬가지로 연금 정치는 복지정책 전반과 관련하여 형성의 계기가 된다. 차이점이 있다면, 국민추가연금은 시민의 복지에 대한 국가의 책임이 한층 더 커진 모델인 '강한 사회'의 성장을 상징한 반면, 1990년대의 개혁은 그 반대의 상징이 되었다는 것이다. 개혁의 출발점은 인구학적이고 국민경제적인 조건이 연금제도의 재정적 토대를 훼손했다는 점을 감안하여 연금 분야에서 국가의 임무를 조정해야 한다는 것이었다.

  1980년 부르주아 정부는 국가 재정 위기를 해결하는 실마리로서 연금 지출의 자동적 증가를 막는 법안을 제출했다. 연금 수급액의 근거가 되는 소비자물가 지수에 포함된 몇몇 변수를 제거하려 한 것이다. 장기적으로 보면 이는 연금의 실질가치를 도려내게 된다. 정부는 또한 부분 연금의 수급액을 줄이려 했다. 연금생활자 단체와 야당은 이 법안을 강력히 비난했다. 사회민주당은 부르주아 정부가 유권자로부터 연금 개악을 위임받지 못했다는 이유를 들어 내각불신임안을 제출하고 재선거를 요구했다. 중앙당을 필두로 부르주아 정당들은 사실상 연금 개악에 나서지 않겠다고 약속했다. 양 진영 간의 의석 차이가 단 한 석이었음을 생각하면, 불신임안 제출은 극적이었다. 그러나 정부는 투표에서 살아남았다. 이듬해 정부는 연금 분야에서 한 번 더 절약을 추진했다. 기본 수급액 산정은 월 단위가 아니라 계속해서 연 단위로 이루어져야 했다. 1982년 사회민주당이 권좌에 복귀했을 때, 연금의 실질가치 보전은 다시 이전 모델을 따랐지만, 시행까지는 일정한 유보 기간이 있었고, 1982년의 대규모 평가절하와 관련하여 연금생활자에 별도로 보상하지는 않았다. 이 때문에 사회민주당 정부도 연금생활자 단체들로부터 비판을 받았다.

1984년 연금제도가 국민경제에 미치는 영향을 조건 없이 분석하는 과제를 떠맡은 연금조사단이 출범했다. 조사단의 임무는 그때까지 국민추가연금제도가 어떻게 작동했는지 평가하고 앞으로의 재정 상태를 분석하는 것이었다. 조사단의 임무에 새로운 연금제도가 어떻게 비칠지 알아보는 것은 포함되지 않았다는 사실은 연금 문제의 민감성을 보여준다. 출발점은 국민추가연금제도를 지속해야 하느냐는 것이었다. 조사단의 보고서는 장기적으로는 현 상황을 유지할 수 없다고 확실하게 밝혔다. 현행 국민추가연금제도는 국가 재정에 큰 부담이며 훗날의 연금생활자들에게 그 제도의 토대였던 기본적인 안전을 보장할 수 없다는 것이었다. 문제를 시정할 세 가지 방안이 제시되었다. 국민추가연금 보험료의 인상, 연금 수급액 축소를 통한 비용 절감, 경제성장률에 연동한 지수로 연금 수급액 결정(따라서 논란이 되었던 연금 실질가치 보전에 다시금 변화를 주려는 것). 사회민주당은 이 문제를 면밀히 검토했지만, 당의 태도는 불확실하게 표류했다. 1991년 정권 교체 후에야 처음으로 주도적인 조치가 취해졌다. 국무위원 부 쾬베리를 의장으로 의회에서 합동 연구팀이 구성되었다. 쾬베리는 국민당원이었고 정부에서 사회보험 정책을 담당했다.

연구팀의 출범에 여러 조건과 단서가 따라붙었기에 그 문제의 정치적 파급력이 어느 정도인지 알 수 있었다. 연구팀이 통상적인 입법조사단과는 다른 성격의 임무를 띠고 있을 뿐만 아니라(그러한 일은 앞선 연금조사단에서 이미 진행했다) 새로운 연금제도의 방안을 제시해야 한다는 것은 활동 지침에 분명하게 드러났다. 모든 원내 정당이 연구팀에 참여했지만, 노동조합이나 연금생활자 단체는 대표를 보내지 못했다.

  1994년 1월 연구팀은 제안을 내놓았고 정부와 사회민주당이 이를 지지했다. 그렇지만 사회민주당은 연구팀이 보고서에서 '새로운 연금 제도'라는 용어를 쓰지 않기를 원했다. 대신 최종 보고서의 제목을 '개정된 연금제도'라고 하자고 요구했고, 그대로 되었다(SOU 1994:20). 실상을 가리는 듯한 이 표현으로 사회민주당은 연속성을 강조하고 싶었다. 국민추가연금을 개혁하는 것이라고 설명하면 당 내부에서 제안에 대한 지지를 끌어내기가 더 쉬웠다. 연구팀의 제안은 세 가지 원칙을 담았다. 첫째, 수급액은 철저히 납부 보험료를 기초로 해야 했으며, 따라서 새로운 제도는 이전의 제도처럼 국민경제에 커다란 부담이 되는 일은 없어야 했다. 둘째, 수급액 산정 방식이 바뀌어야 했다. 국민추가연금제도에서 연금은 소득이 가장 높은 15년을 기준으로 계산되었지만(그러나 최대 연금을 받으려면 30년간 일해야 했다), 바뀐 제도에서 연금 수급액은 평생소득, 다시 말해서 16세 이후로 벌어들인 소득 총액을 기준으로 산정했다. 셋째, 연구팀은 연금 개시 연령을 65세로 고정하는 대신 융통성 있게 적용하기를 원했다.

  장기적으로 연금제도의 재정을 안정시키려는 의도에서 나온 이러한 원칙에 대해서는 이견이 없었다. 반면 연금제도의 다른 혁신인 초과연금에 관해서는 견해 차이가 보였다. 정부는 연금 보험료의 일부 즉 순소득의 2.5퍼센트를 기금 제도를 통해 관리하는 모델을 권고했다. 초과연금은 개인적인 것이었다. 그 몫을 어느 기금이 관리할 것인지 개인이 직접 선택할 수 있어야 했다. 달리 말하자면 나중에 받을 연금은 증권거래소에, 그리고 자신의 초과연금 관리자를 선택하는 시민의 능력에 따라 달랐다. 사회민주당은 이 제안에 비판적이었고 그 대신에 집단적인 초과연금 공동기금을 권고했지만, 그래도 정부안의 도입에 동의했다(보험료를 순소득의 2퍼센트로 낮추기는 했다). 초과연금은 전체 연금 보험료 중 매우 적은 부분을 차지한다는 점을 얘기해야 한다. 초과연금 말고도 순소득의 16.5퍼센트가 일반적인 연금 보험료로 나가기 때문이다.

새로운 제도에서 수급액 상한선을 어떻게 정할 것인지에 관해서도 이견이 있었다. 사회민주당은 국민추가연금제도의 '기본적인 안전' 원칙을 고수하려 했다. 그 목적은 연금이 시민이 마지막 직업 활동 중에 받은 임금의 60퍼센트에 상응하도록 하려는 것이었다. 사회민주당은 수급액 상한선이 정부가 제안한 소비자 물가 지수가 아니라 실질임금 변동을 따라야 한다고 주장했다. 장기적인 관점에서 보면 임금이 물가보다 더 많이 상승하기 때문에, 정부의 방침은 연금의 가치를 훼손하게 된다는 것이 사회민주당의 견해였다. 사회민주당은 이 점에서 뜻을 관철했다. 그렇지만 새로운 제도에는 '브레이크'도 포함되었다. 일정 기간 동안 성장률이 낮고 보험료를 납부하는 유급 노동자 수가 줄어드는데도 연금 수급자가 많으면, 연금의 장기적인 재정 건전성이 훼손되지 않도록 지급액도 축소되었다.

폭넓은 합의의 시대

연금에 관한 합의가 1990년대에 진영의 경계를 넘는 유일한 합의는 아니었다. 먼저 사회민주당과 국민당이 협상을 통해 '세기의 세제 개혁'을 내놓았다. 이후, 1991년 정권 교체 직전에, 사회민주당과 중앙당, 국민당이 에너지 정책에 관해 합의를 이루었다. 합의의 내용은 에너지의 합리적 이용과 환경 친화적인 발전을 위해 노력하자는 것이었다. 핵발전소 해체는 연기되었다. 이 합의는 '뜨거운 정치적 쟁점'을 둘러싼 긴장을 식히려는 노력으로 해석되었다(Lewin 2002a, s. 161). 1992년 가을 경제정책에 관해서도 폭넓은 합의가 이루어졌고, 위기협약과 연금제도에 관해 합의한 정당들은 변화한 유럽정책도 지지했다.

뚜렷한 유형이 등장했다. 짧은 기간 안에 진영의 경계를 허무는 합의가 여러 차례 있었다. 여기에 1995년에서 1998년 사이에 사회민주당과 중앙당 간의 협력을 추가할 수 있겠다. 레이프 레빈은 1990년대에 '오스카르 시대의 유산'으로의 회귀가 일어났다고 말했다. 그가 의미한 것은 지난 세기 전환기에 보수파에서 볼 수 있는 엘리트주의적 정치 문화이다. 정확히 100년 전과 마찬가지로 그때에도 정치는 확연히 상층에서 주도한 것으로 소수의 권력자 집단이 자신들끼리 합의를 도출하는 과정이었다. 레빈에 따르면, 20세기 말과 똑같이 앞선 세기 전환기에도 민중에 대한 두려움이 있었다. 민주주의 정치체제가 들어선 지 거의 100년이 지났는데도 감독과 책임 추궁은 여전히 부족하다고 생각되었다.

그렇지만 이 시기 스웨덴 정치의 특수한 상황을 떠올리는 것도 중요하다. 극심한 경제 위기 때문에 1939년 전쟁이 발발했을 때와 거의 똑같이 진영의 경계를 허무는 협력이 필요했다. 게다가 지금 거론한 여러 합의는 장기적으로 유익한 것으로 여겨졌다. 특히 연금에 관한 합의가 그랬다. 연금 문제에서는 한편으로는 정치적으로 즉각 행동해야 할 필요성이 있었다. 국민추가연금제도가 무너지고 있었기 때문이다. 다른 한편으로는 새로운 연금제도를 어떻게 수립해야 할지에 관하여 정당 간에 이데올로기적 대립이 뚜렷했다. 정당들이 정확히 1950년대 국민추가연금을 둘러싸고 다투었을 때처럼 그 문제를 의사일정에 올려 선거의 쟁점으로 삼아야 했다고 생각할 수 있다. 민주주의에서는 사람들이 자신들과 관계된 일에 결정적인 영향력을 행사하는 것이 당연하다고 생각할 수 있으며, 연금제도 문제는 확실히 그러한 영역이었다. 그렇지만 정당들은 대신 뒷구멍으로 해결하기를 선택하고 그로써 연금 문제를 정치적 의사일정에서 지워버렸는데, 여기에는 두 가지 설명이 가능하다.

첫째, 연금 조건이 정권 교체 때마다 바뀌는 일은 없어야 했다. 사람들이 새로운 제도에 적응할 수 있도록 이 문제를 탈정치화하는 것이 실질적으로 중요했다. 타협을 이룬다는 것은 과연 원하는 바를 그대로 얻을 수 없다는 뜻이지만, 대신 타협으로써 얻을 수 있는 것보다 더 나쁜 정책은 분명코 나오지 않을 것이다. 둘째, 그 시기의 연금 문제는 손대고 싶지 않은 문제였다. 그 문제를 다루어 여론에서 득을 보리라고 판단한 정당은 없었다. 기존의 국민추가연금제도에 비해 수령액을 낮추는 일이었기 때문이다. 선거 전략의 측면에서 보면 연금제도에 관해서는 목소리를 낮추는 것이 현명했으며, 내부의 의견을 감안하더라도 한정된 소수만 그 문제를 다루는 것이 최선이었다. 특히 사회민주당에는 변화에 반대하는 강력한 세력이 존재했다.

민주주의적 시각에서는 당연히 비판적으로 이의를 제기할 수 있다. 과정이 보여주듯이 시민들이 영향을 미칠 가능성은 보이지 않았다. 아무런 토론도 없었고, 주된 정치적 대안 간에 확실하게 드러나는 차이는 없었다.

연금 개혁의 어려움은 제도 이론에 비추어 보면 이해할 수 있다. 우선 역사적 유산의 의미를 지적할 수 있다. 이미 1980년대 초에 국민추가연금제도를 검토할 필요가 있다는 점이 분명했지만, 국민추가연금은 복지국가의 화룡점정이었고, 개혁을 어렵게 하는 강력한 이익집단들과 여론이 존재했다. 경로의존성은 뚜렷했지만, 경제적 현실이 진로 변경을 강요했다. 경제 위기 때문에 그 문제를 우선적으로 처리해야 했다.

정당들이 그 문제에서 정치적 성격을 제거할 이유는 충분했다. 그로써 책임 추궁을 피할 수 있었기 때문이다. 정치적 행위자들이 그러한 유형의 문제에서 비정치적으로 처신하는 것은 별난 일이 아니다. 연구자들은 '비난 회피의 정치', 다시 말해서 행위자들이 의식적으로 유권자들이 책임 문제를 명확히 하기가 어렵도록 행동하는 책임 회피의 정치를 얘기한다(Weaver 1986).

정당들이 대담하게 연금제도를 바꾸려면 진영의 경계를 허무는 협력이 필요했다. 사회민주당이 개혁을 지지했다는 사실이 결정적으로 중요했다. 만약 그렇지 않았다면 개혁은 거의 불가능했을 것이다. 그 시기 사회민주당의 전반적인 방향 조정을 떠올릴 필요가 있다. 세계의 근본적인 변화가 특징인 시대에 사회민주주의 정치인이 된다는 것의 의미에 관해서 새로운 관념이 자라나고 있었다. "사회민주주의자는 어떻게 사회민주주의자답게 행동할 것인가"에 관한 규범이 바뀌었다(Öhman 2006, s. 35).

17

정치 지형의 변화

 단원제 도입 이래로 스웨덴 정치의 조망은 변화를 겪었다. 오랫동안 정당 구조가 안정을 유지한 뒤에 새로운 정당들이 의회에 입성했다. 이 새로운 정당들은 의회의 안정을 흔들었다. 그러나 1976년 부르주아 진영의 선거 승리로 정권 교체가 스웨덴 의회정치의 일부가 된 새로운 시대가 열렸다. 동시에 정당의 수가 늘어난 결과로 정부 구성은 어려워졌다. 소수정부의 통치라는 스웨덴의 오래된 전통이 지속되었고, 정당 구조의 변화 때문에 책임 추궁이 쉽지 않았고, 이는 결과적으로 정부 구성을 어렵게 했다. 게다가 유럽연합 가입은 권력이 일부는 브뤼셀로, 일부는 의회에서 정부로 넘어갔음을 뜻했다. 예외적인 시기가 있기는 했지만, 1970년대 스웨덴 정치의 특징이었던 두 진영으로의 분열이 더욱 두드러졌다. 정당 제도의 변화와 더불어 의회주의의 성격도 바뀌었다. 나아가 총리의 지위는 강화되었다. 그 직책이 '대통령화'한다는 말이 돌았다(Ruin 2007).

그렇지만 2004년 네 개 부르주아 정당이 '스웨덴을 위한 동맹'을 결성한 이후, 1970년대 이래로 스웨덴 정치의 특징이었던 두 진영으로의 분할은 더욱 두드러졌다. 2019년 1월 사회민주당과 환경당, 중앙당, 자유당* 사이의 이른바 1월협약으로 적어도 일시적으로는 진영 정치가 중단되었다(그러나 국민당은 2021년 6월 협약에서 이탈했다).

그렇게 정당 체제의 변화와 더불어 의회정치의 성격도 바뀌었다. 이 장에서는 그러한 변화 과정과 그 함의를 다루겠다.

정당 제도의 변화

1967년 시모어 M. 립싯과 스테인 로칸은 주목할 만한 연구에서 그 유명한 '동결이론$_{\text{nedfrysningsteorin}}$'을 발표했다. 서구 민주주의 국가들의 정당 제도는 20세기 초 후기 농민사회가 초기 산업사회로 바뀔 때 나타난 대결에서 생겨났지만, 그 정당 제도는 60~70년이 지난 후로도 도시화가 진척되고 생산 조건이 변하고 공적 복지제도가 확립되었는데도 대체로 그대로 유지되었다는 것이다. 동결이론은 사회가 대폭적으로 변했는데도 기존 정당들이 지배력을 지키는 데 성공했다는 점에서 모순을 포착했다. 정당들은 어떻게 그러한 변화 과정을 극복하고 살아남을 수 있었나? 기존 정당들이 일종의 독점권을 지녔다는 것이 답변이다. 민주주의가 공고해지는 국면에서 다양한 사회집단의 이해관계 대변자로 '인정'

---

* 국민당은 2015년 11월 25일 당 대회에서 자유당$_{\text{Liberalerna}}$(자유주의자들)으로 당명 개정을 결정했다.

되었고, 그로써 계속해서 거의 자동적으로 그 집단들의 지지에 기댈 수 있었다는 것이다(Lipset & Rokkan 1967).[1]

동결이론에는 결정론적 요소가 들어 있다. 기존 정당 체제를 시대에 뒤진 것으로 보기 때문이다. 정당들은 과거의 다른 시대에 생겨났기에 새로운 유형의 갈등을 해결한 능력이 없다고 생각할 수 있다. 그 점에서 동결이론은 스웨덴 정치에 특별히 잘 들어맞는 것은 아니다. 적어도 그 이론이 나타났을 때에는 그렇지 않다. 립셋과 로칸의 논문은 스웨덴 정치에서 계급투표와 정당에 대한 일체감이 여전히 강했을 때 발표되었다. 유권자는 지지하는 정당에 대한 충성심이 강했다. 그러나 정당들이 계속해서 유권자를 장악했다는 사실은 성공적으로 새로운 상황에 적응했다는 증거로 볼 수 있다.

기존 정당들은 또한 게임의 규칙을 통제할 수 있었고, 그로써 새로운 정당의 출현을 어렵게 했다. 기존 정당들은 선거 제도의 형태를 결정했으며, 1960년대 말 정당 국고 보조금 제도가 도입되면서 재원도 통제했다(Katz & Mair 1995; Mair 2013). 달리 말하자면 정당 체제의 안정성은 합리주의적 이론으로도 설명할 수 있다. 기존 정당들은 합리적 행위자처럼 움직였다. 자신들에게 이익이 되는 제도적 질서를 만들고 지켜낸 것이다(Erlingsson 2005).[2]

그러므로 동결이론은 사회 변화 때문에 옛 정당들은 살아남기가 어렵다고 예측한다. 기존 정당들의 시대착오적 성격 때문에 정당 제도는 조만간 해체될 것이고 형성의 계기가 찾아와 새로운 정당들이 옛 정당들에 도전한다는 것이다.

스웨덴 정당 제도는 세계에서 가장 안정된 축에 든다.[3] 1988년까지 원내 정당은 보통선거제가 도입되던 때부터 있었던 다섯 개 정당뿐이었다. 사회민주당과 온건보수당, 국민당, 중앙당, 좌익당이다(사회민주당을 제외한 네 정당은 당명을 바꾸었다.) 그러나 이후 불안정이 더욱 커져 환경당과 기독교민주당, 신민주당, 스웨덴민주당의 네 정당이 의회에 진입했다. 네 정당은 기존 정당들이 흡수하지 못한 견해를 다양한 방식으로 대표했다. 그 밖에 다른 정당도 여럿 창당되었지만, 그중에 지금까지 의회 진입에 성공한 정당은 없다.

신생 정당들

1964년에 창당한 기독교민주연합은 1991년에 가서야 의회에 의석을 얻었다. 기독교민주연합(1987년 기독교민주사회당으로, 뒤이어 1996년 기독교민주당으로 당명을 변경했다)은 1960년대 문화정치적 급진화의 결과물이었으며 스웨덴 사회의 세속화에 대한 반응이었다. 1963년 고등학교조사단이 학교에서 기독교 교육을 축소해야 한다고 제안하자, 청원 운동이 벌어졌다. 200만 명이 넘는 사람이 서명했는데, 이는 그러한 가치관이 강력한 지지를 받고 있다는 증거였다.

기독교민주연합이 사회 분위기가 급진화하던 때에 창당되었다는 사실은 결코 우연이 아니다. 그 급진화의 시기에 모든 정당이 뚜렷하게 좌선회했지만(Holmberg 1974), 급진화는 정당 정치 밖에서 가장 두드러졌다. 기존의 규범과 사회 제도들에 이의가 제기되었다. 모든 형태의 권위와 지배적 가치관과 관계를 끊으려 한 문화 논객들이 앞장섰다. 가장 돋보였던 것은 훗날 그 해방의 열정을 상징하게 된 성해방 운동이었다. 이 급진주의는 대응을 유발했다. 보수적인 논객들, 특히 자유교회운동의 논객들이 급진파가 설파한 규범 해체에 반대했다. 보수주의자들에게는 성 해방을 뒤이은 해체의 경향과 문란한 생활 방식을 막는 것이 가장 중요했다. 반대의 첨병이었던 오순절 운동 지도자 레비 페트루스는 기독교민주연합 창당 발기인의 한 사람이었다. 페트루스는 '영적, 도덕적 각성'을 추구했다(Frängsmyr 2000, s. 326). 그러나 기독교민주연합은 규범 해체 논쟁에서 별다른 정치적 이익을 얻지 못했고, 의회에 진입하기까지는 꼬박 25년을 기다려야 했다. 그때 엄청난 변화가 찾아왔다.

기독교민주당은 시간이 지나면서 종교적 색채가 없는 부르주아 정당으로 발전했다. 1970년대에 그러한 발전의 첫걸음을 내디뎠다. 강령 개정 이후에는 문화보수주의적 성격이 약해졌다. 1973년 알프 스벤손이 당 대표에 취임한 것은 큰 의미가 있었다. 스벤손이 당을 이끈 오랜 기간 동안(그는 2004년에 대표직에서 사퇴했는데 스웨덴 정치에서 가장 오래 당 대표를 지낸 사람이다) 정치와 종교 간의 경계는 한층 더 뚜렷해졌다. 종교적 요소는 약해졌으며, 기독교민주당에 표를 주는 데 신실한 기독교인일 필요도, 심지어 기독교인일 필요도 없다는 점이 강조되었다. 1980년대에 기독교민주당은 진영 정치에서 거리를 두던 태도에서 벗어나 확실하게 부르주아 대안 정부에 찬성하는 태도를 보였다.

신생 정당 중에서 가장 먼저 의회에 진입한 정당은 환경당이었다. 1988년의 일이다. 환경당은 1981년에 핵발전소에 관한 국민투표를 계기로 창당했다. 국민투표에서, 투표가 끝나고 그 문제를 다룬 방식에 실망한 사람들이 있었다. 핵발전소에 반대하는 자들은 사회민주당과 국민당, 온건보수당이 해체의 대안으로 핵발전소에 우호적인 두 가지 대안을 제시함으로써 국민투표를 왜곡했다고 생각했다. 게다가 중앙당은 핵발전소에 반대하는 자들의 신뢰를 잃었다. 다른 유럽 국가들에 환경 정당의 모범이 있었다. 특히 당시 서독의 녹색당은 큰 성공을 거두었다.

환경당의 핵심적인 이데올로기는 물질적 성장에 집착한 산업사회에 대한 비판이었다. 이는 기본적으로 문명 비판의 문제이자 기존 정당 체제에 대한 근본적인 도전의 문제였다. 환경당의 출현은 기존의 정당 체제에 대한 근본적인 도전이었다.

환경당이 이데올로기에서나 활동 방식에서나 다른 정당과 차별되는 **대안** 정당으로 나타났다는 점을 강조할 필요가 있다. 조직적으로 위계적 구조를 추구하지 않았다는 차이점이 있는데, 이는 그 정당이 환경운동에 뿌리를 내리고 있었기 때문이다. 특기할 만한 점은 당 대표가 없다는 것이었다. 대신 여성과 남성 각 한 명씩 두 명의 대변인이 당을 대표했다.

케이 로슨(1988)에 따르면, 기존 정당이 유권자와 선출된 대표들을 마음에 드는 방식으로 적절히 중개하지 못할 때 대안 정당이 등장한다. 정당들의 '운하 기능'이 마비되면, 새로운 정당이 나타나 운하에 쌓인 퇴적물을 치워야 한다. 1980년 국민투표 후에 스웨덴에 일어난 일이 바로 그와 같았다. 핵발전소 반대 여론은 기존 정당들과 정치 체제 전체의 신뢰를 해쳤다(Vedung 1988).

기독교민주당과 마찬가지로 환경당도 오랫동안 두 진영과의 관계에서 독립성을 확보하기를 열망했다. 환경당도 처음에는 사회민주당뿐만 아니라 부르주아 정당과도 지역적으로 협력했다. 그러나 기독교민주당과 정확히 똑같이 환경당도 시간이 지나면서 두 진영 중 한 곳에 편입되었다. 환경당의 경우 좌파 진영이었다. 1998년에서 2006년 사이에는 사회민주당과 긴밀히 협력했으며, 2010년 선거를 앞두고 환경당은 적-녹 동맹에 참여하여 유권자로부터 스웨덴을 통치하는 임무를 부여받으려 했다. 2014년에서 2021년까지 환경당은 사회민주당과 함께 집권했다.

1991년 신민주당의 창당은 로슨의 이론으로 설명하기 어렵다. 신민주당의 입장은 대체로 온건보수당과 일치했다. 핵심적인 것은 기업에 더 우호적인 조건, 노동조합 권력의 축소, 낮은 세금, 관료기구의 축소였다. 그러나 로슨의 이론에 따르면 신민주당이 빌트 정부의 실패 뒤에 창당했다면 더 논리적이었을 것이다. 1991년 선거를 반년 앞두고 기업인 이안 바흐트메이스테르와 음반 회사 사장 베트 칼손의 주도로 신민주당이 창당되었을 때, 온건보수당은 1976년에서 1981년 사이에 두 차례 집권하기는 했지만 이미 영향력이 크게 줄어든 상태에 있었다. 그때 이후로 온건보수당은 부르주아 진영 안에서는 지배력과 영향력이 있었지만, 1991년 정권 교체 전에 아직 검증을 거치지 않은 대안이 등장했다.

신민주당은 전형적인 '불만 정당$_{missnöjesparti}$'이다. 신민주당의 창당은 당시 정치 체제 전반에 대해 널리 불신이 퍼져 있었다는 사실에 비추어 보아야 한다.[4] 신민주당에 투표한 유권자 네 명 중 한 명은 이전 선거에서 사회민주당에 투표했고, 다섯 명 중 한 명은 온건보수당에 투표했으며, 환경당에 투표한 사람은 확실히 더 많았다(Gilljam & Holmberg 1993). 이렇게 이질적인 구성은 신민주당의 등장이 정치 영역 전체에 대한 불만에 뿌리를 두고 있음을 보여준다. 이 점에서 북유럽의 다른 '불만 정당'과의 유사성이 크다. 신민주당은 그 정당들과 마찬가지로 포퓰리즘 방식에 여지를 주었고, 이는 관료제 축소 요구를 넘어서 정치에 '상식'을 담으라는 권고로 표현되었다. '권력층' 즉 기존 정치 질서가, 기존 정당들의 대표자는 물론 '노동조합의 거물들', 그리고 특히 언론의 대표자들이 가차 없는 공격을 받았다. 기성 정당들은 현실 감각을 상실했으며 보통 사람이 어떻게 사는지 모른다는 비난을 받았다.

신민주당의 이미지에 중요한 문제는 난민 정책이었다. 신민주당은 스웨덴의 난민 정책이 지나치게 관대하다고 보았다. 이 점에서도 신민주당은 자신들이 '보통 사람'의 견해를, 권력층이 무시한 견해를 대변한다고 말했다. 연구가 보여주듯이 그러한 요구에는 일리가 있었다(Demker 2017).

신민주당은 1991년 선거에서 6.7퍼센트의 득표율을 기록했다. 이는 놀라운 성과였다. 신민주당은 선거를 앞두고 겨우 반년 전에 창당하여 조직이라 할 만한 것을 갖출 여유가 없었기 때문이다. 선거운동의 자금도 경험도 없었다. 그러한 결점을 안고 거둔 성공이었기에, 그 성공은 정당들이 처한 상황이 변했음을 보여주는 증거로 여겨졌다. 정당의 위기라는 말이 돌았다. 정당들은 민중운동의 특징을 갖는 당원의 정당에서 전문화한 캠페인 정당으로 변신하는 과정에 있었다. 신민주당은 언론에서 크게 다루어졌으며, 언론 보도가 부정적이라는 사실이 신민주당에 불리하지만은 않았을 것이다. 그로 인해 기자들을 기성 정치 세력의 일부로 제시하기가 더 쉬워졌기 때문이다.

1993년 신민주당은 크게 주목받은 여름 선전 활동에서 난민 정책을 최우선의 투쟁 과제로 만들려 했지만 성공하지 못했다. 특히 장래의 당 대표 비비안 프란센이 논란이 되는 발언을 여러 차례 함으로써 신민주당은 외국인에 적대적이며 다소 인종주의적인 정당으로 낙인찍혔다. 여기에 내부 분란이 겹쳤다. 그러한 형태의 작은 다툼은 신생 정당에는 일반적이지 않지만, 이 경우에는 좀처럼 보기 힘든 내부 불화가 문제였던 것 같다. 1994년 초 바흐트메이스테르가 사퇴했을 때, 당은 혼돈에 빠졌다. 그해 말에 치러진 선거에서 신민주당은 1.2퍼센트의 득표율을 올렸다.

1988년 창당한 스웨덴민주당이 가장 최근에 의회에 입성한 정당이 되었다.[5] 공공연히 인종주의적 가치관을 드러낸 스웨덴민주당의 역사는 논란거리이다. 스웨덴민주당의 역사를 보면 그 당이 오랫동안 이른바 천민정당pariaparti 취급을 받은 결정적인 이유가 있다(Leander 2022). 스웨덴민주당은 창당 이후 더디지만 확실하게 여론의 지지를 얻었고, 2005년 임미 오케손이 이끄는 새로운 지도부가 들어선 뒤 도약했다. 2006년 선거에서 스웨덴민주당은 비록 의회 선거에서는 득표율이 3퍼센트에 못 미쳤지만 145개 코뮌에서 총 282명의 의원을 당선시켰다. 이후 스웨덴민주당은 놀라운 성공의 이야기를 써내려갔다. 2010년 스웨덴민주당은 5.7퍼센트를 득표하여 의회에 진입했다. 2014년 선거에서는 12.9퍼센트로 득표율이 두 배 이상 늘었는데, 이로써 스웨덴민주당은 원내에서 세 번째로 많은 의원을 배출한 정당이 되었다. 2018년에는 다시 다른 모든 정당보다 더 큰 성공을 거두어 17.5퍼센트를 득표했으며, 2022년에는 20.5퍼센트를 득표하여 원내 제2위의 정당이 되었다. 그 선거로 스웨덴민주당은 온건보수당과 기독교민주당, 자유당과 함께 과반수 의석을 이루어 정치적 위상을 높였다(정부에는 참여하지 않았다).

스웨덴민주당은 다른 무엇보다도 기존의 이민 정책에 매우 비판적이었다. 그렇지만 스웨덴민주당은 사회정책 문제를 점점 더 많이 다루었다. 노인 복지를 비롯하여 여러 복지 영역에서 더 큰 투자를 원했다. 스웨덴민주당에 따르면 이주민 통합에 투입되는 자금을 많이 줄이고 난민을 더 적게 받아들이면 그러한 정책을 수행할 수 있었다. 핵심 주장은 스웨덴 고유의 특성과 민족 정체성을 수호하자는 것이다. 스웨덴민주당은 다문화 사회의 성장을, 특히 다른 성격의 문화를 지닌 나라들로부터 많은 이민자가 들어오는 것을 큰 문제라고 생각했다. 스웨덴으로 들어온 이민자들은 동화되어야 했다.[6]

스웨덴민주당은 의회에 진입한 첫 임기에 연립정부의 법안을 자주 지지했지만, 야당인 사회민주당과 환경당에 합세하여 정부 법안에 반대한 적도 많았다. 적-녹 연립정부가 집권한 그다음 번 의회에서 스웨덴민주당은 부르주아 정당보다 연립 여당에 더 자주 찬성했다(Lindvall m.fl. 2017).

스웨덴민주당의 큰 성공은 이민 정책과 이주민 통합 정책이 유권자에게 한층 더 중요한 문제로 떠올랐으며 스웨덴민주당이 그 문제에서 원내 정당 중 유일하게 제한적인 방침을 표방했다는 사실로 설명된다. 그러나 다른 정당들 특히 사회민주당과 온건보수당이 2015년 가을 대규모 난민 유입 이후 더 제한적인 방침을 채택한 뒤에도 스웨덴민주당은 계속 성장했다. 스웨덴민주당은 이민 정책과 난민 정책을 정치적으로 선점했다(Oscarsson & Holmberg 2016).

그 밖의 도전자들

의회 진입이라는 위업을 달성한 정당들 이외에, 비록 성공하지는 못했지만 이를 시도한 정당이 많았다.[7] 그때까지 의회 진입에 성공한 정당과 이 도전자들의 공통점은 이들이 로슨의 가설에 완벽히 들어맞게 기성 정당이 무시하거나 경시했다고 생각되는 갈등의 차원에서 두각을 나타냈다는 데 있다.

유니리스탄은 2004년 유럽의회 선거를 앞두고 기성 정당의 유럽연합 정책에 반대하여 창당했다. 이 정당은 스웨덴에서 유럽연합으로 지속적으로 권한이 이양되는 것에 반대했으며, 당시에 논란거리였던 유럽연합 헌법 초안을 중단시키려 했다. 유니리스탄은 유럽의회 선거에서 14.5퍼센트라는 놀라운 득표율을 달성하여 스웨덴에 할당된 19석 중 3석을 차지했다. 성공에 고무된 유니리스탄은 2006년 의회 선거에 참여하기로 결정했다. 유니리스탄은 중소기업에 우호적인 정책과 분권화 요구를 들고 선거에 나섰다. 그렇지만 유니리스탄은 겨우 0.5퍼센트를 득표했고, 2009년 유럽의회 선거에서도 3.6퍼센트밖에 얻지 못하여 의석을 잃었다.

2004년 유니리스탄의 성공은 스웨덴에 유럽연합 회의론이 널리 퍼졌으며 그 선거가 유권자의 시각에는 그다지 중요하지 않았다는 사실을 감안하여 보아야 한다. 2004년 투표 참여율은 고작 37.8퍼센트였다. 유니리스탄이 받은 지지는 대체로 기존 정치권에 대한 항의로 해석할 수 있다. 이러한 유형의 선거에서(연구 문헌에서는 '부차적 선거second order elections'라고 한다) 항의 투표는 일반적이다.

2009년 유럽의회 선거에서도 새로운 정당이 정치 무대에 기반을 잡는 데 성공했다. 2006년 사생활을 보호하고 인터넷상의 (비상업적) 파일 공유를 지키기 위해 창당한 해적당은 7.1퍼센트를 득표하여 유럽의회에 진입했다. 그렇지만 2010년 스웨덴 의회선거에서 해적당의 득표율은 0.65퍼센트에 지나지 않았고, 2014년에는 더욱 낮은 0.43퍼센트였다. 같은 해 몇 달 전에 치러진 유럽의회 선거에서는 2.2퍼센트를 득표했다.

해적당은 틈새 정당의 성격이 강했다. 저작권과 인터넷상의 인격과 관련된 것 이외의 다른 문제에 대한 정책은 대체로 부족했다. 2008년 의회가 국방무선국법을 통과시킨 것이 해적당이 논쟁의 중심에 들어온 계기가 되었다. 그 직후의 이른바 파이어릿 베이 재판에서 해적당의 두드러진 이미지 중 하나, 즉 인터넷상의 저작권 보호가 언론의 주목을 받았다.* 재판은 유럽의회 선거를 불과 몇 달 앞두고 진행되었다.

2005년 페미니스티스크트 이니치아티브가 창당되었을 때, 기성 정당들이 양성평등에서 너무도 소홀하여 새로운 정당이 성공을 거둘 가능성이 현실화되었다. 양성평등의 문제는 1990년대에 큰 관심을 받은 정치적 의제였으며, 21세기에 들어선 후 확실히 더 중요해졌다. 스웨덴이 국제적으로 보아도 여러 점에서 앞서 나간 나라였음에도 진정한 양성평등에 이르기까지는 여전히 갈 길이 멀다는 인식이 논쟁의 전제였다. 이런 전제 위에서 폭넓은 합의가 있다고 생각되었다. 온건보수당과 기독교민주당을 제외한 모든 기성 정당은 오랫동안 페미니즘 정당임을 주장했다 (Dahlerup 2004). 물론 적어도 온건보수당 안에는 페미니스트를 자처한 사람이 많았다.

페미니스티스크트 이니치아티브의 주된 목표는 남성 지배 질서에, 다시 말해서 집단으로서의 여성이 집단으로서의 남성에 체계적으로 종속되었다는 관념에 맞서 싸우는 것이었다. 당은 페미니즘에 대한 전반적인 지지의 순수성과 확신을 문제 삼았다. 그것이 구조적인 성차별을 초

---

* 2008년 1월 스웨덴 검찰은 파일 공유 사이트 파이어릿 베이The Pirate Bay의 운영자 프레드리크 네이Fredrik Neij, 고트프리드 스바트홀름Gottfrid Svartholm, 페테르 순데Peter Sunde, 그리고 그 사이트를 통해 돈을 번 사업가 칼 룬드스트룀Carl Lundström을 저작권 침해로 기소했다.

래하는 메커니즘에 대한 진정한 통찰이라기보다 일종의 립 서비스라고 생각되었기 때문이다. 그렇지만 새로운 정당의 출현에 관한 로슨의 이론은 이 경우에는 해당되지 않는 것 같다. 2006년 선거에서 이 정당의 득표율은 고작 0.7퍼센트였고, 2010년 선거에서는 지지율이 0.4퍼센트로 더 하락했다. 기성 정당들의 양성평등 정책에 대한 불만은 확실히 크지 않았다.

그렇지만 이른바 '대大선거의 해supervalåret'인 2014년 선거는 페미니스티스크트 이니치아티브에도 성공적이었다. 유럽의회 선거에서 하나의 의석을 확보하기에 충분한 5.5퍼센트를 얻었고, 이후 스웨덴 의회 선거에서 3.1퍼센트의 득표율을 달성했다(의석을 얻지는 못했다). 4년 뒤 스웨덴 텔레비전 출구조사SVT VALU에 따르면 양성평등 문제는 그 선거의 가장 중요한 문제 중 하나였지만, 페미니스티스크트 이니치아티브는 고작 0.4퍼센트의 지지를 얻었다. 이는 다른 정당들이 그 정당의 출현의 토대가 된 문제에서 여론을 장악했음을 가리킨다.

스웨덴 정당 제도를 종합적으로 평가하면서 두 가지 결론을 이끌어낼 수 있다. 첫째, 안정성이 뚜렷하게 드러난다. 혼란스러웠던 1980년대 말과 새로운 정당들이 의회에 진입한 1990년대 초에 정치 체제에 대한 불신이 컸고 고착된 정당 체제가 느슨해지는 것 같았지만, 이후 의회에 진입에 성공한 정당은 스웨덴민주당 하나뿐이었다. 반면에 지역 차원에서 도전을 제기한 정당들은 정당 체제의 허약함을 보여주었다. 그러나 변화한 환경에 적응하는 문제에서 기성 정당들이 성공적이었다는 것이 주된 결론임에는 분명하다. 스웨덴 민주주의의 100년 역사 동안 정당 체제는 놀랍도록 온전한 상태를 유지했다.

다른 결론은 이 정당 체제에 맞선 성공적인 도전은 전부 기성 정당들이 '운하 기능'을 수행하지 못한 갈등 차원에서 이루어졌다는 것이다. 기독교민주당의 경우에 그것은 정치적 역장力場 전체가 왼쪽으로 이동한 상황에서 가치보수주의를 지향하는 기독교도의 불만에 관한 문제였지만, 새 정당이 의회 진입에 거의 40년이 걸렸다는 사실은 이 윤리적이고 도덕적인 차원에서 정당들의 실패가 크게 중요하지는 않았음을 보여준다. 환경당은 1970년대 핵발전소 문제가 관심의 초점이 된 이후 약진한 환경운동에서 성장했고, 불과 7년 만에 의회 입성에 성공했다. 신민주당은 1991년 선거를 겨우 반년 앞두고 창당하여 그 선거에서 의회에 진입했으며, 정치인에 대한 불신이 이미 상당했던 상황에서 정치 체제에 대한 전체적인 불만을 분명하게 드러냈다. 마지막으로 스웨덴민주당의 성공은 기존의 모든 정당이 난민 정책과 이주민 통합 정책을 지지한 데 대한 반작용이다. 다른 유럽 국가와 마찬가지로 스웨덴에도 과격한 우익 정당이 기성 정당들을 위협하기에 충분할 만큼 강력한 여론이 있었고, 그 여론은 계속해서 더욱 강해졌다.

지난 수십 년간 스웨덴 정당 제도는 안정과 변화 사이를 오갔다. 오랫동안 안정적이었던 다섯 정당 체제는 오늘날 여덟 개 정당이 의회에 자리를 잡고 추가로 한 개 정당이 의회 진입 가능성을 보이는 체제로 바뀌었다. 또한 지난 선거에서 여러 정당이 4퍼센트 제한선에 근접하여 의회에서 퇴출될 위험성이 있었다.

정당 제도의 이러한 변화는 의회주의에 어떤 의미를 갖는가?

공식화했으나 변하기 쉬운 의회주의

 1970년 부분적인 헌법 개정으로 의회주의는 스웨덴 헌법에서 처음으로 공식적인 지위를 얻었다. 불신임 투표 제도가 도입되어 의회는 정부를 교체할 기회를 얻었다. 의회주의에 매우 중요한 원리였다.[8] 그러나 1974년 통치조직법으로 의회주의는 처음으로 국체의 공식적인 기본 원리가 되었다(RF 1:1). 1974년 통치조직법의 출발점은 국민의 의지는 의회주의의 '통치 사슬styrkedjan' 안에서 실현된다는 것이다. 즉 국민이 의원을 선출하여 의회를 구성하고, 의회는 정부를 구성하고(더 정확히 말하자면, 의회는 총리를 선출하고 총리가 정부에 입각할 자들을 선출한다), 정부는 나라를 통치한다는 것이다. 이 사슬은 뚜렷한 책임의 차원을 포함한다. 정부는 의회에 책임을 지며, 의회는 유권자에 책임을 진다.

 이 헌법이 결정되었을 때, 앞에서 설명했듯이 보통선거제가 도입된 이래로 동일한 다섯 정당이 의회에서 스웨덴 국민을 대표했다.[9] 다섯 정당 간의 힘의 크기는 오랜 시간에 걸쳐 놀랍도록 일정했다. 사회민주당이 내내 45퍼센트 안팎의 득표율로 지배적인 정당이었고, 그 힘 덕분에 그리고 좌익공산당의 견고한 지지를 받아 1921년 스웨덴이 의회민주주의 체제가 된 이후로 거의 대부분의 시기를 단독으로 통치했다. 부르주아 측에서는 서로 대등한 세 정당이 합쳐서 사회민주당과 맞먹는 득표율을 올렸다. 국민당이 대체로 가장 강력하기는 했지만, 세 정당이 번갈아 부르주아 진영의 지도자 역할을 맡았다. 새로운 헌법이 제정되었을 때 이 두드러진 안정성이 흔들리리라는 암시는 전혀 없었다. 이 정당들이 유권자를 확실하게 장악했다고 생각되었다. 4퍼센트 제한선과 원내에 진입한 정당에 유리한 정당 국고 보조금이 도입되면서, 기존 정당 구조가 고착되었다고 말할 수 있다.

그러나 양원제 의회가 폐지되고 새롭게 단원제 의회가 출범하면서 정권 교체 가능성이 커졌다. 선거에서 패배한 정부에 헌법상의 낙하산 역할을 했던 상원 과반수 교체의 지연은 더는 없었다. 동시에 정당 체제의 파편화를 막는 군소정당 장벽이 도입되면서 안정성이 지속될 수 있으리라는 기대가 있었다.

헌법의 의회주의가 명시된 것은 원리에 중요한 변화가 생겼다는 뜻이었다. 이제 의회는 스웨덴 '국민의 통치'에서 가장 중요한 제도가 되었다. 권력 분립의 원리를 토대로 한 1809년 통치조직법과 반대로, 새로운 헌법은 일원론적 헌법 원리 위에 세워졌다. 의회주의 '통치 사슬'의 원리는 의회의 중심적 역할과 우위에서 출발한다. 1975년 새로운 통치조직법이 발효되면서 의회의 중심적 역할은 더할 나위 없이 분명했다. 혼란스러운 균형의회 시절에 의회에서는 추첨이 의결 과정뿐만 아니라 특히 상임위원회 활동에서도 결정적인 역할을 수행했다. 불안정한 상황 때문에 정당들이 타협을 할 수밖에 없었기 때문이다(Sannerstedt 1992). 그러나 한 해 뒤 의회는 일종의 거수기로 지위가 격하되었다. 1976~1978, 1979~1981년의 부르주아 정부 시절에 의회의 주된 역할은(차라리 과반수를 차지한 부르주아 정당들의 주된 역할이라고 해야 하겠다) 정부를 구성한 세 정당이 합의한 법률안을 처리하는 것이었다. 당연했다. 입법 기관이 정책 수립에서 부차적인 역할을 하는 경향은 의회 과반수를 차지한 연립정부의 특징이었다. 1978~1979년의 울라 울스텐 정부와 1981~1982년의 투르비엔 펠딘 정부('중도 정부$_{mittenregeringen}$')의 소수정부 시절에 의회의 지위는 더 강력해졌다. 이는 특히 정부가 아니라 의회의 상임위원회가 나라를 다스렸다고 볼 수 있는 1979년 봄에 현저했다. 울스텐 정부는 처음에는 의회에서 몇 차례 성공을 거두었지만(중앙당과 온건보수당의 지원을 받아 부르주아 정당 공동 법안 여러 건을 처리했다), 선거가 다가왔을 때 정부 정책에 대한 지지를 얻기는 더 어려워졌다.

　1982년부터 1991년까지 사회민주당이 권력을 잡고 있을 때 의회는 전후 시대 대부분의 기간 동안 유지된 상태로 되돌아갔다. 의회에서 든든한 지지를 확보하여 사실상 다수정부로 볼 수 있는 소수정부가 통치한 것이다. 사회민주당 정부가 좌익공산당에 의지하여 의회 과반수를 확보한 것은 사실이다. 이전에도 좌익공산당은 곤란한 상황에서 믿을 만한 지원 정당이었다. 공산주의자들은 때때로 사회민주당 정부의 정책을 비판하기도 했지만 노동자 정부를 무너뜨리는 일은 결코 하지 않았다. 그렇지만 1982년 이후 사정이 달라졌다. 사회민주당이 정권을 되찾고 겨우 두 달이 지났을 때 좌익공산당이 더는 고분고분한 지원 정당이 아니라는 것이 분명해졌다. 정부는 좌익공산당이 부가가치세 인상에 강력히 반대한다는 사실을 알면서도 부가가치세의 2퍼센트포인트 인상 법안을 제출했다. 극적인 '치킨 게임'이 벌어졌고, 정부는 결국 본회의에서 마지막 결정 단계에 들어갔을 때 법안을 철회하여 항복했다. 이제 사회민주당이 언제나 당연하게 좌익공산당의 지원을 기대할 수 없음이 증명되었다. 이 사건의 함의는 의회의 우위가 강조되었다는 것이다. 1990년대에 사회민주당이 집권했을 때 좌익당의 영향은 한층 더 커졌다. 우선 1994년 정권 교체 후 몇 달 동안 경제정책과 관련하여 협력이 이루어졌고, 1998년 선거 후(이 선거에서 사회민주당은 30석을 잃은 반면 좌익당은 의원 수를 22명에서 43명으로 두 배 가까이 늘렸다) 사회민주당과 좌익당, 환경당 간에 긴밀한 협력이 시작되어 2006년 정권 교체 때까지, 그리고 이후 야당의 위치에서 몇 년 더 지속되었다. 2010년 선거에서 적-녹 협력의 세 정당은 실제로 함께 대안 정부로 등장하여 공동으로 선거운동을 벌였다.

정부와 두 지원 정당 간의 협력은 두 차례의 임기 동안 공식적으로 발전했다. 주로 경제정책을 중심으로 협력이 이루어졌고, 지원 정당들은 예산 협상에서 큰 영향력을 행사했다. 2002년 선거 후 협력은 제도화하여 이른바 '계약의회정치$_{\text{kontraktsparlamentarism}}$'라는 용어가 등장했다. 121개 항목 계획이 채택되어 예산 정책 이외에 수많은 정책 영역이 협력의 대상이 되었다. 지원 정당들은 또한, 1995~1998년 중앙당에 적용된 유형에 따라, 의사 결정 과정을 더 잘 감독하고자 행정부에 다수의 정무직 공무원을 들여보냈다.

이러한 협력은 잡종 성격의 의회주의를 초래했다는 이유로 비판의 대상이 되었다. 지원 정당들이 정부의 일부로 참여하지 않았으면서도 정부의 토대인 것은 분명했기에 책임 추궁이 더욱 어려워졌다(Lewin 2002a). 비록 많은 의회주의 체제에서 야당은 사안에 따라 정부와 협력하기는 했지만, 가장 순수한 형태의 의회주의는 정부와 야당의 확실한 구분 위에 존립한다. 그러나 비판자들에 따르면 스웨덴에서 발전한 의회주의는 약간 달랐다. 지원 정당의 역할이 불분명하여 민주주의가 훼손될 수 있다는 것이다.

1998년 선거와 2002년 선거 후 총리의 사퇴 여부를 두고 논쟁이 벌어졌다는 사실은 의회주의의 혼란을 보여주는 하나의 징후였다. 온건보수당은 새로이 구성된 의회가 정부의 의회 내 지위를 분명히 할 수 있도록 선거가 끝나면 매번 총리가 사퇴해야 한다고 권고했다. 2011년부터 새로운 통치조직법이 발효되면서, 선거에서 새로 들어선 의회는 구성 이후 늦어도 2주가 지나기 전에 투표로써 총리를 지지하는지 확인해야 했다.

2006년 정부가 교체되면서 스웨덴은 다시 다수의회정치 시대로 복귀했다. 프레드리크 라인펠트가 2년 전 '스웨덴을 위한 동맹'을 함께 결성한 네 개 부르주아 정당 연립정부의 총리가 되었다. 정부는 야당의 적-녹 동맹보다 7석이 더 많은 178석을 쓸 수 있었다. 라인펠트 정부는 2010년 선거 때까지 이례적으로 강력했다. 이전의 부르주아 다수정부와 달리 내부의 결속이 탄탄했기 때문이다. 그러나 2010년 이후 연립정부는 소수의 처지에서 통치해야 했고, 라인펠트 정부는 소수정부 첫해에 이미 중요한 표결에서 스무 차례 넘게 패배했다. 새롭게 의회에 진입한 스웨덴민주당이 야당의 적-녹 동맹을 편들었기 때문이다. 그렇지만 표결에서 그보다 더 많이 패배하지 않은 이유는 정부가 여러 경우에 의회에서 부결될 위험이 있는 법안을 내놓지 않았다는 데 있다. 정부는 스웨덴민주당과 제휴할 뜻이 없었고, 따라서 여러 문제에서 스웨덴민주당이 어떤 태도를 취할지 종종 불안했다. 스웨덴민주당이 적-녹 협력 정당들에 찬성할 위험이 있으면, 차라리 법안을 제출하지 않는 것이 더 낫다고 생각되었다.

1974년 통치조직법이 채택되면서 총리의 지위가 강화되었다. 스웨덴 의회정치는 이제 뚜렷하게 총리를 중심으로 돌아갔다. 총리는 각료를 임명할 수 있었고 필요하다고 생각하면 임의로 해임할 수 있었다.[10] 총리는 정부의 활동 방식을, 다시 말해 어떤 부서를 둘지, 부서에 어떤 임무를 맡길지, 어떻게 결정을 내릴지 정한다. 총리는 재선거도 선언할 수 있다. 다만 선거로 새롭게 구성된 의회가 모이고 석 달이 지나야 했고, 정부가 과도정부(공무원 임시정부)일 경우는 불가능했다(RF 3:11). 총리가 사퇴하면 내각 전체가 사퇴해야 한다.

　1970년대 초 헌법이 개정되었을 때 총리의 강력한 지위라는 문제가 논란이 되었다. 정부는, 그리고 차츰 의회도 정부의 결정은 집단적으로, 이견이 있을 경우에는 다수 의견으로써 내려져야 한다는 헌법준비위원회의 제안보다 더 멀리 나갔다. 그렇지만 최종적인 결정은 정부의 활동 방식에 관한 규정을 헌법에 포함시키지 말아야 한다는 것이었다. 상이한 정부 형태 사이에 조건의 차이가 매우 클 수 있기 때문이었다. 예들 들면, 여당으로 참여한 정당의 대표들이 일종의 비공식적 핵심 내각을 구성하는 연립정부는 당연히 단독 정당 정부와는 다른 활동 방식을 선택할 것이다. 부르주아 정당들은 이러한 처리에 비판적이었다. 규정이 없으면 총리가 사실상 무소불위의 권한을 행사할 수 있기 때문이었다.

　게다가 헌법 개정 이후에 총리의 지위는 한층 더 강해졌다. 이는 사회민주당의 예란 페숀이 총리로 재직한 10년 동안 특별히 더 두드러졌다. 페숀은 의사의 소통과 결정의 측면에서 정부의 활동을 지배했다(Daléus 2012). 그러나 유럽연합 가입과 1990년대 행정부 개편 같은 제도적 변화가 특히 총리의 지위를 강화했다. 1997년 행정부 개편으로 정부에서 총리로 권한이 이양되었다. 총리는 행정부 수반 자격으로 상당한 권한을 보유했다. 게다가 유럽연합 가입 자체가 의회에서 정부로, 따라서 총리에게 많은 권한이 이전되는 결과를 초래했다. 중요한 결정을 내리는 유럽이사회(유럽정상회의)와 유럽연합이사회(각료이사회)에서 스웨덴을 대표하는 것은 정부이기 때문이다.[11]

　헌법이 개정되었을 때, 이러한 변화는 당연히 예측할 수 없었다. 그러나 전체적으로 보면 이는 의회주의 정체의 변화와 관련된 일이다. 더불어 예상하지 못한 것은 정당 제도의 변화였다. 정당 제도의 변화는 의회정치에 영향을 미쳤다. 정당의 민중운동 성격이 줄어들면서 하향식 지배가 강화될 길이 열렸다. 당 대표는 정당 조직의 공식적인 구조에서 분리되어 더 자유로워졌으며, 당 대회와 당 강령에 이전만큼 구속되지 않았다. 이는 당 대표가 총리가 되었을 때 특히 더 잘 적용된다(Möller 2018). 그러므로 정당 제도의 변화는 총리직에, 따라서 의회정치의 작동 방식에도 영향을 끼쳤다.

정당 제도는 다른 방식으로도 의회정치를 바꿔놓았다. 앞서 보았듯이 2010년 스웨덴민주당의 의회 진입과 더불어 1970년대 이래로 스웨덴 정치의 특징이었던 진영 정치는 지속적으로 흔들렸다. 여론 조사에서 스웨덴민주당의 지지율이 올라가면서, 2014년 선거에서 두 진영 중 어느 한쪽이 과반수를 획득할 가능성은 없어 보였다. 그래서 라인펠트는 의석을 더 많이 확보한 진영이 정부를 수립하게 하자고 제안했다(이 제안은 그해 12월협약으로 확정되었다). 스웨덴민주당을 고립시키는 것이 목적이었다. 2019년의 이른바 1월협약의 동기도 스웨덴민주당의 영향력을 없애는 것이었다. 중앙당과 자유당은 과세 정책과 노동법, 주거정책에서 일련의 자유주의적 개혁을 얻는 대가로 스테판 뢰벤이 다시 총리에 선출될 수 있게 했다. 그때 스웨덴은 넉 달 동안 과도정부의 통치를 받았다.

그렇게 2019년 정부 수립 이후 부르주아 동맹은 해체되었다. 오랫동안 정권을 두고 싸웠던 두 진영은 더는 서로 적대하지 않았다. 그러나 2022년 선거를 앞두고 새로운 이합집산이 나타났으며, 진영 정치가 적어도 일시적으로는 다시 등장했다. 다만 형태는 달랐다. 이 점에 관해서는 마지막 장에서 다시 얘기하겠다.

유럽연합 가입도 스웨덴 의회정치에 변화를 가져왔다. 가입과 더불어 국내정책과 외교정책의 충돌은 피할 수 없었다. 연구 문헌에 따르면, 주로 외교적 수완에 관한 문제인 대외정책은 민주적인 형태로 진행하기가 어렵다. 국내정책처럼 공개적으로 수행하기가 어렵기 때문이다(Goldmann 1994). 당연히 행정부가 의회보다 유리한 입장에 있고, 합의의 요구가 강력하다.

그러나 한스 헤겔란드는 유럽연합 문제에 관한 의회 활동을 연구한 논문에서 유럽연합 가입에 따른 민주주의 문제가 논쟁에서는 때때로 크게 보였지만 실상은 그 정도는 아니었다고 주장한다. 우선 유럽연합이 다루는 문제들은 대부분 비정치적인 성격을 띤다. 더 나아가 헤겔란드는 다른 외교정책 분야보다 유럽연합 문제에서 의회의 영향력이 더 크다는 점을 입증한다. 예를 들면 의회가 더 많은 정보를 갖추고 있으며, 전통적인 외교정책과 비교할 때 합의의 요구가 그 정도로 뚜렷하지 않다는 것이다. 시간이 지나면서 유럽연합 문제는 점차 국내정책 문제와 비슷한 방식으로 다루어졌다. 헤겔란드의 결론은 의회가 유럽연합 문제를 처리한 방식 때문에 '국가적 유럽연합 의회정치'를 얘기할 만하다는 것이다(Hegeland 2006).

18

200년간의 투쟁과 합의 정치

 이 책은 스웨덴 정치의 발전을 200년간에 걸쳐 추적했다. 이미 그 첫 번째 100년인 19세기 초에 스웨덴 사회는 근본적인 변화를 겪었다. 그 이후로는 지금부터 100여 년 전에 보통선거제가 도입된 이래로 외견상 정치 체제는 그다지 변한 것 같지 않지만 스웨덴 사회의 변화는 더욱 철저했을 것이다. 표면 아래에 극적인 변화가 숨어 있다. 지난 30년간 많은 일이 일어났다. 이 결론부에서는 여러 가닥을 엮어 그 발전의 두드러진 특징을 요약하겠다. 최근의 극적인 사건들도 다룰 것이다.

 왕권에서 민주주의로

 이 책에서 다루는 시기의 대부분에 걸쳐 국왕의 전제정치가 지배했다. 1809년 통치조직법이 바로 지나치게 강력한 왕권을 피하기 위해 권력 분립의 원리에 따라 제정되었는데도, 칼 14세 요한의 재위 때 '단독

통치시대'라는 말이 있었다. 그러나 권력 분립의 구조에는 의회주의 정체의 싹이 들어 있었다. 헌법을 입안한 국부들이 원하지 않은 시나리오였다. 국왕은 의회와 입법권을 나눠 가짐으로써 각료를 임명할 때 완전히 독립적으로 행동할 수는 없었다. 정부가 법안을 관철시킬 가능성은 각료들이 의회의 지지를 받을 때 더욱 컸다. 시간이 지나면서 이러한 의회주의적 연계는 한층 더 뚜렷해졌다. 1840년 정부개혁으로 각료들이 저마다 명확한 책임 영역을 갖게 됨으로써 국왕과의 관계에서 각료의 지위가 강화되었다. 19세기의 중요한 헌법상의 개혁은 1866년의 의회 개혁이다. 이로써 국민의 대의 기구가 민주화한 것은 아니지만 상당히 근대화했고 효율성도 높아졌다. 의회 개혁을 통해 장기간의 뜨거운 민주화 과정의 토대가 놓였고, 이는 결국 보통선거권의 도입으로 귀결되었다.

민주화와 더불어 국체도 한층 더 의회주의적 형태를 띠었다. 국왕의 권한은 지속적으로 줄어들었다. 의회주의의 발전에서 결정적인 순간은 1917년 가을 신임 총리 닐스 에덴과 구스타브 5세의 협약이었다. 유럽 대륙의 혁명적 분위기에 눌린 국왕은 좌파 정부를 수용했고, 그 밖에 모든 정치적 권한 행사를 삼가겠다고 약속했다. 그러나 협약 이후에도 국왕의 역할이 단지 의례에만 그치지 않았음을 보여주는 사건들이 있었다. 제2차 세계대전 중에 구스타브 5세는 엥겔브레히트 사단의 스웨덴 통과 허용 결정을 포함하여 여러 경우에 중요한 역할을 수행했다.

사회민주주의의 100년

민주주의와 의회주의가 완성되면서 스웨덴 국가도 변했다. 사회민주당은 내내 가장 큰 정당이었고, 1932년 페르 알빈 한손이 총리에 취임한 이래로 2022년 정권 교체 때까지 지난 90년 동안 73년을 집권했다. 따라서 사회민주당은 스웨덴 사회의 발전에 진한 흔적을 남길 수 있었다. '국민의 집'의 건설과 뒤이은 '강한 사회' 즉 복지국가 형태의 쇄신은 그 장기간의 사회민주당 통치와 시기가 겹치며 대체로 그 결과물이다.

공공 부문 활동이 확대되었다. 재산이 적은 자들에 초점을 맞춘 보편적이고 선택적인 공적부조뿐만 아니라 사회보험도 도입되었다. 특히 노동시간 단축과 휴가 확대 같은 내용의 여러 법률이 제정되었다. 길게 열거할 수 있지만, 개혁적인 사회정책은 다른 무엇보다도 경제적 통계에서 확인할 수 있을 것이다. 1920년 국가 예산은 국민총생산의 7퍼센트였는데, 1945년에는 그 비중이 두 배로 늘었으며, 30년 뒤 1975년에는 보통선거제가 도입된 이래로 네 배가 늘었다. 국민총생산이 급증했는데도 그해에 국가 예산은 국민총생산의 30퍼센트를 넘었다. 제2차 세계대전 이후 기초자치단체와 주의 수준에서 공공 부문은 크게 팽창했다. 이러한 발전은 국민의 거주 지역 변동과 관련이 있다. 1930년대에 스웨덴 국민은 절대 다수가 농촌에 살았지만, 30년이 지났을 때에는 70퍼센트 이상이 인구 밀집 지역에 거주했다. 이러한 발전은 특히 전후 시대에 빠르게 진행되었다. 그래서 인구 밀집 지역에 새로운 주택이 필요했고, 이는 다시 도로와 상수도, 하수도, 발전소에 대한 광범위한 투자를 요구했다. 여성들이 소득 활동을 시작하면서 기초자치단체의 아동보육 요구가 실제적인 문제가 된 1960년대에 기초자치단체 활동은 더욱 확대되었다.[1]

공공 부문의 성장은 다른 나라에 비해 스웨덴에서 더 두드러졌다. 이러한 발전을 설명하는 데 자주 쓰이는 척도는, 특히 높은 세금에 비판적인 자들 사이에서, 통시적인 조세부담률의 변화이다(조세부담률은 국민총생산에서 총조세 수입이 차지하는 몫인 '조세수준skattekvoten'의 다른 표현이다). 1950년대 중반에도 스웨덴의 국민총생산에서 조세가 차지하는 몫은 경제협력개발기구 평균인 24퍼센트를 약간 웃도는 수준인 25.5퍼센트였다. 그렇지만 공공 부문이 급격하게 팽창한 1960년대에 스웨덴의 조세부담률은 빠르게 증가했고, 1975년에는 스웨덴과 경제협력개발기구의 다른 국가들 간 격차가 12퍼센트에 이르렀다. 스웨덴에서 그 시기의 조세부담률은 43.4퍼센트였던 반면, 경제협력개발기구 평균은 31.3퍼센트였다.[2] 1987년 조세부담률은 49.9퍼센트였고, 빌트 정부에서 45.2퍼센트로 하락했다가(1992) 페숀 정부의 국가 재정 건전화에 따라 1999년에 49.2퍼센트로 늘었다. 이후 연속적으로 하락했다. 8년 동안 부르주아 정부가 지속된 뒤 2014년에 45.2퍼센트였는데, 이는 경제협력개발기구 평균보다 8퍼센트포인트 높았다. 사회민주당이 7년 동안 정부를 이끈 뒤인 2021년 조세부담률은 42.7퍼센트로 거의 같았다.

그러므로 이러한 발전은 사회민주당의 장기간 지배와 시기적으로 일치하며 그 귀결이다. 오랫동안 유지된 일반적인 해석에 따르면 스웨덴에는 사회민주주의 헤게모니가 존재했다. 정치적 담론이 사회민주당의 이데올로기에 젖었다는 것이다. 라슈 구스타브손(1989)은 이를 두고 사회민주당이 '의제 정립의 특권'을 획득했으며 다른 정당들은 사회민주당의 이데올로기적 출발점에 순응했다고 주장했다(Gustafsson 1989). 이는 권력의 제3의 차원이라고 불리는, '사고를 지배하는 권력'과 같이 매우 미묘한 것을 말한다(Lukes 1974). 이러한 생각은 오래된 것이다. 일찍이 1964년에 헤르베트 팅스텐은 사회민주당이 스웨덴 정치에서 특별한 지위를, 다른 정당과의 관계에서 '거의 마법 같은 이점'을 획득했다고 주장했다.[3] 선거를 거듭하면서 이 특별한 지위는 더욱 강해졌다. 팅스텐에 따르면 다른 정당들은 태양을 중심으로 공전하는 행성들처럼 사회민주주의를 중심으로 돌았다(Bäck & Möller 2003). 이 확연한 지배를 어떻게 이해할 것인가? 사회민주주의 헤게모니는 아직도 있는가?

사회민주당이 자유주의적 노선의 정책에 순응했음을 강조할 필요가 있다. 팅스텐(1967)은 사회민주당이 얄마르 브란팅이 지휘할 때 마르크스주의 이론에서 어떻게 멀어졌는지 보여준다. 그러한 발전과 더불어 사회민주당은 실용주의적인 정당이 되었다. 1917년 선거 후에 사회민주당은 자유주의자들과 함께 연립정부를 구성했다. 달리 말하자면 혁명적 색채는 연이은 성공과 더불어 옅어졌으며 1917년 당의 분열 이후에는 사실상 사라졌다. 그러나 급진 좌파의 성격이 사회민주당 안에서 완전히 사라진 것은 아니었다. 1920년대에도 계급투쟁 노선이 '국민의 집' 노선과 경쟁했다. 후자가 승리했다. 페르 알빈 한손이 특히 1931년 오달렌 사건 이후 공산주의자들에 강경하게 맞선 것이 이 내부 싸움에서 중요했다.

역사 서술에서 사회민주당이 일찍이 개혁주의 정당이 되고 그 결과로 보통선거제와 의회주의를 위해 자유주의자들과 협력하기로 결정한 데에는 기본적으로 국가에 우호적인 그 태도가 결정적이었다고 강조된다. 20세기에 들어선 직후 시기가 중요했다. 정치적 총파업 전략은 버려졌다. 그렇지만 1908년 이후 자유주의자들의 전략이 변했다는 사실도 사회민주당의 발전에 중요한 의미를 갖는다. 비례대표제가 도입되었을 때, 자유주의자들은 하원에서 과반수를 달성할 수 없음을 깨달았다. 따라서 집권을 위해서는 사회민주당의 지지가 필요했으며, 사회민주당으로 하여금 '부르주아 민주주의'를 받아들이게 하는 데 힘을 집중했다(Östberg 1990). 자유주의자들의 이러한 전략 변화는 사회민주당 내부의 개혁주의적 발전에 영향을 미쳤다. 1914년 당 대회에서 브란팅이 자유주의자들과의 협력에 대한 명백한 지지를 확보하면서 상황은 정리되었다. 이견은 남아 있었지만, 브란팅은 완고하게 개혁주의 노선을 추진했고, 이 때문에 3년 뒤 당은 쪼개졌다(Östberg 1990).

사회민주당의 지배력은 시간이 지나면서 더욱 뚜렷해지고 장기간 지속되어서 헤게모니라고 부를 수 있다. 부르주아 진영이 이데올로기적으로 사회민주주의에 계속 적응하는 모습을 보인 것을 그 증거로 볼 수 있다. 부르주아 정당들은 저마다 차이는 있지만 사회민주주의 이데올로기의 토대인 복지정책을 지지했다.[4]

그렇지만 마르크스주의에 영향을 받은 연구자들은 사회민주주의 헤게모니라는 이론에 문제를 제기했다. 안토니오 그람시의 마르크스주의적 헤게모니 이론에 따르면, 부르주아 계급의 지배 전략은 '반反헤게모니' 세력으로 하여금 자신들의 기본적인 견해를 지지하도록 유도하는 데 성공했다는 점에서 역사적으로 다른 권력 계급들과 차이를 보였다. 역사가 오사 린데르보리에 따르면 바로 스웨덴에서 그런 일이 벌어졌다. 사회민주당은 옛 사회의 권력 구조에 도전했지만, 부르주아 헤게모니는 온존했다. 사회민주당은 의회를 지배했음에도, 그들의 시각에 따르면, 사회에 그 이데올로기의 흔적을 남기는 데 실패했다. 린데르보리에 따르면 오히려 사회민주당이 부르주아 사회의 기본적인 가치관에 점점 더 물들었다고 할 수 있다. 예를 들면 사회민주당은 소유권 노선(경제의 사회화)을 포기하고 대신 시장경제를 받아들였다. 더 나아가 계급투쟁 시각도 점차 소멸했다. 린데르보리의 결론은 '국민의 집' 담론으로 무장한 사회민주당이 '사회자유주의적 태도'를 취함으로써 부르주아 헤게모니를 정당화했다는 것이다(Linderborg 2001).

사회민주당은 계급 없는 사회라는 최초의 진정한 이데올로기적 신념에서 후퇴했는가? 헤르베트 팅스텐이 1941년에 발표한, 사회민주주의 이데올로기의 발전에 관한 고전적인 연구는 마르크스주의 이론이 현실과 맞지 않은 결과로 이데올로기적 후퇴가 연속적으로 진행되었다고 설명한다. 그러나 예를 들면 예스타 에스핑아너슨(1989)과 팀 틸턴(1989) 같은 학자는 린데르보리와 팅스텐에 반대한다. 사회민주당의 발전에는 이데올로기적 연속성이 있다는 것이다. 평등과 민주주의, 효율, 연대 같은 기본적인 목표는 시간이 지나면서 수단은 바뀌었을지언정 변하지 않았다는 것이다.

합의 정치, 해체 과정에 있는가?

사회민주당이 그 가치관을 스웨덴 사회에 주입했는가 아니면 오히려 사회민주당이 부르주아 사회의 가치관에 젖어들었는가? 어떤 설명이 더 적합하다고 생각하는가와 상관없이 두 가지 해석의 기본이 되는 전제가 있다는 점이 눈에 띈다. 합의이다.

이 결론에서 다시금 합의라는 스웨덴 정치의 특징에 주목할 때, 이것이 형식과 내용에 다 관계된 문제임을 강조할 필요가 있다. 한편으로 정당 간에 폭넓은 이데올로기적 교감이 있고, 다른 한편으로 협력의 문화 즉 의사 결정의 협력을 촉진하는 제도적 장치가 있다.

결정의 문화를 중시하는 후자의 시각에 따르면, 대립은 실제로 존재하며 바로 그런 이유에서 갈등을 융통성 있게 다룰 수 있는 규칙과 절차를 만드는 것이 중요하다. 갈등은 나쁘며 피해야 한다는 것이 기본적인 전제이다. 1809년의 권력 분립 원리, 1865~1866년의 의회 개혁, 1907년의 비례대표제 도입은 갈등을 피하려는 노력이 헌법의 차원에서 어떻게 표현되었는지 보여주는 사례이다. 1970년대 말에 도입된 다양한 시민적 권리의 보호에도 같은 말을 할 수 있다.

특히 스웨덴의 위원회 제도 즉 입법조사단은 합의 문화의 상징으로 여겨지곤 했다. 의회와 학계가 폭넓게 참여하고 이해관계 당사자인 단체들이 대표자를 보내는 입법조사단은 여러 문제를 해결하기 위해 어떤 조치를 취해야 하는지에 관하여 어떻게 하면 의견 일치를 볼 가능성이 큰지 자료와 분석을 토대로 인지적 합의를 이끌어낼 수 있다(다음을 참조하라. Ruin 1983; Nyman 2000). 그렇지만 최근에 위원회 제도는 변했다. 의회의 폭넓은 기반을 토대로 구성된 입법조사단은 줄어들고 일인조사단이 늘어났다. 조사 기간은 축소되고 정치적 조정이 증가했다. 비판자들은 위원회 제도가 훼손되었다고, 합리성과 실용주의, 합의가 주된 특징인 스웨덴 정치 문화가 흔들린다고 말했다(Erlingsson 2016; Heckscher 2020).

1939~1945년의 거국내각, 1933년과 1992년의 위기협약은, 1990년대의 연금 합의와 기타 국방과 외교정책, 안보정책, 헌법, 에너지 공급 등에 관한 여러 폭넓은 협약도 마찬가지인바, 정당들이 중요한 문제에서 어떻게 이견을 극복하고 타협할 수 있는지 보여주는 사례이다. 그러나 최근 몇십 년간 진영의 경계를 초월하는 폭넓은 협약은 흔치 않았으며, 협약이 이루어져도 그다지 길게 지속되지 않았다. 그러한 사례는 많

다. 2016년 다섯 정당 간에 체결된 에너지 협약은 2019년 기독교민주당과 온건보수당이 포기했다. 같은 해 두 정당은 국방비에 관한 의견 차이로 국방협의회에서 이탈했다. 의회 활동의 형식을 다룬 12월협약은 아홉 달 뒤에 깨졌고, 1월협약은 2년을 넘기고 곧 중단되었다.

이전의 타협 모델compromise model은 유서가 깊다. 미국 정치학자 댕크위트(당크바르트) 루스토는 1955년에 발표한 주목할 만한 연구에서 다른 나라와 비교할 때 스웨덴의 특징은 정치 체제가 모든 중요한 이해관계를 다 만족시키고 그로써 대립의 표면화를 피하는 것이라고 지적했다(Rustow 1955). 의사 결정 과정에 전문성이 폭넓게 개입한 것은 이러한 타협 문화에 비추어 보아야 한다. 위원회 제도는 그러한 문화의 제도적 표현이었다. 그러나 앞서 말했듯이 그러한 정치 문화가 변화하고 있음을 암시하는 것이 많다.

스웨덴 정치에서 사회공학이 수행한 주된 역할은 그러한 합리성에 대한 믿음의 결과이다. 정치적 결정으로 사회를 움직이고 사회 문제를 해결할 수 있다는 생각에 대한 지지가 크다. 지난 몇십 년간의 헌법 개정이 전부 정치 체제의 문제 해결 능력 개선을 목표로 삼았다는 것은 시사하는 바가 있다. 유럽연합 가입과 중앙은행 개혁, 의원 임기 연장,* 새로운 예산 처리 과정의 도입 등도 마찬가지이다. 과거의 개혁에 대해서도 같은 말을 할 수 있다. 1840년의 정부개혁, 1865~1866년의 의회 개혁, 1876년의 총리직 도입은 전부 정치 제도의 효율성 제고라는 목표로 추진되었다.

그러므로 합의 문화는 스웨덴 역사에 깊이 뿌리내렸다(Lagerroth

---

* 1994년 의회에서 의원 임기를 3년에서 4년으로 연장했다.

1943). 네덜란드 정치학자 아렌드 레이프하르트(1992)는 협력민주주의가 분열된 사회에서 각별히 소중하지만 일반적으로도 '승자 독식'의 다수민주주의라는 대안에 비해 이점이 크다고 주장했다. 레이프하르트에 따르면 그러한 체제에서는 대체로 불필요하게 갈등이 생기며, 소수파는 정치적 영향력이 없다. 반면 일반적으로 비례대표제를 채택한 협력민주주의에서는 갈등을 회피하는 경향이 있는 타협적 사고가 생긴다. 유권자가 책임을 추궁하기가 어렵기 때문에 결점이 있는 것도 사실이지만, 레이프하르트에 따르면 민주주의적 이점이 이를 상쇄하고도 남는다. 대표성이 유권자의 선호도를 더 잘 반영하기 때문에 국민의 의지를 실현할 가능성이 더 크다. 협력민주주의에서 발견되는 이러한 융합의 장치는 정통성의 관점에서도 유리하다(Ruin 1983).

협력민주주의에 대한 비판은 책임 추궁이 어렵다는 문제와 관련이 있다. 레이프 레빈에 따르면 스웨덴 정치에 나타난 약한 형태의 반민주주의는 협력구조의 결과이다. 그는 1800년대 말 '오스카르 시대의 목가牧歌'와의 유사성을 본다. 오스카르 시대의 목가적 풍경은 세기 전환기부터 몇십 년간 이어진 선거권 투쟁과 더불어 도전을 받았다. '스웨덴답지 않은' 새로운 세상을 상징하는 인물은 칼 스타브였다. 그러나 레빈에 따르면 100년 뒤였다면 오스카르 시대 사람들은 편안함을 느꼈을 것이다. 레빈은 진영의 경계를 뛰어넘는 협력을 19세기 전제정치의 (약한) 현대판으로 취급한다. 그때처럼 지금도 시민들이 책임을 추궁하기는 어려운데, 이는 합의문화의 결과라는 것이다(Lewin 2002a).

그렇지만 책임정치의 문제는 진영 경계를 뛰어넘어 되풀이된 협정과만 관계된 것은 아니다(이전에는 그런 경우가 흔했다). 전체적으로 더 심해지는 현대 국가의 복잡성은 물론 유럽연합 가입과 지방자치 등 다차원 민주주의 때문에도 시민이 여러 상황에서 책임을 져야 할 자가 누구인지 분간하기 어렵게 되었다는 사실과도 관계가 있다. 따라서 정치인들이 책임을 회피할 가능성이 커졌으며, 게다가 그들은 책임 회피에 더욱 능숙해졌다. 연구 문헌에서는 책임 회피의 정치politics of blame avoidance라고 말한다(Weaver 1986).

안정에서 혼란으로

하나의 정당이 독자적으로 과반수를 확보할 때 유권자가 책임을 추궁할 가능성은 가장 크다. 스웨덴 정치에서 그러한 상황은 일반적이지 않다. 그러한 경우로 가장 최근의 일은 1968년 선거 후 사회민주당이 과반수를 획득했을 때이다. 스웨덴에서 다수정부는 대체로 드물다. 2006년 선거 후 프레드리크 라인펠트가 이끈 연립정부가 예외적인 사례이다.

'스웨덴을 위한 동맹' 정부는 대체로 사회민주주의적 특성을 지닌 사회 모델을 바꾸는 것이 아니라 개선하려 했다. 그 점에서 2006년 선거는 사회민주주의 헤게모니가 존재한다는 이론을 뒷받침하는 것으로 해석될 수 있다. 그렇지만 라인펠트 정부는 대폭적인 감세 조치를 시행했다. 우선 이른바 근로소득공제를 통해 소득세를 낮추었다. 그 밖에 부유세와 국세 재산세를 폐지했다.* 감세로 줄어든 재정은 실업보험의 수급액을 축소하고 실업기금의 자기부담금을 인상하여 보충했다. 상당한 비판을 받은 조치였다. 정부는 기본적으로 사회민주주의적 사회 모델을 위

---

* 2008년 재산세는 국세는 폐지되고 대신 지방세kommunal fastighetsskatt로 전환되었다.

협하지 않았지만, 다양한 자유주의적 개혁 조치를 실행했다.

'동맹' 정부*는 2010년에 권좌를 지켰다. 스웨덴 역사상 처음으로 부르주아 정당 총리가 민주적인 선거에서 재선에 성공한 사례이다. 이에 도움이 된 한 가지 요인은 정부가 2008년 가을 세계적인 금융위기를 처리한 방식이었다. 라인펠트 정부는 이전의 부르주아 정부와는 달리 금융위기 속에서도 국가 재정을 좋은 상태로 유지하는 데 성공했다. 온건보수당 출신의 재무부 장관 안데슈 보리는 이 점에서 당의 중요한 자산이었다. 그 덕분에 온건보수당은 2010년 30퍼센트가 넘는 득표율을 올려 역사상 최고의 선거를 치렀다. 2006년 선거와 비교해도 4퍼센트가 높았다. '동맹'의 다른 정당들은 득표율이 하락했다. 세 정당이 합해서 간신히 19퍼센트를 넘겼다.

또한 사회민주당과 좌익당, 환경당의 적-녹 선거연합 구성도 선거운동에서 연립정부에 이롭게 작용했다. 그 연합 안에서 사회민주당이 중간계급 유권자의 지지를 끌어내기가 어려웠기 때문이다. 30.6퍼센트의 득표율은 보통선거제 도입 이후 사회민주당 최악의 성적이었다.

사회민주당은 두 차례 선거에서 크게 패한 후(2002년 선거 이후로 득표율은 4분의 1이 감소했다) 2010년 선거가 끝나고 심각한 위기에 처했다. 2006년의 패배로 사회민주당은 1932년 이후 세 번째로 권력을 잃었다. 국가 재정은 균형을 이루었고, 선거운동의 마지막 국면은 부르주아 진영 내부의 정치적 추문이 지배했다(국민당이 사회민주당의 컴퓨터 네트워크에 침입했다). 그런데도 예란 페숀에 대한 불만이 있었다. 선거 패배

---

* '스웨덴을 위한 동맹'은 2010년부터는 줄여서 동맹$_{Alliansen}$이라고 부른다.

후 예란 페숀을 뒤이어 모나 살린이 대표가 되었고, 살린은 그다음 선거인 2010년 선거에서 패한 뒤 의문이 제기되어 사퇴했다. 그 상황에서 당은 분열했다. 살린은 전통적인 계급정치보다 정체성 정치 문제를 다룬 쇄신자로 여겨졌지만, 당내 전통파는 그 방식을 높이 평가하지 않았다. 2011년 3월 호칸 유홀트가 그녀를 대체했다. 유홀트의 대표 선출에 많은 사람이 경악했다. 유홀트는 결코 당내 지도층에 속하지 않았다. 그가 대표에 선출될 수 있었던 것은 유력한 후보로 여겨진 자들이 서로 견제했던 탓이다. 유홀트는 전형적인 사회민주주의적 가치관을 강력히 강조하여 전임자와의 차별성을 드러냈다. 그렇지만 그는 고작 열 달 뒤에 사퇴해야 했다. 그와 당의 신뢰도는 기록적으로 낮은 수준이었다. 특히 그가 의회로 하여금 자신의 집세를 지불하도록 했다는 사실이 폭로된 것이 타격이 컸다. 그 방식이 명백한 규정 위반은 아니었지만 많은 사람이 이를 도리에 어긋난다고 생각했다(Möller & Silberstein 2013). 2014년 1월 그때까지 금속노동조합연맹 의장이었던 스테판 뢰벤이 유홀트에 이어 대표가 되었을 때, 사회민주당이 처한 상황은 걱정스러웠다. 당시 여론조사에서 온건보수당의 지지율은 사회민주당과 좌익당의 지지율을 합친 것보다 높았다.

그 시기에 정당 체제는 변화 과정에 있었다. 2010년 스웨덴민주당이 의회에 진입한 것은 안정성이 줄어들었다는 뜻이었다. 스웨덴민주당이 어느 정당도 협력하고 싶지 않은 천민정당 취급을 받았기 때문이다. 두 대안 정부 중 어느 쪽도 과반수를 확보하지 못했지만, '동맹'이 분명히 가장 강력했고 정권을 유지할 수 있었다.

2014년 선거에서 사회민주당은 31퍼센트의 역사적으로 재앙에 가까운 득표율을 보이기는 했지만 약간 나아졌다. 사회민주당은 환경당과 함께 소수정부를 구성할 수 있었다. 두 대안 정부 중 어느 쪽도 과반수를 얻지 못했으나, 적-녹 연립이 '동맹'보다 강했고, 사회민주당과 환경당이 좌익당의 지지를 얻어 정부를 구성할 수 있었다. 프레드리크 라인펠트는 총리에서 물러났고, 안나 킨베리 바트라가 그를 대신하여 당 대표가 되었지만, 정부 구성 문제에서 그의 시각(최대 진영이 과반수를 확보하지 못했더라도 집권해야 한다는 것)은 이후 2014년 12월의 이른바 12월 협약에서 규정이 된다. 그 전에 새로이 들어선 뢰벤 정부의 예산안이 의회에서 부결되었다. 스웨덴민주당이 자체의 예산안이 부결된 후 최종 표결에서 '동맹'의 예산안에 찬성했기 때문이다. 이는 의회 표결의 관행에 어긋났다. 관행에 따르면 각 정당은 자체의 예산에만 찬성할 수 있으며, 그 안이 부결되면 최종 표결에 참여하지 않았다.

두 연립여당과 '동맹'의 네 정당이 참여한 12월협약의 의미는 그때까지 대안 정부를 구성한 두 정당 연합 중에서 작은 쪽이 큰 쪽의 총리 후보가 선출되게 하고 예산안을 제출하지 않는다는 것이었다. 만약 예산안을 제출하면 스웨덴민주당이 다시 야당의 안에 찬성할 경우 정부 예산안을 부결할 수 있기 때문이었다. 이는 사실상 정부 예산안이 언제나 통과될 수 있게 하는 보장 장치였다.

12월협약은 스웨덴민주당을 고립시키고 여러 해 동안 혼란을 겪은 의회에 다시금 안정을 찾아주기 위한 것이었으나 특히 온건보수당과 기독교민주당 안에서 거센 비판에 직면했다. 정치적 부전승으로 여겨졌기 때문이다. 비판자들에 따르면, 야당의 주된 임무는 정부와 그 정책을 비판적으로 조사하고 검증하며 또한 기회가 오면 정부 교체를 위해 노력하는 것이었다. 야당은 수용할 수 없는 정부 예산안을 부결할 기회가 있는데도 정부가 그러한 예산안을 제출하는 것을 잠자코 지켜보고 통과되도록 허용해야 하는가?

그렇지만 12월협약은 오래가지 못했다. 고작 열 달이 지나서 중단되었다. 혼란은 계속되었다. 2018년 선거 후 정부 수립은 134일이나 걸린 지루한 과정이었다(Teorell m.fl. 2020). 통치 자체가 한층 더 고돼졌다. 2014년에서 2021년 사이에 정부 예산안은 의회에서 세 차례나 부결되었다. 의회는 두 번이나 현직 총리를 사퇴시켰다. 스테판 뢰벤은 2018년 선거 후 의무적인 총리 선출 투표에서 충분한 지지를 얻지 못해 물러났으며,* 2021년 6월에는 의회 내 정부의 지지 기반인 좌익당이 신축 임대 아파트의 자유로운 임대료 계약에 관한 조사단 안이 제출된 후(1월협약의 일부였다) 불신임안에 찬성하여 물러났다.** 그뿐만 아니라 의회는 두 차례 더 의장의 신임 총리 제안을 거부했다. 과반수가 먼저 울프 크리스테숀을, 뒤이어 스테판 뢰벤을 거부한 2018년의 혼란스러운 가을의 일이었다(ibid.)

의회의 불안정은 2010년 신생 정당 즉 스웨덴민주당의 의회 진입과 직접적인 관련이 있다. 스웨덴민주당은 선거를 거듭하며 계속 성장했고 2014년에 이미 세 번째로 큰 정당이 되었다. 4년 뒤에 그 지위는 더욱 강해진다. 2022년 선거 후 스웨덴민주당은 두 번째로 큰 정당이 되었다.

---

*   이후 과도정부를 이끌다가 2019년 1월에 총리로 선출되어 제2기 뢰벤 정부를 수립했다.
** 스웨덴에서는 1968년부터 임대료 계약의 자유에 대한 규제가 있었다. 비판자들이 보기에 자유로운 임대료 계약fri hyressättning은 임대료 인상을 초래한다.

스웨덴민주당은 오랫동안 천민정당 취급을 받았지만 다른 정당과 마찬가지로 하나의 정당으로 받아들여진다. 2022년 선거 후 함께 집권한 세 정당은 그렇게 인정했다.

앞 장에서 서술했듯이 스웨덴민주당의 성공은 의회에 영향을 미쳤다. 의회 진입 첫 임기에 중요한 정부 법안을 무산시키는 데 일조했고, 그로써 역사상 산술적으로 가장 강력했던 소수정부(2010년 선거 후 라인펠트 정부는 과반수 확보에 겨우 두 석 모자랐다)를 수동적으로 신중하게 처신하도록 만들었다. 2014년 선거 후에는 '동맹'의 예산안을 지지하여 뢰벤 정부의 2014년 첫 번째 예산안을 부결해서 그 힘이 더욱 돋보였다.

진영의 경계를 초월한 두 협약은 스웨덴민주당을 고립시키고 권좌에 오르지 못하도록 하려는 목적에서 체결되었다. 그러나 12월협약도 1월협약도 스웨덴민주당의 영향력을 꺾지 못했다. 스웨덴민주당이 의회에 진입한 뒤 정치적 의제가 변했다는 것이 한 가지 중요한 요인이다. 이민 정책이 점점 더 의제를 지배했으며, 스웨덴이 다문화 사회가 된 결과로 생긴 문제가 주목을 받았다. 여론은 이민을 더욱 제한하려는 스웨덴민주당의 방침을 지지하는 쪽으로 이동했다. 특히 2015년 가을 극적인 난민 위기가 여론의 변화에 기여했다. 스웨덴은 그해에 16만 3,000명의 난민 신청자를 받아들였다. 거의 대부분 전쟁으로 폐허가 된 시리아 출신이었지만 아프리카와 아프가니스탄에서 온 사람도 많았다. 유럽의 시각에서 보면 스웨덴은 그때까지 관대한 이민 정책을 추구했고 이 점에서 정치적으로 폭넓은 합의가 존재했다. 다른 정당들은 2014년 선거운동 때까지도 스웨덴민주당이 제시한 더욱 엄격한 이민 정책을 강하게 비판했다. 당시 총리였던 프레드리크 라인펠트는 조심스러운 연설에서 스웨덴 국민에게 마음을 열고 같은 인간으로서 온정을 보여달라고 호소했다. 난민 위기가 지속되던 2015년 9월에도 라인펠트에 뒤이어 총리에 오른 스테판 뢰벤은 자신의 유럽은 장벽을 세우지 않았다고 말했다. 그러나 그 직후 국경은 봉쇄되었고 정책은 본질적으로 더 제한적인 노선으로 변경되었다.

이민 정책이 중심을 차지한 결과로 새로운 차원의 갈등이 생겼다. 유입 이민은 매우 중대한 문제였고, 문화와 국민 정체성에 관련되었을 뿐만 아니라 법률과 형사정책, 복지정책, 주거정책, 교육정책 등의 문제들에도 스며들었다.

특히 법률정책은 논쟁에서 이민의 결과인 인종차별과 연결되었다. 특히 난민 위기 이후 여러 해 동안 갱단과 다수의 총기 살인, 그리고 대도시 교외의 평행 사회 성장이 정치적 논쟁을 지배하게 되었다. 2017년 4월 스톡홀름에서 발생하여 세간의 이목을 끈 테러 행위는 이러한 상황에 기여한 한 가지 사건이다. 드로트닝가탄에서 다섯 명이 화물 트럭에 치여 사망했다. 우즈베키스탄인 범인 라흐마트 아킬로프는 이슬람국가IS에 공감하는 자였지만, 이슬람국가가 그 공격에 책임이 없음을 지적해야 했다. 아킬로프는 종신형과 영구 추방을 선고받았다. 그 테러 공격은 짧은 기간 안에 두 번째로 일어난 사건이다. 2010년 12월, 크리스마스 대목에 거의 같은 장소에서 이슬람교도의 자살폭탄 테러가 발생했다. 그러나 테러범 이외에 다른 사망자는 없었다.

따라서 점점 더 심각해지는 범죄에 관한 논쟁에서는 대규모 유입 이민과 그것과 관련된 통합 문제와의 관련성이 분명하게 제시되었다. 2017년 테러 공격 이후 국방대학교의 연구원들이 스웨덴의 살라피즘 사회를 상세히 조사했을 때, 나라 전체에 폭력을 긍정하는 무슬림이 약 2,000명 정도라는 사실이 밝혀졌다. 이는 최근 10년간 두 배가 늘어난 수치이다.

중범죄는 대처가 필요한 심각한 사회 문제라는 점에서 정당 간에 의견이 일치한다. 동시에 그 문제의 배후에 있는 것이 이민인지에 관해서는 정당 간에 차이가 있다. 따라서 문제를 어떻게 해결해야 하는지에 관해서도 시각이 다르다. 특히 스웨덴민주당이, 그리고 정도는 약하지만 사회민주당과 온건보수당, 기독교민주당, 자유당도 중범죄의 중요한 원인을 이민과 연결하는 반면, 좌익당과 중앙당, 환경당은 그렇게 연관 짓지 않는다.

이민 정책이 가장 첨예한 쟁점으로 떠오른 결과로, 사회적 논쟁의 분위기는 특히 여러 인터넷 사이트와 언론에서 격화되었다. 연구자들은 정서적인 양극화가 일어났다고 말한다(Oscarsson m.fl. 2021).

논쟁의 분위기가 변한 것은 스웨덴의 합의 문화가 근본적으로 도전받고 있다는 뜻이다.

심지어는 의회에서도 갈등의 정도가 점차 심해졌음을 알 수 있다. 1974년 통치조직법으로 도입된 불신임 투표라는 제도적 장치는 이후 도합 열세 차례나 쓰였는데, 2015년 이후에만 여덟 차례였다. 2018년에서 2022년까지 최근의 의원 임기에서 의회 활동은 크게 증가했다. 법률안과 대정부 질문, 서면 질의의 숫자는 극적으로 늘어났고, 상임위원회의 주도적 조치와 권고안,* 추가경정예산의 숫자도 늘었다(Mattson 2023).

---

* Tillkännagivande. 의회가 특정 문제를 다룰 필요가 있다고 보고 정부에 법률안을 마련하라고 의사를 전달하는 것.

점증하는 양극화 말고도, 의회 내 갈등이 심화된 것도 지난 의원 임기에 정부 권력이 약해졌다는 사실로 설명할 수 있다. 2010년 이래로 스웨덴은 여러 정당으로 구성된 소수정부가 통치했다. 따라서 정부는 의회 기반의 측면에서 약했을 뿐만 아니라 내부 단합의 측면에서도 정도는 다를지언정 약했다. 이 점을 감안하면 야당이 주도적으로 나서 정부에 도전할 동기는 정부의 지위가 강했던 이전보다 더 컸다.

2022년 선거: '패러다임 전환'?

2022년 선거로 정권이 교체되었다. 스웨덴 최초의 여성 총리 막달레나 안데숀은 겨우 열 달 동안 총리로 일하다가 온건보수당 대표 울프 크리스테숀에게 직을 넘겨야 했다.

2021년 11월 안데숀이 취임하면서 정부 개편이 있었다. 환경당은 정부를 떠났다. 스웨덴민주당이 참여하여 세운 예산안으로 통치할 수는 없다고 생각했기 때문이다. 안데숀이 취임하고 석 달이 지났을 때 러시아가 우크라이나를 침공했고, 이에 스웨덴은 폭넓은 정치적 합의를 토대로 북대서양조약기구 가입을 신청했다. 사회민주당의 태도 변화가 결정적이었다. 사회민주당은 2021년 가을 당 대회 때까지도 가입에 무조건 반대했지만, 안보정책적 상황이 바뀌자 빠르게 진로를 변경했다.

2022년 선거운동은 갱단 범죄의 증가와 전쟁의 여파인 전기료와 연료비의 증대를 중심으로 전개되었다. 선거에서 사회민주당이 선전한 것은 사실이지만, 두 협력 정당인 중앙당과 좌익당이 후퇴했기 때문에 막달레나 안데숀은 총리직을 유지하는 데 필요한 지원이 부족했다. 야당의 네 정당 즉 스웨덴민주당과 온건보수당, 기독교민주당, 자유당이 과반수를 차지했으며, 세 정당이 스웨덴민주당의 지원을 받아 정부를 구성했다. 네 협력 정당은 이른바 티되 협약을 체결했다.* 그 정치적 협약으로 스웨덴민주당의 천민 꼬리표는 사실상 제거되었다.

온건보수당과 기독교민주당, 자유당이 정부를 수립하려면 스웨덴민주당의 73석이 필요했다. 세 정당의 의석은 도합 102석이었다. 따라서 2022년 10월 17일 울프 크리스테숀이 총리에 선출되었을 때 표결은 찬성 178표 대 반대 173표였다. 의회의 투표에서 과반수를 얻은 총리는 2006년 이래로 그때가 처음이었다.

스웨덴민주당은 정부에 참여하기를 원했지만, 그런 일은 일어나지 않았다. 그럴 경우 자유당은 협력할 수 없었다. 두 정당 사이에는 긴장이 상당했다. 스웨덴민주당은 자유당의 정부 참여에 반대했다. 그러나 스웨덴민주당은 의회 상임위원회의 의장직과 부의장직 여럿을 받고 티되 협약에서 실질적인 정책에서의 영향력을 보장받는 대가로 결국에는 자유당도 참여하는 정부를 허용하기로 동의했다. 스웨덴민주당의 영향력은 티되 협약의 이민 정책과 통합 정책에서 각별히 두드러졌다. 예를 들면 본국 송환 노력 확대, '부적절한 행동'을 한 자들의 추방, 영주권 폐지 등이 약속되었다. 스웨덴민주당은 법률정책에서도 당의 정책에 대한 지지를 확보했다. 특히 전국적인 구걸 금지를 위해 조사를 진행하기로 했고, 갱단원은 범죄로 유죄 판결을 받지 않았어도 스웨덴 시민권이 없으면 추방될 수 있었다. 티되 협약에 참여한 정당들은 그 협약으로 이러한 영역에서 '패러다임 전환'이 일어났다고 설명했다.

---

* Tidöavtalet. 협약을 체결한 장소가 티되 저택Tidö slott이다.

소수정부가 정부에 참여하지 않은 정당과 그러한 형태의 구속력 있는 협약을 체결한 경우는 드물지 않다. 그러한 형태의 '계약의회정치'는 오히려 최근 스웨덴 정치의 특징이었다. 티되 협약의 독특한 점은 그 정당 연합에서 가장 큰 정당이 정권의 지원 정당이라는 사실이다.

전환기의 스웨덴 정치

21세기의 첫 20년에 스웨덴 정치는 극적인 변화를 겪었다. 새로운 정치적 지형이 형태를 갖추었다.

우선 오랫동안 스웨덴의 특징이었던, 역사적 시각에서나 비교적인 관점에서나 거의 이례적이라고 할 수 있는 안정성이 허물어졌다. 사회민주당은 장기간에 걸쳐 지배적인 지위를 유지했다. 사회민주당은 1932년부터 1976년까지 44년간 연이어 집권했다. 사회민주당은 두 차례 선거에서 독자적으로 과반수를 달성했지만, 거의 반백 년에 가까운 연속적인 집권기의 대부분에 걸쳐 약 45퍼센트를 득표했다. 공산당이 확실한 지원 정당이었기에, 이는 사회민주당이 실질적으로 다수정부로서 통치할 수 있었음을 뜻한다. 또한 야당인 부르주아 정당들이 서로 분열했기 때문에 사회민주당의 지배가 더 용이했다.

1976년 정권 교체 이후로도 의회의 안정성은 유지되었다. 1970년대에 두 개의 뚜렷한 대안 정부가 서로 대립하고 번갈아 권력을 장악하는 진영 정치가 발전했는데, 이 또한 안정화의 요인으로 작용했다. 과반수를 차지한 진영이 의회 내 기반을 바탕으로 정부를 수립할 수 있었기 때문이다. 신민주당의 수동적인 지지에 의존하여 출현하고 지속된 1991~1994년의 빌트 정부는 예외였다.

이 안정성은 이제 지나간 기억일 뿐이다. 스웨덴민주당이 의회에 진입한 이후로 전통적인 진영 정치는 점차 약해졌고 2019년 1월협약과 더불어 적어도 한동안은 역사의 박물관에 처박혔다. 2010년 이후로는 전통적인 두 진영 중 어느 쪽도 과반수를 끌어모을 수 없었다. 스웨덴민주당의 득표율은 선거를 거듭할 때마다 증가했고, 이는 정부 수립의 전제조건이 완전히 달라졌음을 의미했다.

둘째, 지난 몇십 년간 스웨덴의 특징으로는 급속하게 확대되는 빈부 격차를 들 수 있다. 자본이 스웨덴에 묶여 있는 한, 시민 간의 경제적 간극은 비교적 넓지 않았다. 그러나 경제적 세계화로 전통적인(사회민주주의적인) 재분배정책의 기회가 축소되었다. 1980년대에 신용 시장의 규제가 완화되고 자본이 자유롭게 이동할 수 있게 되면서, 소득 불평등이 급속하게 확대되었다. 경제개발협력기구에 따르면 다른 나라들보다 스웨덴에서 격차가 더 크고 빠르게 벌어졌다. 특히 최상층 부자들과 경제적 밑바닥의 최하층 사이의 간극이 확대되었다. 1995년부터 2012년까지 상대적 빈곤에 처한 사람의 수가 두 배로 늘어났다. 같은 기간에 개인 재산은 크게 증가했다. 20년 만에 억만장자 수는 네 배로 증가했다.

경제적 불평등의 확대는 지역적 불평등의 확대와, 또한 스웨덴 태생과 이민자 사이의 불평등 확대와 동반되었다. 빈부 격차는 사회적 신뢰에 영향을 주었다. 「세계 가치관 조사World Values Survey」에 따르면, 이웃을 신뢰하는 스웨덴 사람은 새로운 세기에 들어선 이후 2022년까지 40퍼센트에서 29퍼센트로 감소했다. 주변 세계에 대한 믿음이 줄어든 사람들은 특히 사회적으로나 경제적으로 위험에 처한 자들이다. 신뢰의 감소는 사회적 유대를 해친다.

셋째, 스웨덴은 오랫동안 종족적으로 단일한 국가였다. 그러나 이제는 그렇지 않다. 지난 20년간 스웨덴 주민 중 외국에서 태어난 자들은 두 배로 증가했다. 2000년에는 100만 명을 조금 넘겼는데 2018년 말에는 거의 200만 명에 육박했다(199만 6,000명). 이는 오늘날 스웨덴 국민 다섯 명 중 한 명꼴로 다른 나라에서 태어났다는 뜻이다. 스웨덴 밖의 출생지 중 가장 많은 사람을 배출한 곳은 시리아이며 그다음이 이라크이다. 달리 말하자면 스웨덴은 현재 다문화 국가이다. 이런 사실이 하나의 문제인지 아닌지는 앞서 설명했듯이 논쟁의 대상이다. 어떤 이들은 다문화가 사회를 더욱 풍요롭게 해준다고 생각하며, 다른 이들은 다문화가 위협적이며 문제를 일으킨다고 본다.

이민에 관한 논쟁은 결국 정치적 지형의 네 번째 변화를 보여준다. 스웨덴은 오랫동안 합의의 나라로 여겨졌지만 그 정치 문화는 이제 대결적인 성격이 강해졌다. 정치적 양극화의 시기는 당연히 이전에도 있었지만, 그때 갈등의 원천은 주로 경제정책과, 복지국가의 범위와 조직과 관련된 문제들이었다. 이제 논쟁의 분위기를 적신 대립은 다른 성격을 띠었다. 이민과 다문화를 둘러싼 논란이 격해졌다는 사실은 이전에는 의제에 오르지 않은 문제들이 제기되어 감정이 실린 채로 활발하게 토의된다는 의미였다. 이민은 '문화전쟁'의 촉매제가 되었다. 다문화 사회에서 긴장이 이는 것은 피할 수 없기 때문이다. 그 새로운 유형의 갈등은 정치 체제에서 다루기가 이를테면 세금이나 에너지 공급 같은 문제보다 더 어렵다.

달리 말하자면 양극화는 스웨덴 정치의 특징으로 점점 더 확연해졌다. 2022년 선거운동은 이 점을 확실히 보여주었다. 각 정당은 서로 민주주의를 위협한다고 비난하기만 했다. 총리를 지낸 스테판 뢰벤은 스웨덴 텔레비전의 인터뷰에서 선거 후에 정권 교체가 이루어지면 스웨덴이 '비민주주의적 방향'으로 나아갈 것을 걱정했다. 온건보수당 대표 울프 크리스테숀은 정반대로 1월협약을 지지한 정당들의 민주주의적 성격을 문제 삼았다. 그는 1월협약을 12월협약처럼 "민주주의를 함부로 주무르는" 짓으로 여겼다.

그러므로 21세기 첫 20년간 스웨덴 정치 지형의 변화는 요컨대 이렇게 요약할 수 있다. 안정성의 축소, 빈부 격차의 확대, 대립의 심화.

동시에 민주주의의 변화 과정도 진행되고 있다. 정당의 민중운동 성격은 지속적으로 퇴조했다. 시민의 가치관도 변한다. 정치적 참여는 새로운 형태를 띤다. 시민은 전통적인 정치적 활동에서 물러났다. 동시에 정치 관념, 따라서 정치적 행위의 관념도 변하기 시작했다. 점점 더 많은 사람이 다른 사회 영역도 정치적 변화의 관점에서 중요하다고 생각한다. 사회에 나타난 개인화는 오늘날의 시민이, 울리히 베크의 개념을 빌리자면, 점점 더 '독립적인' 인간이 되고 있음을 뜻한다(Beck 1996). 여러 형태의 유대가, 문화적, 사회적, 정치적 연결이 끊어지고 있다. 포스트모던 사회의 독립적인 시민에게 정치적 행위란 대체로 정체성 찾기의 문제, 베크가 말하는 이른바 '생활정치'를 수행하는 문제이다. 시민의 역할은 확대되며 더욱 다면적인 성격을 띠게 되었다. 오늘날 시민이 된다는 것은 산업사회와 정당 제도, 스웨덴 모델이 정점에 도달한 1960년대와는 다른 의미를 갖는다. 평행하는 '생활세계'의 숫자는 많아지고 동시에 전통과 권위의 지배력은 약해진다(Giddens 1991). 복지국가가 건설되던 현대 초기에는 집단적인 차원에서 해방을 얻어내는 것이 중요했다. 물질적 생활수준이 전면에 부각되었다. 그날의 표어는 성장과 평등, 즉 높은 물질적 수준과 공정한 분배였다. 오늘날의 포스트모던 사회에서 시민의 정치적 행위는 집단적으로 좋은 물질적 생활 조건을 확보하는 것이 아니라 지역적으로나 세계적으로나 외부 세계와의 관계에서 자신의 삶을 어떻게 꾸려나갈 것인지가 집중되어 있다(Thörn 2002).

그러므로 베크가 말한 '독립성'은 개인이 무수히 많은 규범과 가치관, 상징적 기호 앞에 서 있음을 의미한다. 이러한 것들은 이미 정당(민주주의의 주춧돌) 활동의 전제조건을 극적으로 바꿔놓고 있다. 동시에 정보통신기술은 이전에는 보지 못한 가능성을 열어주고 있다. 사회학자 호칸 퇸은 어떻게 '개인적인 세계화의 지평'이 열렸는지 설명한다. 그러나 여기에 잠재적인 실망의 근원이 있다. 정보의 홍수에 따르는 무한한 가능성과 자신의 삶을 자율적으로 만들어나갈 수 있는 자원과 조건의 부족 사이에 너무나 큰 간극이 있기 때문이다. 이 잠재적 실망은 정치적 동원의 원천이지만, 이를 전통적인 정치적 방식에 이용하기는 어려울 것이다(Thörn 2004).

따라서 이러한 사회학적 분석의 논리적인 결론은 정치가 20세기에 부여받은 고귀한 역할에서 어쩔 수 없이 물러나야 한다는 것이다. 영국 정치학자 콜린 크라우치는 이러한 추세를 포스트민주주의postdemocracy라는 용어로 의미심장하게, 동시에 암울하게 요약했다. 포스트민주주의 사회에도 민주주의는 여전히 존재하지만 일종의 포템킨 빌리지*로서 존재한

---

* 열악한 현실을 가리기 위해 겉만 번지르르하게 꾸민 마을. 1787년 러시아 귀족 그리고리 포템킨Grigory Potemkin이 예카테리나 2세의 크림반도 여행 중에 오로지 차리나를 기쁘게 해주려고 세운 임시 마을에서 생긴 용어이다.

다. 시민들은 계속해서 투표권을 행사하고 그로써 정부를 교체할 수 있지만 수동적이고 사실상 관심이 없다. 크라우치는 공적 논의를 경제적 이익 집단이 '설득의 달인'을 통해 조종하는 무정하게 연출된 드라마라고 묘사한다(Crouch 2011, s. 17).

크라우치에 따르면 민주주의는 전후 시대에 가장 잘 작동했지만, 복지가 확대되고 정치 문제의 복잡성이 증대하면서 시민의 정치적 참여는 줄어들었다. "국민은 일상의 일에 지치고 여유가 없어 환멸을 느꼈다"(ibid., s. 18).

정치적 동원과 정당 체제, 갈등의 차원이라는 관점에서 발전이 실제로 무엇을 의미하는지는 아직 더 살펴보아야 한다. 그러나 정치 문화의 변화라는 문제가 눈에 띄는 것은 분명해 보인다. 가치관의 변화, 정치의 전문화, 정당 제도의 변화한 조건은 민주주의 제도에 크나큰 도전이다.

그러므로 국민적 단합을 시험하는 것은 비단 다문화 사회의 성장만이 아니다(차후 통합에 더 잘 성공하지 못하더라도). 개인화도 공동의 규범을 유지할 가능성을 훼손한다. 영향력 있는 협정과 기본적인 가치관, 행동 유형에 관하여 이야기할 때 스웨덴 정치 문화의 언급은 여전히 의미를 가질 수 있다. 그렇지만 21세기에 들어서고 몇십 년이 지난 시점에 스웨덴은 1970년대까지도 볼 수 있던 스웨덴과는 본질적으로 다른 나라가 되었다.

미주

5판 서문

1 레빈의 목표는 스웨덴 정치사에서 많이 거론된 몇몇 갈등을 깊이 있게 다루는 것이다. 그렇지만 이 책은 갈등으로 점철된 사태만 다룸으로써 스웨덴 정치사를 왜곡하여 보여준다. 갈등의 시각을 내세우는 것은 레빈의 책이 어쩌면 스웨덴 정치 전통의 가장 두드러진 특징일 합의의 강조를 계획적으로 무시한다는 뜻일 수 있다. 2017년에 개정판이 나왔다(칼손 출판사).

2 최근 사회과학 연구에서 정치 개념이 확대되었음을 상기할 필요가 있다. 이는 한편으로는 정치학자가 아닌 사람들, 특히 사회학자들이 전통적으로 정치학적 성격을 지닌 문제들을 다룬 결과이지만(이에 관해서는 Giddens 1991, Beck 1996을 보라), 정치학의 영역이 확대되었기 때문이기도 하다. 공공 부문의 팽창으로 우리의 삶은 대체로 직접적으로든 간접적으로든 정치적 결정이나 결정 유보의 영향을 받았다. 게다가 크게 보면 모든 형태의 인간 행위가 정치적 성격을 지닌다는 주장도 있다. 특히 페미니즘 이론에서는 지극히 사적인 것도 정치적 관련성이 있다고 주장된다. 그러나 정치적 참여에 관한 연구에서도 정치 개념은 변화를 겪었다. 우리는 일상생활에서 끊임없이 정치적 의미를 지닌 태도 표명을 요구받으며, 행동

하거나(불매운동) 쓰레기를 버리거나 자녀를 양육하거나 출근할 때(운전하거나 대중교통을 이용해서?) 궁극적으로는 정치적 성격을 띠는 선택의 상황에 직면한다는 주장이 있다(Micheletti 2003).

3 아먼드와 버바는 문화인류학의 기능주의에서 출발하여 여러 정치 체제에 드러난 정치 행위와 정치적 태도를 비교했다. 이들의 결론은 정치 문화에 중심이 되는 것은 정치적 행위자들과 집단들의 정치적 지향점이라는 것, 그러한 지향점이 정치적 정체성을 낳았다는 것이다.

4 마치와 올슨은 '신제도주의'의 선구자로서 두 사람이 이 논문을 쓰던 시기에 정치학을 지배한 이론인 행동주의 이론과 합리적 선택 이론에 대한 비판을 출발점으로 삼았다. 두 이론은 집단적 행동이 가능하다는 점을 부정하는 방법론적 개인주의에서 출발했다. 집단적 행위는 결국 행동하는 것은 개인이라는 사실에서 비롯한 결과라는 것이다. 따라서 방법론적 개인주의는 집단적 행위를 그것에 참여하는 개인의 행위로 환원시킨다. 마치와 올슨은 이러한 연구 패러다임이 구조적 요인들이 정치 행위자의 행동에 미치는 영향을 무시한다고 말한다.

5 안톤(1975)을 보라. 안톤은 이러한 계획의 철학이 스웨덴 정치에서 가장 두드러진다고 주장한다.

1

1 인용한 해밀턴의 연설(결정이 내려진 그 이튿날 귀족회관에서 한 연설이다)은 아우구스트 스트린드베리의 『새로운 왕국 Det nya riket』(스톡홀름: 알베트 보니에슈 출판사, 1913)에 부록으로 첨부된 인용문 모음에서도 볼 수 있다. 이 장의 제목은 당연히 그 책에서 따온 것이다. 책에서 스트린드베리는 권위적인 옛 사회와 그 사회의 토대였던 관념을 조롱한다.

2 1612년 구스타브 2세 아돌프가 즉위했을 때, 악셀 옥센셰나가 재상 Rikskansler에 임명되었다. 옥센셰나는 귀족을 강력한 왕권을 견제하는 균형추로 생각했고, 그래서 이른바 귀족의 특권을 강화했다. 귀족은 고위직을 독점할 권리와 다른 관직을 우선적으로 차지할 권리를 지녔다. 옥센셰나는 심지어 국왕의 소유지 일부를 귀족에 매각하여 귀족의 힘을 키우는 동시에 국가 재정을 확충했다. 1632년 구스타브 2세 아돌프가 뤼첸 전투에서 사망했을 때, 그의 딸 크리스티나는 왕위를 넘겨받기에는 너무 어려서 나라는 한동안 악셀 옥센셰나가 지휘하는 추밀원이 이끌

었다. 크리스티나가 나이가 차서 여왕으로 즉위했을 때에도 옥센셰나는 재상이 되었다. 그는 1634년 헌법을 입안했는데, 이에 따라 중앙행정부statsförvaltning의 권한이 왕권을 잠식하여 커졌다. 특히 왕국고관riksämbetsmännen(스베아 고등법원Svea hovrätt, 해군부Amiralitetskollegiet, 육군부Krigskollegiet, 서기국Kanslikollegiet, 법률재무국Kammarkollegiet 다섯 개 고위 부처의 우두머리)은 큰 영향력을 행사했다. 중앙행정부의 중심은 서기국이었다. 현대의 정부가 바로 이로부터 성장했다.

3   1453년 아르보가회의Arboga möte가 오랫동안 스웨덴 의회의 기원으로 알려졌지만, 신분제 의회를 하나의 제도로 정착시킨 것은 1527년과 1544년 구스타브 바사가 소집한 왕국 회의riksmöte였다. 귀족과 성직자, 도시민, 농민의 네 신분은 자유시대에 왕국의 통치에 큰 영향력을 행사했다. 이 신분제 의회에서 특히 주목할 만한 것은 자영농이 완전한 대표성을 획득했다는 사실이다. 의회riksdag라는 용어 자체는 1540년대부터 쓰였다. 1600년대에 들어서면 의회 활동의 구조가 고착된다. 상임위원회 제도가 발달했으며, 언제 누구를 의회에 소환해야 하는가에 관한 규정이 도입되었다. 칼 전제정치 시대에 의회의 지위는 약해졌다. 의회는 국왕의 손에 쥐어진 노리개였다.

4   중앙 권력이 성장하여 지방자치를 밀어내던 시기에는 교회도 큰 권한을 행사했다. 단지 종교가 사회생활에서 수행한 역할 때문만은 아니었다. 교회는 그 자체로 강력한 정치 세력이었다. 교회는 많은 재산을 보유했고, 주민의 기록을 담당했기에 행정적인 의미에서도 주민을 통제하는 임무를 떠맡았다. 교회의 강력한 지위는 오래도록 유지되었다. 교회의 종교적인 압박은 1800년대에 많은 스웨덴 사람이 미국으로 이주하는 원인이 되었고, 스웨덴이 오랫동안 정치적 관심이 적은 나라로 알려진 이유이기도 하다.

5   1809년 통치조직법은 1809년 6월 6일에 채택되었고(이날이 스웨덴의 국경일인 한 가지 이유가 여기에 있다. 다른 이유, 어쩌면 더 중요한 이유는 구스타브 바사가 1523년 6월 6일에 스웨덴 왕으로 선출된 것이다), 공식적으로는 1975년 1월 1일까지 유효했다(그동안 약간의 수정이 있기는 했다). 1809년 헌법에서 국왕은 행정권을 보유했지만, 입법권은 국왕과 의회가 공유했다(그렇지만 과세권은 의회가 단독으로 보유했다). 사법권은 법원이 보유했다. 새로운 헌법은 사실상 그간 통용된 헌법적 관행에 비하면 극적인 내용이 전혀 없었다. 1974년 헌법은 당시에 유효한 국가체제를 성문화했을 뿐이다. 이 개혁의 전제조건이 1809년 통치조직법이 채택될 때의 조건과 크게 다른 점이 있다면 이뿐이었다. 1809년에는 기존 통치 체제에 대한 반발이

문제였다. 1809년에는 기존 체제를 확충하고 수정하는 것이 아니라 더 나은 새로운 체제를 만드는 것이 목표였다. 그러므로 1809년 헌법개혁은 성문화가 아니라 헌법 제정의 성격을 띠었다.

6 몽테스키외의 유명한 책『법의 정신』은 1748년에 초간본이 나왔다.

7 1809년 통치조직법에 따르면 총 아홉 명의 각료가 있었다. 가장 중요한 각료는 법무부 장관justitiestatsministern과 외무부 장관utrikesstatsministern이었다. 아홉 명의 각료 중에는 왕실비서관hovkansler도 있었다. 나머지 여섯 명의 직함은 '각료statsråd'였다. 그렇지만 이들은 의제를 준비할 책임은 없었고, 각의에서 결정해야 할 의제의 처리에 사실상 관여하지 않았다. 이들의 임무는 단지 조언을 하는 것에 국한되었다. 1809년 통치조직법에 따르면 'statsråd'라는 명칭은 이중의 의미를 지녔다. 한편으로는 국왕에 조언하는 자(각료)라는 역할을 가리켰고, 다른 한편으로는 조언자 집단 전체(내각)를 의미했다.

8 1809년 스웨덴이 핀란드에서 패배한 뒤 나라의 권력 집단은 큰 혼란에 빠졌다. 구스타브 4세 아돌프는 폐위되어 스위스로 이주했고 그곳에서 '구스타브손 대령överste Gustavsson'이라는 이름으로 살다가 1837년에 사망했다. 그의 삼촌이 새로운 왕으로 선포되어 칼 13세가 되었다. 칼 13세는 즉위할 때 이미 늙었고 후계자가 없었다. 프랑스 원수 장바티스트 베르나도트(스웨덴어 발음으로 '베나도트')가 양자가 되어 왕세자로서 칼 요한이라는 이름을 얻었다. 1818년 칼 13세가 사망하자 칼 요한이 스웨덴 국왕으로 즉위했지만, 사실상 그는 왕세자가 된 이래로 나라를 통치했다. 칼 요한은 완전히 혼자만의 힘으로 정부에 맞섰으나 뜻하는 바를 추진할 수 있었다.

9 이원적 구조는 1900년대 초 민주화가 이루어진 이후에도 살아남았다. 그때는 1809년 통치조직법에 비해 국가의 제도적 조건이 더욱 극적으로 변했다. 이원적 구조의 비판자들은 직접선거로 선출된 자들이 행정을 완전히 통제하지 못한다는 사실을 민주주의의 문제로 보았다. 독립적인 관료기구는 민주주의의 원칙에 어긋나는 비정상으로 여겨졌다. 오늘날에도 스웨덴 정치에는 그러한 이원적 구조가 남아 있다. 그래서 스웨덴은 국제적으로 꽤나 독특한 체제이다. 행정관청의 독립성은 1974년 헌법에 명시되어 있다. "어떠한 권위도, 의회나 기초자치단체의 의사 결정기구도 행정 기관이 개인이나 기초자치단체에 대한 권한 행사와 관련되거나 법률의 적용과 관련된 의제를 결정하는 개별적인 과정에 관여할 수 없다"(RF 12:2). 이 점에서 중요한 전제조건은 결정을 내리는 기능을 갖는 (비교적)

작은 부와 집행 기능을 갖는 큰 행정기관 사이의 조직적인 구분이다. 게다가 결정을 내리는 것이 집단으로서의 정부이지 개별 국무위원이 아니라는 점에서 '장관의 지휘'를 금지한 조항도 있다(RF 7:3).
10 헌법 문제에서는 결의가 효력을 가지려면 네 신분이 전부 법안을 지지해야 했다. 또한 중간에 선거를 두고 두 번의 동일한 결의가 필요했다. 일반적인 입법의 경우 귀족의 특별한 지위에 주목할 필요가 있다. 결의가 효력을 가지려면 사실상 귀족의 승인이 필요했다. 귀족 신분이 이견이 있으면 귀족회의가 거부권을 행사할 수 있었기 때문이다.
11 여성도 지방세를 납부하면 투표권을 행사할 수 있었음에 주목할 필요가 있다. 물론 이때 여성은 법적 권한이 있는 성인, 즉 미혼이어야 했다. 1910년부터 여성도 투표권이 있다면 지방의회 의원으로 선출될 수 있었다. 1920년 의회는 기혼 여성도 법적 권한이 있는 성인으로 인정하는 혼인법을 채택했다.
12 귀족회의 토론에 관한 상세한 설명은 다음을 보라. Johannesson 1984, s. 158~180.

2

1 양원제 의회 초기에는 선거가 한날에 치러지지 않았다. 선거일은 여름철에 여러 날로 정해졌다. 선거 방식은 직접선거든 (선거인단을 통한) 간접선거든 다득표 당선제였다. 선거구가 작았기 때문에 소선거구가 일반적이었다. 큰 도시에는 중대선거구도 있었다.
2 의회 개혁이 이루어지던 당시에는 국가의 역할도 지극히 제한적이었다. 국가는 대체로 안팎의 안보(국방과 치안, 사법제도)와 징세만 책임졌다. 1800년대 말부터 교통통신(철도, 우편, 전신)의 형태로 국가 재정이 투입되어 기간시설이 건설되었다.
3 일리스 빌트는 1991년에서 1994년까지 총리를 역임했다. 2006년 선거 후 외무부 장관이 된 칼 빌트Carl Bildt의 고조할아버지이다.

3

1 1889년 스웨덴 사회민주주의 노동자당(사회민주당)이 창당했고, 1902년에 국민당의 전신인 자유주의전국연합이 결성되었다. 1904년에 결성된 전국유권자연맹은 온건보수당의 전신이다. 1913년 농민연합이, 1915년에는 전국농업인연맹이 창당

했는데, 두 단체는 1922년 농민연합으로 통합되었다(그렇지만 농민연합은 창당 연도를 칼 베리룬드가 스웨덴 농민에 호소한 1910년으로 잡는다). 1917년에는 사회민주당에서 이탈한 자들이 사회민주주의좌익당(좌익사회당)을 창당했다.

2 역사가 알렉산데르 칸(2005)은 초창기 사회민주당 내부에는 민주주의에 대한 의심이 남아 있었음을 밝혔다. 당에는 또한 아나키스트 힝케 베리에그렌 같은 반反민주주의자도 있었다. 그는 보통선거제를 거부하고 테러와 '작은 살인småmord'을 투쟁 수단으로 선호했다. 최종적으로 스웨덴 노동운동을 개혁주의 분파와 혁명 분파로 분열시킨 것은 러시아의 볼셰비키혁명이었다. 팅스텐(1941)도 사회민주당이 초기에는 명백히 마르크스주의적 태도를 취했고 민주주의에 대한 지지는 '수단'이었다고 주장한다. 팅스텐에 따르면 참정권 투쟁의 후기에 가서야 사회민주당은 '원칙적인 민주주의자'였다.

3 정치권 밖에서는 보통선거권의 요구가 거세졌다. 아우구스트 스트린드베리와 구스타브 프뢰딩, 엘렌 케이, 베네르 폰 헤이덴스탐 같은 저명한 문화계 인사들은 기성 사회를 혹독히 비판했다. 스트린드베리는 소설『붉은 방 Röda rummet』(1879)과『새로운 왕국 Det nya riket』(1881)에서 권력층의 오만함을 날카롭게 조롱했고, 프뢰딩은 1892년에 스웨덴 학술원 Svenska Akademien으로부터 상을 받았을 때 상금을 선거권운동에 기부했다. 1899년에 발표된 헤이덴스탐의 유명한 시「시민의 노래 Medborgarsång」도 여론에 큰 영향을 미쳤다.

4 기존 지방선거의 선거권 제한 규정은 두 가지였다. 지방세 부과 대상이 아닌 자를 배제하는 지방세 규정과 고지된 지방세를 납부하지 않은 자를 배제하는 납세의무 규정이었다.

5 '우파'와 '좌파' 또는 '보수주의자들'과 '자유주의자들'에 관해 얘기할 때는 설명이 필요하다. 정당 제도는 아직 공고해지지 않았고, 정당 규율은 여전히 매우 약했다. 달리 말하자면 당 지도부의 지시를 무조건 따르는 행태는 없었다. 보수주의자들은 비례대표제에 관해 의견이 일치하지 않았다. 몇몇은 그러한 비례대표제가 소선거구 체제와 더불어 출현한 정치 문화에 어긋난다고 보았다. 선거 방식이 바뀌면 지역의 기반을 잃을 위험이 있다는 뜻이었다. 그러나 이러한 보수주의자들이 특히 걱정한 것은 비례대표제가 의회 활동에서 정당에 더 큰 영향력을 주리라는 점이었다. 비례대표제에 반대하는 다른 논거는 자유주의자들이 내놓은 것이다. 그러한 선거 방식이 도입되면 정당의 수가 많아질 것이고, 이는 국민의 직접선거로 구성된 하원의 효율성을 떨어뜨리게 되리라는 것이었다(Stjernquist 1996).

6 자유통합당 의원 대다수는 1907년 법안에 반대표를 던졌지만, 그해 말 자유주의 전국연합 대회는 결정을 폐기하려는 노력을 하지 않기로 했다.

4

1 의회주의 정체의 핵심은 통치권이 의회 내의 정치적 다수파에서 나오고 그것에 의존한다는 것이다. 비엔 폰 쉬도(1997)는 의회주의 작동의 기준을 여덟 가지로 보았다. 처음 세 가지가 가장 중요하다. (1) 정부는 정치적으로 의회에 의존한다. (2) 유권자는 정부 구성에 간접적으로 영향력을 행사한다. (3) 국가수반은 비정치적이다. (4) 각료는 국회의원이다. (5) 정부는 집단적으로 책임을 진다. (6) 총리가 정부를 지배한다. (7) 의회의 지위를 확정하기 위한 상호적 수단이 있다. (a) 의회가 불신임안을 제출할 가능성 (b) 정부가 내각 신임 투표를 제안하고 의회를 해산할 권리. (8) 야당은 한편으로 정부를 감시함으로써, 다른 한편으로 정권 인수를 준비함으로써 체제에 대한 충성을 보여준다.
2 스벤 헤딘과 칼 벤네디슈가 기록한 국왕의 연설은 장교단 내부 우익 과격파의 견해와 매우 가까웠다. "우리 나라에 보병의 훈련 기간 문제를 지금 해결해서는 안 된다는 견해를 가진 자들이 있는 것은 사실이나, 나는 그러한 생각에 찬성하지 않는다. 반대로 나는 당신들이 내게 막 이야기한 것과 똑같은 견해를 갖고 있다. 다시 말해서 국방 문제는 작금의 상황에서 지체 없이 당장 다루어 결정해야 한다. 나의 육군 전문가들은 장군들의 재치와 전쟁 준비태세를 요구하며 이를 양보할 수 없는 것으로 선언한바, 나는 이를 포기하지 않는다. 또한 나의 해군은 그 중대한 임무를 해결하기 위해 단지 존재하는 것만으로 충분하지 않으며 상당한 정도로 강화되어야 한다"(Hadenius, 2003, s. 36에서 인용).
3 우익보수당 내에서 왕궁마당 전략에 관한 의견은 갈렸다. 상원 우익보수당 지도자 엔슈트 트뤼게르는 국왕을 압박하고 재촉했지만, 하원의 우익보수당 지도자 아르비드 린드만은 대결 지향적인 전략에 주저했다. 이러한 긴장은 우익보수당이 아직은 견고하게 통합된 현대적 정당이 아니라 매우 느슨하게 결집한 정치적 파벌이었다는 사실을 염두에 두고 보아야 한다. Olsson(2000)을 보라.
4 그러나 의회는 헌법상 정부를 사퇴시킬 기회를 갖지 못했다. 1970년 단원제 도입과 관련하여 불신임투표가 도입되면서 처음으로 그러한 기회가 생겼다.
5 구스타브 폰 플라텐이 쓴 구스타브 5세의 전기에 당시의 상황이 상세하게 설명되

어 있다(2004). 1918년 11월 12일 각료 회의가 열렸을 때 불안은 절정에 달했다. 스코네에 있던 국왕을 불러들였다. 회의에서 베네르 뤼덴(사회민주당)은 노동자 대중의 분위기가 심각하다고 전했다. 우익보수당이 선거권 문제에서 타협하지 않으면, 즉각 혁명이 일어날 위험성이 있었다. 노동조합총연맹 의장 헤르만 린드크비스트를 각료 회의에 불러 노동자들의 분위기를 알아보았다. 그는 즉시 노동조합연맹 의장들을 모으라는 요청을 받았다. 지방행정부 장관 악셀 쇼테는 스톡홀름 지구의 무장한 부대는 '신뢰할 수' 없다고 말했다. 회의 중에 혁명적 분위기가 고조되고 있음을 알리는 보고가 들어왔고, 정부는 신뢰할 수 없는 부대의 병사들을 즉시 제대시킨다는 결정을 내렸다. 모든 소총에서 노리쇠를 제거했고, 좌파가 우세한 노르보텐에서는 모든 무기를 수거했다. 스톡홀름에서 부유한 가정들은 집에 자물쇠를 달았으며, 임대아파트의 출입구는 잠겨 있었고, 현관문은 맹꽁이자물쇠로 잠가놓았으며, 많은 사람이 약탈자와 폭도에 맞서 자신을 지키기 위해 총을 마련했다. 국왕은 나라를 떠나야 할 상황이 닥칠 때를 대비하여 짐을 꾸려놓으라고 명령했다.

6 *Rätt att rösta*, s. 9에서 인용. 1921년 하원 선거에서 여성이 처음으로 투표권을 행사하기는 했지만, 일부 여성은 1862년 지방선거 이래로 선거권을 지녔다(따라서 간접적으로 상원 의원 선출에 참여할 수 있었다). 여성이 미혼자이고 따라서 법률상의 성인이라면, 게다가 재산이 있다면, 그들은 투표권을 얻었다. 1910년부터 여성은 선거권이 있다는 전제에서 지방의회 의원이 될 수 있었다. 그렇지만 극소수의 여성만 그러한 조건을 충족했다. 1918~1921년의 선거법 개혁과 동시에 진행된 한 가지 중요한 개혁은 1920년 의회에서 채택된 새로운 혼인법이다. 이 법에 따르면 결혼한 여성도 법률상의 성인이 되며, 그러므로 남성의 후견에서 벗어났다. 남자가 누린 시민으로서의 많은 권리를 여성은 대체로 갖지 못했다. 예를 들면 여성의 국가 고위직 진입은 1923년 자격법이 제정되면서 처음으로 가능해졌다. 그렇지만 몇몇 직책은, 특히 교회와 국방 부문에서, 예외였다. 4년 뒤인 1927년 여자도 국립인문중고등학교에서 공부할 수 있게 되었다.

7 여성참정권 문제가 얼마나 진부해졌는지 보여주는 사례 하나는 기존의 여성 옷차림이 얼마나 의회 활동을 어렵게 할지 우려가 표명되었다는 사실이다. 1884년 의회가 처음으로 여성의 선거권 문제를 논의했을 때, 에리크 스파레 백작은 다음과 같이 발언했다. "그럼에도 나는 우리가 현재 새로운 의원들을 받아들이기에는 공간이 협소하다는 말을 하련다. 유행에 따라 옷을 입은 여성들이 그 좁은 통로로

들어와 좁은 공간에 만족할 수 있다고 믿는지 의원들께 묻는다. 우리는 그럴 수 있다"(Rätt att rösta, s. 12에서 인용).

8 의회에서 여성참정권을 옹호하는 견해가 소소하게나마 꾸준히 증가하고 있었어도, 여론 형성은 주로 원외 활동의 형태를 띠었다. 1903년 전국여성참정권협회가 설립되었다. 한 해 뒤 회원은 3,650명에 달했고, 지부가 200개를 약간 상회한 10년 뒤에는 1만 7,000명으로 증가했다. 그럼에도 여성의 선거권에 반대하는 자들은 협회의 정당성을 문제 삼았다. 그들의 주장에 따르면, 협회는 '보통의' 여성이 아니라 엘리트층을 대표했고, 대부분의 여성은 여성의 투표권 요구를 지지하지 않았다. 그렇지만 여성의 선거권 요구를 제기한 것이 전국여성참정권협회만은 아니었다. 자유통합당과 사회민주당이 1907년에 자신들의 강령에 그 요구를 집어넣기 전에, 이를테면 프레드리카 브레메르 연맹과 비타 반데트도 그 요구를 제기했다.

9 스테판 울손(2000)은 민주주의에 대한 우익보수당의 태도에 관한 논문에서 '전술적' 민주주의관과 '원칙적' 민주주의관을 구분한다. 전술적 민주주의관이라는 개념은 통치 형태로서의 민주주의를 지지하는 데에는 그 통치체제가 그 주창자들에게 반격을 가할 기회가 될 수 있다는 계산이 깔려 있음을 뜻한다. 반면 원칙적 민주주의관은 조건 없이 민주주의를 지지함을 의미한다. 우익보수당이 점차 민주주의를 수용한 이유를 설명할 때, 적응 즉 도구적 지지를 말하는 것이 합당하다. 울손은 이를 '전술적'이라고 보았다. 그러나 저항이 강력해서 보통선거제에 대한 반대가 지속되었다면 나라에 불행한 일이 전개되었을 것이다. 우익보수당의 일부는 민주주의를 원칙적으로 지지했다고 주장할 수 있다(Möller 2004). 울손의 두 가지 개념은 왜 우익보수당 사람들이 점차 민주주의를 수용했는지 설명하기 위한 것이다. 그렇지만 두 개념으로는 우익보수당이 왜 보통선거제 도입에 반대했는지를 설명하기는 불가능하다. '전술적' 이유와 원칙적 이유가 다 있기 때문이다.

5

1 이 장과 다음 장의 인용문의 출처는 따로 언급하지 않는 경우 다음이다. Möller & Norman(2002).

2 자유통합당 후보 셰슈틴 헤셀그렌은 상원 의원에 당선되었고, 넬리 튀링과 아그다 외스틀룬드(사회민주당), 엘리사베트 탐(자유통합당), 베타 벨린(우익보수당) 네 명의 여성이 하원에 입성했다.

3   1921년 선거에서 선거구는 새롭게 분할했다. 국회의원 선거구 수는 56개에서 현재의 28개로 절반으로 줄었다. 이 변화는 정당의 지역구 구조에 영향을 미쳤다. 새로운 선거구(사실상 주와 일치했다)는 계속해서 정당 활동의 토대가 되었다. 그 이후로 지역 차원은 정당 조직 구조의 뼈대가 되었다. 사회민주당, 좌익당, 중앙당, 기독교민주당은 지구당이 있고, 온건보수당과 국민당은 주 협회가, 환경당은 광역 지부가 있다.

4   사회민주당의 반대 행위는 일종의 시위였다. 국방예산이 확실한 과반수로 통과되리라는 데에는 의심의 여지가 없었다. 우익보수당이 지지했기 때문이다. 따라서 사회민주당 내부의 반군사주의적 파당이 자신들의 정부에 반대했을 때 정부의 의회 기반은 위태로워지지 않았다.

5   막대한 알코올 소비는 20세기 초에 매우 큰 사회 문제였다. 과음은 건강을 해쳤고 사회적으로도 심각한 결과를 가져왔다. 금주운동이 알코올 금지 문제를 국민이 직접 결정해야 한다는 여론을 조성하는 데 성공하여, 1922년 스웨덴 최초의 국민투표가 시행되었다. (이전에 금주운동은 지역적인 주민투표를 권고했지만, 문제가 심각해지면서 전국적인 주류 금지로 방침이 전환되었다.) 이 국민투표에서 대립되는 두 가지 방안이 제시되었다. 하나는 완전한 금지였고, 다른 하나는 금지 반대였다. 후자의 노선이 승리했지만, 차이는 근소했다(50.9퍼센트). 국민투표의 열기는 뜨거웠다. 알코올 정책으로 자유주의전국연합이 분열했다. 국민투표 이후, 다수파인 자유사상가들은 알코올 금지를 위해 계속 노력하기로 결정했고, 이 상황에서 소수파는 스웨덴자유당을 창당했다.

6   볼린에게 '국민의 집'은 처음에는 이데올로기적 단짝이자 정치학 교수요 우익보수당 의원인 루돌프 셸렌이 쓴 긍정적인 의미의 표현이었다. '국민의 집'이라는 비유는 셸렌이 표현한 강한 민족주의적 견해의 중심 성분이었다. 사회정책 분야에서 볼린은 국민의 단합을 강화하기 위해 장기적인 개혁 정책을 중심으로 거국내각의 결성을 요구했다. 그래서 그는 사회민주당에 점차 더 크게 공감하게 되었다.

7   AK Prot. 1921: 43, s. 52.
8   Engberg, "Om judarna", *Arbetet* den 12 mars 1921.
9   이 절은 다음에 의존했다. Norman & Möller 2002.
10 에사이아손Esaiasson은 선거운동의 역사에 관한 논문(1990)에서 1928년 선거의 두 가지 기술적 혁신을 설명한다. 확성기와 선거영상물이다. 이 두 가지 새로운 방

식은 선거운동 수행에 결정적인 영향을 끼칠 수 있음을 보여주었다. 확성기가 나오기 이전에 선거운동은 주요 정치인들에게 매우 힘들었다. 목과 성대에 자주 문제가 생겼다. 연설은 대체로 길었고 청중이 많았기 때문이다. 따라서 선전하는 정치인에게 확성기의 부재는 곧 자연도태를 의미했다. 좋은 목청은 기본적으로 갖추어야 할 자질이었다. 확성기와 마찬가지로 선거영상물도 선거운동에 거의 혁명적인 효과를 가져왔다. 사회민주당이 선거영상물을 처음으로 사용했다. 사회민주당은 1928년 선거운동에서 황새가 두 가정에 보낸 쌍둥이에 관한 무성 만화영화 「우리의 나라는 당신 것이다」를 보여주었다. 한 명은 가난한 집에, 한 명은 부잣집에 보냈다. 상영 시간은 한 시간이었다. 형제가 어떻게 완전히 다른 운명을 맞이하는지가 충분히 현학적이고 감동적으로 그려진다. 가난한 집에 간 사람에게는 모든 길이 막혀 있다. 그는 결핍의 삶에 내몰렸다. 다른 사람은 형편이 좋다. 씁쓸하게도 그는 게으르고 무능하지만 위기에도 풍요롭게 산다. 두 사람 다 직업이 없지만, 한 사람이 다른 사람보다 실업을 더 쉽게 견딘다. 선거영상물은 성공적이었다. 영화는 선거운동의 마지막 주에 제대로 된 극장에서 하루에 여러 차례 상영되었다.

6

1 오달렌의 비극 이후에도 스웨덴 노동시장에는 극적인 사건들이 일어났다. 노동조합은 종종 드잡이까지 하면서 파업파괴자에 강하게 나갔다. 경찰이 개입하여 파업 노동자와 파업파괴자를 떼어놓는 일이 드물지 않았다. 오달렌 이후 주목할 만한 사건은 스톡홀름에서 이른바 뭉크 단Munckska kåren이 설립된 것이다. 군대와 경찰의 일부가 이 무장 의용대를 세워 정규 경찰과 나란히 활동했다. 공산주의자들도 무장 자위대를 설립할 계획을 세웠다.

2 사회민주당 역사에서 위기 대응책은 스웨덴이 극심한 경제 침체에서 벗어나는 결정적인 계기로 강조되었다. 그러나 스웨덴의 어느 저명한 경제학자는 이렇게 확인한다. "그러므로 위기 대응책은 그다지 강력한 안정화 정책의 역할을 했다고 할 수 없다… 위기 대응책이 비교적 제한적인 효과만 냈다는 결론은 1930년대 경제정책에 관한 거의 모든 연구에서 되풀이된다. 비그포슈 자신도 회고록에서 위기대응책의 역할이 미미했다고 말한다. 그러므로 1930년대의 경험은 성공적인 적극적 재정정책의 사례로 이용할 수 없다"(Jonung 1977, s. 35ff).

3 코퍼러티즘은 자발적으로 결성된 단체들이 공적인 의사 결정 과정에 관여함으로 써 국가/사회와 결사들 사이에 거래가 발생하는 것을 의미한다. 국가는 공공 정책의 수행에 대한 지지(정당성)를 얻고, 결사들은 영향력을 행사할 기회를 얻는다 (Bäck & Möller 2003). 스웨덴 사회민주당이 아주 분명하게 개혁주의의 길을 선택한 것은 코퍼러티즘의 전제조건이었다.

4 프로그램 명칭은 「각 정당과 경제 위기」였다. 정당을 대표하는 여섯 명(당 대표는 아니었다)이 세 시간 동안 그 주제로 논쟁했다. 매우 구체적이었던 토론에 앞서, 강한 영향력을 갖는다고 추정된 라디오를 각 정당이 이용할 수 있게 하는 것이 과연 적절한지에 관하여 긴 논의가 선행되었다. 그래서 방송국 라디오센스트 Radiotjänst는 최대한 각 정당의 자체 선거 집회에서 나타날 수 있는 형태의 과장된 말싸움이 없는 토론을 이끌어내려고 많이 애썼다. 그래서 품격 있는 논쟁을 위해 참여자들은 사전에 모두 발언 원고를 배포해야 했다. 라디오센스트는 또한 자체적으로 토론자를 선정할 권한을 요구했다. 따라서 청취자들은 오늘날 익숙한 것과는 다른 형태의 토론(원고에 더 많이 얽매인 토론)을 들을 수 있었다(Esaiasson 1990).

5 1936년 영국 경제학자 존 메이너드 케인스는 『고용, 이자, 화폐의 일반이론』에서 재정정책이 어떻게 경기 조절 정책 목적으로 쓰일 수 있는지에 관한 획기적인 이론을 발표했다. 케인스는 1930년대의 대공황을 설명했고 나아가 그러한 위기를 어떻게 피할 수 있는지 처방을 제시했다. 케인스에 따르면(1920년대에는 인플레이션을 매우 크게 우려했다) 실업이 1930년대의 주된 문제였다. 그는 고용의 확대를 최우선의 목표로 삼았다. 제2차 세계대전 후 케인스의 이론은 서구 경제에서 큰 의미를 갖게 된다. 스웨덴에서도 이른바 스톡홀름 학파의 군나르 뮈르달과 베틸 울린이 그러한 방향의 연구를 수행했다. (뮈르달과 울린은 각각 1974년과 1977년에 노벨 경제학상을 받았다.) 비그포슈는 그러한 연구를 주의 깊게 살폈으며, 스웨덴 정치에 그 적극적 재정정책을 도입한 사람이 되었다.

6 레빈(2002b)은 위기협약을 설명하면서 사회민주당과 농민연합이 "의제를 교환했다"고 말한다. 사회민주당은 농업 규제에 대한 반대를 포기하고 실업정책에서 지지를 얻어냈다. 두 정당은 상대적으로 중요성이 떨어지는 영역에서 당의 정책을 단념함으로써 가장 중요한 정책을 이행할 수 있었다. 그러나 레빈은 사회민주당이 농민연합과의 협상을 시작하기 전에 이미 농업정책을 수정했음에 주목하지 못했다. 레빈은 또한 위기협약이 자유국민당의 상당수 의원이 지지하기로 결정했

기 때문에 가능했다는 점에도 주목하지 못했다. 그렇지 않았다면 협약은 과반수의 찬성을 받지 못했을 것이다.

7

1 제2차 세계대전이 발발했을 때 총리 페르 알빈 한손은 라디오 연설에서 스웨덴 국민에게 이렇게 말했다. "우리의 준비태세는 좋다." 이 발언은 스웨덴 정치에 등장한 가장 유명한 연설 중 하나이다. 다른 무엇보다도 너무나도 틀린 말이었고 우선 혼란스러운 상황에서 불안해하는 국민을 진정시킬 목적에서 한 연설이었기 때문이다. 스웨덴의 군사적 준비태세는 전례 없이, 특히 1936년 의회가 결정한 국방계획안försvarsbeslut 이후로 미약했다. 그렇지만 스티그 하데니우스(2003)는 한손이 지향한 것은 '분명코' 군사적 준비태세와는 다른 준비태세였다고 말한다. 스웨덴이 봉쇄될 경우를 가정하면, 한편으로는 '심리적인' 국방 의지였고, 다른 한편으로는 식량 공급의 의미에서 좋은 준비태세였다.

8

1 당명의 변경 동기는 당이 이익정치의 기반을 넓히려 했고 더는 농민에게만 호소하려 하지 않았으며 농촌 전체의 이익을 돌보는 정당이었다는 사실에 있었다.

2 사회민주당 정치에서 기초자치단체가 차지하는 역할과 '국민의 집'의 발전은 사상사가인 울라 엑스트룀 폰 에센이 논문 「국민의 집의 코뮌: 사회민주당의 지역사회 관념 1939~1952」(2002)에서 분석했다. 기초자치단체는 사회적이고 문화적인 평등 정책을 완전히 새로운 방식으로 추진하기 위해 노력했다. 사회민주당 내부에서 선출직 지방의회 의원들을 겨냥한 운동을 통해 새로운 기초자치단체 관념이 확산되었다. 모범적인 사회민주당 기초자치단체는 공정하고 계획적이고 현대적인 기초자치단체로 그려졌다.

3 1948년 선거에서 처음으로 선거구 밖에 있는 사람이 선거일에 우편으로 투표하는 것이 가능해졌다. 투표 참여를 독려하는 것이 목적이었는데, 그 선거에서 투표율은 82퍼센트로 9퍼센트가 늘었다. 큰 폭의 증가는 그 선거에서 유권자 수가 다소 많았다는 사실을 감안하여 보아야 한다. 헌법 개정 이후 이른바 선거권 규정도 바뀌었다. 그 선거부터 파산했거나 구빈원의 사회부조를 받는 사람도 투표할 수

있었다. 파산과 구빈원과 관련된 제한 규정이 제거됨으로써 유권자가 2.5퍼센트 늘었다.

4 투표율은 1976년 선거에서 사상 최고점을 찍었다. 그 선거도 이데올로기적 대립이 특징이었다. (투표율이 15퍼센트 증가한 1928년의 코사크 선거를 참조하라.)

5 1950년까지 스웨덴에서는 동트 방식이 쓰였다(벨기에의 헌법학자 빅토르 동트Victor d'Hondt가 고안한 방법). 이 방식은 의석 배분에 쓰이는 상대 숫자가 다른 방식에 비해 조금씩 줄어들기에 가장 큰 정당에 유리했다. 동트 방식에 따르면, 첫 번째 의석은 가장 많이 득표한 정당에 부여되며, 이때 그 득표수가 의석 배분의 토대가 되는 상대 숫자가 된다. 그다음 이 정당의 득표수는 2로 나뉘며, 이로써 새로운 상대 숫자는 정확히 그 정당이 얻은 표의 절반이 된다. 두 번째 의석은 이 상황에서 가장 높은 상대 숫자를 가진 정당에 돌아간다. 어느 정당이 두 번째로 의석을 배분받으면, 그 정당의 최초의 상대 숫자, 즉 득표수는 3으로 나뉜다. 그러므로 비교적 많은 의석을 두고 경쟁에 참여하기에는 큰 정당이 유리하다. 1950년 제도가 바뀌기까지 이 제도는 선거공학의 측면에서 부르주아 정당들에 협력을 강요했다. 1952년 선거부터는 수정홀수방식(수정 웹스터/생트라귀에Webster/Sainte-Laguë 방식)을 적용했는데, 이에 따르면 상대 숫자가 동트 방식보다 매우 크게 줄어들고 따라서 군소 정당에 크게 유리했다(1.4, 3. 5 등). 첫 번째 제수를 1.4로 조정한 것은 군소 정당에 너무나 크게 유리한 제도는 정당의 분립을 초래할 위험성이 있다는 이유로 정당화되었다. 그러한 상황은 의회주의적 관점에서 볼 때 해로웠기 때문이다.

6 협력 게임이라고 부르기도 하는 죄수의 딜레마는 다음을 전제로 한다. 두 명의 죄수가 함께 저지른 범죄로 기소된다. 한 명은 죄를 인정하고 다른 한 명은 인정하지 않으면, 인정한 자는 감형을 받지만 인정하지 않은 자는 둘 다 인정했을 때보다 더 엄한 처벌을 받는다. 둘 다 자백하게 만들 수 있다는 것이 이 게임의 논리이다. 한편으로는 더 중한 처벌을 피하기 위해, 다른 한편으로는 감형의 가능성을 위해 자백할 수밖에 없다는 것이다. 결과는 개인의 합리성과 집단의 합리성 간의 충돌을 보여준다. 집단적 합리성은 둘 다 부정하는 것이지만, 두 죄수 다 갇혀 있기 때문에 서로 간에 의사소통이 불가능하고, 따라서 두 사람은 모두에 더 나쁜 결과를 가져오는 행동에 내몰린다.

7 '스웨덴 모델'이라는 표현은 정치뿐만 아니라 노동시장과 관련해서도 스웨덴 사회 전체를 관통하는 합의 정신을 종합적으로 지칭하는 데 쓰인다. 그렇지만 스웨덴 모델의 핵심은 국제적으로도 유례없는 노동시장 당사자 간의 협력과 관계가

있다. 노동시장의 스웨덴 모델은 연속적으로 발전했다. 1906년에는 노동조합총연맹과 스웨덴고용주연합이 '12월타협Decemberkompromissen'을 이루었다(고용주연합은 노동자들의 단체결성권과 단체협상권을 인정했고, 노동조합총연맹은 고용주의 노동을 지도하고 분배할 권리와 자유롭게 고용하고 해고할 권리를 인정했다). 1920년에는 노사분쟁 중재법이 도입되었다(분쟁이 일었을 때 국가가 중재와 조정의 수단을 제공했다). 1928년에는 단체협약과 노동재판소에 관한 법이 제정되었다. 단체협약법은 협약이 유효한 기간 동안에는 평화를 유지할 의무를 요구했으며 의무를 위반하면 처벌했다. 협약의 해석에 관한 분쟁은 노동재판소로 회부되었다. 1936년에는 고용주와 노동자에 똑같이 단체에 소속하고 단체를 위해 일하며 그 회원 자격을 이용할 권리를 부여한 단체결성권과 단체협상권에 관한 법이 제정되었다. 한편의 협상권은 다른 한편의 협상 의무를 의미했다. 이 법은 적극적인 단체결성권을 다루었다. 소극적인 단체결성권(조직에 가입하지 않을 권리)은 이 법으로 보호받지 못했다. 1938년에는 최종적으로 스웨덴 모델의 상징인 노동조합총연맹과 고용주연합 사이의 살트셰바드 협약이 등장했다. 노사분규의 영향에서 사회를 보호하기 위해 제안된 법안을 협약을 통해 피하는 것이 목적이었다. 살트셰바드 협약은 분쟁이 발생했을 때의 제3자 보호, 사회에 해로운 분쟁의 방지, 합법적 분쟁의 협상 규칙을 포함했다.

9

1 이 장과 다음 장은 기본적으로 나의 책 『담청색과 감청색 사이. 우익보수당 대표 군나르 헥셰르Mellan ljusblå och mörkblå. Gunnar Heckscher som högerledare』(Stockholm: SNS, 2004)를 토대로 했다.
2 하원 의사록. FK 1956:2, s. 23.
3 자유 개념에 관한 논의는 다음을 보라. Isaiah Berlin, *Fyra essäer om frihet* (Stockholm, 1984).
4 제2차 세계대전 이후 헌법 문제에 관한 관심이 증대했을 때 전면에 부상한 것은 다른 무엇보다도 국민투표였다. 1950년 국민투표·선거방식조사위원회folkomröstning- och valsättsutredning는 의원의 과반수 미만(양원에서 각각 3분의 1)이 국민표결 국민투표를 발의할 수 있게 하자고 제안했다. 이 권고는 특히 부르주아 정당들이 지지했다. 그러나 정부는 의원의 3분의 1이 상의 국민투표를 발의할 수 있게

하자는 제안으로 만족했다. 1950년대에는 국민투표에 찬성하는 열의가 널리 퍼져 있어서 국민추가연금 투표 말고도 그보다 2년 전에 우측통행으로의 전환에 관한 국민투표가 실시되었다. 이 투표에 유권자의 53퍼센트가 참여했는데, 이는 72퍼센트가 참여한 국민추가연금 투표 때보다 확실히 낮은 수치였다.

5 국민 중에서 농민이 차지하는 비중은 20세기 내내 줄어들었다. 세기 전환기에는 열 명 중 여섯 명이 농업에 종사했지만, 1960년에 그 몫은 13.5퍼센트로 감소했다. 21세기에 들어서면 농업 활동 인구는 겨우 2.4퍼센트밖에 되지 않는다. 이러한 상황 변화의 결과로 1950년대에 농민연합 안에서는 정치적인 진로 변경이 시작되었다. 1958년 중앙당으로의 당명 변경은 분명코 농민연합이 정당으로 생존하기 위해 완전히 새로운 유권자 기반이 필요하다는 이유로 정당화되었다.

6 이러한 규정은 1970년에 단원제 의회가 출범하면서 바뀌었다. 이후 의장은 각료로 선출된 의원에 적용된 것과 동일한 원칙에 따라 대리인을 두었다. 그렇지만 부의장은 투표권을 지녔다.

7 오늘날 부가가치세는 25퍼센트이며 국가 세입에서 거의 3분의 1을 차지한다. 영업세의 도입은 스티그 하데니우스에 따르면 재무부 장관이 스웨덴 정치에서 얼마나 큰 영향력을 갖는지를 보여주는 눈부신 사례이다. 이는 21년 동안(1955~1976) 재무부 장관을 지낸 군나르 스트렝에 특별히 잘 어울리는 얘기이다. 스트렝의 경우에 그 영향력은 국내의 통치 활동에 국한되지 않았다. 스트렝은 경제정책에 관해서는 "적어도 정부 수반만큼이나" 대외적으로도 정부를 대표하는 사람이 되었다(Hadenius 2003, s. 120).

8 '발트 병사 송환Baltutlämningen'은 1946년 1월 25일 소련의 요구에 따라 165명의 발트인을 소련에 인도한 것을 가리키는 용어이다. 이 발트 병사들은 제2차 세계대전 중에 독일 편으로 싸웠고 종전 국면에 스웨덴으로 피신했다. 송환은 비판을 받았다. 많은 스웨덴 사람이 이들을 위해 개입했다. 그 165명 이외에 약 2,700명의 독일 병사도 소련에 넘겨졌다. 그렇지만 전쟁 막바지에 스웨덴에 들어온 민간인 난민은 송환되지 않았다. 라울 발렌베리는 제2차 세계대전이 끝날 무렵 강제수용소에 갇힌 헝가리 유대인의 구조에 기여하여 영웅이 되었다. 그는 소련군에 체포된 뒤 실종되었고, 이후 그의 운명은 집중적인 조사 대상이 되었다. 그가 어떻게 되었는지 확실히 밝히고자 많은 사람이 다양하게 노력했지만 성과는 없었다. 마지막으로 스웨덴과 소련 간의 관계는 카탈리나 사건 때문에 여러 해 동안 나빠졌다. 1952년 6월 DC-3와 카탈리나 모델의 스웨덴 비행기 두 대가 발트해 상공에

서 소련 전투기에 격추된 뒤 사라졌다.

10

1 이 장은 주로 나의 박사학위논문 *Borgerlig samverkan*(Uppsala 1986)에 의존했다.
2 이 숫자에 의문을 제기할 만한 근거가 있다. 훗날의 연구에 따르면 다른 방식으로, 예를 들어 설문 조사로 자료를 집계하면 가입 수준이 더 낮다. 차이는 한편으로는 의미 없는 가입자 명부 때문에 나타난 것으로 설명할 수 있지만, 각 정당으로서는 조직력이 강하고 국민에 폭넓게 닻을 내리고 있다는 인상을 주기 위해 당원 숫자를 높여 제시할 이유가 있었음을 감안할 필요가 있다.
3 이 사건의 한 문구는 스웨덴 역사에서 고전적인 표현이 된다. "폭격은 극악무도한 짓이다. 그것은 게르니카와 오라두르, 바비야르, 카틴, 리디체, 샤프빌, 트레블린카 같은 이름과 연결된다. 이제 그 이름들에 하노이를 덧붙여야 한다"(Åström 2003, s. 163에서 인용).
4 1960년대 초 정당 선거활동의 조건이 변했다. 언론 영역이 급속히 개조되면서 깊은 변화가 촉진되었다. 1958년에서 1960년 사이에 시청료를 납부하는 텔레비전 수상기가 20만 대에서 90만 대로 늘었다. 1960년 선거 직전에 국민의 약 40퍼센트가 집에 텔레비전을 보유했다. 1960년 선거의 특징은 최초의 "텔레비전 선거"였다. 연구에 따르면 유권자의 거의 절반이 선거운동 중에 텔레비전으로 방송된 12편의 선거 프로그램 중 최소 한 편을 시청했다. 텔레비전의 보급은 정당의 활동에 영향을 미쳤다. 선거 집회 수가 크게 감소했다. 이전 선거에서 선거 집회에 참석했다고 밝힌 사람은 유권자의 16퍼센트였는데, 1960년 선거운동에서는 겨우 7퍼센트였다. 새로운 매체의 침투력을 보여주는 한 가지 지표는 정당 대표의 사진을 보고 모든 당 대표의 이름을 맞히는 사람이 두 배로 늘었다는 것이다(Esaiasson 1990).
5 새로운 단원제 의회의 의원 숫자는 원래 부분적인 헌법 개정에 따라 350명으로 결정되었다. 그렇지만 유권자가 새로운 의회 구성에 투표한 두 번째 선거에서 (1973년 선거) 의회는 양 진영 간에 의원이 동수가 되어 교착상태에 빠졌다. 사회민주당과 좌익공산당이 합해서 175석이 되어 세 부르주아 정당과 정확히 동수였다. 따라서 1973~1976년의 균형의회 시절에는 종종 추첨에 의존했다. 새로운 헌

법이 채택되면서 의원 숫자는 349명으로 변경되었다.
6 1974년 헌법에 따르면 국가수반이 수행해야 할 임무는 다음과 같다. (1) 정보회의informationskonselj(RF 5:3)와 외교위원회utrikesnämnden 회의(RF 10:12) 의장 (2) 정부 교체를 결정하는 특별회의 주재(RF 6:6) (3) 의회 개회 선언(RO 1:4). 정부 법안(1973:90)에서는 나라 전체의 대표자라는 역할을 수행할 필요가 있을 때 국가수반의 참석이 크게 요구되며 국가수반은 외교정책은 물론 국내정책에 관해서도 충분히 정보를 제공받아야 한다는 점이 강조된다. 국가수반에게 나라의 긴요한 문제에 관하여 보고하는 것은 총리의 임무이다(RF 5:3). 국가수반의 외교협의회 의장 역할은 분명히 그가 외교정책 문제에 관해 잘 알 필요가 있다는 사실로써 정당화되었다. 국가수반이 "나라 안에서 그리고 다른 국가와의 관계에서 대표권을 행사하는 방식"은 "국가수반과 정치적으로 책임 있는 기관 사이의 대립이나 갈등을 암시하는 방식"이어서는 안 된다(prop. 1973:90, s. 174).
7 그렇지만 1976년부터 1982년까지 부르주아 정부 시절에 계류 중인 헌법 개정 법안에서 의회의 소수가 국민표결 국민투표를 발의할 수 있게 하는 문제와 관련하여 헌법개정조사단의 제안이 통과되었다.

11

1 연대임금정책은 1950년대에 노동조합총연맹 경제학자 예스타 렌과 루돌프 메이드네르가 입안했다. 이 정책에 따르면 임금협상에서 노동조합의 출발점은 노동자를 고용한 기업의 수익성과 무관하게 동일 노동에 동일 임금을 지급하는 것이다. 그러므로 연대임금정책의 목적은 재산 격차의 확대를 소득으로써 줄이는 것이었다. 이는 경제계에서 힘이 한곳으로 집중되는 결과를 초래했다.
2 선거 연구자인 헨리크 오스카숀과 쇠렌 홀름베리는 연구사를 검토하면서 "이데올로기적 양극화의 정도"가 투표율 변화의 설명에서 배경을 가장 잘 고려한 변수라고 말한다(2004, s. 27).

12

1 1976년 선거 전에 많은 사건이 세간의 이목을 끌었다. 국민이 사랑하는 두 명의 문화계 인사가 극적인 형태로 스웨덴 과세 당국의 먹이가 되었다. 아스트리드 린

드그렌은 102퍼센트의 한계세를 납부해야 했다. 린드그렌이 「돈의 왕국의 폼페리포사」라는 글을 써서 불합리하다고 항의했을 때, 재무부 장관 군나르 스트렝은 세금 제도를 잘 모른다고 공개적으로 그녀의 말을 반박했다. 게다가 잉마르 베리만이 탈세 혐의로 조사를 받았다. 그 일은 왕립극장에서 리허설을 하던 중에 일어나 주목을 받았다. 또한 정치적 성격의 다른 추문도 발생했다. 스웨덴 노동운동이 에스파냐 여행지의 보이콧을 진행 중일 때 운송노동조합연맹 의장 한스 에릭손이 여름휴가로 카나리아 제도를 찾았다. 이러한 일들이 합쳐져 권력의 자의적이고 관료적인 성격을 상징적으로 보여주었고, 이로 인한 논쟁은 사회민주당을 수세에 몰아넣었다. 관료기구의 확대에 대한 불만이 있었고, 이 불만은 특히 온건보수당이 제기한 체제 비판으로 이어졌다.

2 1976년 부르주아 정부에는 다섯 명의 여성이 포함되었는데, 이는 여성 대표성의 최고 기록이었다. 물러나는 사회민주당 정부에는 여성 국무위원이 세 명뿐이었다. 1976년 정권 교체 후 중앙당 부대표 카린 쇠데르가 외무부 장관이었기에 스웨덴에 여성 장관이 등장했다. 그때까지는 지극히 이례적인 일이었다. 1947년에 정무장관으로 입각한 최초의 각료 카린 코크린드베리는 그 이듬해 비록 1년 동안이었지만 국민가계부 장관으로 일했다. 1951년에는 힐두르 뉘그렌이 교육부 장관이 되어 적-녹 연립정부가 수립되기 전 짧은 기간 동안 재임했다.

3 Riksdagens prot. 1975/76:111, s. 141.

4 가장 좋은 것은 어느 한 편이 양보하는 것이고, 그다음으로 좋은 것은 타협하는 것이다. 그러나 어느 한 편이 양보할 마음이 없을 때, 완전히 망하는 것을 피하려면, 한편이 굴복하여 다른 한 편이 원하는 대로 해주는 것이 낫다.

5 1985년 선거에서 중앙당과 기독교민주연합이 '중도파'라는 이름으로 선거연합에 들어갔다. 그래서 기독교민주연합을 선택한 유권자가 중앙당 득표수에(12.4퍼센트) 포함되었다. 이 점을 감안하면, 그다음 번 선거(1988)는 공식 선거 통계에는 나타나지 않지만 중앙당에는 어느 정도 회복을 의미했다.

6 경제안정화정책은 경제 조절에 얼마나 다양한 수단을 쓸 수 있는가의 문제이다. 안정화정책의 매우 중요한 수단으로는 재정정책 말고도 화폐환율정책이 있다. 재정정책은 공적 수입과 지출이 경제에 미치는 영향과 관련이 있다. 구매력을 억제하거나 자극함으로써 수요를 조절할 수 있고, 이는 성장과 고용, 인플레이션에 영향을 미친다. 화폐정책(예를 들면 이자율 조작)도 당연히 경제 활동에 영향을 준다. 환율정책은 통화가치를 결정함으로써 화폐정책은 물론 재정정책의 지배적인 조

건에 영향을 미친다.

7   브레턴우즈 체제는 세계 무역을 통제하고 통화의 안정을 유지하는 것을 목적으로 1944년에 도입된 국제협약이다. 협약은 전후 시대 경제 발전에 안정적인 토대를 마련하는 데 기여했지만, 1971년 8월 미국이 협약에서 이탈하고 미국 달러의 가치가 변동하면서 브레턴우즈 체제는 무너졌다. 그 결과로 선진국들에서 인플레이션이 증가했다.

8   '장관의 지휘'를 막는 규정은 두 가지이다. 정부의 집단적인 책임을 규정한 RF 7:3과(정부 **전체**만이 결정을 내릴 수 있다) 의회나 기초자치단체의 의사 결정기구를 포함하여 어떤 공적기구도 개인이나 기초자치단체를 대상으로 하는 권한 행사에 관련된 사안이나 법의 적용과 관련된 사안에서 행정기관에 어떤 결정을 내려야 한다고 지시할 수 없다고 규정한 RF 12:2이다.

9   불신임안에도 동일한 원리가 적용된다. 불신임안이 제청되면 통과를 위해 최소한 175명의 의원이 찬성해야 한다. 만일 총리 불신임안이 제청되면 정부 전체의 존립이 문제가 된다. 반면 특정 국무위원을 겨냥한 것이면, 의회가 표결을 채택하더라도 정부 전체가 사퇴할 필요는 없다(RF 6:5).

10 그렇지만 잉바르 칼손 정부가 사퇴하고 뒤이어 의회로부터 다시 정부 수립을 위임받으려 했던 1990년 정부 위기 때에는 101명의 부르주아 정당 의원들이 반대표를 던졌다. 1994년 정권교체 때에는 국민당이 반대표를 던졌다. 그때 국민당은 사회민주당 단독 정부보다 사회민주당과 국민당의 연립정부를 선호했다. 환경당도 총리 선출에서 좌파 진영의 원칙적인 시각을 수용했다. 2006년 선거 후 환경당이 사회민주당과 좌익당과 함께 프레드리크 레인펠트의 총리 선출에 반대표를 던졌을 때, 그 이유는 다음과 같았다. "작금의 스웨덴 헌법에 따르면 오늘 투표에서 기권은 제안된 총리직을 수동적으로 허용하는 것이다. 그러므로 우리 환경당 의원단은 오늘 투표에서 반대표를 던지겠다"(Riksdagens prot. 2006/07:5). 2011년부터 적용되는 개정된 헌법에서는 총리가 충분한 지지를 받고 있는지 확인하기 위해 의무적인 재투표를 실시하기로 했다. 새로운 의회가 구성되고 늦어도 2주가 지나면 재투표를 해야 했고, 총리는 반대표가 과반이 안 되면 재선된다. 그러나 총리가 이미 사퇴했으면 재투표는 없다.

11 이 단락은 나의 책을 토대로 했다. 『국민투표*Folkomröstningar*』(SNS, 2005), s. 58~64.

12 1981년 온건보수당이 정부에서 빠진 뒤에, 총리는 국회의장에게 사퇴서를 제출해야 했다. 1979년 총리에 선출되었을 때 그의 임무는 세 정당 연립정부를 구성

하는 것이었기 때문이다. 1976년 정부 수립 때에는 그에 상응하는 세세한 규정이 없었다. 1979년에도 조각 임무가 상세히 규정되지 않았다면, 1981년 온건보수당이 정부에서 나간 뒤에도 펠딘이 사퇴해야 할 헌법적 필요성은 없었을 것이다. 그랬다면 의회가 그 문제를 다룰 필요 없이 정부 개편으로 충분했을 것이다.

13

1 사회민주당의 의석은 166석으로 부르주아 정당들의 의석을 합한 것보다 3석이 많았다. 정부를 끌어내리려면 20석을 가진 좌익공산당이 부르주아 정당들에 합세하여 정부에 반대표를 던져야 했다. 이는 가망성 없는 시나리오로 보였지만, 1982년 12월에 이미 좌익공산당이 정부가 제시한 부가가치세 인상안에 반대하면서 의회에 위기 상황이 닥쳤다. '치킨 게임'이 시작되었다. 정부는 좌익공산당이 "결코 노동자 정권을 무너뜨리지 않을 것"이라고 판단했고, 상임위원회에서 좌익공산당이 반대했는데도 의회에 법안을 제출했다. 좌익공산당은 그 문제를 극단으로 몰아갔고 의회 토론에서 정부를 압박하여 협상에 나서게 했다. 결과적으로 정부는 좌익공산당에 더 쓰라리게 양보했지만, 그 일 자체는 사회민주당이 더는 필요할 때 자동적으로 공산주의자들의 지지를 기대할 수 없게 됨으로써 스웨덴 의회정치에서 하나의 형성의 계기로 여겨졌다. 사회민주당은 의회에서 강력한 지위를 확보했으면서도(1982년 선거 결과는 1973년 선거와 더불어 단원제 의회 시대 전체에서 사회민주당이 거둔 최고의 성적이었다) 단독으로 과반을 차지하지는 못했다. 그래서 1982년 12월 스웨덴을 통치한 정부는 이전이라면 거의 다수정부로 인정되었을 유형에 속했지만 사실상 소수정부였다.

2 Riksdagens prot. 1982/83:6, s. 50. 강력한 평가절하는 선거 후에 통화 투기가 있었다는 사실을 배경으로 보아야 한다. 투기 때문에 정부 구성의 진행과 관련하여 대대적인 통화 유출이 발생했다. 그러나 평가절하의 주된 목표는 경기 과열과 추가적인 국가 재정 악화 없이 산업 생산을 자극하는 것이었다. 평가절하는 임금 생활자들의 구매력 하락으로 이어졌고, 따라서 아동수당과 주택수당의 인상으로, 더불어 부정적인 분배 효과를 줄이기 위한 특정 세금의 인상으로 보완되었다.

3 그 정부의 부총리였고 위기 대응책 마련에 참여하여 결론을 이끌어낸 팀의 일원이었던 잉바르 칼손은 회고록에 이렇게 썼다. "선거운동 중에 당략적인 관점에서 부르주아 정당들의 절약 정책을 채택하고 싶은 유혹이 컸다. 불행히도 이 때문에

사회민주당이 위기 대응책으로써 시작한 방향 조정은 다소 모호해졌다. 많은 사회민주당 연사는 당의 메시지에 딸린 가혹한 어조를 낮추는 것보다 부르주아 정당들의 부당한 정책을 비판하는 것이 쉽다고 느꼈다"(Carlsson 2003, s. 178). 칼손의 뜻은 선거 공약이 이후 뒤따를 정부 정책을 어렵게 만들었기에 실수였다는 것이다.

4 특히 1984년 단체협약은 제3의 길 정책을 방해했다. 정부는 재정 운용 계획에서 총 6퍼센트의 임금 인하를 계산에 넣었지만, 공업 부문에서 임금이 10퍼센트 넘게 인상되었다. 그래서 인플레이션 목표의 달성은 무산되었으며, 이는 다시 정부가 물가와 임대료를 동결하는 결과를 낳았다. 1985년 봄 대대적인 통화 유출이 발생했고, 이에 재정정책은 물론 화폐정책에서도 조치가 필요했다. 의회 선거 반년 전에 이자율이 인상되었고, 동시에 총액 15억 크로나의 예산 삭감이 제시되었다(Löwdin 1998). 선거가 치러지는 해에 조치가 취해졌다는 사실에 주목할 필요가 있다. 공공선택이론의 주된 가정은 말하자면 정부는 선거 직전에 경기를 부양하려고 한다는 것이다. 문헌에는 '선거 연도 예산'이라는 용어가 등장했다(Lewin 1988). 1985년의 사례는 그 가설을 뒷받침한다. 그해 초의 여론 조사에 따르면 사회민주당이 그때 선거가 치러졌다면 40퍼센트를 득표했을 것이나 실제 선거에서는 거의 45퍼센트를 득표했다. 그렇지만 재정 적자가 국내총생산에서 차지하는 몫이 절반으로 줄어든 만큼(13퍼센트에서 6퍼센트로) 정부의 경제정책은 성공적이었고, 여기에 더하여 성장률은 서유럽 평균을 넘어섰으며 동시에 실업도 감소했다.

5 Prop. 1990/91:100. 사회민주당 의원단은 심히 망설인 끝에 이러한 공식을 받아들였다. 그것이 완전고용이라는 목표를 포기했다고 해석될 수 있었기 때문이다. 그렇지만 그것이 동기는 아니었다. 실업이 급증하는 상황에서 실업을 줄이기에 앞서 인플레이션을 낮출 필요가 있었다(Lindvall 2006).

6 린드발의 용어로 말하자면 이는 '세 번째 정책 변경'의 문제였다. 이 해석 구도에 따르면 첫 번째 정책 변경은 정치의 지배적인 목적이 확고히 섰으나 환경이 변하여 이미 효과가 잘 알려진 것으로 수단의 교체를 초래했을 때 일어난다. 두 번째 정책 변경은 목적이 늘 분명하지만 수단의 효과가 불확실할 때 발생한다. 그런 경우에는 새로운 이론이 등장하며, 전문가들이 큰 영향력을 행사하는 상황이 전개된다. 린드발에 따르면 1980년대 초 실업 퇴치를 위해 적극적 재정정책을 버리고 환율 정책을 채택했을 때 그러한 형태의 정책 변경이 일어났다. 린드발에 따르면 1980년대 말에 일어난 세 번째 정책 변경에서는 수단만이 아니라 경제정책의 최

우선 목적도 바뀐다(Lindvall 2004).

7 세계화는 경제적인 면을 뛰어넘는 다양한 차원을 가진 개념이지만, 이 경우에는 경제적 측면에만 국한할 이유가 있다. 20세기 경제적 세계화는 네 가지 측면으로 구분할 수 있다. (1) 국가 간의 상품 교역 확대와 강화 (2) 대외 직접 투자의 증가 (3) 다국적 기업의 증가 (4) 거래의 끊임없는 증가로 금융 제도의 독립적인 활력을 가져오는 전자금융시장의 확립(Thörn 2002를 보라). 경제적 세계화는 수백 년 동안 진행되었지만 지난 세기에 크게 강화되었다. 마누엘 카스텔스에 따르면 1980년대의 발전은 "자본주의의 세계적 구조 조정"을 의미한다(Castells 2000).

8 사회민주당 전후강령 1944, s. 22.

9 여기에서 제도라는 개념에는 예를 들어 케인스주의 같은 경제정책 사상뿐만 아니라 신용시장의 규제 완화 같은 규칙도 포함된다.

14

1 이 장은 밀접히 관련된 몇 사람의 회고록을 토대로 했다. Carlsson 1999, Bod-strom 2001, Adelsohn 1987, 비엔 엘름브란트Björn Elmbrant의 울로프 팔메 전기(1989), 마츠 베리스트란드Mats Bergstrand가 안데르스 비에르크Anders Björck와 한 인터뷰(2002).

2 팔메가 오스트룀에 보낸 편지의 날짜는 1985년 1월 8일이다. 일부가 Carlsson(1999)에 인용되어 있다. s. 85.

3 비엔 엘름브란트에 따르면, 만찬에 참석한 여섯 명의 기자 중 네 명이 "외무부 장관이 한 말에 대한 공동 해석에 합의하기로 약속"하는 데 사흘이 걸렸다(Elmbrant 1989, s. 299). 총리가 아닌 다른 각료가 의회에서 불신임투표의 대상이 된 것은 그때가 유일했음을 언급할 필요가 있다. 총리 불신임안이 제청되면, 정부 전체가 관련되지만, 다른 경우는 그렇지 않다. 이와 같은 경우가 그것에 해당한다. 1985년 2월 6일 의원의 과반수(최소 175명)가 불신임안에 찬성했다면, 부드스트룀만 사퇴해야 했을 것이다. 그해 선거 후 부드스트룀이 외무부 장관직을 그만두고 교육부 장관이 되었다는 사실을 덧붙일 필요가 있다.

4 울로프 팔메의 사망은 다른 정치적 사건을 낳았다. 사회민주당의 주요 인사들과 매우 가깝게 지낸 출판사 편집장 에베 칼손이 살인 사건 이후 비밀리에 경찰의 첩보 활동에 협력했다는 사실이 폭로되었다. 에베 칼손은 특히 나라 밖에서 불법

도청장치를 들여왔다. 법무부 장관 안나그레타 레이온(사회민주당의 주요 정치인이다)은 에베 칼손의 활동에 대해 잘 알고 있었지만, 자신이 추천장을 써주었음을 업무일지에 적지 않았다. 사건은 1988년 여름에 막 시작될 선거운동과 관련하여 터졌다. 그 사건은 오랫동안, 특히 헌법상임위원회의 청문회가 텔레비전에 생중계되면서 언론의 주목을 받았다. 레이온은 법무부 장관에서 사임했다.

5 잉바르 칼손은 회고록에 이렇게 썼다. "스웨덴과 소련의 관계는 여러 영역에서 긍정적으로 발전했다. 우리는 더 현대적이고 더 개방적인 지도자를 만났다. 그러나 잠수함 문제에 관해서는 어떠한 합의도 이루지 못했다"(Carlsson 1999, s. 96).

6 빌트의 서한은 1994년 5월 25일 자로 Carlsson 1999, s. 104에 나온다.

7 가을에 스웨덴 언론을 지배하게 될 다른 사건은 9월 28일 대형 여객선 M/S 에스토니아호가 발트해에서 난파한 것이다. 852명이 사망했다.

8 예를 들면, 첫 번째 잠수함방어위원회 의장인 전임 외무부 장관 스벤 안데슌이 합동참모본부의 전문가 보고서를 토대로 스웨덴 영해를 침범했다고 추정되는 잠수함의 국적을 확정하는 것이 실제로 가능하냐는 질문에 정치적인 이유로 주저 없이 의견을 밝혔을 때가 그러한 경우이다. 안데슌은 전임 외무부 차관 스베르케르 오스트룀과 만나 그에게 자신의 곤란한 처지에 관하여 조언을 구했다. 그의 견해에 따르면, 안데슌과 위원회의 다수가 소련에 책임이 없다고 보았다면, 적어도 칼 빌트는 이의를 제기했을 것이고 소모적인 논쟁이 일었을 것이다. 사회민주당은 그러한 상황을 피하고 싶었다(Carlsson 1999, s. 70).

9 규범적 제도주의는 (완전한) 합리성이라는 가정에서 거리를 두면서, 대신 제한적인 합리성bounded rationality이라는 관념에서 출발한다. 예를 들면, 결정의 토대는 '확실한 인식'이 아니라 '괜찮은 추정'이나 '합리적인 가정'이라고 부를 수 있는 것이라는 말이다. 이러한 관점에서 중요한 것은 또한 행위자의 행동을 설명할 때 합리적 선택 이론의 자기이익이라는 가정을 받아들이지 않는 것이다. 행위자들은 우선 무엇이 자신들에게 이로운지가 아니라 외부에서 자신들에게 무엇을 기대하는지에 따라 행동한다(Peters 2005).

10 예를 들면 2002년 2월 13일 정부의 외교정책 선언을 보라(Riksdagsprot.).

15

1 세월이 흐르면서 명칭이 변했다. 1957년 로마 조약이 체결되어 유럽경제공동체

EEC가 출범했고, 1973년 유럽경제공동체에서 유럽공동체EC로 명칭이 간략해졌다. 유럽공동체로의 개칭에 법률적 근거가 된 것은 1992년 마스트리흐트 조약이다. 이 조약에서 정부 간 협의 영역에 더하여 공동의 외교정책과 안보정책, 국내법률정책을 위한 초국적 영역이 공동체에 추가됨으로써 유럽연합EU도 탄생했다.

2 엘란데르는 스웨덴과 여섯 개 회원국 간의 이데올로기적 유사성은 제한적이었다고 말했다. 엘란데르는 회고록에서(1982, s. 125) 연설을 하기 전 외무부 장관 외스텐 운덴에게 초고를 읽게 했다고 썼다. 운덴은 '매우 놀라운 연설'로 생각한다고 알려왔다. 운덴은 중립을 감안하면 가입은 불가능하다는 엘란데르의 생각에 동의했지만, 회원국들에 관한 묘사에서는 연설이 필요 이상으로 비판적이었음을 알아챘다.

3 Regeringens skrivelse 1990/91:50, s. 5.
4 이 단락은 따로 언급하지 않는 한 다음에 의존했다. Möller 2005.
5 오스트리아에서는 66.5퍼센트, 핀란드에서는 56.9퍼센트, 스웨덴에서는 52.3퍼센트가 가입에 찬성했다. 반면 노르웨이에서는 정확히 똑같은 비율이 반대표를 던졌다. 오스트리아의 투표가 결정적으로 다른 국가들의 투표에 참고가 되었다.
6 SOU 2000:81, *Valdeltagande och Europaparlamentsval*; 다음도 보라. Oscarsson & Holmberg 2005.
7 다음을 참조하라. Möller 2004, s. 140~152.

16

1 '보그메스타레'라는 개념은 현대적인 어법에 따르면 대체로 두 정당이나 두 진영의 정당들이 서로 대립하는 중요한 문제에서 정부가 의회에서 과반수를 확보하지 못했거나 과반수 상황이 불확실할 때, 그리고 어느 한 정당이 소수의 의원만 갖고도 결정을 내릴 수 있는 경우의 모든 의회 상황과 관련하여 쓰인다. 그렇지만 역사적으로는 보그메스타레 정당이 소수 정당의 위치에서 정치 과정을 지배하거나 조정하는 좀 더 미묘한 형태를 가리킨다. 소수 정당이지만 실제로는 정치적 역장力場에서 가장 중요한 위치에 있어야 한다(여러 정당과 동맹을 맺어 과반수 상황을 만들 수 있는 위치). 이는 특정 진영을 **지지**함으로써 영향력을 행사하는 것(신민주당의 경우가 그렇다)이 아니라 **자기 당**의 정책에 대한 지지를 얻어낼 가능성을 의미한다.

2 온건보수당 이념의 발전에 관해서는 다음을 보라. Hylén 1991, Ljunggren 1992,

Boréus 1994, Bäck & Möller 2003.

3 《이다그_{iDag}》 1992년 9월 22일 자. 헤겔란드가 경제학 교수였음을 감안하면 이 비판이 더 큰 영향력을 갖지 못한 것은 이상하게 생각될 수 있다. 그렇지만 온건보수당 의원단에서 그의 지위는 약했고, 그의 발언에 대한 미미한 반응은 정당 정치의 조건이 때때로 가혹했음을 보여주는 증거이다. 헤겔란드는 위협과 괴롭힘을 당했다. 헤겔란드는 이자율에 관하여 옳게 진단했지만(그는 그 정당에서 명예를 지켰다고 말할 수 있는 유일한 사람이다), 그의 공개적인 비판은 네 차례 연임한 의원 경력에 종지부를 찍었다(《다겐스 뉘헤테르》 2002년 9월 13일 자).

4 하원 의사록. 1992/93:6.

5 그렇지만 몇 가지 차이점도 있었다. 협정 준비 단계에서나 협정이 당 내부에 안착하는 과정에서나 사회민주당이 온건보수당보다 더 민주적이었다. 시간의 압박을 감안하면 사회민주당이 조직 내부에 그러한 태도가 자리를 잡도록 하는 데 성공할 가망성은 지극히 제한적이었지만, 사회민주당이 온건보수당보다 더 일관되게 노력했다. 빌트가 협상이 진행 중일 때 텔레비전의 인터뷰에서 사회민주당 안에서 협정에 대한 "지지는 너무 크고 토의는 너무 적다"고 불평했을 때 두 정당 간의 문화 차이가 분명하게 드러났다(Teorell 1998, s. 57).

6 다른 연구자도 동일한 결론에 도달했다(Stern & Sundelius 1997). 정부와 사회민주당이 의견이 일치한 데에는 경제적 이유뿐만 아니라 정치적 이유도 있었다. 예산의 대폭적인 삭감은 통상적인 경우라면 불가능했겠지만 상황이 급박했기 때문에 정당성을 얻었다. 특히 사회민주당 안에서는 그러한 정책에 대한 강력한 반대가 있었다.

7 이 절의 내용은 다음에 의거했다. Bergström 1993, Lagercrantz 2005.

8 나탈리 계획이라는 명칭은 국민당 출신의 재무부 장관 안네 비블레의 손녀 나탈리에서 따왔다. 정책의 장기적인 목표를 드러내는 방법이었다.

9 예란 페숀은 이전에 재무부 장관일 때 이러한 말로 가혹한 긴축정책의 정당성을 옹호했다. "빚을 진 사람은 자유롭지 못하다." 이는 신임 총리가 1997년에 발표한 책의 제목이기도 하다.

10 울로프 요한손은 라게르크란츠의 책(2005)에서 1997년에 이미 사퇴하기로 결심했다고 밝힌다. 그러나 자신의 당에서 협력에 이의가 제기되었기에(요한손에 따르면 경제가 아직 충분히 만족할 만한 상태에 이르지 못했기에 그러한 협력을 이어갈 필요가 있었다), 그는 1년 더 자리를 지켰다.

11 이 절은 대체로 룬드베리에 의존했다.
12 국민추가연금은 소득 보전의 원칙(기본적인 안전)에 입각했다. 다시 말해서 공적 연금은 가능하면 연금 생활자들이 직업 활동을 하던 시기에 누린 소득에 상응해야 했다. 연금은 소득이 가장 많은 15년간의 평균 소득을 토대로 산정했으며 국민경제의 성장률이 아니라 소비자 물가 지수에 연동되었다. 인플레이션이 높고 성장률이 낮으면 연금제도가 흔들린다는 뜻이다. 1960년대의 첫 번째 황금기가 지났을 때의 사정이 그러했다.

17

1 모리스 뒤베르제(1954)는 정당의 창당 상황과 관련하여 외부적 형성과 내부적 형성으로 두 가지 유형의 정당을 구분한다. 전자는 특혜를 입지 못한 하층 집단을 대변하며 대표성을 얻지 못한 자들로부터 만들어진다. 후자는 이미 의회에 대표를 보낸 특권 집단을 대변한다. 뒤베르제에 따르면, 정당의 출현 자체가 이후의 정당 조직 구조에 큰 의미를 갖는다. 내부적으로 수립된 정당에서는 의원단이 주된 결정권자인 반면, 외부적으로 형성된 정당에서는 당 조직이 권력을 갖는다. 그러므로 정당의 형성 과정 자체가 이후의 발전에 중요하다. 달리 말하자면 이 점에서도 경로의존성을 볼 수 있다.
2 조반니 사르토리(1969)는 그러한 시각에서 출발하여 립셋과 로칸의 해석을 결정론적이라고 비판한다. 사르토리에 따르면 정당은 언제나 당대를 해석하고 여러 가지 차이를 정치적 갈등 노선으로 설명하는 데 노력을 집중한다. 동시에 정당은 다른 잠재적 차원의 갈등을 정치적 의제에서 제거하려 한다. 엘링손(2005)은 이러한 합리주의적 분석 방식을 스웨덴 정당 체제에 적용하는 것이, 다시 말해서 정당들이 의도적으로 좌우 구도를 재생산하고 다른 유형의 문제로써 기성 정당들에 도전하는 신생 정당들을 불리하게 만들고자 했음을 보여주는 연구(Oscarsson 1998)와 정당 보조금의 도입이 기성 정당들이 다른 정당들에 맞서 자신들의 권력 지위를 지키는 방법이었음을 보여주는 연구(Gidlund 1983)를 지지할 만하다고 말한다. 전반적인 헌법 정책과 마찬가지로 선거 제도 문제에서도 동일한 결론을 내릴 수 있다(von Sydow 1989).
3 이 절은 다음에 의존했다. Bäck & Möller 2003.
4 여기서 '불만 정당'이라는 개념은 가치 판단의 의미를 배제한 채 쓴다. 그러므로

'불만 정당'은, 로슨(1988)이 가리키는 대로, 기성 정당들이 '운하 기능'을 수행하지 못한 결과로 나타난 불만을 다룬다.

5 창당은 이민에 적대적인 단체인 「스웨덴을 스웨덴답게 지키자Bevara Sverige Svenskt (BBS)」와 진보당Framstegspartiet이 통합하여 만들어진 이른바 스웨덴당Sverigepariet의 내부 알력의 결과물이었다.

6 그러한 유형의 정책에 대한 지지는 21세기 초 유럽 여러 나라에서, 특히 스웨덴의 이웃 나라인 덴마크와 노르웨이에서 강력했다. 스웨덴민주당과 유럽의 우익 포퓰리즘에 관해서는 다음을 보라. Rydgren & Widfeldt 2004, Rydgren 2005, Ekström von Essen & Fleischer 2006.

7 그렇지만 정당 체제가 와해되고 있음을 보여주는 가장 뚜렷한 징후는 나라 곳곳에서 수많은 지역 정당이 기초의회 진입에 성공했다는 사실이다. 2002년 선거 이후 기초의회에 진입한 지역 정당은 123개였는데, 이는 그때까지 가장 많은 숫자였다. 그 숫자는 25년 동안 연속해서 증가하다가 2006년 선거 후에 처음으로 감소했다. 2023년 지역 정당 숫자는 105개이다.

8 헌법준비위원회는 1967년 단원제와 새로운 선거 제도를 포함하는 첫 번째 협정에 관해 합의할 수 있었다. 새로운 선거 제도는 전국적으로 4퍼센트 이상의 득표율을 올린 모든 정당에 (사실상) 정확한 비례대표성을 부여했다. 불신임 제도로 의회는 특정 각료를 신임하지 않는다고 선언할 수 있게 되었다. 의원 과반수(최소 175명)가 불신임안에 찬성하면(불신임안이 성립하려면 의원의 10분의 1이 이를 요청해야 한다), 해당 각료는 해임된다(RF 13:4). 총리에 대해 불신임안이 제청되면, 이는 정부 전체가 사퇴해야 한다는 뜻이다. 이 점에서 다소 기이한 것은 새로운 단원제 의회의 의원 숫자가 처음에 350명이었다는 것이다. 그렇지만 두 번째 선거(1973)에서 이미 두 진영이 균형을 이루었고(175명 대 175명), 이 때문에 곧바로 의원 숫자를 바꾸었다. 1976년부터 의원은 349명이었다.

9 그렇지만 1922년 금주 문제에 관한 국민투표의 결과로 자유주의 세력이 자유국민당(금주 찬성)과 자유당(금주 반대)으로 분열했고, 두 정당은 1934년 통합하여 국민당이 되었다.

10 예란 페숀이 총리로 재임한 10여 년의 기간 동안, 사망한 세 명 이외에 26명이나 되는 각료가 그만두었다. 결과적으로 페숀의 10년 총리 기간 동안 타게 엘란데르가 총리로 재직하던 25년 동안만큼이나(1951년에서 1957년까지 농민연합 출신을 제외하면) 많은 각료 교체가 있었다. 페숀이 정부 수반일 때 사퇴한 26명의 각료

중에 대략 절반은 대개 정치적으로 곤란한 처지에 빠진 뒤 이러저러한 방식으로 해임되었다.
11 스웨덴이 유럽연합 회원국이 된 이후 첫 10년 동안 스웨덴 의회가 가입 이전에 내린 결정의 대략 20퍼센트에서 30퍼센트 사이가 유럽연합으로 이관되었다. 유럽연합 가입으로 국가의 주권이 어느 정도 훼손되었는지를 평가하는 다른 방법은 의회에서 제정된 법률이 얼마나 유럽연합의 결정에 따른 직접적인 귀결인지를 보는 것이다. 10퍼센트 미만이었다. 다음을 보라. Hegeland 2006.

18

1 1950년대 중반까지 공적 활동에서 국가가 차지하는 몫은 기초의회와 주 의회의 몫을 합친 것보다 더 컸다. 이후 공적 부문의 팽창은 거의 전부 기초자치단체와 주의 차원에서 이루어졌다. 이러한 경향은 1975년 이후 강화되었다. 오늘날 기초자치단체와 주 의회는 공적 활동의 대략 3분의 2를 담당한다.
2 공공 부문의 규모는 다양한 방법으로 측정할 수 있다. 한 가지 일반적인 방법은 조세부담률, 즉 국민총생산에서 세금이 차지하는 몫이다. 스웨덴은 경제협력개발기구 국가 중 조세부담률이 가장 높다. 이 경향은 1975년 이후로 계속되었다. 오늘날 스웨덴과 경제협력개발기구 평균 사이에는 14퍼센트의 격차가 있다. 국민총생산은 한 나라의 모든 생산과 소득을 측정한 것이며, 반면 국민총소득은 노동이나 자본의 형태로 외국에서 들어오는 소득까지 포함하여 한 나라에 귀속된 모든 소득을 측정한다. 따라서 국민총소득은 국민총생산보다 약간 더 많다.
3 Herbert Tingsten, "Det norska mönstret och demokratin", DN den 24 juli 1964.
4 사회민주당의 지배력에 대한 다른 설명은 헌법적이다. 사회민주당이 1950년까지 쓰인 동트 방식으로부터 이득을 보았다는 것이다. 1970년까지 존속한 양원제도 정부에 헌법상의 낙하산 역할을 했다. 사회민주당의 능숙한 계급 동맹 수립 능력도 그 지배력을 설명한다. 노동계급이 선거로 의회 과반수를 달성할 수 없다는 것이 분명해 보였기에, 사회민주당 지도부는 일찍부터 지지 기반을 넓히기로 결정했다. 사회민주당은 1930년대에, 이후 1950년대에도 농민 정당과 협력함으로써 의회 과반수를 확보했다. 이후 이데올로기에 변화가 있었다. '강한 사회'라는 표어와 함께 '국민의 집' 정책은 한 단계 더 발전했다. 사회민주당의 기반이 확대

되었다. 노동자 정당은 늘어나는 사무직 노동자를 겨냥하여 중간계급 유권자까지 끌어안는 정당으로 점차 변신했다. 그 전략의 핵심인 보편적인 복지정책은 육체노동자와 사무직 노동자를 이어주는 접착제였다. '국민의 집' 노선의 쇄신이 성공한 한 가지 이유는 노동자 유권자를 차지하려는 경쟁의 부재였다. 유럽의 다른 나라들과 달리 스웨덴공산당은 노동자 유권자를 끌어들이지 못했다(Svensson 1994). 그래서 사회민주당이 중도를 향해 나아갈 기회가 열렸다. 사회민주당이 오랫동안 정치 무대를 지배하는 데 성공했다는 사실은 결국 노동운동 내부에서 발전한 강력한 집단주의적 정당 문화로 설명된다(다음을 참조하라. Barrling Hermansson 2004). 강력한 당규가 돋보이는데, 이는 사회민주당이 오랫동안 정권을 담당했다는 사실로 설명된다. 그래서 실용적인 태도가 발전했고 책임의 문화가 형성되었다. 그러나 이러한 집단주의적 정당 문화의 주된 결과는 강력한 충성심이다(Linderborg 2001).

	1940	1944	1948	1952	1956	1958	1960	1964	1968	1970	1973	1976	197
	53.8	46.7	46.1	46.1	44.6	46.2	47.8	47.3	50.1	45.3	43.6	42.7	43
	12.0	12.9	22.8	24.4	23.8	18.2	17.5	17.0	14.3	16.2	9.4	11.1	10.
	18.0	15.9	12.3	14.4	17.1	19.5	16.5	13.7	12.9	11.5	14.3	15.6	20
	12.0	13.6	12.4	10.7	9.4	12.7	13.6	13.2	15.7	19.9	25.1	24.1	18
기독교민주당[5]								1.8	1.5	1.8	1.8	1.4	1.
	3.5	10.3	6.3	4.3	5.0	3.4	4.5	5.2	3.0	4.8	5.3	4.8	5.
환경당													
스웨덴민주당													
신민주당													
	0.7	0.1											
	0.0	0.7	0.1	0.1	0.1	0.0	0.1	1.8[8]	2.6[9]	0.4	0.6	0.4	0.
	70.3	71.9	82.7	79.1	79.8	77.4	85.9	83.3	89.3	88.3	90.84	91.76	90.

■ 선거 후 부르주아 정부에 참여한 정당   ■ 선거 후 부르주아 정부를 지지한 정당

t Liberalerna이나 국민당으로 줄여 쓴다.

2-1969). 책에서는 원내 정당의 명칭을 온건보수당으로 당명을 변경할 때까지 우익보수당으로 통칭한다.

% 중에서 8.8%는 중앙당 명부, 2.3%는 기독교민주당 명부, 1.3%는 공동명부나 무정당 명부namnlösa listor가 차지했다.

, 전부 노르셰핑 선거구와 린셰핑 선거구에서 얻은 표). 그는 의원이 되었지만 어떤 정당에도 가입하지 않았다.

u은 1964년 선거와 1968년 선거에서 칼마르·고틀란드 선거구에서 중앙당과 국민당의 협력을 지칭하는 표현이다)이 얻은 것이다.

. 부르주아 진영의 이 두 공동 후보자 명부로 중앙당과 국민당, 우익보수당이 의석을 얻었다.

	1982	1985	1988	1991	1994	1998	2002	2006	2010	2014	2018	2022
	45.6	**44.7**	**43.2**	37.6	**45.3**	36.4	39.8	**35.0**	30.7	**31.0**	28.3	**30.3**
	5.9	14.2	12.2	9.1	7.2	4.7	13.4	7.5	7.1	5.4	5.5	4.6
	23.6	21.3	18.3	21.9	22.4	22.9	15.2	26.2	30.1	23.3	19.8	19.1
	15.5	(중앙당으로)	11.3	8.5	7.7	5.1	6.2	7.9	6.6	6.1	8.6	6.7
	1.9	12.4⁴	2.9	7.1	4.1	11.8	9.1	6.6	5.6	4.6	6.3	5.3
	5.6	5.4	5.8	4.5	6.2	12.0	8.4	5.9	5.6	5.7	8.0	6.7
	1.7	1.5	5.5	3.4	5.0	4.5	4.6	5.2	7.3	6.9	4.4	5.1
			0.02	0.1	0.3	0.4	1.4	2.9	5.7	12.9	17.5	20.5
				6.7	1.2	0.2						
				페미니스티스크트 이니치아티브				0.7	0.4	3.1	0.5	
	0.2	0.5	0.7	0.9	0.8	2.2	1.7	2.1	1.0	0.9	1.0	1.5
	91.44	89.93	85.96	86.73	86.82	81.39	80.11	81.99	84.63	85.81	87.18	84.21

선거 후 거국내각에 참여한 정당   선거 후 의석을 얻지 못한 정당   **굵은 숫자** 최대 정당

르주아 진영의 이 두 공동 후보자명부로 중앙당과 국민당, 우익보수당이 의석을 얻었다.

참고 문헌

회고록, 전기 등

Adelsohn, Ulf, *Partiledare: dagbok 1981–1986*. Stockholm, 1987.

Bergstrand, Mats, *Framför lyckta dorrar. En bok om Anders Björck*. Stockholm, 2002.

Bodström, Lennart, *Mitt i stormen*. Stockholm, 2001.

Carlsson, Ingvar, *Ur skuggan av Olof Palme*. Stockholm, 1999.

_____, *Så tänkte jag*. Stockholm, 2003.

Ehnmark, Anders, *Minnets hemlighet – En bok om Erik Gustaf Geijer*. Stockholm, 1999.

Elmbrant, Björn, *Palme*. Stockholm, 1989.

Enquist, Per-Olov, *Lewis resa*. Stockholm, 2001.

Erlander, Tage, *1955–1960*. Stockholm, 1976.

_____, *1960-talet*. Stockholm, 1982.

Feldt, Kjell-Olof, *Alla dessa dagar … i regeringen*. Stockholm, 1991.

Hadenius, Stig, *Gustaf V*. Lund, 2005.

Hedin, Sven, *Ett varningsord*. Stockholm, 1912.

Isaksson, Anders, *Per Albin – IV. Landsfadern*. Stockholm, 2000.

Lagercrantz, Arvid, *Över blockgränsen. Samarbetet mellan centerpartiet och socialdemokraterna 1995–1998*. Södertälje, 2005.

Persson, Göran, *Den som är satt i skuld är icke fri*. Stockholm, 1997.

von Platen, Gustaf, *Bakom den gyllene fasaden. Gustaf V och Victoria*. Stockholm, 2004.

Strindberg, August, *Det nya riket*. Stockholm, 1913.

Åström, Sverker, *Ögonblick. Från ett halvsekel i UD-tjänst*. Stockholm, 2003.

연구서

Algotsson, Karl-Göran, *Sveriges författning efter EU-anslutningen*. Stockholm, 2000.

Almond, Gabriel & Sidney Verba, *The Civic Culture*. New Jersey, 1963.

Andersson, Catrin, *Tudelad trots allt – dualismens överlevnad i den svenska staten 1718–1987*. Stockholm, 2004.

Andersson, Lars M., *En jude är en jude är en jude. Representationen av "juden" i svensk skämtpress omkring 1900–1930*. Lund, 2000.

Andrén, Nils, "Säkerhetspolitikens grunder och enighetens gränser". I: *Fred och säkerhet 1984–85*. Utrikespolitiska institutet. Stockholm, 1985.

Anton, Thomas J., "Policymaking and Political Culture in Sweden", *Scandinavian Political Studies*, 1975.

Arnstadt, Henrik, "Här är det ideologiska stoffet som visar fascismen i SD". *DN Debatt*, 21 december 2014.

Bachrach, Peter & Morton Baratz, "Decisions and Nondecisions: An Analytical Framework", *The American Political Science Review*, 1963.

Back, Per-Erik, *Sammanslutningarnas roll i politiken under åren 1870–1910*. Lund, 1967.

Barrling Hermansson, Katarina, *Partikulturer. Kollektiva självbilder och normer i Sveriges riksdag*. Uppsala, 2004.

Beck, Ulrich, "World Risk Society as Cosmopolitan Society", *Theory, Culture and Society*, nr 4, 1996.

Berggren, Henrik & Lars Trägårdh, *Är svensken människa? Gemenskap och oberoende i det moderna Sverige*. Stockholm, 2006.

_____, "Flerpartisamarbete i regering och opposition". I: von Sydow, Björn, Wallin, Gunnar & Björn Wittrock (red.), *Politikens väsen. En vänbok till*

  Olof Ruin, 1993.

Berlin, Isaiah, *Fyra essäer om frihet*. Stockholm, 1984.

Björkhem, Barbro & Lena Wängnerud (red.), *Rätt att rösta: 1919–1994: så fick kvinnor politiskt inflytande*. Stockholm: Sveriges Riksdag, 1994.

Blomqvist, Håkan, *Nation, ras och civilisation i svensk arbetarrörelse före nazismen*. Stockholm, 2006.

Boréus, Kristina, *Högervåg. Nyliberalism och kampen om språket i svensk debatt 1969–1989*. Stockholm, 1994.

Brusewitz, Axel, *Kungamakt, herremakt, folkmakt. Författningskampen i Sverige*. Uppsala, 1951.

Bäck, Mats & Tommy Möller, *Partier och organisationer*. 6 uppl. Stockholm, 2003.

Castells, Manuel, *Identitetens makt*. Göteborg, 2000.

Crouch, Colin, *Postdemokrati*. Göteborg, 2011.

Dahlerup, Drude, "Feministisk partipolitik. Om skillnader i svensk och dansk jämställdhetsdebatt". I: Florin, Christina & Christina Bergqvist (red.), *Framtiden i samtiden. Könsrelationer i förändring i Sverige och omvärlden*. Stockholm, 2004.

Daléus, Pär, *Politisk ledarskapsstil: Om interaktionen mellan personlighet och institutioner i utövandet av det svenska statsministerämbetet*. Stockholm, 2012.

Daun, Åke, *En stuga på sjätte våningen*. Stockholm, 2005.

Demker, Marie, "Ökat motstånd mot flyktingmottagning och invandrares religionsfrihet", I Andersson, Ulrika, Ohlsson, Jonas, Ekengren Oscarsson, Henrik & Maria Oskarson (red.), *Larmar och gör sig till*. Göteborg, 2017.

Downs, Anthony, *An Economic Theory of Democracy*. New York, 1957.

Duverger, Maurice, *Political Parties. Their Organization and Activity in the Modern State*. London, 1954.

Easton, David, *A Systems Analysis of Political Life*. New York, 1965.

Edquist, Samuel, "Blå som himlen och gul som solen. Om vänstern och den svenska nationalismen kring sekelskiftet 1900." I: Petterson, Lars (red.), *I nationens intresse. Ett och annat om territorier, romaner, röda stugor och statistik*. Uppsala, 1999.

Ehn, Billy, *Arbetets flytande gränser.* Stockholm, 1981.

Ekström von Essen, Ulla, *Folkhemmets kommun: Socialdemokratiska idëer om lokalsamhället 1939–1952.* Stockholm, 2003.

Ekström von Essen, Ulla & Rasmus Fleischer, *Sverigedemokraterna i de svenska kommunerna 2002–2006. En studie av politisk aktivitet, strategi och mobilisering.* Rapport till Integrationsverket, 2006.

Elster, Jon & Rune Slagstad (red.), *Constitutionalism and democracy.* Cambridge, 1988.

Elvander, Nils, *Harald Hjärne och konservatismen. Konservativ idedebatt i Sverige 1865–1922.* Uppsala, 1961.

————, *Svensk skattepolitik 1945–1970. En studie i partiers och organisationers funktioner.* Stockholm, 1972.

————, *Den svenska modellen. Löneförhandlingar och inkomstpolitik 1982–1986.* Stockholm, 1988.

Erlingsson, Gissur, *Varför bildas nya partier? Om kollektivt handlande och partientreprenörer.* Lund, 2005.

————, "Utredningsväsendets förfall skadar det politiska systemet", *Dagens samhälle, februari 2016.*

Esaiasson, Peter, *Svenska valkampanjer 1866–1988.* Stockholm, 1990.

Esping-Andersen, Gösta, "Jämlikhet, effektivitet och makt. Socialdemokratisk välfärdspolitik". I: Misgeld, Klaus, m.fl. (red.), *Socialdemokratins samhälle.* Stockholm, 1989.

Florin, Christina & Josefin Rönnbäck, "Gamla och nya rum i politiken: Kvinnorättsrörelsen som bildningsprojekt". I: Jonsson, Christer (red.), *Rösträtten 80 år. Forskarantologi.* Stockholm, 2001.

Freidenvall, Lenita, "Debatten om den 'lilla' rösträttsfrågan – en analys av riksdagsdebatten 1884–1921 om kvinnors rösträtt". Stockholms universitet: Statsvetenskapliga institutionen, 2003.

————, *Vägen till Varannan Damernas, Om kvinnorepresentation, Kvotering och kandidaturval i svensk politik 1970–2002.* Stockholm, 2006.

Frängsmyr, Tore, *Svensk idéhistoria. Bildning och vetenskap under tusen år. Del II 1809–2000.* Stockhom, 2000.

Geertz, Clifford, *The Interpretation of Culture.* New York, 1975.

Gerdner, Gunnar, *Parlamentarismens kris i Sverige vid 1920-talets början.*

Uppsala, 1954.

Giddens, Anthony, *Modernity and Self-Identity – Self and Society in the Late Modern Age*. Stanford, 1991.

_____, *Modernitet och självidentitet: självet och samhället i den senmoderna epoken*. Göteborg, 1999.

Gidlund, Gullan, *Partistöd*. Umeå, 1983.

Gilljam, Mikael & Jörgen Hermansson (red.), *Demokratins mekanismer*. Malmö, 2003.

Gilljam, Mikael & Sören Holmberg, *Väljarna inför 90-talet*. Stockholm, 1993.

Goldmann, Kjell, *The Logic of Internationalism: Coercion and Accommodation*. London, 1994.

Gramsci, Antonio, *Selections From the Prison Notebook of Antonio Gramsci*. London, 1971.

Grendstad, Gunnar & Susan Sundback, "Sociodemographic Effects on Cultural Biases. A Nordic Study of Grid-Group Theory". *Acta Sociologica*, 46, 2003.

Gustafsson, Lars, *Problemformuleringsprivilegiet*. Stockholm, 1989.

Gustafsson, Agne, *Kommunal självstyrelse. Kommuner och landsting i det politiska systemet*. 7 uppl. Stockholm, 1999.

Gustavsson, Jakob, "Välstånd och autonomi". I: Johansson, Karl-Magnus (red.), *Sverige i EU*. 2 uppl. Stockholm, 2002.

Hadenius, Axel, *Spelet om skatten*. Stockholm, 1981.

Hadenius, Axel, *Medbestämmandereformen*. Uppsala, 1983.

_____, *Demokrati. En jämförande analys*. Malmö, 2002.

Hadenius, Stig, *Modern svensk politisk historia. Konflikt och samförstånd*. 6 uppl. Stockholm, 2003.

Hagård, Birger, *Nils Wohlin – konservativ centerpolitiker*. Vadstena, 1976.

Hannertz, Ulf, *Den svenska kulturen*. Socialantropologiska institutionen, Stockholms universitet, 1983.

Heclo, Hugh & Henrik Madsen, *Policy and Politics in Sweden*. Philadelphia, 1987.

Heckscher, Sten, "Några tankar om kommittédirektiv och utredningsarbete", *Svensk Juristtidning*, 2020.

Hegeland, Hans, *Nationell EU-parlamentarism. Riksdagens arbete med EU-*

frågorna. Stockholm, 2006.

Hellström, Gunnar, *Jordbrukspolitik i industrisamhället med tyngdpunkt på 1920- och 30-talen*. Stockholm, 1976.

Hemström, Mats, *Marschen mot makten: västra arméns revolt och väg till Stockholm 1809*. Uppsala, 2005.

———, "Ett land på väg mot undergång". I: *Maktbalans och kontrollmakt. 1809 års händelser, idéer och författningsverk i ett tvåhundraårigt perspektiv*. Stockholm, 2009.

Hermansson, Jörgen, *Politik som intressekamp. Parlamentariskt beslutsfattande och organiserade intressen i Sverige*. Stockholm, 1993.

Hermansson, Jörgen, Lund, Anna, Svensson, Torsten & Perola Öberg, *Avkorporativisering och lobbyism*. Demokratiutredningens forskarvolym XIII, SOU 1999:121.

Hernes, Gudmund, "Det medie-vridna samfunn". I: Hernes, Gudmund (red.), *Forhandlingsekonomi og blandingsadministrasjon*. Bergen, 1978.

Hirdman, Yvonne, Lundberg, Urban & Jenny Björkman, *Sveriges historia 1920–1965*. Stockholm, 2012.

Holmberg, Erik, Stjernquist, Nils, Isberg, Magnus & Göran Regner, *Vår författning*. 13 uppl. Stockholm, 2003.

Holmberg, Sören, *Riksdagen representerar svenska folket. Empiriska studier i representativ demokrati*. Stockholm, 1974.

———, *Väljare i förändring*. Stockholm, 1984.

Hylén, Jan, *Fosterlandet främst? Konservatism och liberalism inom högerpartiet 1904–1985*. Stockholm, 1991.

Inglehart, Ronald, *Modernization and Postmodernization. Cultural, Economic, and Political Change in 43 Societies*. Princeton, 1997.

Jacobsson, Kerstin, *Så gott som demokrati. Om demokratifrågan i EU-debatten*. Umeå, 1997.

Jansson, Torkel, *Adertonhundratalets associationer. Forskning och problem kring ett sprängfullt tomrum eller sammanslutningsprinciper och föreningsformer mellan två samhällsformationer ca 1800–1870*. Stockholm, 1985.

Johannesson, Kurt, *Svensk retorik: Från Stockholms blodbad till Almedalen*. Stockholm, 1984.

Johansson, Alf W., *Finlands sak. Svensk politik och opinion under vinterkriget 1939–1940*. Stockholm, 1973.

_____, "Neutralitet och modernitet: Andra världskriget och Sveriges nationella identitet". I: Hult, Bo & Klaus-Richard Bohme (red.), *Horisonten klarnar: 1945–krigsslut*. Stockholm, 1995.

Johansson, Göran, *Kristen demokrati på svenska: Studier om KDS's tillkomst och utveckling 1964–1982*. Lund, 1985.

Johansson, Hilding, *Folkrörelserna och det demokratiska statsskicket i Sverige*. Stockholm, 1952.

Johansson, Roger, *Kampen om historien: Ådalen 1931. Sociala konflikter, historiemedvetande och historiebruk 1931–2000*. Stockholm, 2001.

Jonung, Lars, "Knut Wicksells prisstabiliseringsnorm och penningpolitiken på 1930-talet". I: Herin, Jan & Lars Werin (red.), *Ekonomisk debatt och ekonomisk politik*. Lund, 1977.

_____, *Med backspegeln som kompass*. Stockholm, 1999.

Kan, Aleksander, *Hemmabolsjevikerna – den svenska socialdemokratin, ryska bolsjeviker och mensjeviker*. Stockholm, 2005.

Katz, Steven & Peter Mair, "Changing models of party organization and party democracy: the emergence of the cartel party". *Party Politics*, Nr 1.

Kingdon, John, *Agenda, Alternatives, and Public Policies*. Boston, 1984.

Korpi, Walter, *Den demokratiska klasskampen. Svensk politik i jämförande perspektiv*. Stockholm, 1981.

Lagerroth, Fredrik, "Staaff eller De Geer?", *Statsvetenskaplig Tidskrift*, 1943.

Larsson, Sven-Erik, *Regera i koalition*. Stockholm, 1987.

Larsson, Torbjörn, *Det svenska statsskicket*. Lund, 1993.

Lawson, Kay, "When Linkage Fails". I: Lawson, Kay & Peter Merkl (red.), *When Parties Fail: Emerging Alternative Organizations*. Princeton, 1988.

Leander, Cornelia, "Assesing pariah party status: Concept Operationalization and the case of Sweden", *Scandinavian Political Studies*, vol 45, nr 3.

Le Bon, Gustave, *Massans psykologi*. Stockholm, 1895.

Lewin, Leif, *Planhushållningsdebatten*. Uppsala, 1967.

_____, *Det gemensamma bästa*. Stockholm, 1988.

_____, *Samhället och de organiserade intressena*. Stockholm, 1992.

_____, "Bråka inte!" – om vår tids demokratisyn. 2 uppl. Stockholm, 2002a.

_____, *Ideologi och strategi. Svensk politik under 100 år.* 5 uppl. Stockholm, 2002b.

Lidbeck, Åse, *Allianser och illusioner. Socialdemokratin och konsumtionsbeskattningen.* Stockholm, 2018.

Lijphart, Arend, *Parliamentary versus Presidential Government.* Oxford, 1992.

Lindahl, Rutger, "En folkomröstning i fredens tecken". I: Gilljam, Mikael & Sören Holmberg (red.), *Ett knappt ja till EU.* Stockholm, 1996.

Lindahl, Rutger & Maria Oskarsson, "EU-medlemskap – på gott och ont". I: Holmberg, Sören m.fl., *Europaopinionen.* Göteborg, 2001.

Linderborg, Åsa, *Socialdemokraterna skriver historia. Historieskrivning som ideologisk maktresurs 1892–2000.* Stockholm, 2001.

Lindvall, Johannes, *The Politics of Purpose.* Statsvetenskapliga institutionen, Göteborgs universitet, 2004.

_____, "Den starka statens ekonomiska politik". I: Rothstein, Bo & Lotta Westerhall (red.), *Bortom den starka statens politik?* Stockholm, 2005.

_____, *Ett land som alla andra. Från full sysselsättning till massarbetslöshet.* Stockholm, 2006.

Lindvall, Johannes, Bäck, Hanna, Dahlström, Carl, Naurin, Elin & Jan Teorell, *Samverkan och strid i den parlamentariska demokratin.* SNS Demokratirapport 2017. Stockholm, 2017.

Lipset, Seymor M. & Stein Rokkan, "Cleavage Structures, Party Systems, and Voter Alignments". I: Lipset, Seymor & Stein Rokkan (red.), *Party Systems and Voter Alignments.* New York, 1967.

Ljunggren, Stig-Björn, *Folkhemskapitalismen. Högerns programutveckling under efterkrigstiden.* Stockholm, 1992.

Lukes, Steven, *Power: A Radical View.* London, 1974.

Lundberg, Urban, *Juvelen i kronan. Socialdemokraterna och den allmänna pensionen.* Stockholm, 2003.

Lundkvist, Sven, *Folkrörelserna i det svenska samhället 1850–1920.* Stockholm, 1977.

Lundström, Mats, "Fasciststampeln på SD är missvisande", *UNT,* 17 januari 2015.

Löwdin, Per, *Det dukade bordet. Om partierna och de ekonomiska kriserna.* Uppsala, 1998.

Mair, Peter, *Ruling the Void. The Hollowing of Western Democracy.* London,

2013.

March, James G. & Johan P. Olsen, "The New Institionalism: Organizational Factors in Political Life". *American Political Science Review*, 78, 1984.

_____, *Rediscovering Institutions. The Organizational Basis of Politics*. New York, 1989.

Mattson, Ingvar, *Den statliga budgetprocessen – rationell resursfördelning eller meningslös ritual?* Stockholm, 2001.

_____, "På spaning efter den mandatperiod som flytt", I Bull, Thomas, Mattson, Ingvar & Jan Teorell (red,), *Makt, opinion och politik. En festskrift till Olof Petersson*. Stockholm, 2023.

Micheletti, Michele, *Political Consumerism. Political Virtue and Shopping: Individuals, Consumerism and Collective Action*. New York, 2003.

Milward, Alan, *The European Rescue of the Nation State*. Berkeley, 1992.

Molin, Karl, "'De borgerligas andliga inflytande'. Om ideologisk hegemoni och socialdemokratins roll i samhällsomvandlingen", *Arbetarhistoria*, nr 3–4, 1993.

_____, *Försvaret, folkhemmet och demokratin. Socialdemokratisk riksdagspolitik 1939–1945*. Stockholm, 1974.

Möller, Tommy, *Borgerlig samverkan*. Uppsala, 1986.

_____, *Politikens meningslöshet. Om misstro, cynism och utanförskap*. Malmö, 2000.

_____, *Mellan ljusblå och mörkblå. Gunnar Heckscher som högerledare*. Stockholm, 2004.

_____, *Folkomröstningar*. Stockholm, 2005.

_____, *Politiskt ledarskap*. Malmö, 2009.

_____, *Efter guldåldern. Om partiernas förändring och vad den betyder för demokratin*. Malmö, 2018.

Möller, Tommy & Hans Norman, *Nittonhundratalets Uppsala*. Uppsala, 2002.

Möller, Tommy & Margit Silberstein, *En marsch mot avgrunden. Socialdemokratins svarta år*. Stockholm, 2013.

Nicklasson, Stina, *Högerns kvinnor. Problem och resurs för Allmänna valmansförbundet perioden 1900–1936/37*. Uppsala, 1992.

Nycander, Svante, *Makten över arbetsmarknaden: Ett perspektiv på Sveriges 1900-tal*. Stockholm, 2002.

Nyman, Olle, *Svensk parlamentarism 1932–1936. Från minoritetsparlamentarism till majoritetsparlamentarism.* Uppsala, 1947.

Nyman, Torkel, *Kommittépolitik och parlamentarism: Statsminister Boström och rikspolitiken 1891–1905. En studie av den svenska parlamentarismens framväxt.* Uppsala, 2000.

Ohlander, Ann-Sofie, "'Mina herrar': Mansrepresentation i Sveriges riksdag". I: Jönsson, Christer (red.), *Rösträtten 80 år. Forskarantologi.* Stockholm, 2001.

Ohlsson, Per T., *Svensk politik.* Lund, 2014.

Olsson, Stefan, *Den svenska högerns anpassning till demokratin.* Uppsala, 2000.

Oscarsson, Henrik, *Den svenska partirymden. Väljarnas uppfattningar av konfliktstrukturen i partisystemet 1956–1966.* Göteborg, 1998.

Oscarsson, Henrik & Sören Holmberg (red.), *Kampen om euron.* Göteborg, 2004.

———, *Ett avslaget val.* Göteborg, 2005.

———, *Svenska väljare.* Stockholm, 2016.

Panebianco, Angelo, *Political Parties: Organization and Power.* Cambridge, 1988.

Peters, Guy, *Institutional Theory in Political Science.* New York, 2005.

Petersson, Olof, *Väljarna och valet 1976.* Stockholm, 1977.

———, *Regeringsbildningen 1978.* Stockholm, 1979.

———, *Svensk politik.* Stockholm, 1993.

Petré, Torsten, *Ministären Themptander.* Uppsala, 1945.

Riker, William, "Political Trust and Rational Choice". I: Lewin, Leif & Evert Vedung (red.), *Politics as Rational Action. Essays in public choice and policy analysis.* London, 1980.

Ruin, Olof, *Mellan samlingsregering och tvåpartisystem. Den svenska regeringsfrågan 1945–1960.* Stockholm, 1968.

———, "Svensk politisk stil: Att komma överens och tänka efter före". I: Hagg, Gudmund (red.), *Land i olag. Samhällsorganisation under omprövning.* Stockholm, 1983.

———, *I välfärdsstatens tjänst: Tage Erlander 1946–69.* Stockholm, 1986.

———, *Folkomröstningar och parlamentarism.* SOU 1997:56.

———, *Statsministern. Från Tage Erlander till Göran Persson.* Hedemora,

2007.

Runcis, Maija, "I skuggan av välfärdsstaten". I: Hallberg, Peter & Claes Lernestedt (red.), *Svenska värderingar*. Stockholm, 2002.

Rustow, Dankward, *The Politics of Compromise*. Princeton, 1955.

Rydgren, Jens, *Från skattemissnöje till etnisk nationalism: högerpopulism och parlamentarisk högerextremism i Sverige*. Lund, 2005.

Rydgren, Jens & Anders Widfeldt (red.), *Från Le Pen till Pim Fortuyn. Populism och parlamentarisk högerextremism i dagens Europa*. Malmö, 2004.

Rönnbäck, Josefin, *Politikens genusgränser. Den kvinnliga rösträttsrörelsen och kampen för kvinnors politiska medborgarskap 1902–1921*. Stockholm, 2004.

Sannerstedt, Anders, *Förhandlingar i riksdagen*. Lund, 1992.

Sartori, Giovanni, *Parties and Party Systems*. New York, 1969.

Schiller, Bernt, *Samarbete eller konflikt?* Stockholm, 1988.

Schüllerqvist, Bengt, *Från kosackval till kohandel. SAP:s väg till makten (1928–33)*. Stockholm, 1992.

Simonson, Birger, *Socialdemokratin och maktövertagandet. SAP:s politiska strategi 1889–1911*. Göteborg, 1985.

Sjöblom, Gunnar, *Party Strategies in a Multiparty System*. Lund, 1968.

SOU 2000:81, *Valdeltagande och Europaparlamentsval*.

Stern, Eric & Bengt Sundelius, "Sweden's Twin Monetary Crisis of 1992: Rigidity and Learning in Crisis Decision Making", *Journal of Contingencies and Crisis Management*, nr 1, 1997.

Stjernquist, Nils, *Tvåkammartiden: Sveriges riksdag 1867–1970*. Stockholm, 1996.

Strandberg, Urban, *Debatten om den kommunala självstyrelsen 1962–1994*. Hedemora, 1998.

Stråth, Bo, *Union och demokrati. De förenade rikena Sverige-Norge 1814–1905*. Stockholm, 2005.

Sundin, Anders, *1809: statskuppen och regeringsformens tillkomst som tolkningsprocess*. Uppsala, 2006.

———, "Att öppna ett fönster – och att stänga det". I: *Maktbalans och kontrollmakt. 1809 års händelser, idéer och författningsverk i ett tvåhundraårigt perspektiv*. Stockholm, 2009.

Svensson, Kristian, *Kravaller och steriliseringar*. Stockholm, 2001.

Svensson, Torsten, *Socialdemokratins dominans. En studie av den svenska socialdemokratins partistrategi*. Uppsala, 1994.

_____, *Marknadsanpassningens politik. Den svenska modellens förändring 1980–2000*. Uppsala, 2001.

von Sydow, Björn, *Vägen till enkammarriksdagen. Demokratisk författningspolitik i Sverige 1944–1968*. Stockholm, 1989.

_____, *Parlamentarismen i Sverige. Utveckling och utformning till 1945*. Stockholm, 1997.

_____, "1809 års författningsverk – vad kan vi lära för framtiden?". I: *Maktbalans och kontrollmakt. 1809 års händelser, idéer och författningsverk i ett tvåhundraårigt perspektiv*. Stockholm, 2009.

Teorell, Jan, *Demokrati eller fåtalsvälde. Om beslutsfattande i partiorganisationer*. Uppsala, 1998.

Teorell, Jan, Bäck, Hanna, Hellström, Johan & Johannes Lindvall, *134 dagar. Om regeringsbildningen efter valet 2018*. Stockholm, 2020.

Thelen, Kathleen, "Historical Institutionalism in Comparative Politics", *Annual Review of Political Science*, 1999.

Thompson, Michael, Richard Ellis & Aaron Wildavsky, *Cultural Theory*. Boulder, 1990.

Thörn, Håkan, *Globaliseringens dimensioner: Nationalstat, världssamhälle, demokrati och sociala rörelser*. Stockholm, 2002.

Tilton, Tim, "Ideologins roll i socialdemokratisk politik". I: Misgeld, Klaus, m.fl. (red.), *Socialdemokratins samhälle*. Stockholm, 1989.

Tingsten, Herbert, *Political Behaviour*. Stockholm, 1937.

_____, *Den svenska socialdemokratiens idéutveckling*. Stockholm, 1941.

_____, *Demokratiens problem*. Stockholm, 1945.

_____, "Det norska mönstret och demokratin". *Dagens Nyheter* 24 juli 1964.

Todal Jenssen, Anders, Pesonen, Pertti & Mikael Gilljam (red.) *To Join or Not to Join. Three Nordic Referendums on Membership in the European Union*. Oslo, 1998.

Torstendahl, Rolf, *Mellan nykonservatism och liberalism: Idébrytningar inom högern och bondepartierna 1918–1934*, Uppsala, 1969.

Uddhammar, Emil, *Partierna och den stora staten. En analys av statsteorier och svensk politik under 1900-talet*. Stockholm, 1993.

Ullenhag, Kersti, *Industriell utveckling och demokratisering 1862–1921*. Uppsala stads historia V. Uppsala, 1984.

Vedung, Evert, *Unionsdebatten 1905. En jämförelse mellan argumenteringen i Sverige och Norge*. Uppsala, 1971.

———, *Kärnkraften och regeringen Fälldins fall*. Uppsala, 1979.

———, "Grönt för miljöpartiet". *Politica. Tidskrift for politisk videnskab*, 4, 1988.

Wahlbäck, Krister, *Finlandsfrågan i svensk politik 1937–1940*. Stockholm, 1964.

Wallin, Gunnar, *Valrörelser och valresultat. Andrakammarvalen i Sverige 1866–1884*. Stockholm, 1961.

Weaver, Kenneth, "The Politics of Blame Avoidance", *Journal of Public Policy*, vol. 6, 1986.

Weber, Max, *Vetenskap och politik*. Göteborg, 1977.

Westberg, Jacob, *Den nationella drömträdgården. Den stora berättelsen om den egna nationen i svensk och brittisk europadebatt*. Stockholm, 2003.

Åberg, Rune (red.), *Industrisamhälle i omvandling. Människor, arbete och socialt liv i en svensk industristad från femtiotal till åttiotal*. Stockholm, 1990.

Åsard, Erik, *LO och löntagarfondsfrågan. En studie i facklig politik och strategi*. Stockholm, 1978.

Østerud, Øivind, *Statsvetenskap: Introduktion i politisk analys*. Oslo, 1997.

Öhman, Bernt, *Solidarisk lönepolitik och löntagarfonder*. SOU 1982:47.

Öhman, Johan, *Politiken bakom pensionsreformen. Tre institutionella perspektiv*. Stockholms universitet, Statsvetenskapliga institutionen, 2006.

Östberg, Kjell, *Byråkrati och reformism. En studie av svensk socialdemokratis politiska och sociala integrering fram till första världskriget*. Lund, 1990.

———, "Demokratiskt genombrott med förhinder: Kvinnorna och det demokratiska genombrottet under mellankrigstiden". I: Jönsson, Christer (red.), *Rösträtten 80 år. Forskarantologi*. Stockholm, 2001.

옮긴이의 말

이 책은 1809년부터 2022년 최근의 선거까지 200년간의 스웨덴 역사를 정치를 중심으로 서술한 책이다. 당연히 정치적으로 중대한 사건을 전부 다루고 있으며, 저자가 말하고 있듯이 정치가 사회의 다른 측면과 무관한 것이 아니니 사건들을 전후한 변화의 배경을 더불어 설명하고 있다. 그래서 스웨덴 현대사의 흐름을 파악하기에 좋은 책이다. 간략히 나누자면 의회주의 정체의 발전과 복지사회의 건설, 세계화 시대의 변화한 정치 환경이다.

이러한 역사를 관통하는 주제는 정치 문화이다. 단적으로 말하자면 '합의'의 정치 문화이다. 저자는 1809년 통치조직법부터 1933년 사회민주당과 농민연합의 위기 대응책 합의에 이르기까지 그러한 정치 문화가 형성되는 여러 계기들을 짚어주며, 이후 사회민주당의 장기 집권 기간 동안 합의의 정치 문화가 어떻게 작동하여 복지국가를 건설했는지, 그리고 1980년대 이후 새로운 환경 속에서 합의의 정치 문화와 복지국가가 어떠한 변화를 겪었는지 설명한다.

합의의 정치 문화에는 두 가지 측면이 있다. 하나는 국가가 정치적, 사회적 위기에 봉착했을 때 정치 세력들이 보여준 결단인데, 여기에는 스웨덴다운 일종의 역사적 전통이 엿보인다. 책에서도 언급하다시피 1809년 통치조직법 제정과 1866년 양원제의 근대적 의회 개혁, 1907년의 남성 보통선거제와 비례대표제 도입, 1917~1918년의 의회주의와 보통선거제의 관철에 이르기까지 기득권 세력과 개혁을 원하는 세력 간의 타협은 합의 정신의 표출을 보여준다. 심지어 개혁에 반대한 자들까지도 결론이 내려진 이후에는 상대편에 대한 의심을 접고 그들이 똑같이 국가와 사회를 위해 최선을 다할 것이라는 믿음을 보여주었다. 합의의 정치 문화는 1933년 사회민주당과 농민연합의 위기협약을 거쳐 제2차 세계대전 기간의 거국내각, 이후 사회민주당과 농민연합(중앙당)의 협력을 통해 복지국가를 건설하는 초석이 되었다. 1980년대부터 세계화의 영향으로 정치 환경이 변했지만 합의를 통해 문제를 해결하려는 노력은 21세기에 들어서도 크게 흔들리지 않았다.

합의를 뜻하는 스웨덴어 '삼푀슈톤드samförstånd'는 '서로를 이해한다'는 뜻인데, 두 정치 진영이 서로 가까워졌다는 의미로 해석한다면 이는 매우 적합한 용어이다. 1930년대 초 사회민주당과 농민연합의 위기협약과 1938년 고용주연합과 노동조합총연맹의 살트셰바드 협약을 합의의 정치 문화가 비교적 안정된 틀을 갖추는 중대한 계기로 볼 수 있지만, 1918년 혁명적인 상황에서 우익보수당과 사회민주당이 타협을 통해 헌법 문제를 해결하고 1930년대 초에도 두 정당이 각각 과격한 극우 세력인 나치와 공산주의자들과 거리를 두고 단호히 민주주의를 수호하기로 한 것도 민주주의라는 가치를 중심으로 서로 다가간 결과였다. 제2차 세계대전을 거치며 중립정책을 고수하고 당연히 대립이 없지 않았지만 복지사회라는 큰 틀에 이견이 없었다는 점도 지적할 수 있다. 부르주아 정당들이 복지 이데올로기를 받아들이고 사회민주당이 소유권 문제에서 사회주의적 시각을 포기하고 시장경제를 수용한 것은 다양하게 해석할 수 있지만 합의의 정치 문화가 뿌리를 내리는 중요한 요인이었음은 분명하다. 1976년 선거 후 44년 만에 사회민주당으로부터 정권을 빼앗은 부르주아 정당들의 연립정부가 복지국가의 근간에 손대지 않은 것이나 1980년대 이후 경제 위기가 닥쳤을 때 사회민주당 정부가 당의 기반인 지지 세력의 불만을 무릅쓰고 긴축 정책을 취한 것도 이러한 시각에서 볼 수 있다.

이러한 정치 문화가 만들어지는 과정이 결코 순탄하지는 않았다. 1920년대에는 '사회주의 정당들'과 '부르주아 정당들' 양쪽에서 모두 민주화에 대한 확신이 견고하게 뿌리를 내리지 못했다. 책에서 정치 문화의 '형성의 계기'로 몇몇 역사적 국면을 언급하고 있는데, 돌이켜보면 1917~1918년의 민주주의 제도 관철에서 1932~1933년 선거와 사회민주당과 농민당의 위기협약에 이르는 시기가 결정적이었다고 할 수 있다. 일찍이 혁명 노선을 버리고 의회주의를 위해 노력한 사회민주당은 보통선거제를 최우선의 목표로 삼았다. 1917년에 하원 다수당이 내각을 구성한다는 의회주의의 원칙이 확립되었고 1918년 보통선거제의 도입과 상원의원 선출의 선거권을 지닌 지방의회 의원 선출의 불평등 선거가 폐지되면서 민주화가 이루어졌다. 그러나 사회민주당으로서는

1920년대가 만족스럽지 않았다. 정치 지형이 변하면서 그때까지 민주화를 위해 함께 싸웠던 자유당이 반대 진영으로 넘어가 보수당과 더불어 이른바 '부르주아 정당들'로 결집하면서 사회민주당은 경제의 민주화를 향한 당의 장기적 정책 목표에서 진척을 보이지 못했다. 이는 사실 충분히 예견된 일이었다. 1917~1918년의 이른바 '스웨덴혁명'의 국면에서 당이 조사한 바에 따르면 민주화 이후로 사회민주당이 의회에서 과반을 달성하기가 어려웠다. 실제로 1920년대에 사회민주당의 사회정책에서 주된 문제는 실업보험이었는데, 부르주아 정당들의 반대로 거듭 실패했다. 민주화가 원하는 결과를 자동적으로 가져오는 것이 아닌 상황에 당내에서도 민주주의 제도에 대한 의구심을 표명하는 자들이 있었다. 반대로 보수당은 사회민주당에서 이탈한 공산주의자들은 물론 사회민주당의 일부 인사들까지 군주제 폐지 등 과격한 요구를 내세우는 상황에서 민주화를 수용할 수밖에 없었고, 동시에 사회민주당과 마찬가지로 민주화 이후 보수 세력의 정치적 입지가 완전히 흔들리는 일은 없을 것이라는 예측에 어느 정도 안심하기도 했다. 1920년대에는 실제로 어느 정당도 의회에서 과반을 달성하지 못했고, 보수당은 당에 중요한 국방 문제에서 사회민주당의 군축안을 무산시켰다. 이 시기에 보수당 안에서는 민주주의에 대한 확신이 절대적이지 않았다. 이러한 불안정성은 1930년대 초 위기에서 해소되었다. 사회민주당에 집중하여 보자면 계급정당에서 국민정당으로 탈바꿈한 것이 이데올로기적으로는 중요한 요인이었고, 보수당을 보자면 독일에서 나치가 집권하고 그 여파로 비록 미미했지만 스웨덴에서도 나치 세력이 준동했을 때 이들과 분명하게 거리를 둔 것이 또한 중요했다. 민주주의에 대한 의구심을 버리지 못한 보수당이 '민주주의의 수호자'로 나선 것이 분명코 스웨덴 정치체제의 안정화에 크게 기여했다. 이것이 합의의 정치 문화가 더욱 견고하게 정착하고 존속하게 되는 밑바탕이었다고 하겠다.

합의의 정치 문화를 이야기할 때에는 그 제도적 측면을 빼놓을 수 없다. 스웨덴은 합리적인 정책 결정을 위해 특정 문제에 관한 입법 과정에서 이해관계가 있는 당사자들과 전문가들이 충분한 시간을 들여 문제를 조사하여 보고서를 작성하는 입법조사단 제도를 활용했는데, 이는 대결을 피하고 타협을 이루려는 문화가 제도적으로 표현된 것으로 볼 수 있다. 또한 선거에서 비례대표제를 채택한 것도 의회에서 정당들이 극단적인 제안을 물리치고 중도에서 타협을 이룰 수밖에 없도록 강제하여 합의의 정치 문화를 유도했다. 합의의 정치 문화가 사안별로 정당 간에 대립이 없었다는 뜻은 아니다. 특정 사안을 둘러싼 입법조사단의 논의도 여러 소수 의견으로 나뉘어 다수 의견을 도출하지 못하는 경우가 많았고, 결국 정책은 의회에서 다수결로 결정되었다. 국민추가연금 문제에서 사회민주당 안이 한 표 차이로 통과된 것은 정책을 둘러싼 대립이 첨예했음을 보여준다. 그렇다면 합의의 정치 문화가 형성되던 시기에는 파국을 피하기 위한 정치인들의 타협 의지가 돋보이지만, 의회주의와 보통선거제로 정치의 민주주의가 확립된 이후로는 제도 자체가 합의를 강요했다고 보는 것이 타당하다. 비례대표제로 다당제가 확립된 것이 타협을 불가피하게 했다고 할 수 있다.

1980년대 이후 신용 시장의 규제 완화와 자본의 자유로운 이동은 정치 환경에도 영향을 미쳐 스웨덴 정치의 안정성이 약해지는 결과를 가져왔다. 특히 새로운 정당의 원내 진입을 가능하게 하여 안정을 더욱 흔든 것은 이민 문제였다. 특히 난민에 관대한 정책은 계급을 뛰어넘어 보편적 연대를 지향한 사회민주당 이데올로기가 세계적 차원에 적용된 것으로 볼 수 있는데 역시 합의의 영역 내에 있었다. 그러나 경제 사정의 악화와 대규모 난민 유입이 겹치자 스웨덴 사회에 불만이 생겨났으며, 기존 정당들이 이를 수용하지 못하자 스웨덴민주당이 등장하여 급격한 성장을 이뤄냈다. 1988년 창당한 스웨덴민주당은 2010년에 의회에 진입한 뒤 2022년 선거에서는 온건보수당을 제치고 사회민주당 다음으로 많은 의석을 차지했다. 스웨덴민주당은 초기의 인종주의적 태도 때문에 다른 정당들로부터 외면당했지만, 의회에서 확보한 힘으로 정부의 법안과 예산안을 무산시키고 의회정치의 안정성을 해쳤다. 경제적 세계화에 따른 불평등의 확대와 유입 이민의 증대로 인한 다문화 사회의 성립은 갈등을 증폭시켰고, 결과적으로 오랫동안 지속된 합의의 정치 문화는 갈림길에 서게 되었다. 어떻게 될지는 누가 흔히 쓴 표현대로 지켜볼 일이다.

  스웨덴이 1980년대부터 세계화의 영향 속에서 맞닥뜨린 문제들은 우리에게도 현실적이다. 스웨덴 정치가 역사적으로 이례적인 성격을 띠었지만 작금의 상황은 다른 나라의 정치를 이해하는 데에도 타산지석이 될 것이다. 그러나 우리의 정치를 말하자면 21세기 스웨덴 정치를 복잡하게 만든 여러 요소의 존재를 확인할 수 있으면서도 왠지 후진적이라는 생각을 떨칠 수가 없다. 한국 경제가 발전하여 국민의 소득이 높아졌다고는 하지만 빈부격차가 해소되었는지는 모르겠다. 우리는 진정 복지사회에 도달했는가? 정치인들이 저마다 국민의 복지에 큰 역할을 했다고 떠들어대지만 과연 그들에게 정치한 복지사회 관념이 있는지는 의문이다. 한국의 정치인들은 주거와 교육, 의료, 노동에서 국민이 큰 걱정 없이 안정되게 살 수 있도록 하려는 의지가 있는가? 한국 사회에서 사회이동은 가능한가? 노동 현장의 안전은 보장되고 있는가? 가정을 꾸리고 안정된 삶을 유지할 수 없다는 판단에 젊은이들이 혼인과 출산을 포기한다는 것은 누구나 알고 있다. 젊은이들이 결혼과 출산에 엄두를 내지 못하는 사회를 복지사회라고 말할 수 없다. 나라의 소멸을 이야기할 정도로 심한 인구 급감의 배후에는 한국 사회를 지배하는 원리가 공존이 아니라 적자생존이라는 사실이 도사리고 있다. 모든 것이 서울에 집중되는 현상은 그것을 적나라하게 보여준다. 그 승패의 구조는 점점 더 고착되고 있는 것 같다. 그러한 원리가 바뀌지 않으면 복지라는 이름으로 아무리 정책을 쏟아내도 근본적인 문제 해결에 도달하지 못할 것이다.

21세기에 들어선 이후 스웨덴의 '합의' 정치가 흔들렸다고 하지만, 그리고 세계화에 따른 삶의 개인화가 전통적인 정치적 동원을 어렵게 만든다고 하지만, 그래도 저들이 안정적인 사회를 유지했을 때 그것에 기여한 제도가 우리 정치에도 도입되기를 바라는 마음을 숨길 수 없다. 우리의 정치는 아직 "20세기에 부여받은 고귀한 역할"에서 물러날 수 없다. 오랫동안 지속되어 사회의 발전을 견인한 합의의 정치 문화가 흔들리고 정치의 안정성이 깨졌다고 해서 스웨덴 사람들이 역사적으로 안정적인 정치에 기여한 제도를 바꿀 수는 없을 것이다. 한국 정치에 문제가 많지만, 사표를 최대한 줄여 유권자의 의사를 최대한 정확하게 반영하는 비례대표제를 도입하는 것이 변화를 이끌어낼 한 가지 요소가 될 수 있다고 본다. 우선은 그것부터 시작했으면 좋겠다. 스웨덴의 합의라는 정치 문화가 일종의 '구조'라면, 그것은 200여 년간에 걸쳐 여러 계기를 통해 견고해졌고 또한 새로운 시대의 환경에서 다른 계기를 통해 깨질 위험에 처했다. 한국 정치에도 어떤 부정적 '구조'가 있다면 모종의 계기를 통해 깨뜨릴 수도 있을 것이다. 그러한 계기를 만들어야 차후로, 여러 가지 변수가 방해를 하더라도, 더 좋은 나라를 만드는 데 한 걸음 더 나아갈 수 있으리라고 본다. 우리는 긍정적인 정치 문화를 만들어낼 수 있을까? 우선 선거제도부터 고쳤으면 좋겠다. 그다음은 유권자의 올바른 판단과 선택일 텐데, 선거제도를 바꾼다고 자연스럽게 따라올 결과는 당연히 아니다. 그렇지만 적어도 지금의 양당 구도는 깨질 수 있도록 선거제도를 바꿨으면 좋겠다.

스웨덴의 역사를 소개하자니 우선 통사를 소개하는 것이 좋겠다고 생각했지만, 현대 스웨덴의 이해에 도움이 될 이 책을 먼저 골랐다. 스웨덴 대학교의 정치학 전공 학생들을 위해 쓰인 교재 성격의 책이다. 그래서 저자의 참고문헌 목록을 생략하려다가 혹시 스웨덴의 정치와 역사에 관심을 갖게 될 학생들이 있을까 하여 넣기로 했다. 그 밖에 현대 스웨덴 사회에 관심을 가질 사람들에게도 도움이 되기를 바란다.

찾아보기

인명

ㄱ
구스타브 바사 Gustav Vasa 33
구스타브 4세 아돌프 37
구스타브 3세 36~37
구스타브 5세 86, 92, 97~98, 134~136, 176, 386
구스타브 6세 아돌프 200
구스타브 2세 아돌프 34
구스타브손, 벵트 Bengt Gustafsson 308
귄테르, 크리스티안 Christian Günther 168, 172, 175
그람시, 안토니오 Antonio Gramsci 53~55, 390
기든스, 앤서니 Anthony Giddens 21

ㄷ
다운, 오케 Åke Daun 18~19
달레우스, 렌나트 Lennart Daléus 354
덴니스, 벵트 Bengt Dennis 345
들로르, 자크 Jacques Delors 319

ㄹ
라숀, 알란 Allan Larsson 291, 320
라숀, 울로프 Olof Larsson 36, 58
라인펠트, 프레드리크 Fredrik Reinfeldt 354~355, 381, 383, 395~396, 400~401
레빈, 레이프 Leif Lewin 63, 71, 73, 169, 188~189, 244, 260, 360, 394
레위테르셸드, 칼악셀 Carl-Axel Reuterskiöld 137
렌, 예스타 Gösta Rehn 285

뢰벤, 스테판 Stefan Löfven 383, 397~401, 408
뢴베크, 요세핀 Josefin Rönnbeck 108~109, 111, 115
루인, 울로프 Olof Ruin 214
룬데베리, 크리스티안 Christian Lundeberg 64, 67
룬드그렌, 닐스 Nils Lundgren 347
룬드보리, 헤르만 Herman Lundborg 139
뤼덴, 베네르 Värner Rydén 418
르봉, 귀스타브 Gustave le Bon 75
린데르보리, 오사 Åsa Linderborg 55, 390~931
린드, 안나 Anna Lindh 313, 327~328
린드만, 아르비드 Arvid Lindman 64, 80~83, 86, 88, 100, 103, 111, 114, 138, 156, 336
린드발, 요한네스 Johannes Lindvall 284~285, 297, 343
린드베크, 아사르 Assar Lindbeck 348~349
린드하겐, 칼 Carl Lindhagen 93

ㅁ

메이드네르, 루돌프 Rudolf Meidner 229, 242, 285
몰린, 칼 Karl Molin 54~55
뮈르달, 군나르 Gunnar Myrdal 141~142, 186
뮈르달, 알바 Alva Myrdal 141~142
묄레르, 구스타프 Gustav Möller 121~122
미헬스, 로베르트 Robert Michels 75
밀워드, 앨런 Alan Milward 318, 320

ㅂ

바게, 예스타 Gösta Bagge 170
바르, 에곤 Egon Bahr 301
바트라, 안나 킨베리 Anna Kinberg Batra 398
바흐트메이스테르, 이안 Ian Wachtmeister 347, 369, 371
발렌베리, 마르쿠스 Marcus Wallenberg 248
발스트룀, 뤼디아 Lydia Wahlström 108
버바, 시드니 Sydney Verba 15
베스트만 K. G. Westman 137
베스트베리, 야코브 Jacob Westberg 20, 216, 331~332
베크, 울리히 Ulrich Beck 21, 408~409
벨린, 베타 Bertha Wellin 130
보리, 안데슈 Anders Borg 396
보만, 예스타 Gösta Bohman 229, 256, 268, 338
볼라트, 비엔 Björn Wolrath 350
볼린, 닐스 Nils Wohlin 137~138
부드스트룀, 렌나트 Lennart Bodström 304~305
부스트룀, 에리크 구스타브 Erik Gustaf Boström 76~77, 97, 103
브란팅, 얄마르 Hjalmar Branting 68, 71, 89, 93~94, 96, 99~100, 103, 123, 134~135, 138, 143, 389~390
브루세비츠, 악셀 Axel Brusewitz 117
블롬베리, 후고 Hugo Blomberg 79
블롬크비스트, 호칸 Håkan Blomqvist 115, 137
비그포슈, 엔슈트 Ernst Wigforss 143, 157~158, 174, 179, 186
비칸데르, 칼 아우구스트 Carl August Wicander

191
빅토리아 Victoria 92
빅토린, 우베 Owe Wiktorin 308
빌트, 일리스 Gillis Bildt 58, 97, 99
빌트, 칼 Carl Bildt 211, 301~302, 304, 306~307, 309~310, 312, 320, 324, 336~337, 343, 344, 346, 351, 369, 388, 405

ㅅ

산들레르, 리카드 Richard Sandler 93, 123, 135, 233
샤트슈네이더, 엘머 Elmer Schattschneider 285
살린, 모나 Mona Sahlin 352, 397
셀메르, 크리스티안 아우구스트 Christian August Selmer 66
셴크비스트, 닐스 Nils Stjernquist 79, 113
셸렌, 루돌프 Rudolf Kjellén 74, 92
쉬도, 비엔 폰 Björn von Sydow 91, 98, 118, 162, 172
스바츠, 칼 Carl Swartz 96
스베드, 군나르 Gunnar Svärd 204, 206
스베르드룹, 요한 Johan Sverdrup 66
스벤손, 알프 Alf Svensson 367
스벤손, 토슈텐 Torsten Svensson 294
스타프, 칼 Karl Staaff 71, 78, 86, 96, 98, 103, 109, 112~113, 394
스트렝, 군나르 Gunnar Sträng 203~204, 265

ㅇ

아르바토프, 게오르기 Georgij Arbatov 302~303

아델손, 울프 Ulf Adelsohn 302~305, 340
아먼드, 게이브리얼 Gabriel Almond 15
아킬로프, 라흐마트 Rakhmat Akilov 401
안데숀, 막달레나 Magdalena Andersson 403
안드렌, 닐스 Nils Andrén 216
알마르크, 페르 Per Ahlmark 256, 258
얄마숀, 얄 Jarl Hjalmarson 206, 212~217, 302
에덴, 닐스 Nils Edén 96, 117, 386
에크만, 칼 구스타브 Carl Gustaf Ekman 135, 153~154, 163, 270
엘란데르, 타게 Tage Erlander 186, 190, 192, 195, 201, 211, 213~214, 216, 226, 229, 248, 256~257, 316~319
엘반데르, 닐스 Nils Elvander 101
엥베리, 아투르 Arthur Engberg 138, 140~141, 147~148, 151
예네, 하랄드 Harald Hjärne 74~75, 92, 101~103
예르, 루이 드 Louis de Geer 30, 32, 43, 46~47, 83
예이에르, 에리크 구스타브 Erik Gustaf Geijer 59, 61, 70
오만, 발테르 Valter Åhman 236
오스카르 2세 Oscar Ⅱ 57, 80, 97, 176
오스트로고르스키, 모이세이 Moisey Ostrogorski 75
오스트룀, 스베르케르 Sverker Åström 208, 304
오케손, 임미 Jimmie Åkesson 371
오테르, 프레드리크 폰 Fredrik von Otter 77
옥센셰나, 악셀 Axel Oxenstierna 34, 45
요한손, 울로프 Olof Johansson 268, 351, 354

찾아보기 **465**

울로프손, 마우드 Maud Olofsson 354
울손, 울로프 Olof Olsson i Kullenbergstorp 159
울스텐, 울라 Ola Ullsten 269~270
운덴, 외스텐 Östen Undén 186, 206, 209
유홀트, 호칸 Håkan Juholt 397
이삭손, 안데슈 Anders Isaksson 132~133, 137, 139, 151

ㅈ
자렘바, 마치에이 Maciej Zaremba 142

ㅋ
칼 공작 30
칼 14세 요한 39~40, 65, 385
칼 12세 34
칼 11세 33~34
칼손, 잉바르 Ingvar Carlsson 287, 290, 295, 302, 305, 320~321, 352
쾨닉손, 투레 Ture Königson 202
퀸베리, 부 Bo Könberg 357
크뤼게르, 이바르 Ivar Kreuger 153
크리스테숀, 울프 Ulf Kristersson 403~404, 408

ㅌ
템프탄데르, 로베트 Robert Themptander 58, 99
토숀, 프레드리크 Fredrik Thorsson 123
토슈텐달, 롤프 Rolf Torstendahl 120
퇸, 호칸 Håkan Thörn 409
트뤼게르, 엔슈트 Ernst Trygger 82, 91, 100, 109, 143~144, 158
팅스텐, 헤르베트 Herbert Tingsten 50, 68,
189, 191, 222, 249, 388~389, 391

ㅍ
팔메, 울로프 Olof Palme 215, 223~224, 229~230, 254, 256~257, 260, 262, 300~306, 310, 319, 341
페름, 안데슈 Anders Ferm 302~303
페숀, 다니엘 Daniel Persson 81~82
페숀, 예란 Göran Persson 351~352, 382, 396~397
페숀브람스트로프, 악셀 Axel Pehrsson i Bramstorp(Axel Pehrsson-Bramstrop) 159, 164, 191
페테숀, 알프레드 Alfred Pettersson 78~81
페트루스, 레비 Lewi Pethrus 367
펠딘, 투르비엔 Thorbjörn Fälldin 228~230, 252, 256~257, 260~263, 267~268, 275~278, 378
펠트, 셸울로프 Kjell-Olof Feldt 290~291, 354~355, 381, 383, 395~398, 400~401
프란센, 비비안 Vivianne Franzén 370
프레이덴발, 레니타 Lenita Freidenvall 105~107, 128

ㅎ
하데니우스, 스티그 Stig Hadenius 150, 174
하밀톤, 헨닝 Henning Hamilton 31, 46, 48
하밀톤, 후고 Hugo Hamilton 112
한손, 페르 알빈 Per Albin Hansson 124~125, 135, 139~140, 144~148, 151~153, 157~159, 161~164, 170, 173, 180, 182, 185, 256, 387, 389

함린, 펠릭스 Felix Hamrin 154, 158
함마르셸드, 얄마르 Hjalmar Hammarskjöld 91, 95~96
헤겔란드, 후고 Hugo Hegeland 347
헤들룬드, 군나르 Gunnar Hedlund 190~191, 200, 205, 213, 226~229, 256
헤딘, 스벤 Sven Anders Hedin 88, 92
헤딘, 아돌프 Sven Adolf Hedin 49, 70
헤이덴스탐, 베네르 폰 Verner von Heidenstam 76
헥셰르, 군나르 Gunnar Heckscher 217, 225~226, 235, 238
헬렌, 군나르 Gunnar Helén 229, 256, 258
홀름그렌, 안 마르그레트 Ann Margret Holmgren 104~105
홀름베리, 윙베 Yngve Holmberg 256
흐루쇼프, 니키타 Nikita Khrushchev 212~213

지명

감라스탄 Gamla stan 124
고틀란드 Gotland 29
그리슬레함 Grisslehamn 30
드로트닝가탄 Drottninggatan 401
복슨오슨 Voksenåsen 233
산드함 Sandhamn 300
쇠데르만란드 Södermanland 191
스바파바라 Svappavaara 224
스트룀멘 Strömmen 100
옥셀외순드 Oxelösund 306
올란드 Åland 30, 168
외레브루 Örebro 236

외레순드(외레순) 해협 Öresund 29
위메오 Umeå 29
칼스크로나 군도 Karlskrona skärgård 299~300
칼스타 Karlstad 67
투레코브 Torekov 237
호슈피에덴만 Hårsfjärden 300

일반

ㄱ

가치보수주의 Värdekonservatism 376
강국시대 stormaktstid 32, 34, 45
강제불임시술 tvångssterilisering 142, 164
강제저축 Tvångssparandet 333~334
강한 사회 det starka samhället 194, 196, 198~202, 206, 225, 283, 356, 387
개인화 220, 408, 410
거국내각 165, 168~169, 172, 177, 180~182, 321, 392
겨울전쟁 Vinterkriget 168~171, 174
경로의존성 296~297, 348, 362
계급투표 klassröstning 219, 221~222, 365
계획경제 논쟁 planhushållningsdebatten 11, 179, 182
고용주분담금 arbetsgivaravgifter 165
고정 환율 343, 345~350
공공선택이론 246
공동화 현상 음향 kavitationsljud 308
과도정부 expeditionsministär 382~383
광부 파업 gruvstrejken 224
국가정보청 Statens Informationsstyrelse 175

찾아보기 **467**

국민당 Folkpartiet 164~166, 180~181,
  187, 198~203, 228, 258~259,
  267~273, 289~291, 335~336
국민연금 folkpension 198~199
국민의 집 felkhemmet 20, 124~125,
  138~141, 142~148, 151~152, 157,
  164, 181~185, 216, 331, 387~391
국민총생산 180, 342, 350, 387~388
국민추가연금 allmän tilläggspension(ATP)
  198~205, 219, 225, 272~273,
  355~362
국민투표 folkomröstning 199~201,
  233~234, 237, 273~274
국방대학교 Forsvarshögskolan 401
국방무선국법 FRA-lagen 374
국방협의회 Försvarsberedningen 393
국유화 157, 179, 183, 185
굴착 타협 borrhålskompromiss 268
궁정장관 riksmarskalk 58, 99
권력 분립 37~41, 45, 87, 234, 240,
  378, 386, 392
귀족회관 Riddarhuset ⇒ 귀족회의
귀족회의 30, 46, 48
규범적 제도주의 16, 62, 311, 348
균형의회 jämviktsriksdagen 258, 264~265,
  278, 378
그라닝에베르켄 주식회사 Graningeverken AB
  150
금속노동조합연맹 연설 Metalltalet 316,
  318
금주운동 nykterhetsrörelsen 59~60
근로소득공제 Jobbskatteavdrag 395
기금사회주의 fondsocialism 243

기독교민주당 Kristdemokraterna 269, 313,
  366~368, 371, 393, 398, 402~404
기독교민주연합 Kristen demokratisk samling(KDS)
  236, 269, 366~367
기본법 10, 39, 231
기초자치단체 ⇒ 코뮌
긴축정책 åtstramningspolitik 334, 341

ㄴ

나탈리 계획 Nathalieplanen 350
난민 정책 370, 372, 376
내각 statsråd 38~41, 44
냉전 177, 184, 190, 206~208, 312~313
노동조합총연맹 Landsorganisationen
  156~157, 203~204, 241~244,
  246~247, 249~250, 285
농민당 Lantmannapartiet 50, 68, 70~71,
  159~160
농민연합 Bondeförbundet 137~138,
  158~164, 165~166, 181, 200~202,
  224
농촌당 농민연합 Landsbygdspartiet bondeförbundet
  181
누드방켄 은행 Nordbanken 347

ㄷ

《다겐스 뉘헤테르》 142, 335
다문화 사회 20, 372, 400, 407, 410
다수의회정치 majoritetsparlamentarism 21,
  162~164, 278, 381
다수정부 majoritetsregering 10, 118, 133,
  162~164, 166, 270, 379, 381, 389,
  405

단독통치시대 allenarådandets tid　39, 42
단원제　229~230, 233~236, 255~257, 260, 334, 363, 378
단일유럽법 Europeiska enhetsakten(Single European Act)　319
동결이론 nedfrysningsteorin　364~365

ㄹ

렌-메이드네르 모델　285
링할스 제3호기 Ringhals III　267

ㅁ

뫼소르당 Mössor　35
뭉크 단 Munckska kåren　421
뮌트토리에트 광장 Mynttorget　89
민중운동 folkrörelse　33, 58~61, 370, 383

ㅂ

바셰베크 제2호기 Barsebäck II　261, 267
바텐팔 주식회사 Vattenfall AB　267~268
반민주주의　75, 119~120, 124, 160
반유대주의　137, 140~141
발빈드 의회정치 valvindsparlamentarism　98, 118~119
발트 병사 송환 Baltutlämningen　206
121개 항목 계획 121-punktsprogram　380
법안심의제도 remissväsendet　220
베트남전쟁　215, 222
보그메스타레 의회정치 vågmästarparlamentarism　118~119, 136
보수여성연맹 Moderata kvinnoförbundet　109
부가가치세 mervärdesomsättningsskatt　203, 258, 264, 289, 333, 379

부분연금 delpension　280, 355
부유세 Förmögenhetsskatt　395
부정적 의회주의 negativ parlamentarism　269
북대서양조약기구　207~208, 210~211, 311, 313, 317, 403
불신임안/불신임투표 misstroendeförklaring/ misstroendevotum　305, 356, 399
브레턴우즈 체제　264
비동맹 alliansfrihet　206~209, 212, 213~215
비례대표제　78~79, 81, 83~84, 118, 133, 161, 187, 235, 389
비밀위원회 Sekreta utskottet　36
비타 반데트 Vita Bandet　419

ㅅ

사법심사권 lagprövningsrätt　233
40등급제 40-gradig skala　133
4퍼센트 제한선 fyraprocentspärren　376~377
사회민주주의 헤게모니　342, 388~389, 395
사회화위원회 socialiseringsnämd　123
살트셰바드 협약 Saltsjöbadsavtalet　425
상속세 arvskatt　96, 143
상임위원회 제도 utskottsväsende　392~393
생활정치　21, 408
석유 위기　253, 258, 265, 279
성내평화 borgfred　95, 169
세계화　11, 280, 287~290, 296, 322~323, 342
세기의 세제 개혁 århundradets skatterreform　289, 334, 342, 359
소수정부 minoritetsregering　10, 21, 119, 363,

378~379, 400, 403, 405
수정홀수방식 jämkade uddatalsmetod 235, 424
수확기 skördetid 179, 182
스웨덴고용주연합 Svenska Arbetsgivareföreningen
  148, 249~250, 339
스웨덴공산당 Sveriges kommunistiska parti(SKP)
  126, 175, 222, 235
스웨덴 모델 Svenska modellen 11, 20~21,
  188, 193, 219~220, 247~250, 292,
  317
스웨덴민족사회주의당 Svenska
  nationalsocialistiska parti 155
스웨덴민주당 Sverigedemokraterna(SD) 11,
  270, 366, 371~372, 375~376, 381,
  383, 397~400, 402~406
스웨덴 보통선거권연맹 Sveriges allmänna
  rösträttsförbund 75
스웨덴 사회민주당 Sveriges Socialdemokratiska
  Arbetareparti 68, 245
스웨덴 사회민주주의좌익당 Sveriges
  Socialdemokratiska vänsterpartiet 69, 95, 100,
  134, 138
스웨덴 여성시민연맹 Svenska Kvinnors
  Medborgareförbundet 127
스웨덴을 위한 동맹 Allians för Sverige 355,
  364, 381, 395
스웨덴자유당 Sveriges liberala parti 118, 164
스칸디아 Scandia 350~351
스톡홀름 음악당 Stockholms Konserthus 213
시민연합 Medborgerlig Samling 227
시 의회 stadsfullmäktige 30, 43~44, 78, 121
시정연설 Regeringsförklaring/regeringsdeklaration
  282

신민주당 Ny Demokrati 336, 369~371, 376,
  405
신자유당 Nyliberala partiet 80
실업보험 arbetslöshetsförsäkring 155, 395
12월협약 Decemberöverenskommelsen 269,
  383, 393, 398~400, 408
11월혁명 novemberrevolutionen 292~296

ㅇ

아동보육 barnomsorg 281, 387
암소 거래 kohandel 160
얄마숀 사건 Hjalmarsonaffären 206,
  212~214, 216~217, 299
양원제 51, 113, 233~234, 239
애국청년연맹 Nationella ungdomsförbundet 120,
  142
에너지위원회 energikommission 262
엥겔브레히트 Engelbrecht 사단 172, 386
여성 선거권 kvinnlig rösträtt 104, 106~112
역사적 제도주의 296~297
역사적 타협 193
연금조사단 pensionsberedningen 357
연대선언 solidaritetsförklaringen 313
연대임금정책 solidarisk lönepolitik 241~242,
  250, 285
연합위기 unionskris 65~67, 114
영업세 omsättningsskatt 203~204
오달렌 사건 Ådalenkravallerna 151~153
온건보수당 Moderata samlingspartiet 227, 248,
  259, 266~272, 275~278, 303~307,
  310~312
완전고용 fullsysselsättning 179, 283~286,
  297

왕궁마당연설 Borggårdstalet 89~90
왕궁마당위기 Borggårdskrisen 89~93
왕립전쟁학회 Kungliga krigsvetenskapsakademien(KKrVA) 306
외교위원회 utrikesnämnden 302~303
외무부 차관 kabinettsekreterare 208, 304
우익보수당 Högerpartiet 101~103, 202~206
운하 기능 kanalfunktion 368, 376
위기 대응책 krispolitik 154, 157~160, 246, 286, 397, 317
위기협약 krisuppgörelse 158~163, 360, 392
위원회 제도 kommittéväsende 392~393
유니리스탄 Junilistan 329, 373
유럽경제공동체 EEC 217, 315~318
유럽경제지역 EEA 319, 321
유럽경제협력기구 OEEC 217
유럽공동체 290, 295~296, 315, 319~321
유럽연합 EU 315~332
유럽연합 경제통화동맹 EMU 327~328, 373, 384, 393
유럽의회 Europaparlamentet 329~330, 373~374
유럽자유무역연합 EFTA 315~316, 319
유럽정보사무국 Sekretariatet för Europainformation 325
유럽통화단위 ECU 343, 346
유럽회의 Europarådet(Council of Europe) 217, 313
유로화 327
육군참모본부 Generalstaben 66
의회(노르웨이) storting 65~66

의회 개혁 representationsreform 29, 32, 42~47, 61, 386
이민 정책 invandringspolitil 371~372, 400~402
이슬람국가 IS 401
이원적 구조 dualism 40~41
일괄중지안 stoppaketet 291, 333
1월협약 Januarioverenskommelsen/Januariavtalet 364, 383, 393, 399, 400, 406, 408
임금노동자기금 löntagarfonder 229, 241~244, 246~247, 335
입법조사단 offentlig utredning 77, 106, 188, 220, 392

ㅈ

자격법 behörighetslag 418
자유국민당 Frissinade folkpartiet 135~136, 157~164, 185
자유당 Liberalerna 364, 402~404
자유시대 frihetstiden 35, 37
자유주의전국연합 Frisinnade landsföreningen 69, 108
자유통합당 Liberala samlingspartiet 94~96, 108, 134~135
잠수함방어위원회 Ubåtsskyddskommission 300~302, 309
잠수함위원회 Ubåtskommission 309
장관의 지휘 ministerstyre 41, 268
장미전쟁 288, 291, 333, 336
장애연금 sjukersättning 336
재산세 fastighetsskatt 395
재산 소유 민주주의 egendomsägande demokrati 196~198, 226

재정 건전화 정책 saneringspolitik 350~355
재정 적자 275~277, 348, 350
적-녹 röd-gröna 동맹/적-녹 연립정부/적-
  녹 협력 164, 166, 168, 200, 204,
  226, 380~381
전국농업인연맹 Jordbrukarenas riksförbund 415
전국여성참정권협회 Landsföreningen för
  kvinnans politiska rösträtt 104, 107~108,
  110~111, 115
전국유권자연맹 Allmänna valmansförbundet 69,
  102, 108~109
전후강령 Efterkrigsprogram 182, 187~189,
  293
정무장관 konsultativ statsråd 40
정부개혁 Departementalreformen 40, 44, 386
정치 문화 12, 14~21, 61~62, 83~84,
  161
좌익공산당 Vänsterpartiet kommunisterna(VPK)
  235, 260, 291, 379
좌익당 Vänsterpartiet 324, 329, 351, 354,
  396~399
좌익사회당 ⇒ 스웨덴 사회민주주의좌
  익당
주 경찰서장 landsfogde 150
주 의회 landsting 30, 43, 51, 121, 236
중립정책 20, 171~172, 177, 206~217,
  303~305, 315~318, 321, 331
중립정책위원회 neutralitetspolitikkommission
  211
중앙당 Centerpartiet 224, 226~230, 257,
  261, 334, 354, 364
중앙은행위원회 Riksbanksfullmäktige 294
중앙행정관청 ämbetsverk 40~41

지방선거 kommunala val 51~52, 76~77,
  121, 184
지방세 kommunalskatt 44, 134, 277, 291
지방자치법 kommunallag 43
  1862년 지방자치법 개혁 43
진보당 Framstegspartiet 438
진영 정치 blockpolitik 165, 229~230, 272,
  351~352, 383
질병수당 sjukersättning 281

ᄎ
책임 추궁 ansvarsutkrävande 360~363, 380,
  394
천민정당 pariaparti 371, 397, 400
체제 변화 systemskifte 112~115, 340
초과연금 premiepension 358~359
촌장 länsman 58
최종 표결 huvudvotering/huvudomröstning 398
추가경정예산 ändringsbudget 402
추밀원 Riksrådet 34~36
출판자유법 tryckfrihetsförordning 35, 39, 151,
  174

ᄏ
카탈리나 사건 206
칼 전제정치 Karolinska enväldet 34
케인스주의 157, 265, 281~283, 297
코뮌 kommun 51~52, 183~184, 233, 236,
  272, 281, 387
코뮌 회의 kommunalstämma 44
코사크 선거 Kosackvalet 142, 243, 351
코퍼러티즘 153~155, 249
킬 조약 Treaty of Kiel 65

ㅌ

타개 정책 överbryggningspolitik 264~265
통치조직법 regeringsform 34
    1634년 통치조직법 34
    1809년 통치조직법 10, 37~42, 231~232, 378, 385
    1974년 통치조직법 377, 381, 402
티되 협약 Tidöavtalet 404~405
팀브루 Timbro 339

ㅍ

8월위원회 Augustikommitté 213
패러다임 전환 282, 295, 403
평가절하 266~267, 281~282, 343~347
페미니스티스크트 이니치아티브 Feministiskt initiativ(FI) 374~375
포슈마르크 제1호기 Forsmark 1 267
프레드리카 브레메르 연맹 Fredrika Bremer-förbundet 419
핀란드 정책 167, 170

ㅎ

하르프순드 민주주의 Harpsundsdemokrati 191
하가 협약 Hagauppgörelserna 258, 264
하타르당 Hattar 35
한계세율 marginalräntan 275~277, 289
합동참모본부 Försvarsmakten 167, 211, 306~312
합의 samförstånd 19
해라드 härad 33, 58
해적당 Piratpartiet(PP) 373~374
핵발전소 250~254, 267~275, 367~368
행정부 Regeringskansliet 34, 380, 382
헌법개정조사단 författningsutredningen 233~238
헌법상임위원회 konstitutionsutskott 37~38, 42, 104, 309
헌법준비위원회 grundlagberedningen 233~238
헤게모니 16, 53~55
형성의 계기 formativt moment 10, 14, 32, 64, 162, 297, 316, 321, 356, 365
호별 방문 hembesök 130, 155
혼인법 Giftemålsbalken 415, 418
화폐정책 154, 287, 292~294, 343
환경당 Miljöpartiet de gröna 269, 324, 329, 354, 364, 367~369, 372, 376, 379, 396, 398, 403

스웨덴 민주주의의 여정
대결과 협력의 200년

1판 1쇄 찍음 | 2025년 11월 5일
1판 1쇄 펴냄 | 2025년 11월 14일

지은이 | 톰뮈 묄레르
옮긴이 | 조행복
펴낸이 | 김정호

책임편집 | 박수용
디자인 | 이대응

펴낸곳 | 아카넷
출판등록 | 2000년 1월 24일(제406-2000-000012호)
주소 | 10881 경기도 파주시 회동길 445-3
전화 | 031-955-9510(편집) · 031-955-9514(주문)
팩시밀리 | 031-955-9519
www.acanet.co.kr

ⓒ 조행복, 2025

Printed in Paju, Korea.

ISBN 978-89-5733-785-1 (93920)